JN440848

의재 최운식 교수 정년 기념 문집

푸른 향기 길게 드리우니

의재宜齋 최운식崔雲植 교수 정년 기념 문집 간행위원회 엮음

민속원

의재宜齋 최운식崔雲植 교수 근영近影

간행사

봄기운이 온 누리에 서서히 일기 시작하는 절기에, 의재宜齋 최운식崔雲植 선생님의 정년을 맞이하여, 동학·선후배·제자·일가·친지들이 만강滿腔의 축복을 드리며 정성을 모아 이 기념 문집을 만들었습니다.

의재 선생님은 44년 동안 줄곧 강단을 지켜 오시면서 많은 가르침을 베푸셨는데, 특히 국제대학교(현 서경대학교)에서 8년, 한국교원대학교에서 22년간 봉직하시면서, 야학夜學과 만학晩學의 어려움을 감내하며 국문학계의 한 모퉁이 돌이 되고자 하는 학자들과 제2세 교육을 담당할 국어과 교사들을 많이 길러내셨습니다.

선생님께서 교육에 쏟으신 정성과 국문학 연구에 기울이신 열정, 정확하고 한 점 흐트러짐 없는 진지한 삶의 모습, 그리고 철저한 시간 관리는 같은 길을 걷는 동료, 후배와 제자들에게 참으로 삶의 귀감龜鑑이요 인생의 나침반이 되어 오셨습니다. 또, 선생님은 지나치리만큼 '엄격함'과 동시에 넓은 가슴 가득 넘치는 '사랑'으로 후학들을 양성해 오셨습니다.

의재 선생님의 주된 연구 영역은 설화문학과 민속학, 그리고 고소설 분야입니다. 그 중에서도 설화교육과 고소설교육 분야에서 독보적인 학문적 업적을 쌓아오셨습니다. 또한 선생님께서는 전공 분야의 자료 수집과 조사를 위한 국내·외의 학술 조사와 답사 여행을 계속 해오시면서 그 결과물을 연구서와 자료집으로 엮어 내시어 학계에 크게 기여해 오셨습니다.

그동안 40여 권의 저서를 내셨는데, 그 가운데 『전래동화 교육의 이론과 실제』는 교육인적자원부 우수도서로(1998), 『설화·고소설 교육론』은 학술원 우수도서로(2004), 『한국인의 삶과 문화』는 문화관광부 우량도서로(2007) 선정되기도 하였습니다. 더욱 기쁜 일은 한국설화문학 연구의 체계적이며 종합적인 보고서 성격을 갖는 『한국서사의 전통과 설화문학』으로 제22회 '도남陶南국문학상' 수상자로 선정되어 상을 받으시게 된 것입니다.

선생님의 정년을 맞아, 어떻게 하는 것이 그동안 선생님이 쌓아 오신 학문적 업적과 그 덕을 기리는 일이 될까 의견을 나눈 결과, 기념 문집을 엮기로 결정하였습니다. 그 후 간행위원회가 발족되어 선생님의 문하생과 선생님과 교분을 맺은 분들에게 원고를 청탁한 결과, 경향 각지에서 옥고를 보내주어 간행의 일이 순조롭게 진행되었습니다. 이 문집은 선생님의 정년을 축하하고 학덕을 빛내며 선생님의 생애와 업적을 기리는 징표가 되리라고 확신합니다.

옥고를 보내주신 아흔세 분의 필자 여러분께 머리 숙여 감사의 마음을 표합니다. 아울러 문집의 간행을 위하여 헌신적인 노력을 아끼지 않은 배원룡·이복규·권택경·조윤형·한은수 박사 그리고 의재 선생의 장남인 최진형 박사와 출판계의 어려운 사정에도 불구하고 이 책의 출간에 선뜻 응해주신 민속원 홍기원 회장과 홍종화 사장께 심심한 감사의 뜻을 올립니다.

끝으로, 정년을 맞아 선생님 내외분께서 더욱 건강하시고 가정에 행운이 함께 하시길 간절히 기원합니다.

2008년 2월

의재 최운식 교수 정년 기념 문집 간행위원회 위원장

백석대학교 교수 김기창 적음

차례

의재 최운식 교수 근영近影

간행사 / 4

의재 최운식 교수 연보年譜 / 12

| 1. 송공頌功의 노래와 글 |

임의 사랑 이어 가리 ······ 유혜련 작사 · 작곡 / 48

교수의 길에서 선비의 길로 돌아오는 의재 최운식 ······ 박붕배 / 49

의재宜齋 박사 정년에 ······ 성기조 / 52

당신을 닮은 산이 되겠습니다 ······ 배성진 / 54

국문학 연구 성과에 향기 입힌 큰 스승님 ······ 배원룡 / 57

그날이 다시 오면 ······ 엄기섭 / 59

월곡동 시절의 스승을 회상함 ······ 염창권 / 63

월곡月谷의 당산堂山 나무 ······ 유혜련 / 65

등대 ······ 임문혁 / 66

| 2. 월곡月谷의 문향文香 |

잊을 수 없는 시간, 그리고 사람 ······ 권택경 / 70

월곡 최운식 선생님과 못난 제자 ······ 김대성 / 74

안주安住할까 두렵네 ······ 김문선 / 77

겨울 편지 ······ 김은경 / 80

행복했던 시간들 ······ 김우영 / 83

마지막이 아닌 새로운 시작으로 ······ 김주은 / 85

잘 기억하지는 못하겠지만 …………………… 김창균 / 89
참 좋은 당신 …………………… 김창덕 / 94
마피아와의 인연 …………………… 김현수 / 98
저물어가는 해를 향해서, 첫걸음 …………………… 김효석 / 101
잊지 못할 삼천포 달밤 …………………… 박온화 / 118
나의 할아버지 교수님 …………………… 박은희 / 123
나는 누구로부터 …………………… 박창원 / 126
호랑이 미소 …………………… 변숙자 / 130
나를 키워주신 의재 선생님 …………………… 변우복 / 133
삼계탕 됩니까 …………………… 송미영 / 137
바리데기를 아십니까 …………………… 송태숙 / 141
선생님의 따뜻한 그늘 …………………… 안미욱 / 144
최운식 선생님에 대한 추억 …………………… 오재혁 / 148
인연 따로 사람 따로 …………………… 이규훈 / 156
월곡의 문향 …………………… 이방주 / 161
옛이야기들 속에 담아 주신 가르침 …………………… 이준현 / 166
변함없는 굵기와 탈색하지 않을 인연의 끈 …………………… 장성렬 / 168
비, 개펄, 꼬막 같은 선생님 …………………… 장인수 / 171
좀 깐깐한 교수님 …………………… 정용선 / 175
두 번 선배, 두 번 스승 …………………… 조남득 / 178
삶으로 가르치신 선생님 …………………… 조윤형 / 181
여러 갈래 길 …………………… 최명자 / 183
우리들의 행복한 시간 …………………… 한은수 / 189
교수님의 제자임이 제겐 큰 자랑입니다 …………………… 홍정희 / 197

| 3. 청람 뜰의 추억 |

최운식 선생님이 주신 가르침 ······ 강 석 / 202
영원한 등대 ······ 김경훈 / 205
국경을 초월한 사제 인연 ······ 김영옥 / 209
김 선생, 자식 낳아 길러 봐 ······ 김왕규 / 213
우리 시대의 큰 스승님 ······ 김정헌 / 215
학점을 받지 못하다 ······ 박찬홍 / 219
언령설言靈說 ······ 박형우 / 221
최 교수님의 사랑 ······ 성낙수 / 224
최운식 교수님을 떠나보내 드리면서 ······ 신헌재 / 228
의재 최운식 선생님 ······ 원용문 / 232
최운식 교수님의 정년을 기념하면서 ······ 윤국한 / 236
부지런한 삶을 실천하신 최운식 선생님 ······ 윤천탁 / 239
두 겹으로 엮어온 삶의 여정 ······ 이병진 / 243
최운식 선생님은 사이버 교수님 ······ 이재형 / 246
청람 뜰 추억 ······ 이정환 / 248
최운식 선생님을 그리며 ······ 임택균 / 250
위로하고 위로하며 ······ 조일영 / 252
최운식 교수 정년 퇴임을 축하하며 ······ 최수영 / 257
중학교 국어 교과서에 실린 최운식 교수의 「한국의 호랑이」 ····· 한철우 / 263

| 4. 청야靑夜에 맺은 인연 |

정정하고 굳은 갈매나무 ······ 권혁준 / 268

우리들의 모델 ······ 김이곤 / 272
인생의 나침반이 되어 주신 의재 선생님 ······ 김창진 / 276
의재 선생과 찍은 석 장의 사진 ······ 리의도 / 280
시계 두 개와 만년필 한 자루 ······ 방인태 / 284
의로운 벚나무 ······ 서범석 / 287
최운식 교수님을 생각하며 ······ 신장식 / 289
선생님을 생각하면서 ······ 이동용 / 291
넌 이렇게 쓰면 안 돼 ······ 이복규 / 294
행복하려면 먼저 위해 줘라 ······ 이순하 / 298
한 우물 파기 ······ 이재원 / 301
의재 선생님의 강녕덕장 하심을 기원하며 ······ 장장식 / 307
연기 설화緣起說話 ······ 최명환 / 311
발치拔齒 ······ 이운기 / 316
동물원의 웃음소리 ······ 김학선 / 318
몽골 대초원과 고비사막을 다녀와서 ······ 오상수 / 322

| 5. 큰 바위 얼굴 |

정도正道의 사도使徒 ······ 김명자 / 334
최운식 교수의 정년을 아쉬워하며 ······ 김상영 / 339
월하노인과의 만남 ······ 노규호 / 343
기도와 사랑으로 달려온 길 ······ 신현주 / 346
신앙의 동행자 ······ 안영호 / 348
최운식 교수의 '큰 바위 얼굴' ······ 우정남 / 353

환상 속의 그대 ········· 진은진 / 355
의재 최운식 교수님의 정년에 즈음하여 ········· 태평무 / 363

| 6. 따스한 둥지 |

돈을 꿔서 승용차를 산 사람 ········· 이영순 / 368
학자로서의 삶 ········· 최진형 / 371
종소리, 할아버지 학교, 보물찾기 ········· 이수미 / 378
이 세상에 딱 한 분이신 나의 특별한 할아버지 ········· 최지연 / 380
아버지의 가을 ········· 최현정 / 382
나의 장인 어른 ········· 윤석준 / 384
우리 외할아버지 ········· 윤정원 / 386
30년 빼기와 더하기 ········· 최진평 / 387
그림 속의 '할아버지' ········· 권지상 / 392
오빠의 눈 ········· 최금식 / 395
우리들의 정신적 지주 ········· 이영옥 / 399
대단히 수고 많으셨습니다 ········· 이홍원 / 402

| 7. 긴 여정, 작은 보람 |

정년定年을 맞는 감회感懷 ········· 406
고난과 시련을 이기고 ········· 411
삶의 방향을 바꾸게 한 스승 ········· 417
학문의 길을 걷게 한 스승과의 만남 ········· 421

학문의 길의 든든한 후원자 ······ 425
회갑을 맞는 감회와 감사 ······ 428
늦게 찾아온 상복賞福 ······ 431
새끼를 떠나보낸 어미 새 ······ 438
부부가 함께 하는 운동 ······ 442

의재 최운식 교수 연보年譜

〈출생 및 성장〉

1942.10.27(음력 임오 9월 16일). 충청남도 당진군 당진읍 원당리 766에서 부 고故 최병달崔秉達(본관 해주) 씨와 모 고故 이일순李一順(본관 신평) 씨의 3남 4녀 중 차남으로 출생

1949. 12. 충청남도 홍성군 갈산면 쌍천리 189로 이사하여 그 곳에서 자람

〈주소〉

서울특별시 성동구 금호동 1가 633 벽산아파트 105동 1703호

집 전화 : 02) 6215-4909 휴대전화 : 011-9711-4909

e-mail : cws4909@hanmail.net

〈학력〉

1949. 4.15~1949.12.14. 당진초등학교 1학년 입학 후 2학년으로 월반越班

1949.12.15~1954. 3.31. 갈산초등학교 제2학년으로 전학, 갈산초등학교 6학년 졸업

1954. 4. 6~1957. 3. 4. 갈산중학교 3학년 졸업

1958. 4. 3~1962. 2. 3. 홍성고등학교 3학년 졸업

1962. 3.26~1964. 2.18. 서울교육대학교 2학년 졸업

1970. 3. 1~1972. 2.19. 서경대학교(전 국제대학교) 국어국문학과 편입학, 수료. 문학사

1972. 3. 1~1974. 2.25. 성균관대학교 대학원 국어국문학과 석사과정 수료, 문학석사

1976. 3. 1~1982. 8.25. 성균관대학교 대학원 국어국문학과 박사과정 수료, 문학박사

〈경력〉

1964. 3. 1~1965. 2. 3. 서울홍파초등학교 교사
1965. 2. 4~1966. 1.15. 육군 복무
1966. 2. 1~1969. 2.28. 서울북성초등학교 교사
1969. 3. 1~1973. 2.28. 서울장위초등학교 교사
1973. 3. 1~1973. 3.25. 서울이문초등학교 교사
1973. 3.26~1976.10.15. 서울중랑중학교 교사
1974. 3. 1~1977. 8.31. 강남대학교(전 중앙신학교) 강사
1976. 3. 1~1978. 2.28. 동덕여자대학교 강사
1976. 9. 1~1977. 2.28. 수도여자사범대학(현 세종대학교) 부설고등학교 강사(20시간 맡음)
1977. 3. 1~1978. 2.28. 서경대학교(전 국제대학교) 인문사회과학연구소 연구원
1977. 9. 1~1978. 2.28. 강남대학교(전 강남사회복지학교) 전임강사
1978. 3. 1~1986. 2.28. 서경대학교(전 국제대학교) 전임강사, 조교수, 부교수
1978. 3. 1~1980. 2.28. 서경대학교(전 국제대학교) 신문사 주간
1980. 3. 1~1980. 8.31. 서경대학교(전 국제대학교) 학생처장
1978. 3. 1~1987. 2.28. 성균관대학교 강사
1981.11.17~1983.12.30. 서경대학교(전 국제대학) 국어국문학과장
1981.11.17~1986. 2.28. 서경대학교(전 국제대학) 인문과학연구소장
1981. 9. 1~1987. 2.28. 서울여자대학교 강사
1982. 9. 1~1987. 2.28. 상명여자대학교 강사
1983.10.25~1984. 2.28. 서경대학교(전 국제대학교) 도서관장
1984. 5. 1~1986. 2.28. 서경대학교(전 국제대학교) 출판부장

1986. 3. 1~1987. 9.30. 한국교원대학교 조교수

1987. 3. 1~1989. 8.31. 홍익대학교 대학원 강사

1987. 9.10~1988. 4.11. 한국교원대학교 국어교육과 학과장

1987.10. 1~1992. 9.30. 한국교원대학교 부교수

1988. 4. 1~1988.11.30. 한국교원대학교 제2대학 학장보(교학과장)

1988. 9. 1~1989. 2.28. 아주대학교 강사

1988.12. 1~1990.11.30. 한국교원대학교 신문사 주간

1992. 9. 1~1993. 2.28. 고려대학교 강사

1992.10. 1~2008. 2.29. 한국교원대학교 교수

1995. 9. 1~1996. 2.28. 성균관대학교 대학원 강사

1995. 9. 1~1996. 8.31. 경희대학교 대학원 강사

1997. 9. 1~1999. 2.28. 백석대학교 강사

1997. 5.16~2002.11.30. 한국민속학회 회장

1998. 9. 1~1999. 2.28. 서울여자대학교 대학원 강사

2002. 4. 1~2004. 3.31. 한국교원대학교 인문과학연구소장

2002. 5. 7~2005. 5.17. 한국교원대학교 교수협의회의장

2003.11. 8~2008. 현재 충청북도문화재위원회 위원

2003. 3. 1~2003. 8.31. 감리교 신학대학교 강사

2005. 3. 1~2005. 8.31. 감리교 신학대학교 강사

2005. 9. 1~2006. 2.28. 중국 북경 중앙민족대학교 초빙교수

2007. 3. 1~2007. 8.31. 감리교 신학대학교 강사

2007. 3. 1~2007. 8.31. 성균관대학교 대학원 강사

2007. 8.29~2008. 현재 청원군 향토유적 보호위원회 위원

〈사회봉사 활동〉

1981. 4.10~1982. 3.31. 1종도서 편찬을 위한 연구위원(초등학교 국어 5학년 교

과서 및 지도서)

1983. 5.17～1983. 6.30. 과학기술처 기상직 국가공무원 공개 경쟁 채용시험 출제위원

1988. 6. 1～1989. 5.30. 1종도서 연구개발위원회 초등학교 국어과 집필위원

1988. 7. 1～2007. 1.19. 한국교원대학교 종합교육연수원, 서울특별시교육연수원, 경기도율곡교육연수원, 경남교육연수원, 광주교육연수원, 대전교육연수원, 울산교육연수원, 충남교육연수원, 충북단재교육연수원 강사

1992.12. 4～1992.12.31. 공립중등학교 교사 임용후보자 선정 경쟁시험 출제 및 선제위원

1993. 4.21～1993.12.31. 1993년도 특수학교 1종도서 국어과 편찬심의회위원

1994. 4.29～1995. 2.28. 1994년도 1종도서 초등학교 국어과 연구·집필위원

1994.10.20～1996.10.19. 독학학위운영 국어국문학 분야 분과위원

1996.10.20～1997.12.31. 독학학위운영 국어국문학 분야 분과위원회 위원장

1997. 4. 1～1997. 8.31. 제7차 국어과 교육과정 개정 연구 협력위원

1997. 5. 1～1997.12.10. 『경기민속지』 조사 및 집필위원

1995. 7.10～1997. 7. 9. 고등학교 2종 교과용 도서 검정 심사위원

1998. 6.27～1999. 2.28. 문화관광부 세시풍속 생활화 추진협의회 위원장

1998. 9. 1～1999. 2.28. 충북 청원교육청 선진 열린교육 자문위원

1999. 5. 3～1999.12.14. 초등학교 3·4학년 1학기 국어교과서 연구위원

2000. 4. 4～2001. 4.30. 초등학교 3·4학년 2학기 국어교과서 연구위원

2000. 4.25～2000. 4.31. 경기도 교육청 전문직 시험 출제위원

2000. 6. 1～2000.10.31. 충남 『예산군지』 집필위원

2001. 5.22～2001. 8.30. 충남 홍성군지 『홍주대관洪州大觀』 집필위원

2001. 1.20~2000. 2. 5. 2001년 관광통역안내원 국가자격시험 출제위원
2002. 1.10~2002. 2. 9. 2002년 관광통역안내원 국가자격시험 출제위원
2002. 1. 5~2002.12.31. 『한국 세시풍속 사전』 편찬사업 자문위원
2003.11.10~2006. 6.25. 『한국 세시풍속 사전』 표제어 집필위원
2003. 1.29~2003. 2.28. 2003년 관광통역안내원 국가자격시험 출제위원
2003. 4.22~2006.11. 9. 법무부 법무연수원 강사
2003. 5.19~2004. 5.18. 국립민속박물관 종합 학술논문집 『민속학 연구』 편집위원회 위원장
2004. 1.19~2005. 4.28. 한국관광공사 인력지원부 중국어통역안내원 연수 강사
2006. 8.28~2006. 8.31. 2006 청주 민속예술제 심사위원

〈저서〉

1. 충청남도 민담, 서울 : 집문당, 1980.10.30. 총 425쪽.
2. 국문학 입문(공저), 서울 : 성균관대학교 출판부, 1981. 5.10. 총 258쪽.
3. 심청전 연구, 서울 : 집문당, 1982. 9.20. 총 240쪽.
4. 심청전(교주본), 서울 : 시인사, 1984. 2. 1. 총 200쪽.
5. 문학교육론(공저), 서울 : 집문당, 1986. 1.10. 총 350쪽.
6. 한국의 민담 1, 서울 : 시인사, 1987. 6.30. 총 453쪽.
7. 한국의 신화(공편저), 서울 : 시인사, 1988. 1.30. 총 350쪽.
8. 전래동화교육론(공저), 서울 : 집문당, 1988. 7.20. 총 314쪽.
9. 한국 설화 연구, 서울 : 집문당, 1991. 7.15. 총 461쪽.
10. 옛이야기에 나타난 한국인의 삶과 죽음, 서울 : 한울, 1992. 7.15. 총 254쪽.
11. 민속적인 삶의 의미, 서울 : 한울, 1993. 2.25. 총 280쪽.
12. 가을햇빛 비치는 창가에서, 서울 : 계명문화사, 1993. 8.10. 총 328쪽.

13. 한국 구비문학 개론(공저), 서울 : 민속원, 1995. 3.15. 총 445쪽.
14. 한국의 점복(공저), 서울 : 민속원, 1995.10.15. 총 329쪽.
15. 홍성의 민담, 홍성 : 홍성문화원, 1996.12.15. 총 752쪽.
16. 전설의 현장을 찾아서, 서울 : 민속원, 1997. 1.10. 총 382쪽.
17. 백령도-명승지와 민속(공저), 서울 : 집문당, 1997. 6. 1. 총 212쪽.
18. 한국 고소설 연구, 서울 : 보고사, 1997. 9.10. 총 509쪽.
19. 홍성의 무속과 점복(공저), 홍성 : 홍성문화원, 1997.12.31. 총 292쪽.
20. 전래동화 교육의 이론과 실제(공저), 서울 : 집문당, 1998. 4. 5. 총 478쪽.
21. 한국 민속학 개론(공저), 서울 : 민속원, 1998. 8.30. 총 491쪽.
22. 한국의 효행 이야기, 서울 : 집문당, 1999. 1. 5. 총 276쪽.
23. 한국의 말[馬] 민속(공저), 서울 : 집문당, 1999. 1.20, 총 306쪽.
24. 암행어사란 무엇인가(공저), 서울 : 박이정, 1999. 6.22. 총 254쪽.
25. 한국의 민담 2, 서울 : 시인사, 1999. 8.25. 총 410쪽.
26. 홍성의 마을공동체 신앙(공저), 홍성 : 홍성문화원, 1999.12.30. 총 350쪽.
27. 함께 떠나는 이야기 여행, 서울 : 민속원, 2001. 7.30. 총 318쪽.
28. 한국의 풍수문화(공저), 서울 : 박이정, 2002. 2.28. 총 243쪽.
29. 한국 구전설화집 4-서산・태안 편, 서울 : 민속원, 2002. 8.10. 총 528쪽.
30. 한국 구전설화집 5-연기 편, 서울 : 민속원, 2002. 8.10. 총 638쪽.
31. 한국 구전설화집 6-홍성 편 Ⅰ(공편저), 서울 : 민속원, 2002. 8.10. 총 440쪽.
32. 한국 구전설화집 7-홍성 편 Ⅱ(공편저), 서울 : 민속원, 2002. 8.10. 총 416쪽.
33. 한국의 서사 전통과 설화문학, 서울 : 민속원, 2002.10.30. 총 717쪽.
34. 설화・고소설 교육론(공저), 서울 : 민속원, 2002.11.30. 총 966쪽.
35. 전설과 지역문화(공저), 서울 : 민속원, 2002.11.30. 총 793쪽.
36. 꼭 제대로 읽어야 할 우리 고전-심청전, 서울 : 종문화사, 2005. 4. 7.

총 167쪽.

37. 한국구전설화집 10－예산 편(공편저), 서울 : 민속원, 2005. 4.30. 총 466쪽.
38. 한국인의 삶과 문화, 서울 : 보고사, 2006.11. 8. 총 341쪽.
39. 다시 떠나는 이야기 여행, 서울 : 종문화사, 2007. 8.23. 총 436쪽.
40. 옛날 옛적에, 서울 : 민속원, 2008. 1.18. 총 348쪽.

〈논문〉

1. "무왕武王 설화의 정착 과정," 석주선 교수 화갑기념 민속학논총, 서울 : 동 간행위원회, 1971.12.25, 73~82쪽.
2. "지하국 설화의 형태," 기헌箕軒 손낙범孫洛範 선생 회갑기념논문집, 서울 : 한국 국어교육 연구회, 1972.12.25, 473~483쪽.
3. "쫓겨난 여인 발복 설화고," 한국민속학 제6집, 서울 : 민속학회, 1973. 10. 5, 51~69쪽.
4. "재생再生 설화의 재생 양식," 성대문학 19, 서울 : 성균관대학교 국어국문학회, 1976. 52~71쪽.
5. "재생再生 설화에 나타난 영혼과 내세," 논총 인간과 미래 제3집, 서울 : 중앙신학교 출판부, 1976, 2.10, 185~203쪽.
6. "재생再生 설화의 소설화小說化," 서원栖園 방용구龐溶九 박사 화갑기념 논총, 서울 : 동 간행위원회, 1975. 2.28, 169~186쪽.
7. "「김학공전」 연구," 국어국문학 제74집, 서울 : 국어국문학회, 1977. 4. 30, 71~89쪽.
8. "이규보李奎報의 시론詩論－백운소설白雲小說을 중심으로," 한국한문학연구 제2집, 서울 : 한국한문학연구회, 1977.12.30, 105~123쪽.
9. "어우야담於于野談에 나타난 어우당於于堂의 설화의식," 한국민속학 제10집, 서울 : 민속학회, 1977.12.30, 137~148쪽.
10. "「옥단춘전」 소고," 국제대학 논문집, 제6집, 서울 : 국제대학 인문사회

과학연구소, 1978. 4.30, 79~90쪽.

11. “「삼설기」의 설화적 배경과 한문단편과의 관계－<삼사횡입황천기>를 중심으로,” 국제대학 논문집 제7집, 서울 : 국제대학 인문사회과학연구소, 1979. 4.30, 23~36쪽.

12. “설화교육 서설,” 한국어교육 제1집, 서울 : 한국 국어과 교육 개발연구회, 1980. 4.15, 56~83쪽.

13. “고시조에 나타난 남녀의 애정,” 국제대학 논문집 제8집, 서울 : 국제대학 인문사회과학연구소, 1980. 6.30, 5~30쪽.

14. “「심청전」 이본고(Ⅰ)－방각본 심청전의 서지 및 특색과 계열,” 도남학보 제5집, 서울 : 도남학회, 1982. 4.12, 7~26쪽.

15. “심청전 이본고(Ⅱ)－필사본 심청전의 서지 및 특색과 계열,” 인문과학연구 제1집, 서울 : 국제대학 인문과학연구소, 1982. 6.15, 33~53쪽.

16. “심청전 이본고(Ⅲ)－활자본 심청전의 서지 및 특색과 계열,” 국제대학 논문집 제10집, 서울 : 국제대학 출판부, 1982. 9 5, 99~126쪽.

17. “효행 설화에 나타난 전승집단의 의식,” 한국인의 생활의식과 민중예술, 서울 : 성균관대학교 대동문화연구원, 1984. 2.20, 305~343쪽.

18. “「다시 찾은 옥새」 설화의 구조와 의미,” 석계石溪 이명구李明九 박사회갑기념논총, 서울 : 동同 간행위원회, 1984.10.25, 53~63쪽.

19. “「금방울전」 연구,” 국제대학 논문집 제12집, 서울 : 국제대학 출판부, 1984.10.20, 5~57쪽.

20. “고소설의 이본(異本) 연구,” 국제대학 논문집 제13집, 서울 : 국제대학 출판부, 1985.12.30, 7~35쪽.

21. “계모 설화의 연구,” 한국의 민속 제3집, 경희대학교 민속학연구소, 1986. 4.20, 1~34쪽.

22. “문학교육론 서설,” 국제어문 6·7합집, 서울 : 국제어문학연구회, 1986. 6.25, 385~424쪽.

23. "전래동화 교육론(Ⅰ)－전래동화의 성격과 특성", 봉죽헌 박붕배 박사 회갑기념논문집, 서울 : 배영사, 1986.11.10, 394~431쪽.

24. "설화에 나타난 충忠의 양상," 예술계 제3권 7호(통권 제14호), 서울 : 한국예술문화단체 총연합회, 1986. 7. 1, 148~159쪽.

25. "민담에 나타난 한국인상韓國人像," 예술계 제3권 12호(통권 제19호), 서울 : 한국예술문화단체 총연합회, 1986.12. 1, 102~112쪽.

26. "설화에 나타난 삶의 슬기－민간의식 속에 살아 있는 토끼를 중심으로," 예술계 제4권 1호(통권 제20호), 서울 : 한국예술문화단체 총연합회, 1987. 1. 1, 130~141쪽.

27. "한국인의 의식 속의 호랑이," 예술계 제4권 2호(통권 제21호), 서울 : 한국예술문화단체 총연합회, 1987. 2. 1, 198~209쪽.

28. "「소가 된 게으름쟁이」설화의 구조와 의미," 청람문화 창간호, 청원 : 한국교원대학교, 1987. 2.25, 112~120쪽.

29 "중학교 국어과 교육과정의 변천," 교원교육 제3권 1호, 청원 : 한국교원대학교 교육연구원, 1987.12.30, 41~53쪽.

30. "나무꾼과 선녀설화의 고찰," 청람어문학 제1집, 청원 : 청람어문학회, 1988. 2.25, 59~85쪽.

31. "민담에 나타난 변신變身의 양식과 의미," 문학과 비평 제2권 1호(통권 제5호), 서울 : 문학과 비평사, 1988. 3. 1, 236~246쪽.

32. "전설의 허구와 사실과의 관계－단맥형斷脈型 「판목 전설」을 중심으로," 야천 이병호 박사회갑기념논문집, 서울 : 동 간행위원회, 1989. 8. 15, 302~315.

33. "「김씨열행록」 연구," 국제어문 제11집, 서울 : 국제 어문학 연구회, 1990. 7.30, 47~76쪽.

34. "설화에 나타난 말[馬]의 성격과 전승집단의 의식," 석천 정우상 박사 화갑기념논문집, 서울 : 교학사, 1990. 9. 1, 627~636쪽.

35. "「삼자원종기三子願從記」의 설화적 배경과 신선관," 한국어문교육 제1집, 청원 : 한국교원대학교 한국어문교육연구소, 1990.10. 1, 97~109쪽.
36. "서사작품에 나타나는 남장신부男裝新婦 모티프의 성격과 의미," 벽사 이우성 선생 정년퇴직기념 국어국문학논총, 서울 : 여강출판사, 1990. 11.15, 1047~1064쪽.
37. "「심청가」에 나타난 우리말의 아름다움," 한글 210, 서울 : 한글학회, 1990.12.30, 35~50쪽.
38. "설화와 기록문학의 관계," 계봉 임만영 교수 화갑기념논문집, 서울 : 동 간행위원회, 1991. 6.15, 603~619쪽.
39. "설화를 통해서 본 한국인의 영혼관과 내세관," 한승호 목사 고희기념 논문집, 서울 : 동 간행위원회, 1991. 7.20, 37~60쪽.
40. "설화를 통해서 본 한국인의 삶과 죽음에 대한 의식," 국제어문 12·13합집, 서울 : 국제어문학연구회, 1991. 8.31, 263~287쪽.
41. "「삼생록」의 구조와 의미," 대동문화연구 제26집, 성균관대학교 대동문화연구원, 1991.12.30, 79~96쪽.
42. "전래동화의 성격과 교육적 의미," 국어과 교육학의 이론과 방법 연구, 서울 : 교학사, 1992. 6.26, 412~419쪽.
43. "단군신화의 교육적 성격과 의미," 국어교육 제79·80호, 서울, 한국국어교육연구회, 1992.12.25, 369~395쪽.
44. "옥단춘전," 황패강 교수 정년퇴직기념논총 고전소설연구, 서울 : 일지사, 1993. 4.10, 480~491쪽.
45. "단군신화 교육의 현황과 지도 방향," 청하 성기조 선생 화갑기념 논문집, 신원문화사, 1993. 6. 1, 1303~1321쪽.
46. "서사작품에 나타나는 '신발'의 성격과 의미," 한민족 제4집, 서울 : 교문사, 1993. 6.25, 5~27쪽.
47. "판소리와 판소리계 소설의 형성 및 선후 관계," 소재영 교수 회갑기

념 논총 고소설사의 제문제, 서울 : 집문당, 1993.11. 1, 767~786쪽.

48. "조선 시대의 소설관," 한국어문교육 제3집, 청원 : 한국교원대학교 한국어문교육연구소, 1993.12.20, 158~197쪽.

49. "한국 민담의 연구," 한국민속연구사, 서울 : 지식산업사, 1994. 8.30, 147~159쪽.

50. "단군신화의 문헌 수록 양상과 서사문학적 성격," 경산 사재동 박사 화갑기념논총 한국서사문학사의 연구, 대전 : 중앙문화사, 1995. 5.20, 437~452쪽.

51. "점복 신앙占卜信仰의 의미와 원리," 국제어문 제16집, 서울 : 국제 어문학 연구회, 1995. 5.10, 363~372쪽.

52. "백령도 지역의 '심청 전설' 연구," 한국민속학보 7, 서울 : 한국민속학회, 1996.12.30, 467~519쪽.

53. "도미 설화의 전승 양상," 고문화 49, 서울 : 한국 대학박물관협회, 1996.12.31, 151~170쪽.

54. "김태곤의 문학 연구 성과와 의의," 민속문학과 전통문화, 서울 : 박이정, 1997.6.30. 37~50쪽.

55. "「심청전」에 나타난 순환과 인신공희의 의미," 한국문화의 원본사고, 서울 : 민속원, 1997. 7. 4, 196~218쪽.

56. "문헌설화에서의 성性 수용 양상과 그 의미," 한국의 민속과 성, 서울 : 지식산업사, 1997.10.10, 7~42쪽.

57. "「온달 설화」의 전승 양상," 청람어문학 20, 청원 : 청람어문학회, 1998. 1.13. 59~75쪽.

58. "심청 전설의 변이 양상과 그 원인," 개암 조규일 박사 화갑기념논총 국어국문학논총, 서울 : 박이정, 1998. 2.16. 467~479쪽.

59. "설화 조사 · 연구의 방법과 성과," 설화문학연구(상), 서울 : 단국대학교 출판부, 1998. 6.28. 325~349쪽.

60. “심청전의 구조와 의미,” 고전작가 작품의 이해, 서울 : 박이정, 1998. 9.20. 365~378쪽.
61. “제6차 교육과정기 각급 학교 교과서에서의 단군신화 수용 실태,” 육헌 한상수 박사 화갑기념논총, 대전 : 동 간행위원회, 1998.12.17. 545~556쪽.
62. “설화에 나타난 박문수의 인간상과 민중의 의식,” 청람어문학 21, 청원 : 청람어문학회, 1999. 3.31. 43~72쪽.
63. “「오누이 성 쌓기 내기 전설」의 의미와 기능-홍성 지역 석성산성과 학성산성, 복신굴, 상여바위 전설을 중심으로,” 비교민속학과 비교문화, 서울 : 민속원, 1999. 11. 20. 105~127쪽.
64. “인신공희人身供犧 설화 연구,” 한국민속학보 제10호, 서울 : 한국민속학회, 1999.12.30. 167~207쪽.
65. “효행설화에 나타난 한국인의 의식,” 한국의 예절 제1권, 서울 : 예절학회, 1999.12.15. 35~47쪽.
66. “「심청 전설」과 「심청전」의 관계,” 고소설의 사적 전개와 문학적 지향, 서울 : 보고사, 2000. 3.13. 653~695쪽.
67. “속리산 산신제의 실상과 기능,” 한국 축제의 이론과 현장, 서울 : 월인출판사, 2000.10.21. 977~998쪽.
68. “「저승 재물 차용 설화」 연구,” 한국민속학보 11, 서울 : 한국민속학회, 2000. 6.30. 111~135쪽.
69. “「심청전」의 배경이 된 곳,” 반교어문학 11, 서울 : 반교어문학회, 2000. 8.31. 193~213쪽.
70. “설화에 나타난 토정의 모습,” 설화와 역사, 서울 : 집문당, 2000. 11. 25. 567~584쪽.
71. “설화에 나타난 한국인의 풍수의식,” 한국어문교육 10집, 청원 : 한국교원대학교 한국어문교육연구소, 2001. 2.10, 27~63쪽.

72. “토정 이지함 설화 연구,” 한국민속학 33, 서울 : 한국민속학회, 2001. 6.30. 299~333쪽.

73. “한국 근대 민요에 나타난 항일의식,” 비평문학 15, 서울 : 비평문학회, 2001. 7.10. 399~414쪽. 민요학회 편, 민요논집 8, 서울 : 민속원, 2004, 293~312쪽.

74. “「소설 토정비결」의 설화 수용 양상,” 반교어문연구 13, 서울 : 반교어문학회, 2001. 8.31. 407~434쪽.

75. “「금송아지 설화」 연구,” 한국민속학 35, 서울 : 한국민속학회, 2002. 6.30. 175~207쪽.

76. “충남 홍성 지역 ‘보살’과 ‘법사’의 성격과 실상,” 한국무속학 4, 서울 : 한국무속학회, 2002. 6.25, 131~168쪽.

77. “설화의 이해와 교육,” 설화 · 고소설 교육론, 서울 : 민속원, 2002.11.30, 3~43쪽.

78. “고소설의 이해와 교육,” 설화 · 고소설 교육론, 서울 : 민속원, 2002. 11.30, 481~531쪽.

79. “전설과 지역 문화의 상관 관계,” 전설과 지역 문화, 서울 : 민속원, 2002.11.30, 1~25쪽.

80. “홍성 지역 마을 공동체 신앙의 실상과 기능,” 인문논총 6, 청원 : 한국교원대학교 인문과학연구소, 2003. 1.15, 37~68쪽.

81. “충남 지역 인물 전설의 전승 양상과 활용 방안,” 한국민속학 38, 서울 : 한국민속학회, 2003.12.30, 495~533쪽.

82. “죽령 산신당 당신화 「다자구 할머니」와 죽령 산신제,” 한국민속학 39, 서울 : 한국민속학회, 2004.6.30, 381~410쪽.

83. “「양반으로 환생하여 벼슬한 이야기」의 구조와 의미,” 비교민속학 27, 서울 : 비교민속학회, 2004.8.30, 451~473쪽.

84. “「며느릿감 고르기 설화」에 나타난 부자 며느리의 조건과 경제의식,”

한국민속학 41, 서울 : 한국민속학회, 2005. 6.30, 459~480쪽.

85. "「김해진전」의 서사 구조와 작가의식," 청람어문교육 33, 청원 : 청람어문교육학회, 2006. 6.30, 279~311쪽.

86. "설화를 통해서 본 한국인의 영혼관," 동아시아의 영혼관, 서울 : 경인문화사, 2006.11.30, 85~105쪽.

87. "신선 설화의 전승 양상과 한국인의 의식," 한국민속학 44, 서울 : 한국민속학회, 2006.12.30, 491~532쪽.

88. "고전문학 연구의 성과와 의의," 한국의 민속과 문화 11, 서울 : 경희대학교 민속학연구소, 2006.12.30. 2~29쪽.

89. "자린고비 설화의 전승 양상과 의미," 청람어문교육 36, 청원 : 청람어문교육학회, 1007.12.31, 449~483쪽.

90. "「심청전」 관련 설화의 전승 양상과 성격," 교원교육 제23권 4호, 청원 : 한국교원대학교 교육연구원, 2007.12.30.

〈저서와 논문 외의 집필 활동〉

· 서평

1. "국어과 교육의 형성과 발전 과정을 체계화한 역저力著 – 박붕배 저, 국어교육 전사全史(상)," 국어생활 제12호(1988년 봄호), 서울 : 국어연구소, 1988. 3, 121~141쪽.
2. "화순 지역 구비문학 자료의 집대성 – 최래옥 · 김균태 편, 한국구비문학대계 전남 화순군편 (1) · (2) · (3)," 정신문화연구 통권 제34호, 성남 : 한국정신문화연구원, 1988, 331~334쪽.
3. "1930년대 북한 자료의 보고寶庫 – 임석재 편, 『한국 구전설화』 Ⅰ~Ⅳ," 한국민속학 제22집, 서울 : 민속학회, 1989, 167~171쪽.
4. "한민족에 잠재된 의식과 생활사 설명 – 오출세 저, 『한국서사문학과 통과

의례』," 출판저널 제175호, 서울 : 출판문화협회, 1995. 8.20.

5. "제주도 속담 연구의 총결산 – 고재환 저, 『제주도 속담총론』 –," 제주도 연구 19, 제주 : 제주학회, 2001.
6. "현대설화 연구의 선편先鞭 – 김종대의 『한국의 학교 괴담』," 민속소식 96, 서울 : 국립민속박물관, 2003. 8.
7. "정선된 언어와 세련된 문장으로 형상화한 심오한 정신 세계 – 이방주의 『축 읽는 아이』," 축 읽는 아이, 서울 : 선우미디어, 2003, 256~269쪽.

· 수필

1. "유행가," 청야 제1호, 서울 : 국제대학 학생회, 1971.
2. "옛이야기와 원두막," 기독교문학 제1집, 서울 : 중앙신학교 출판부, 1974.
3. "북소리," 기독교문학 제2집, 서울 : 중앙신학교 출판부, 1976.
4. "탈춤," 새생명, 통권202호, 서울 : 컨콜디아사, 1979. 6.
5. "입장료 유감," 국제대학동창회보 제3호, 국제대학동창회, 1983. 2.28.
6. "호칭," 국제대학보 제215호, 1979. 9.29.
7. "이름 석 자," 국회보 제215호, 서울 : 국회사무처, 1984. 9.
8. "자극과 반응," 기계공업 제93호, 서울 : 한국기계공업진흥회, 1985. 2.
9. "나와 너," 해주 최씨 종지 창간호, 서울 : 해주최씨대종회, 1986. 4.
10. "물이 주는 교훈," 교원대신문 제18호, 한국교원대학교 신문사, 1986. 6. 5.
11. "고사리 상자에 담긴 제자의 정성," 백수문학 제22호, 조치원 : 백수문학회, 1988. 1.
12. "어느 할머니의 죽음," 시와 시론 제38집, 서울 : 시와 시론사, 1988. 3.
13. "수탉 같은 신랑," 백수문학 제23호, 조치원 : 백수문학회, 1988. 3.
14. "효의 어제와 오늘," 시와 시론 제39집, 서울 : 시와 시론사, 1988.

15. "고사목枯死木의 줄기와 순," 백수문학 제24호, 조치원 : 백수문학회, 1988.12.
16. "결혼식 주례자의 기쁨과 보람," 백수문학 제25호, 조치원 : 백수문학회, 1987. 2.
17. "단금여란斷金如蘭의 뜻을 새기며," 구용 김영탁 교수 정년기념문집, 서울 : 동 간행위원회, 1987. 2.
18. "부부싸움의 규칙," 월간 충청 통권 제150호, 청주 : 월간충청사, 1989. 6.
19. "세 가지 만남을 이루기를," 월간 에세이 통권 제33호, 서울 : 원장문화사, 1990. 1.
20. "석류나무 앞에 서서," 시와 시론 제42호, 서울 : 시와 시론사, 1990.
21. "나의 전속 이발사," 백수문학 제27호, 조치원 : 백수문학회, 1990. 7.
22. "기헌箕軒 선생님을 추모하며," 한국고전문학론, 서울 : 개문사, 1989.
23. "말해의 소망," 한글새소식 제209호, 서울 : 한글학회, 1990. 1.
24. "설날에 주고받는 덕담," 시와 시론 제43호, 서울 : 시와 시론사, 1990.10.
25. "영혼끼리의 결혼," 백수문학 제29호, 조치원 : 백수문학회, 1991. 5.
26. "올바른 운전 습관," 충청도유우 제1집, 서울 : 충청문인협회, 1991. 6.
27. "결혼식 주례자의 지각," 월간중앙 10월호, 서울 : 중앙일보사, 1991.10.
28. "따뜻하게 느껴지는 겨울," 문학예술 통권 제23호, 서울 : 문학예술사, 1992. 1.
29. "선생님의 선생님이 되어," 백수문학 제31호, 조치원 : 백수문학회, 1992. 6.
30. "고향의 밤," 충청도유우 제2집, 서울 : 충청문인협회, 1992.
31. "가을의 문턱에서," 시와 비평 제17호, 서울 : 자유지성사, 1992.10.
32. "8세 소녀의 내림굿," 시와 시론 제48호, 서울 : 시와 시론사, 1993. 2.20.
33. "예쁜 꽃과 좋은 열매," 시와 비평 제24호, 서울 : 자유지성사, 1993. 5.
34. "소리꾼의 한과 신명," 백수문학 제34호, 조치원 : 백수문학회, 1993. 7.

35. "형님과 고향," 충남저널 통권 제23호, 천안 : 충남저널사, 1993. 6.
36. "가재 같은 사람과 굼벵이 같은 사람," 서울 : 조선문학사, 1993. 8.
37. "따스한 인정이 넘치는 고장," 홍주소식 제12권 8호, 홍성 :홍성문화원, 1993. 8.
38. "나의 호," 시와 시론 제49호, 서울 : 시와 시론사, 1993.
39. "38년만에 만난 친구들," 충청문학 제6호,서울 : 충청문인협회, 1995.
40. "반쪽 며느리의 효성," 조선문학 31, 서울 : 조선문학사, 1993. 11.
41. "분에 넘치는 신부감," 울이말글 2, 청원 : 한국교원대 국어교육과, 1993.
42. "작은 거인," 무애 최종섭 회장 화갑기념문집, 부산 : 동 간행위원회, 1995. 4.10
43. "할미꽃에 얽힌 슬픈 이야기," 조선문학 36, 서울 : 조선문학사, 1994. 4.
44. "막내아들 면회와 피서," 조선문학 40, 서울 : 조선문학사, 1994. 8.
45. "의사의 말 한 마디," 월간충청 214, 청주 : 월간충청사, 1994. 7.
46. "한국인의 해학," 가정의 벗 제27권 8호, 서울 : 대한가족계획협회, 1994. 8. 1.
47. "개와 오륜," 시와 시론 52, 서울 : 시와 시론사, 1995.
48. "법 없어도 살 사람," 시와 시론 52, 서울 : 시와 시론사, 1995.
49. "심청각이 우상인가," 조선문학 48, 서울 : 조선문학사, 1995. 3.
50. "오늘의 내가 있게 해 준 곳," 홍주소식 제117호, 홍성 : 홍성문화원, 1995. 7.
51. "공처가와 애처가," 시와 시론 53, 서울 : 시와 시론사, 1995.
52. "사제 간의 존경과 사랑," 가르치며 기뻐하며, 서울 : 집문당, 1996.
53. "존경받는 아버지," 가르치며 기뻐하며, 서울 : 집문당, 1996.
54. "생각이 깊은 어머니," 가르치며 기뻐하며, 서울 : 집문당, 1996.
55. "자랑스런 제자," 주변인의 길, 서울 : 주변인 정신생활연구소, 1996.11.

56. "노후를 위한 투자," 시와 시론 54, 서울 : 시와 시론사, 1996.
57. "내가 본 지기상 교장 선생님," 지기상 교장 정년퇴임기념문집, 서울 : 동 간행위원회, 1997.
58 "최영 장군의 숨결이 살아 있는 철마산," 충청문학 7, 서울 : 충청문인협회, 1997.
59 "성삼문 선생과의 만남," 충청문학 8, 서울 : 충청문인협회, 1998.
60 "꿈보다 해몽解夢을 잘해야," 농지개량, 서울 : 농지개량조합연합회, 1998. 4.
61 "두 산성에 얽힌 슬픈 사연," 충청문학 9, 서울 : 충청문인협회, 1998.
62. "지성과 감천이 받은 복," 서경대 동문회보 16, 서울 : 서경대 총동문회, 1998.
63. "운명의 네 기둥-사주팔자," 농지개량, 서울 : 농지개량조합연합회, 1999. 1.
64. "토끼의 용기와 지혜," 농지개량, 서울 : 농지개량조합연합회, 1999. 2.
65. "점을 치는 마음," 농지개량, 서울 : 농지개량조합연합회, 1999. 3.
66. "파옥초破屋草라 불리는 부추," 농지개량, 서울 : 농지개량조합연합회, 1999. 4.
67. "복을 가져다 주는 두꺼비," 농지개량, 서울 : 농지개량조합연합회, 1999. 5.
68. "그네뛰기," 농지개량, 서울 : 농지개량조합연합회, 1999. 6.
69. "도깨비의 정체," 농지개량, 서울 : 농지개량조합연합회, 1999. 7.
70. "도깨비의 성정性情," 농지개량, 서울 : 농지개량조합연합회, 1999. 8.
71. "농사와 곡식장사로 성공한 사람," 농지개량, 서울 : 농지개량조합연합회, 1999. 9.
72. "들돌놀이와 들돌제," 농지개량, 서울 : 농지개량조합연합회, 1999.10.
73. "청하 선생님과 함께 한 14년," 청하 성기조 교수 정년퇴임기념문집

또 다른 길목에서, 서울 : 한국문화사, 1999.

74. "은혜를 아는 마음," 문예운동 62, 서울 : 문예운동, 1999. 5.
75. "효동에서 만난 사람," 충청문학 10, 서울 : 충청문인협회, 1999.
76. "태산에 올라," 서울문학 3, 서울 : 대한출판사, 1999.12.
77. "용의 승천과 여의주," 조선문학 106, 서울 : 조선문학사, 2000. 1.
78. "사랑의 매," 불교 통권 제533호, 서울 : 월간 불교, 2000. 3.
79. "담임 교사 뺨을 때린 어머니," 수필문학 제120호, 서울 : 수필문학사, 2000. 6.
80. "술이 생긴 내력과 술버릇," 한국수필 제104호, 서울 : 한국수필가협회, 2000. 6.
81. "잎을 따기 위해 나무를 베는 사람," 조선문학 111, 서울 : 조선문학사, 2000. 6.
82. "소국원," 충청문학 11, 서울 : 충청문인협회, 2000. 10.
83. "최영 장군의 숨결을 느끼며," 홍고 60년사, 홍성 : 홍성고등학교 총동창회, 2001.
84. "새끼 떠나보낸 어미새," 수필문학 통권 143, 서울 : 수필문학사, 2002. 7.
85. "소중한 인연," 성기조 교수 고희 기념문집 굴렁쇠의 시간 여행, 서울 : 한국문화사, 2003.
86. "금강산 육로 관광의 감회," 수필문학 통권 158호, 서울 : 수필문학사, 2003.11.
87. "남을 배려하는 마음," 조선문학 통권 152호, 서울 : 조선문학사, 2004. 1.
88, "부부가 함께 하는 운동," 수필문학 통권 172호, 서울 : 수필문학사, 2005. 3.
89. "북경 향산의 케이블카," 문예운동 제89호(2006년 봄호), 서울 : 문예운동사, 2006. 3. 1.
90. "문화의 차이에서 오는 충격과 적응," 수필문학 제184호, 서울 : 수필

문학사, 2006. 4. 1

91. "다시 찾은 백두산 천지," 충청문학 17, 서울 : 충청문인협회, 2006.
92. "복의 기운이 넘치는 2007년 돼지해를 맞으며," 홍성신문 제1008호, 2007. 1. 1.
93. "뱀신을 물리친 서련徐憐의 용기와 희생정신," 충청문학 18, 서울 : 충청문인협회, 2007.

· 설화, 고소설, 민속 관련 글

1. "심청전의 구조와 주제," 한글 새소식 제116호, 서울 : 한글학회, 1982. 4.
2. "한국인의 영혼관과 내세관," 청야 제11집, 서울 : 국제대학 학도호국단, 1983.
3. "민담 속의 한국인," 한국청소년 제6호, 서울 : 한국청소년연맹, 1984.10.
4. "정월의 세시풍속," 정우正友 제3권1호(통권 제13호), 서울 : 정우개발주식회사, 1985. 2.
5. "옛날이야기에 나타난 협동정신," 우리 얼 제3권 9호, 서울 : 한국청소년연맹, 1985.11.
6. "설화 속에서 만나는 호랑이들," 한국인 제42호, 서울 : 사회발전연구소, 1986. 1.
7. "한국인의 효의식," 예술계 통권 제13호, 서울 : 한국예술문화단체 총연합회 기획부, 1986. 6.
8. "생과 재생에 관한 의식," 예술계 통권 제15호, 서울 : 한국예술문화단체 총연합회 기획부, 1986. 8.
9. "한국인의 영혼관과 내세관," 예술계 통권 제16호, 서울 : 한국예술문화단체 총연합회 기획부, 1986. 9.
10. "다시 찾은 옥새 설화의 구조와 의미," 예술계 통권 제17호, 서울 : 예술문화단체 총연합회 기획부, 1986.10.

11. "계모설화의 유형과 의미," 예술계 통권 제18호, 서울 : 한국예술문화단체 총연합회 기획부, 1986.11.
12. "우리 민족의 정통성을 일깨워 준 단군신화," 우리 얼 제49호, 서울 : 한국청소년연맹, 1987.11.
13. "혼쥐 이야기," 월간 충청 제139호, 청주 : 월간충청사, 1988. 4.
14. "호랑이에게 아들을 던져준 며느리," 월간 충청 통권 제140호, 청주 : 월간충청사, 1988. 5.
15. "한국인의 귀신관," 동부 통권 제90호, 서울 : 동부그룹 종합조정실, 1988. 8.
16. "이조 후기 사회의 신분제 동요와 「김학공전」," 동양문학 제2호, 서울 : 동양문학사, 1988. 8.
17. "심청전의 구조와 의미," 고전소설의 이해, 서울 : 문학과 비평사, 1991.
18. "전통혼례의 절차와 의미," 미술세계 제67호, 서울 : 미술세계, 1990. 6.
19. "설날을 맞으면서," 두레 제50호, 서울 : 우풍상호신용금고, 1992. 2.
20. "정월의 세시풍속," 대동은행 제11호, 대구 : 대동은행 종합기획부, 1992. 1.
21. "한국인이 보는 삶과 죽음의 자리," 교수신문 제18호, 1993. 3. 1.
22. "설화와 민속에 나타난 은의 상징적 성격과 의미," 국민투신 제52호, 1996년 여름.
23. "추석, 가족간의 따뜻한 정을 느낄 수 있는 우리의 명절," 한국감정원, 서울 : 한국감정원, 1999. 9.
24. "한국인의 손짓," 충북교육, 청주 : 충청북도 교육청, 2006. 9.
25. "복의 기운이 넘치는 2007년 돼지해를 맞으며," 홍성신문 제1008호, 2007. 1. 1.
26. "복의 기운이 넘치는 정해년,"(일어), ASIANA culture vol.19. No.1. 아

시아나항공, 2007. 1.

· 「속담 · 민속 코너」 연재

1. "해인사의 불을 끈 김복선," 소방안전 제44호, 서울 : 한국소방안전협회, 1988.11.
2. "심마니와 이무기," 소방안전 제45호, 서울 : 한국소방안전협회, 1989. 1.
3. "다시 찾은 옥새," 소방안전 제46호, 서울 : 한국소방안전협회, 1989. 3.
4. "퇴침 속의 나무도막," 소방안전 제47호, 서울 : 한국소방안전협회, 1989. 5.
5. "재치 있는 학동과 훈장," 소방안전 제48호, 서울 : 한국소방안전협회, 1989. 7.
6. "천생연분," 소방안전 제49호, 서울 : 한국소방안전협회, 1989. 9.
7. "계란에도 뼈가 있다," 소방안전 제50호, 서울 : 한국소방안전협회, 1989.11.
8. "세상에서 가장 높은 고개," 소방안전 제51호, 서울 : 한국소방안전협회, 1990. 1.
9. "쥐X도 모른다," 소방안전 제52호, 서울 : 한국소방안전협회, 1990. 3.
10. "함흥차사," 소방안전 제53호, 서울 : 한국소방안전협회, 1990. 5.
11. "엎지러진 물, 깨어진 그릇," 소방안전 제54호, 서울 : 한국소방안전협회, 1990. 7.
12. "신선놀음에 도끼자루 썩는 줄 모른다," 소방안전 제55호, 서울 : 한국소방안전협회, 1990. 9.
13. "조강지처 불하당, 두더지 혼인," 소방안전 제56호, 서울 : 한국소방안전협회, 1990.11.
14. "연하장, 세배, 덕담의 의미," 소방안전 제57호, 서울 : 한국소방안전협회, 1990. 12.

15. “약밥과 쥐불놀이,” 소방안전 제58호, 서울 : 한국소방안전협회, 1991. 2.
16. “단오의 유래와 민속,” 소방안전 제59호, 서울 : 한국소방안전협회, 1991. 5.
17. “칠석의 유래와 민속,” 소방안전 제60호, 서울 : 한국소방안전협회, 1991. 7.
18. “임신부의 금기사항,” 소방안전 제61호, 서울 : 한국소방안전협회, 1991. 9.
19. “돌떡과 돌잡이,” 소방안전 제62호, 서울 : 한국소방안전협회, 1991.11.
20. “팥죽과 성냥,” 소방안전 제63호, 서울 : 한국소방안전협회, 1992. 1.
21. “결혼식장의 촛불,” 소방안전 제64호, 서울 : 한국소방안전협회, 1992. 3.

·「고전문학에 나타난 여성상」 연재

1. “순정과 의리의 기녀 옥단춘,” 문학예술 제1호, 서울 : 문학예술사, 1990. 3.
1. “용기와 지혜로 운명을 개척한 김씨 부인,” 문학예술 제2호, 서울 : 문학예술사, 1990. 4.
3. “감옥 안의 신랑을 구한 옥랑,” 문학예술 제3호, 서울 : 문학예술사, 1990. 5.
4. “기생의 하인이 된 남편을 구한 김씨,” 문학예술 제4호, 서울 : 문학예술사, 1990. 6.
5. “명판결로 죽을 사람 살린 이 소저,” 문학예술 제5호, 서울 : 문학예술사, 1990. 7.
6. “의붓자식을 죽이려는 사악한 계모,” 문학예술 제6호, 서울 : 문학예술사, 1990. 8.
7. “시집살이를 잘한 지혜로운 며느리,” 문학예술 제7호, 서울 : 문학예술사, 1990. 9.

8. "사랑에 목숨을 건 궁녀 운영," 문학예술 제8호, 서울 : 문학예술사, 1990.10.
9. "정절을 의심받자 자결한 숙영," 문학예술 제9호, 서울 : 문학예술사, 1990.11.

·「고전문학에 나타난 경제 이야기」 연재

1. "장사로 성공한 허생," 대동은행 제12호, 대구 : 대동은행 종합기획부, 1992. 3.
2. "농사와 곡식장사로 치부한 최생," 대동은행 제13호, 대구 : 대동은행 종합기획부, 1992. 5.
3. "며느릿감 고르기," 대동은행 제14호, 대구 : 대동은행 종합기획부, 1992. 7.
4. "부부 각방各房," 대동은행 제15호, 대구 : 대동은행종합기획부, 1992. 9.
5. "세 가지 어려운 일," 대동은행 제16호, 대구 : 대동은행 홍보실, 1992.11.
6. "딸 삼 형제," 대동은행 제17호, 대구 : 대동은행 홍보실, 1993. 1.
7. "통역관과 북경거지," 대동은행 제18호, 대구 : 대동은행 홍보실, 1993. 3.
8. "감초," 대동은행 제19호, 대구 : 대동은행 홍보실, 1993. 5.
9. "부자 되는 비결," 대동은행 제20호, 대구 : 대동은행 홍보실, 1993. 7.
10. "선혜청 서리의 아내," 대동은행 제21호, 대구 : 대동은행 홍보실, 1993. 9.25.
11. "도깨비가 도와 준 주점," 대동은행 제22호, 대구 : 대동은행 홍보실, 1993.12.

·「전설의 현장을 찾아서」 연재

1. "남근을 제물로 바치는 해신당," 조선문학 49, 서울 : 조선문학사,

1995. 5.

2. "남매탑," 조선문학 50, 서울 : 조선문학사, 1995. 6. 3. "쌀 나오는 바위 - 수穗바위 -," 조선문학 51, 서울 : 조선문학사, 1995. 7.
4. "송지호와 며느리바위," 조선문학 52, 서울 : 조선문학사, 1995. 8.
5. "두꺼비가 살려준 처녀," 조선문학 53, 서울 : 조선문학사, 1995. 9.
6. "홍성의 철마산과 금마총," 조선문학 54, 서울 : 조선문학사, 1995. 10.
7. "복卜효자와 모쟁이샘," 조선문학 55, 서울 : 조선문학사, 1995. 11.
8. "심청전의 배경이 된 백령도," 조선문학 56, 서울 : 조선문학사, 1995.12.
9. "백령도의 침뱉는 재," 조선문학 57, 서울 : 조선문학사, 1996. 1.
10. "효녀의 발원에 의해 세워진 관음사," 조선문학 58, 서울 : 조선문학사, 1996. 2.
11. "바다에서 떠들어 온 목섬," 조선문학 59, 서울 : 조선문학사, 1996. 3.
12. "섣달 그믐이면 우는 와룡산," 조선문학 60, 서울 : 조선문학사, 1996. 4.
13. "곰절 성주사와 풍수신앙," 조선문학 61, 서울 : 조선문학사, 1996. 5.
14. "탄금대 - 우륵의 탄금彈琴과 신립의 최후 -," 조선문학 62, 서울 : 조선문학사, 1996. 6.
15. "청주의 은행나무와 무심천," 조선문학 63, 서울 : 조선문학사, 1996. 7.
16. "도미 부인의 정절각과 사당," 조선문학 64, 서울 : 조선문학사, 1996. 8.
17. "손돌목과 손돌바람," 조선문학 66, 서울 : 조선문학사, 1996.10.
18. "참성단과 삼랑성," 조선문학 67, 서울 : 조선문학사, 1996.11.
19. "함허동천과 각씨바위," 조선문학 68, 서울 : 조선문학사, 1996.12.
20. "보문사 석실의 나한전," 조선문학 69, 서울 : 조선문학사, 1997. 1.
21. "유달산과 삼학도," 조선문학 69, 서울 : 조선문학사, 1997. 2.
22. "궁남지宮南池와 서동薯童," 조선문학 70, 서울 : 조선문학사, 1997. 3.
23. "조룡대와 낙화암," 조선문학 71, 서울 : 조선문학사, 1997. 4.
24. "안동 연미사," 조선문학 72, 서울 : 조선문학사, 1997. 5.

25. “의성 베틀바위,” 조선문학 73, 서울 : 조선문학사, 1997. 6.
26. “융릉隆陵과 지지대遲遲臺,” 조선문학 74, 서울 : 조선문학사, 1997. 7.
27. “치마바위,” 조선문학 75, 서울 : 조선문학사, 1997. 8.
28. “성을 먼저 쌓고 지은 경복궁,” 조선문학 76, 서울 : 조선문학사, 1997. 9.
29. “영남루와 아랑각,” 조선문학 77, 서울 : 조선문학사, 1997.10.
30. “구미의 의구총義狗塚,” 조선문학 78, 서울 : 조선문학사, 1997.11.
31. “땀나는 비碑 – 사명대사 표충비,” 조선문학 79, 서울 : 조선문학사, 1997.12.
32. “온달 장군의 공깃돌과 말 무덤,” 조선문학 80, 서울 : 조선문학사, 1998. 1.
33. “선산 죽장리 5층 석탑,” 조선문학 81, 서울 : 조선문학사, 1998. 2.
34. “최치원의 아들과 딸이 쌓은 두 성과 한치마석,” 조선문학 82, 서울 : 조선문학사, 1998. 3.
35. “정읍 망제동 석불,” 조선문학 84, 서울 : 조선문학사, 1998. 5.
36. “김제의 벽골제와 신털미산,” 조선문학 85, 서울 : 조선문학사, 1998. 6.
37. “내장산 도덕폭포,” 조선문학 86, 서울 : 조선문학사, 1998. 7.
38. “오수獒樹의 의견비義犬碑,” 사학연금 135, 서울 : 사학연금관리공단, 1995. 7.
39. “예산 이성만 형제 효제비孝悌碑,” 사학연금 137, 서울 : 사학연금관리공단, 1995. 9.
40. “홍성의 달라지 고개,” 사학연금 139, 서울 : 사학연금관리공단, 1995.11.
41. “이별의 슬픔 달래주는 ‘만날 고개’,” 사학연금 141, 서울 : 사학연금관리공단, 1996. 1.
42. “진주 비봉산의 봉알자리,” 사학연금 143, 서울 : 사학연금관리공단, 1996. 3.
43. “울고 넘는 박달재,” 사학연금 145, 서울 : 사학연금관리공단, 1996. 5.

44. "끝까지 정절을 지킨 도미의 아내," 사학연금 147, 서울 : 사학연금관리공단, 1996. 7.
45. "봉가지奉哥池와 봉천산," 사학연금 149, 서울 : 사학연금관리공단, 1996. 9.
46. "삼년고개," 사학연금 151, 서울 : 사학연금관리공단, 1996.11.
47. "영암의 덕진다리,"사학연금 154, 서울 : 사학연금관리공단, 1997. 2.
48. "곰나루와 곰사당," 사학연금 156, 서울 : 사학연금관리공단, 1997. 4.
49. "김수로왕 탄생과 구지봉," 사학연금 158, 서울 : 사학연금관리공단, 1997. 6.
50. "분노의 화살과 살곶이다리," 사학연금 160, 서울 : 사학연금관리공단, 1997. 8.
51. "구미의 의우총," 사학연금 162, 서울 : 사학연금관리공단, 1997.10.
52. "원균 장군의 죽음을 알린 애마," 사학연금 164, 서울 : 사학연금관리공단, 1997.12.

· 「옛날옛적에」 연재

농민신문 「옛날옛적에」 난에 1997년 1월 10일부터 현재까지 149회에 걸쳐 「소의 용기와 의리」 외 148편의 옛날이야기를 소개하였음.

· 논설, 컬럼

1. "주경야독晝耕夜讀하는 학생들에게," 국제대학보, 1978. 3.31.
2. "명저 해설 - 『삼국유사(三國遺事)』," 강남학보 第29호, 서울 : 강남사회복지학교, 1979.11.28.
3. "마음밭[心田] 개발," 국제대학보, 1978.10.31.
4. "고소설의 이해," 국제대학보 第237호, 1982. 6.30.
5. "담배와 멋," 국제대학보 第243호, 1983. 3.31.

6. "신입생에게 주는 글," 국제대학보 제248호, 1984. 3.20.
7. "효행설화에 나타난 한국인의 의식," 국제대학보 제257호, 1985. 4.26.
8. "한국인의 죽음에 대한 의식," 교원대신문 제24호, 1986.12. 4.
9. "전통과 현대, 그 이질성의 융화," 한양여전신문 제65호, 1987. 1.15.
10. "청복淸福을 누리며 살기를," 교원대신문 제48호, 1988.11.26.
11. "착한 뱀이 되기를," 충청일보 제13499호, 1989. 1. 5.
12. "다시 찾은 설날," 충청일보 제13520호, 1989. 1.30.
13. "새 학기와 과외," 충청일보, 1989. 2.27.
14. "가진 자가 자제할 때," 충청일보 제143567호, 1989. 3.27.
15. "어린이 교육 이대로 좋은가," 충청일보 제13590호, 1989. 4.24
16. "시급한 신뢰성 회복," 충청일보, 1989. 5.22.
17. "농촌 총각 장가 보내기," 충청일보, 1989. 6.19
18. "조강지처불하당," 국방일보 1994.10. 6일자 제5면.
19. "공처가와 애처가," 국방일보 1994.10.19일자 제5면.
20. "황금알을 낳는 거위," 국방일보 1994.10.26일자 제5면.
21. "원령怨靈," 국방일보 1994.11. 3일자 제5면.
22. "온 국민이 도덕 재무장운동에 나서야 할 때," 한국교원대신문, 1994.10.31일자 사설.
23. "부자가 부럽지 않다는 근로자 부부," 홍성신문 제396호. 1996. 7.29.
24. "도미 부인의 정절," 도서신문 제121호, 1996. 9. 2.
25. "공수拱手와 큰절," 홍성신문 제409호, 1996. 9.16
26. "소처럼 사는 사람," 홍성신문 제440호, 1997. 1.20.
27. "소띠 해를 맞는 우리의 다짐," 충청일보, 1997. 2. 8.
28. "주인을 살린 개와 역재방죽," 홍성신문 제529호, 홍성 : 홍성신문사, 1998. 1. 1.
29. "국립민속박물관 민영화는 시대 역행의 발상," 서울신문 1998. 6.20.

30. 용기를 북돋우며 정을 나누는 설날, 충청일보 1999. 2.16.
31. "학교로 달려간 경찰관," 경찰일보, 1998.12.29.
32. "토끼의 지혜와 용기," 경찰일보, 1999. 1. 7.
33. "법 집행과 인사의 공정성," 경찰일보, 1999. 1.14.
34. "'사랑의 매'를 들어야," 경찰일보, 1999. 1.21.
35. "효행을 권장하고 기리는 사회," 경찰일보, 1999. 2. 4.
36. "설을 맞는 마음," 경찰일보, 1999. 2.11.
37. "한글과 한자 병기倂記," 경찰일보, 1999. 2.25.
38. "잘못을 꾸짖는 어른," 경찰일보, 1999. 3. 6.
39. "'딱지' 대신 길 안내한 경찰관," 경찰일보, 1999. 3.11
40. "유해遺骸 인질," 경찰일보, 1999. 3.16.
41. "양심의 가책과 속죄," 경찰일보, 1999. 3.23.
42. "풍수신앙과 쇠말뚝," 경찰일보, 1999. 4. 8.
43. "저승에 쌓아둔 재물," 경찰일보, 1999. 4.15.
44. "나무를 옮기게 하여 얻은 신뢰," 경찰일보, 1999. 4.24.
45. "선양방벌禪讓放伐," 경찰일보, 1999. 5. 1.
46. "부모님을 모시는 마음," 경찰일보, 1999. 5. 8.
47. "흔들리는 교단 바로 세워야," 경찰일보, 1999. 5.13.
48. "줍는 손과 버리는 손," 경찰일보, 1999. 5.25.
49. "올바른 교통문화," 경찰일보, 1999. 5.29.
50. "어느 교사의 죽음," 경찰일보, 1999. 6. 5.
51. "천재天災보다 더 무서운 사치奢侈," 경찰일보, 1999. 6.13.
52. "언로言路와 간언諫言," 경찰일보, 1999. 6.20.

〈박사학위논문 지도 및 심사 참여〉

· 박사논문 지도

1. 김기창, 국어과 교육에서의 구비문학 제재 수용 양상 연구, 한국교원대 대학원, 1991. 8.
2. 변우복, 전우치전 연구, 한국교원대 대학원, 1998. 2.
3. 김대성, 초등학교에서의 문학교육을 위한 고전 산문 제재의 교재화에 관한 연구, 한국교원대학교 대학원, 2001. 2.
4. 조윤형, 채봉감별곡 연구, 한국교원대학교 대학원, 2005. 8.
5. 권택경, 최고운전 연구, 한국교원대학교 대학원, 2006. 2.
6. 김은경, 조선시대 독서론과 한문교과 활용 방안 연구, 한국교원대학교 대학원, 2006. 8. 25.
7. 한은수, 구성주의 자원 학습법을 활용한 한자 교수-학습 연구, 한국교원대학교 대학원, 2007. 8.

· 박사논문 심사

-한국교원대학교 대학원

1. 김기창, 국어과 교육에서의 구비문학 제재 수용 양상 연구, 한국교원대 대학원, 1991. 8.
2. 최경희, 동화의 교육적 응용에 관한 연구, 1993. 2.
3. 이대구, 석주 권필의 시문학 연구, 한국교원대 대학원, 1994. 8.
4. 이인제, 북한의 국어과 교육에 관한 연구, 한국교원대 대학원, 1996. 2.
5. 김선배, 시조문학 교육의 통시적 연구, 한국교원대 대학원, 1996. 2.
6. 권혁준, 문학 비평 이론의 시교육적 적용에 관한 연구, 한국교원대 대학원, 1997. 2.
7. 신현락, 한국 현대시의 자연관 연구, 한국교원대 대학원, 1998. 2.

8. 노인숙, 면암 최익현 한시 연구, 한국교원대 대학원, 1998. 2.
9. 변우복, 전우치전 연구, 한국교원대 대학원, 1998. 2.
10. 최종금, 1930년대 한국시의 고향의식 연구, 한국교원대 대학원, 1998. 2.
11. 장병호, 한국 현대소설의 소외의식 연구, 한국교원대 대학원, 1998. 8.
12. 송영일, 조선 성종조 경연經筵 진강進講 연구, 한국교원대 대학원, 1998. 8.
13. 김명옥, 김광균의 시 연구, 한국교원대 대학원, 1999. 2.
14. 허왕욱, 지봉 이수광 시론의 성격과 시교육적 적용에 관한 연구, 한국교원대학교 대학원, 2000. 8.
15. 김대성, 초등학교에서의 문학교육을 위한 고전 산문 제재의 교재화에 관한 연구, 한국교원대학교 대학원, 2001. 2.
16. 김종운, 조선조 몽학교재 연구, 한국교원대학교 대학원, 2001. 2.
17. 선주원, 대화적 소통 관점에서의 소설교육 연구, 한국교원대학교 대학원. 2002. 8.
18. 김전웅, 백호 임제의 시문학 연구, 한국교원대학교 대학원. 2003. 2.
19. 김영옥, 한·중 근대소설의 확립 과정 비교 연구－염상섭·현진건과 노신魯迅의 소설을 중심으로, 한국교원대학교 대학원. 2003. 2.
20. 한명숙, 독자가 구성하는 이야기 구조 교육에 관한 연구, 한국교원대학교 대학원. 2003. 2.
21. 김명순, 활동 중심 읽기 교육의 내용 연구, 한국교원대학교 대학원. 2003. 8.
22. 서현석, 학생 소집단 대화의 구조와 전략 연구-초등학교 국어과 말하기·듣기 수업의 상황을 중심으로-, 한국교원대학교 대학원 2004. 2.
23. 이재기, 문식성 교육 담론과 주체 형성에 관한 연구, 한국교원대학교 대학원, 2005. 8.
24. 이정환, 현대시조에 나타난 자연 표상의 향상과 교육적 적용 방안 연

구, 한국교원대학교 대학원, 2005. 8.
25. 조윤형, 채봉감별곡 연구, 한국교원대학교 대학원, 2005. 8.
26. 곽춘옥, 초등학교 동화 감상 지도 방법에 관한 연구, 한국교원대학교 대학원, 2006. 2.
27. 권택경, 최고운전 연구, 한국교원대학교 대학원, 2006. 2.
28. 김은경, 조선시대 독서론과 한문교과 활용방안 연구, 한국교원대학교 대학원, 2006. 8.
29. 김선희, 문학적 정서 고양을 위한 시조 교육 연구, 한국교원대학교 대학원, 2007. 2.
30. 원용석, 한문과 교육과정의 변천과 내용 체계 연구, 한국교원대학교 대학원, 2007. 2.
31. 한은수, 구성주의 자원 학습법을 활용한 한자 교수-학습 연구, 한국교원대학교 대학원, 2007. 8.
32. 김재영, 한문과 교수-학습 모형 연구, 한국교원대학교 대학원 2008. 2.

-다른 대학교 대학원

1. 고재환, 제주도 속담 연구, 성균관대학교 대학원, 1991. 2.
2. 이재원, 단군신화 연구, 세종대학교 대학원, 1991. 8.
3. 배원룡, 나무꾼과 선녀설화 연구, 성균관대학교 대학원, 1992. 2
4. 김낙효, 「청화담淸華談」 연구, 한양대학교 대학원, 1994. 8.
5. 장장식, 한국의 풍수설화 연구, 경희대학교 대학원, 1995. 2.
6. 김정석, 「단명담短命談」·「추노담推奴談」의 소설적 변용과 그 성격, 성균관대학교 대학원, 1995. 2.
7. 주강현, 두레 연구, 경희대학교 대학원, 1996. 2.
8. 손길원, 고소설에 나타난 도선사상 연구, 경희대학교 대학원, 1998. 2.
9. 안영훈, 김유신 전승 연구, 경희대학교 대학원, 1998. 8.

10. 라인정, 이류교구설화異類交媾說話 연구, 충남대학교 대학원, 1999. 2.
11. 김영수, 필사본 「심청전」 연구, 경희대학교 대학원, 2000. 8
12. 김동건, 「토끼전」 연구, 경희대학교 대학원, 2001. 2.
13. 이영수, 「심청전」의 설화화와 그 전승 양상에 관한 연구, 인하대학교 대학원, 2001. 2.
14. 이성희, 서사문학에서의 용궁 구현 양상 연구, 경희대학교 대학원, 2001. 8.
15. 최명자, 1910년대 고소설의 대중화 실현 양상 연구, 아주대학교 대학원, 2005. 2.
16. 이진모, 영동 지역 설화 연구, 관동대학교 대학원, 2005. 2.

〈학회 활동〉

국어국문학회, 한국민속학회, 국제어문학회, 국어교육연구회, 한국고전문학회, 한국구비문학회, 한국한문학회, 한국문학회, 한국어문학회, 청람어문교육학회, 반교어문학회, 비교민속학회, 한국무속학회, 비평문학회 회원.

1986. 1.29~1997. 1.31. 국제어문학회 이사
1997. 2. 1~1999. 1.31. 국제어문학회 회장
1994. 8. 6~1996. 8. 3. 청람어문교육학회 회장
1994. 5.16~1997. 5.15. 한국민속학회 이사
1997. 5.16~2002.11.30. 한국민속학회 회장
1998. 9.11~2004.12.31. 한국무속학회 이사, 고문

〈문학단체 활동〉

1990. 5. 1~현재 충청문인협회 회원
1995. 4. 1~현재 한국수필문학가협회 회원
1997. 6. 1~현재 한국수필문학회 회원

2001. 6.15~현재 국제펜클럽 한국본부 회원
2006. 7.15~현재 한국문인협회 회원

〈수상〉

1997.10.30. 충청문학상 수필부문 본상 수상
1996.10.31. 한국교원대학교 10년 근속상
2006.10.31. 한국교원대학교 20년 근속상
2007.10.10. 도남국문학상

〈신앙 생활〉

1951년부터 충남 홍성군 갈산면 갈산감리교회 출석
1960.11.28. 충남 홍성군 홍북면 봉신감리교회에서 이강산 목사님께 세례 받음.
1968.10. 서울 성북구 장위동 소재 장위감리교회로 옮김.
1976. 1. 1~1980.12.31. 장위교회 집사, 학생부 교사
1981. 1. 1~1997.12.31. 장위교회 권사, 학생부 교사, 대학부 교사
1998. 4.26~현재 장위교회 장로, 교육부장, 재무부장

〈가족 사항〉

아 내 : 이영순 1943. 7.10. 65세
서울교육대학교, 서울시내 초등학교 교감으로 명예퇴직(35년 근무)
장 남 : 최진형 1968. 1.24. 40세
성균관대학교 대학원 국어국문학과, 문학박사, 성균관대학교 대동문화연구원 연구 교수
며느리 : 이수미 1970. 4.30. 38세
성균관대학교 국어국문학과, 경기도 남양주시 도농중학교 교사

손　녀 : 최지연 2000. 1.24. 8세 서울 금북초등학교 2학년

손　자 : 최지구 2005. 6.11. 3세

장　녀 : 최현정 1969.12. 4. 39세 서울대학교 음악대학 국악과

사　위 : 윤석준 1963. 4.28. 45세

고려대학교, 미국 Case Western Reserve University 대학원, 공학석사, 르노 삼성자동차 마케팅 브랜드 매니지먼트팀 팀장

외손녀 : 윤정원 1997. 9.20. 11세 서울금북초등학교 4학년

외손자 : 윤지호 2002. 1. 7. 6세

차　남 : 최진평 1972. 5. 5. 36세

경희대학교 대학원 국어국문학과, 경희여자고등학교 교사

며느리 : 권지상 1978. 2.28. 30세

경희대학교 국어국문학과, 경기도 의정부시 발곡중학교 교사

손　녀 : 최승연 2004. 5. 1. 4세

손　녀 : 최승원 2007. 4.30. 1세

송공頌功의 노래와 글

유혜련 작사・작곡의 노래, 의재 선생의 은사이신 박붕배 교수의 송공사, 대 선배이신 성기조 교수의 송공시, 친구와 제자의 시를 싣는다.

임의 사랑 이어 가리

유혜련 작사 · 작곡

교수의 길에서 선비의 길로 돌아오는 의재 최운식

박붕배

의재宜齋 최운식崔雲植 교수가 교수직 정년定年을 맞게 되었다고 하니 세월이 쉬지 않고 빨리 흘러감을 다시 느끼게 한다. 나는 지금으로부터 45년 전에 최 교수를 대학 1학년 학생으로 만나 사제의 인연을 맺었다. 이 글을 쓰려고 하니, 그가 초·중·고교 교사를 거쳐 대학 교수가 되고, 최 교수의 제자들이 회갑 기념 논총을 낸다기에 축하의 글을 보내고, 그 잔치에 참석한 일 등이 내 기억 속에 주마등走馬燈 같이 스쳐간다.

나는 최 교수의 회갑기념 논총 하서賀書에서 최 교수의 인간적 품도品度, 성격, 학문 연찬의 방법과 학술 활동, 그리고 모범적인 공적公的·사적私的 생활, 제자 교육, 후배 관리, 효행과 제가齊家, 교육에의 공헌 등 제반 활동의 양상과 나와의 만남과 지나온 일 등을 글로 다듬어 소개한 바 있다. 그 일이 엊그제 같은데, 벌써 5년이 지났다. 세월의 흐름이 화살 같음을 다시 느끼게 한다.

최 교수가 이제 학문 연구와 교육의 현장에서 물러나 초야草野에 돌아와 학문적으로 회랑반조回廊返照하면서 자연과 역사의 섭리에 따라 여생을 보내려 한다. 나는 이를 송축頌祝하면서, 최 교수가 순수한 선비의 생활을 하기를 간절히 바란다.

우리는 학문적 지식과 식견, 그리고 맑고 깨끗한 인품을 곱게 관리하며 사는 사람을 두고 '신선 같은 선비', '참 사람의 모습을 지닌 선비', '올바로 살아가는 선비'라고 한다. 나는 요즈음 어떻게 하면 품도 있는 생활을 하면서 주변과 인생을 잘 관리하며 살 것인가를 곰곰 생각해 보았다. 나는 최 교수와 서로 교류하면서 여생을 곱게 보내고자 하는 뜻에서 내가 요즈음 세태에서 생각해 본 것을 몇 줄 적고자 한다.

우리가 흔히 말하는 '선비'는 어떤 사람인가를 사전을 바탕으로 정리해 보면 다음과 같다.

① 학식은 있으나 벼슬하지 아니하고 곧은 신념으로 살아가는 사람.
② 학덕을 갖추고, 품도를 높고·곱고·깨끗하게 가꾸며 사는 사람.
③ 어질고 순하며 행동거지가 반듯한 사람.
④ 사도士道, 유도儒道, 선도仙道, 불도佛道에 도가 높은 사람.
⑤ 훌륭한 품도와 금도襟度를 지키며 남과 마찰을 일으키지 않고 인간 관계를 잘 유지하며 사는 사람.
⑥ 사람으로서의 기품과 도리를 지키며 사는 사람.
⑦ 수도의 정신을 가지고 남에게 본을 보이며 사는 사람.

이를 한 마디로 간추리면, 선비는 '참된 생활을 하며 사람답게 사는 사람'이라고 할 수 있다.

우리 역사에서 선비 생활에 대한 기록을 적어 보면 다음과 같다.

① 고구려의 을파소乙巴素는 "사람이 때를 만나지 못하면 초야에 묻혀 살고, 때를 만나면 나아가서 벼슬을 하는 것이 선비의 떳떳한 일이다."라고 하였으며, 그는 그렇게 살았다.
② 삼국 시대에는 태학박사太學博士, 유학을 닦고 역사의 기록을 해내는 사람을 선비라 하였다. 그래서 고구려는 이문진李文眞을, 백제는 고흥高興을, 신라는 강수强首·설총薛聰을 선비라 일컬었다.
③ 고려는 국자감國子監의 박사나 한림원·학사원·보문각·숙문관 등의 학사學士로, 안향安珦·백이정白頤正·최충崔沖과 삼은三隱(목은 이색, 야은 길재, 포은 정몽주)과 같은 사람을 선비라 일컬었다.
④ 조선 시대에는 유학 이념의 담당자, 사림파士林派나 훈구파勳舊派의 학자들

을 선비라 하였다. 그래서 유교의 가르침이나 도를 지키는 사람이나 도학 이념으로 올바르게 사회를 이끄는 일을 하는 사람을 선비라 일컬었다.

이렇게 볼 때 '선비'는 사회를 올바른 방향으로 이끄는 지혜를 닦고 지도하는 사람, 의리와 신념을 사회에 제시하고 실천하는 사람, 대중 지도의 사회적 책임과 역할을 하는 사람, 자신의 임무를 실천하며 지도자적 역할을 하는 사람 등을 말한다. 이처럼 선비는 높은 인격과 도덕성을 갖추고 이를 사회적으로 실천하는 사람이다. 그래서 선비는 관직에 있는 사람보다 더 존경을 받았다.

선인들의 생활을 통해서 보면, 선비는 단아하고, 성실하며, 자신의 학문을 제자들을 통하여 전하기도 하고, 저술을 통하여 세상을 일깨우는 일을 하기도 한다. 선비는 자신의 신념을 한 시대에만 전하는 것이 아니라 만세에 전하려는 확신을 가진 사람이다. 그래서 학문의 길과 인생의 길을 밝히고, 자신을 연마하여 세상을 바로잡기 위해 노력하는 과정이 선비의 일생이다. 선비는 노년의 감회를 글로 담아 널리 알리고, 후생을 가르치는 훈계와 교훈으로 삼게 한다.

이제 최 교수는 강단의 현직 교수·학자에서 초야누항草野陋巷의 '선비'로 돌아오는 것이다. 최 교수는 지금까지 걸어온 학문과 신앙 생활에서 연마하고 깨달은 것들을 정리하여 후세에 남겨야 하는 임무가 남아 있음을 잊지 말아야 한다. 정년 퇴임이 학자의 마무리가 아니라 인류를 지도하고 이끌어 가는 선비의 길을 걸어 청사에 남을 큰 선비가 되기를 바란다. 남은 생애의 행복과 광채가 밝고 크게 빛나기를 기원한다.

박붕배

서울대학교 사범대학, 성균관대학교 대학원 졸업. 문학박사
전 서울교육대학교 교수

의재宜齋 박사 정년에

성기조

홍성 땅 갈미에서 태어난
의재 최운식 교수는
말씀이 마땅하고
행실이 마땅하고
예의범절이 마땅하게 훈육 받고
후학을 가르치시다가
이제 정년을 맞네

지금까지 길러낸 제자가 대숲처럼 둘러 있고
쌓은 학문이 산처럼 높은데
잠시 쉬어가는 고개 마루에서
세상을 살피며 숨고르기를 하실 것 같네

걸어 온 길보다 갈 길이 얼마 남지 않은 세월
이제부터라도 천천히 느리게 살아가는
지혜를 다시 배워 하늘을 우러러
가슴을 펴 보이실 걸세

쓰는 글이 강물처럼 마르지 않고

후학들의 사랑과 존경이

피어오르는 구름 같은데

의재 박사, 오늘부터 신선되어 유유자적 하실 것이네

성기조

국민대학교, 경희대학교 대학원 및 단국대학교 대학원 졸업.
문학박사
한국교원대학교 교수, 중국 낙양대학교 석좌교수 역임
현재 국제펜클럽 한국본부 및 한국문인협회 회장

당신을 닮은 산이 되겠습니다

배성진

천수만 바다길 따라 굽이굽이
그리움이 되어 흐른 40여 년
서해의 끝자락
올곧게 서 있는 해송의 푸르름 속에
배움을 향한 당신의 아름다운 땀방울,
당신의 눈빛 속에 여울진 가르침을 향한 사랑
더욱 푸르게 푸르게 빛나는
그 자리에
당신께서는 언제나 넉넉한 웃음으로 서 계셨습니다.

삶의 진한 향기로 다가오던 선인들의 이야기,
민담 속에 담긴 호랑이의 의로움이
구수한 말씀으로 되살아나던 강의실 구석구석,
미호천에서 청원 캠퍼스로 흐르는 플라타너스 잎 사이사이,
방방곡곡 숨어 있는 전설이 다시금 활자로 숨 쉬던 연구실,
그 곳에 빼곡하게 들어찬 손때 묻은 책장 하나하나마다
당신의 웃음 아직도 정겹게 남아 있는데
이제 그 시간들 추억이 되어
우리 가슴으로 흐릅니다.

노을빛 여무는 다락리 교정에서
불혹의 나이로 시작한
배움의 길이 숱한 망설임이 되어 멈칫댈 때
배움에는 나이가 없는 거라고,
배움에는 끝이 없는 거라고
묵직한 손으로 어깨를 감싸 주시던 그 말씀 속에도
당신의 웃음이 있었습니다.
당신의 웃음 속에는
아버지의 든든함이 배어 있었습니다
당신의 웃음 담은 눈 속에는
제자를 향한 스승의 은은함이 고여 있었습니다
당신의 웃음 띤 입가에는
장난기 담은 큰형님의 꿋꿋함도 어려 있었습니다

그렇게 큰 웃음으로
당신은 산이 되어
낮은 세상을 넓게 볼 수 있는 힘이 되어 주셨습니다.
그렇게 푸근한 사랑으로
당신은 넓은 바다가 되어
그리움 가득할 길 위에
곧은 발걸음 내디딜 수 있는 용기가 되어 주셨습니다.
이제 당신께서 거두신 그 아름다운 땀방울,
당신의 그 깊은 사랑으로 남겨 놓은 자리
더욱 지극한 빛이 될 수 있도록
이제
당신을 닮은 산이 되겠습니다.

이제
당신을 닮은 바다가 되겠습니다.

선생님!
존경합니다.
그리고 사랑합니다.

배성진
공주교육대학교, 한국교원대학교 대학원 졸업. 교육학석사
현 충남 홍성군 홍남초등학교 교감

국문학 연구 성과에 향기 입힌 큰 스승님

배원룡

홍성洪城에서 나고 자라 문학도文學徒의 꿈 키우고
서울교대 이년 동안 사도師道의 길 갈고 닦아
초등初等서 첫 발을 딛고 교편敎鞭 높이 드셨네.

야간 서울 국제대학 청야淸夜를 밝히면서
주경야독晝耕夜讀 학문의 길 남강南崗 임하林下 스승 삼고
성균관 대학원에서 설화 소설 맥脈 잡으셨네.

설화의 광맥鑛脈 찾아 고향 산천 밟아 누벼
캐어낸 설화 광석鑛石 갈고 닦은 민담집에
이론의 체계를 세운 설화 연구 빛납니다.

심청전 연구 성과 소설 연구 새 장場 열고
소설 이론 정립定立하셔 연구 방법 개척하사
한국의 고소설 연구 귀한 업적 이루셨네.

전래동화 교육론에 어린이의 꿈을 심고
전설의 현장 찾아 발로 쓰신 전설 기행
민속의 의미를 밝힌 귀한 논저 명강연名講演

월곡회 많은 제자 열성으로 지도하여
고소설과 설화문학 산을 이룬 연구 논저
청어람靑於藍 많은 제자들 의재학파宜齋學派 이루었네.

일평생 연구 성과 주옥珠玉같은 명 저서들
알알이 의재 선생 혼과 땀이 서린 연구
국문학 연구 성과에 향기香氣 입힌 큰 스승님.

의재 선생 그늘 아래 구름처럼 모인 제자
의재 선생 사모하며 한길 걸은 교육동지
뜻 모아 의재 송공탑宜齋頌功塔 촛불 환히 밝힙니다.

배원룡

서울교육대학교, 서경대학교(전 국제대학교), 성균관대학교 대학원 졸업. 문학박사
서경대학교, 서울교육대학교, 청주대학교, 한국교원대학교, 한국체육대학 강사
현재 한국전통문화연구회 상임연구원

그날이 다시 오면

—의재宜齋 최운식崔雲植 박사의 은퇴를 아쉬워하며—

엄기섭

난 보았네.
의재宜齋 나무의 어린 떡잎을.
난 알았네.
의재 나무가 큰키나무 될 것을.

의재의 나무 떡잎 시절
갈뫼 쌍천리雙川里 두메에서
함께 죽마竹馬를 타고 풀밭을 달릴 때
그의 재주 출중出衆하고
그의 언행言行 곧고 발라
큰키나무로 자라리라 믿었네.

설화문학說話文學의 최고봉에
높이 우뚝 솟은 나무
학덕學德의 열매 풍성하니
운상기품雲上氣稟이로다.

의재 나무 푸른 기상氣像
갈수록 청청靑靑한데

왼쪽부터 필자 부부, 의재, 이학영 부부

정년定年이 대학문을 막아서서
이제 좀 쉬라하네.

의재 나무 그늘 아래
숲을 이룬 제자 나무
의재 기상 미처 못다 익혔는데
의재 향기 아직 다 젖지 않았는데

공팔년 춘삼월에도
의재 나무 청청靑靑하게
대학 교정 우뚝 솟아
제자 나무 위에 푸른 그늘 드리웠으면

정년이 교직의 마침표가 아니라
교직의 되돌이표로 변할 수만 있다면
그날이 오면 그날이 다시 오면
즐거이 의재 탄 죽마를
달리게 하는 마부라도 좋아라.

그날이 오면 그날이 다시 오면
죽마를 몰고 교문을 지키다가
의재를 안장에 높이 앉히고
다시금 교정을 향해 채찍 높이 들리라.

산다화 꽃망울 터지는 소리
폭죽처럼 귓전에 와 닿는 날
제자 나무숲을 이룬 교정에서
의재 태운 죽마 기뻐 뛰리라.

〈추억담 – 의재宜齋와 죽마竹馬를 달리던 때〉

필자는 의재 선생과 어린 시절에 충남 홍성군 갈산면 쌍천리 농촌 마을에서 동고동락同苦同樂하며 갈산초등학교를 거쳐 중학교 졸업 시까지 동문수학同門修學하였다. 중학 시절 의재 선생은 꽤 말솜씨가 있어 웅변과 재담才談을 잘 해서 집에서 학교까지 오리 길 통학은 항상 즐거웠다.

전날 밤에 읽은 잡지[학생계(學生界), 학원(學園)]나 소설의 이야기 보따리를 우리들에게 구성지게 풀어놓기 때문인데, 이를테면 「삼국지」, 「철가면」이나 「백가면」 등 다양한 작품을 읽었다. 그리고 의재는 그 당시에도 민담을 좋아 했던 것 같다. 심지어 풍류소설 김삿갓 중에 김병연金炳淵과 곱단의 첫날밤 얄개시도 빼놓지 않았다. 우리는 시험 때가 되면 의재의 집이나 우리 집에 모여서 같이 공부를 하였다. 나는 새벽잠이 많고 의재는 초저녁에 자는 습관이 있어 내가 잘 때에 깨워 주곤 하였다. 이렇듯 우리들의 우정은 각별하였다.

의재는 박사학위를 취득하여 대학에서 덕망 있는 훌륭한 교수로 후학들 양성에 진력하였고, 필자는 공무원의 길을 택해 국가기관에서 32년간 봉직하다 명예퇴직 하여 현재는 조그마한 회사에서 일을 봐주고 있는데, 어느새 의재께서 은퇴라니……. 참으로 섭섭하기 그지없다!

송나라 시인 도연명陶淵明의 시구詩句에 '세월부대인歲月不待人'이라 하였듯이 세월의 흐름을 그 누가 막을 것이며, 흘러간 세월을 뉘라서 되돌리겠는가! 퇴은退隱 또한 누가 부정否定을 하겠는가마는 그 동안 갈고 닦아온 우리 전통문화에 대한 학문적 업적이 후대에 더욱 많이 계승 발전되기를 바라는 나의 소박한 마음을 미력하나마 글로 적어 의재께 전하고자 함이니 혹 미흡하더라도 혜량惠諒바랍니다.

엄기섭

의재 선생의 초등학교, 중학교 동창
국가공무원으로 32년 근무한 후 퇴직
현재 회사원

월곡동 시절의 스승을 회상함

-의재 최운식 교수님의 정년을 기리며-

염창권

1.

일찍이 주경야독의 깊고 맑은 우물이 있어
한 선비가 이 우물의 주인이었다.
이 우물 속에서 달이 동두렷이 떠오르기도 하고
치마 한쪽을 뜯어서 금빛나비를 피워 올리기도 해서
치유와 재생적 상징물로 간주되기도 하였다.
이 우물 속으로 월곡동 달빛이 오래도록 스며들었다.
일을 마친 학생들은 달빛 내리는 문지방을 건너 와
이층 방에 마련된 서재에 모였고
주인 또한 일을 마치고 돌아와서 학생들을 가르쳤다.
그 때는 이렇다 할 대안이 없었기에
밤 새워 공부하고 낮에는 직장에서 일했다.
주인이 걸어온 길의 고단함이 지나치다 싶었지만
학생들 또한 그러한 고단함을 동무삼아 자랑했다.
선비는 학생들의 스승이었고,
학생들은 뒤에 따라오는 이들을 가르치게 되었다.
그러나 누구도 스승의
근면함에는 미치지 못했을 것이다.
그 학생들이 이층 공부방을 다시 열었다는
자애로운 소식이 여태 들려오지 않는 까닭이다.
그렇게 해서 스승의 행적은 전설이 되었다.

시간은 화살처럼 날아가서 과녁에 박혀버리니까
지난 세월을 되돌릴 수는 없지만,
스승께서 만들어낸 일화는
'설화'처럼 다정하고 편안해서
언제든 쉽게 꺼내어 읽을 수 있는 것이었다.
우리가 사는 일이란, 또는 일생이란
흔하게 지나가는 길 위에
기억할 만한 이야기들을 남겨 두고 가는 것이니
한 시절이 아주 흐른 후에도
스승의 이야기는 오래 기억될 것이다.

2.
영예로운 정년을 맞이하시는
의재 최운식 교수님,
어느덧 교수님도 연륜이 깊어
은백의 머리칼을 등불처럼 켜시니
생애를 바쳐 만들고 닦아 오신 교육의 길이
더욱 아름답고 따뜻하게 밝아 옵니다.
그동안 삶의 행간行間을 짚어 오신
순리順理의 독법讀法처럼
은총의 날들이 늘 함께 하소서!

염창권

한국교원대학교 대학원 국어교육학과 석·박사과정 졸업.
교육학박사
시집 『그리움이 때로 힘이 된다면』, 『햇살의 길』, 비평집 『집 없는 시대의 길가기』
현재 광주교육대학교 국어교육과 교수

월곡月谷의 당산堂山 나무

유혜련

달빛 밝은 골짜기 아래
그늘 깊은 느티나무 있더란다
기다란 팔 쭈욱 뻗은
천수 관음보살
농밀한 수액 먹여
나날이 윤기 더하는 잎새들
바람에 한들한들 재롱부리면
온 몸 흔들어
허허허 웃어 주더란다

낡아 벗겨져가는 수피
은밀한 빛을 내고
땅 속에서
꿈틀!
뿌리 한 번 뒤척이면
잎새 끝까지 펌프질되는
저 그침 없는 물줄기
우리네 '살이'의 힘이더란다

유혜련
서울교육대학교, 한국방송통신대학교, 한국교원대학교 대학원 국어교육과 졸업. 교육학석사
현재 서울인헌초등학교 교사. 시인. 한국문인협회, 청하문학회, 월곡고전문학연구회 회원

등대

임문혁

당신은, 비가 오나 눈이 오나
뱃길을 인도하는 등대이셨습니다.
한줄기 밝은 빛으로
안개 자욱한 밤바다에서
방향과 목표를 비춰주신 등대

학생일 때나 사회에 나와서나
저희들을 인도하신 등대이셨습니다.
사랑과 정성의 불을 밝히고
풍랑 일고 험난한 인생항로에서
가야 할 바른 길 본을 보이신 스승님

손짓 한 번에 파도를 잠재우고
새벽 종소리 같은 그 말씀
학문의 씨앗을 싹틔우셨습니다.
바라보는 눈빛 하나로도
밋밋한 가슴에 불을 붙이시던
열정과 굳은 의지, 뜨거운 사랑!

평생을 변함없이 학문에 전념하시고
스스로 당신께 더욱 엄격하셨던
학식과 덕망이 높고 높은 스승님
언제나 닮고 싶고 따르고 싶은 스승님

지혜의 눈을 뜨게 하시고
다문 입을 열어주시며
막힌 귀를 뚫어주시고
어둔 가슴 말갛게 닦아주시는 분
못나고 어리석고, 부족하고 연약할수록
더욱 안타까이 사랑하시고
제자의 성장을 당신의 성취보다 더 기뻐하시는
월곡 선생님!

크고 높은 학문 업적 이룩하시고
깊고 넓은 가르침 남겨 주시고
멋지고 당당하게 정년을 맞으시니
등대가 더욱 높고 불빛 더욱 밝습니다.

넓고도 깊고, 엄하고도 포근한 가슴에
오늘은 마음 담은 꽃 한 송이
빨갛게 달아드립니다.
감사합니다. 존경합니다.
더더욱 높으소서!
환하게 빛나소서!

임문혁
서경대학교(전 국제대학교), 한국교원대학교 대학원 졸업.
교육학박사
시인(1983년 한국일보 신춘문예 당선)
현재 서울연신중학교 교장

월곡月谷의 문향文香

한국교원대학교 대학원에서 의재 선생의 지도로 석사 또는 박사학위과정을 함께 한 제자들이 모여서 절차탁마切磋琢磨하는 모임이 월곡고전문학연구회이다. 이 모임을 줄여서 '월곡회'라고도 하는데, '월곡'은 의재 선생이 20여 년 간 살던 곳인 서울특별시 성북구 '하월곡동'과 한국교원대학교 인근의 지명 '월곡리'에서 따온 말이다. 월곡회에선 지금까지 204명의 회원이 활동해왔다. 여기에는 월곡회원들의 글을 싣는다.

잊을 수 없는 시간, 그리고 사람

권택경

오늘 때 아닌 비가 내리고 있다. 10월 중순의 하루, 아침부터 잔뜩 찌푸리던 날씨는 오전부터 조금씩 비를 뿌린다. 바람까지 적당하게 불어 학교 주변의 나무들이 뽐내는 각양각색의 단풍과 어우러져 제법 가을 분위기를 물씬 풍긴다.

2년 전이던가? 시간의 흐름이 참 빠르다. 2003년도에 한국교원대학교 대학원 박사과정에 입학한 뒤 2년 동안 연가年暇를 통해 교학상장敎學相長을 하던 나는 3년차인 2005년에 휴직을 하고 본격적인 논문 작업에 돌입했다. 박사과정을 밟으면서 학교 현장에서 논문 쓰는 것이 얼마나 어려운 것인가를 주변의 동료들을 보면서 절실히 느낀 결과의 선택이었다. 그러나 모든 일엔 순서가 있는 법, 비록 휴직을 하고 학위논문에 전념하더라도 그 동안의 학문적 성과가 필연적인데, 그것이 부족한 것이 난감한 문제였다.

더구나 대학 생활부터 국문학의 여러 분야 중에서 고전 운문에 관심을 가졌고, 석사과정도 그 영향으로 시조를 공부했다. 하지만 박사과정 중에 운문을 지도하시던 원용문 선생님께서 퇴임을 하셨다. 결국 고민 끝에 최운식 선생님을 지도교수로 모시고 상의한 후, 고소설 작품을 연구 대상으로 삼았다. 입학할 때만 해도 멀게만 보이던 논문을 막상 쓰려니, 도대체 무엇부터 손에 잡아야 할지 암담했다. 주저앉아 있을 수만은 없는 상황이었다. 무엇이라도 해야 하는 절박감에서 현장에서 학생들을 가르칠 때 자주 강조했던 글쓰기의 다섯 단계를 생각했다. 주제 설정-재료의 수집 및 선택 등등. 먼저 주제 설정을 위해 고소설 작품 목록을 뒤지기 시작했다. 그렇게 3월 한 달을 보냈다.

「최고운전」, 수많은 작품과 다투고 고민하며 실랑이를 벌인 끝에 만났다. 결코 쉽지 않다는 박사학위논문의 주제 정하기를 지도교수님 말씀처럼 참 용감하게도 선택했다. 무식하면 용감하다던가? 지금 생각하면 내가 그 말에 꼭 들어맞는 행동을 한 것이다. 그 다음엔 프로퍼즐을 위한 작업에 돌입했다. 작품 분석에 필요한 각종 자료를 얻기 위해 벌인 힘든 싸움이 지속되었다. 도서관을 뒤지는 것은 일상이고, 이본異本을 구하기 위해 서울을 몇 차례나 다녔고, 심지어는 전라남도 순천을 다녀오기도 했다. 고려대 도서관에 소장된 이본은 복사가 안 되어, 한문본 이본 한 권을 손으로 직접 베껴오는 아픔도 겪었다.

이제 구도를 잡고, 분석하고 쓰는 일만 남았다. 아침 9시 출근, 밤 11시 경 퇴근이 매일 이어졌다. 주말도 없이 계속되는 강행군 속에 조금씩 논문에 대한 자신감과 함께 틀도 잡아갔다. 그러나 순풍에 돛단 듯 순항하던 논문 작업이 전혀 예상치 못했던 암초에 부딪혔다. 지도교수님께서 2학기가 안식년인데, 중국 대학의 초청을 받아 강의를 하신다는 소식이었다. 공부가 부족한 탓에 수시로 지도를 받아도 어려운 시점에 중국이라니? 이 무슨……. 난감한 상황이었다.

지도교수님도 동분서주하는 제자를 두고 떠나시기가 어려워 누차 사양하셨다. 결국은 얻기 쉽지 않은 기회라면서 중국 학생들에게 민속학 강의를 부탁하는 대학 측의 권고를 뿌리치기가 어려워 허락을 하셨다. '끈 떨어진 연'이라더니 내가 그 꼴이 되고 말았다. '아버지 없는 자식의 서러움' 같은 것이 가슴 깊은 곳에서 밀려왔다. '어찌 해야 하나?' 하는 순간 눈물이 어른거렸다. 하지만 선택의 여지는 없었다. 이것이 어차피 내게 주어진 현실이라면 인정하고 받아들일 수밖에 없는 일이었다. 이렇게 사제 모두에게 힘든 선택은 끝났다.

불행 중 다행이랄까? 선생님께서 이용하라고 주신 연구실엔 자료가 풍부했다. 또한 혼자 생활하면서 타인을 배려해야 하는 시간을 줄일 수 있어, 논문에 더욱 집중할 수 있었다. 그야말로 자기와의 싸움은 계속되었다. 간간이

들러 논문 작업을 격려해 주시던 한철우 교수님, 늦은 밤 방문하여 논문에 관해 조언해 주시던 권순회 교수님, 늘 건강에 유의하라고 신경 써 주던 김왕규 교수님의 격려가 힘을 보태 주었다. 그리고 무엇보다도 타국에서 메일로 격려와 독촉을 계속하시는 지도교수님의 가르침이 힘든 가운데서도 논문 작업을 지속할 수 있는 용기를 주었다.

마침내 어줍잖지만 1차 원고를 완성하여 지도교수님께 메일로 보내드렸다. 나름대로는 열심히 쓴다고 썼는데 어떤 말씀을 하실까? 은근히 기다려졌다. 수시로 열어보는 유일한 통신 수단인 전자 메일. 시간은 흐르고, 선생님의 답신이 왔다. 무려 16면에 달하는 수정 지시! 온통 빨간 색으로 넘쳐났다.

선생님의 세심한 지도에 감사한 마음을 가지면서도 한 편으로는 '이걸 언제 다 고치나?' 하는 부담감도 생겼다. 또 한 번의 좌절이 찾아왔다. 그래도 노산 이은상 선생님이 노래했던 '고지가 바로 저긴데 예서 말 수는 없다.'는 시조처럼 다시 시작해야만 했다. 멀리 타국 땅에서 강의와 더불어 안식을 취해야 할 시간에 재미없는 논문 지도에 온통 열과 성을 다하시는 선생님께 보답하는 마음에서라도 나는 멈출 수 없었다.

그렇게 인고忍苦의 시간들도 결국에는 흘러갔다. 그리고 힘들 때마다 꿈꾸었던 학위 모자를 쓰고 영광스러운 박사학위도 받았다.

돌이켜 보면 힘든 시기였지만, 그만큼 선생님과의 추억도 많이 쌓은 시간이었다. 선생님 하면 떠오르는 것이 따뜻함과 엄정함이다. 난 그것을 모두 경험하면서 제자 수업을 한 셈이다. 그래서인지 선생님 곁에서 함께 한 시간들이 지금은 그립다. 늦은 시간 건강관리를 위해 선생님과 함께 탁구를 하던 일이며, 메일로 논문을 보내고 지도를 기다리던 그 시절이…….

지금 돌이켜봐도 난 행운아였다. 선생님께서 원래 성품처럼 참 꼼꼼하고 정확하게 지도를 하신 덕분에 그저 말씀대로 따라가기만 하면 되었으니까. 그리고 선생님의 기억에도 영원히 남는 제자라는(이건 혼자만의 생각일지도 모르지만) 생각도 해 본다. 외국에서 메일로 논문 지도를 한 처음이자 마지막 박사

과정 학생이리라.

사람은 많은 걸 잊고 산다지만, 그래도 잊어서는 안 되는 것이 있는 법이다. 그런데 지금의 나는 어떤가? 말처럼 생각처럼 안 되는 현실에서 인간의 간사함을 나를 통해 확인한다. 내 젊은 시절 한 때 입에 달고 다녔던 성경 구절이 있었다. '항상 기뻐하라. 쉬지 말고 기도하라. 범사에 감사하라.'는 말씀이었다. 하나님께서 주신 감사! 감사하는 마음이야말로 인간을 가장 인간답게 하는 것이리라. 2005년의 그 치열했던 내 삶의 한 가운데에 자리하고 있는 최운식 선생님, 그때의 그 절실함은 어디로 가고, 아주 가끔 식사 대접하는 것으로 인사를 치른다.

요즈음 많이 회자되는 '초심初心'에 대한 생각을 해 본다. 내가 있어야 할 자리와 내가 해야 할 일에 대하여도. 앞으로의 내 삶에는 구석진 자리에 계신 선생님을 삶의 중심부에 모셔야지 하는 다짐을 다시금 해 본다.

권택경

계명대학교, 한국교원대학교 대학원 석사 및 박사과정 졸업.
교육학박사
현재 한국교원대부설고등학교 교사, 한국교원대학교 겸임교수

월곡 최운식 선생님과 못난 제자

김대성

늦은 나이에 시작한 공부 덕분에 나는 정말 일생에서 소중한 분을 만나게 되는 행운을 안게 되었다. 그 분은 다름 아닌 월곡 최운식 선생님이시다. 자칭 제자라고 하기에 부끄러운 점이 많아 이 글을 쓰면서도 한참이나 망설여진다. 내가 스스로 제자라고 하기에 망정이지 아마도 선생님께서는 제자들의 명단에서 내 이름을 벌써 삭제하셨을 것이라고 지레 생각해 본다. 그렇지만 솔직히 문안 인사 전화 한번 드리지 못하고, 연구회 모임에도 이런 저런 스스로의 핑계 속에서 오랫동안 한 번도 참여하지 않았어도 마음 속에는 항상 선생님에 대한 그리움과 미안함이 가득한 것을 숨길 수 없었던 게 저간의 사실이다. 학문에 입문하면서 약속했던 모든 일들을 지금 살아가고 있는 형편 때문에 송두리째 날려 보내게 된 것은 어쩔 수 없는 미안함으로 둘째 치더라도, 적어도 명절 때라든지 하물며 상재하신 책을 선물로 받고도 전화 한 번 드리지 못한 그런 그리움조차 표현하지 못하는 변변치 못한 사람임에서랴.

사실 한국교원대학교 대학원에 입학하면서 맺어진 선생님과의 인연은 벌써 상당한 시간이 흘렀다. 많은 학문적인 가르침 외에도 인간으로서 삶의 방식이라든지 사회생활에서의 사람다운 모습, 학문에 접근하기 위한 바람직한 자세 등 헤아릴 수 없이 많은 가르침을 과분하게 받았다. 사실 초등교육에 몸담고 있었던 필자는 그 당시 초등 교원들에게는 그리 열려있지 않던 박사과정에 힘찬 격려로 추천해 주시고 시험 준비를 할 수 있도록 배려해 주셨기 때문에 어려운 관문을 뚫고 영광의 박사과정 합격, 험난한 과정 수료, 다시 한 번 영광의 논문 통과와 같은 벅찬 일들을 하나하나씩 장벽을 넘듯 통과할 수 있었다. 바로 그 길목에서 항상 격려와 섬세하고 다정하신 말씀으로 턱걸이에 바쁜 제자의 힘든 숨소리를 마다하지 않으시고 들어주셨다. 바로 그 가르침이 있었기에 오늘날의 내가 존재하는 것이다(참고로 필자는 선생님의 높으신 제자 사랑에 힘입어 서울초등교육을 책임졌던 수장자리에서 지금은 한 지역의 교육을 책임지는 수장으로 바쁜 나날을 보내고 있다. 모두가 선생님의 가르치심에 이룰 수 있었던 일들이라고 자부하고 있다.).

언제나 그렇듯이 선생님께서는 제자들에게 그렇게 친절하실 수가 없었다. 많은 후학들을 위해 서로 정보를 교환하고 성장할 수 있도록 도와주기 위하여 바쁜 일정 속에서도 한 번도 거르지 않고 월곡회를 운영해 오신 점에서 더욱 선생님의 후학 사랑을 보는 듯하다. 아무리 늦은 시간이라도 일정을 소화하시기로 정평이 나있던 관계로 누구하나 불평을 말할 수 없었고, 간혹 필자만이 몰래 빠져나와 딴전을 피웠던 것도 솔직한 추억의 한 도막이 되었다.

언젠가는 청원의 한국교원대학교에서 학회 활동을 마치고 강화도까지 달려간 일이 있었다. 너무 늦은 시간에 도착하여 지금쯤은 맥주라도 한잔하겠거니 생각했지만 천만에 말씀. 아직도 세미나는 계속되고 있었다. 그 시간은 지금 생각해보아도 새벽이 가까워 오는 시간. 그렇게 철저하신 분이셨다.

한 번은 일정을 잘못 알고 서울에서 포항까지 간 일이 있었다. 정말 아쉽게 발걸음을 옮기면서 스스로의 실수를 안타까워 한 적도 있었지만. 그 때 선생님께서 하신 말씀 "허어, 참!"

세월은 참 정말 빠르다. 내가 올해 환갑이니 다섯 살 위이신 선생님께서 정년을 맞이하게 됨은 당연한 일. 그러나 선생님께서 하실 일들은 이제부터가 아니신가 하는 생각은 필자만의 생각은 아닐 것이다. 선생님께서는 전에 입버릇처럼 스무 권의 저서를 내고 싶다고 하시더니 그 배가 되는 40권의 책을 상재하셨으니, 이젠 할일이 없다고 느끼실 만도 하지만, 선생님의 욕심(?)은 아마 백 권쯤은 채우시지 않으실까? 조금도 과장이 아니라 건강이 허락하시는 한 계속 좋은 책들을 많이 집필하실 것이다. 이점 모든 후학들의 공통

된 견해가 아닐까? 그리고 가장 부러워하는 부분이다. 그러나 아무나 쉽게 흉내 낼 수 없는 일. 그것이 바로 월곡 선생님만의 힘이시다.

이제 비록 정년으로 선생님께서 일선 현장에서 은퇴하실지라도 그동안 선생님께서 이루신 공적과 업적들은 모든 후학들에게 나침반과 같은 학문적 도움을 줄 것이다. 선생님에게 부끄러움이 많은 필자로서는 오직 한마디. 선생님 건강하시고, 이젠 넉넉하게 쉬시면서 제2의 인생을 더욱 아름답게 하시옵소서.

김대성

서울교육대학교, 한국교원대학교 대학원 석사 및 박사과정 졸업. 교육학박사

서울시교육청 장학관, 서울광남초등학교 교장, 서울시교육청 초등교육정책과장 역임

현재 서울시성북교육청 교육장

안주安住할까 두렵네

김문선

"안주安住할까 두렵네!……"

고향으로 내려가 교편을 잡겠다고 인사를 드리러 간 나에게 선생님께서 하신 말씀이다. 시골로 간다고 하니까 너무나 안일하게 살까봐 노파심이 생기신 것이다.

선생님과 처음 만난 것은 30여 년 전 제대를 하고 복학을 하여 강의를 들을 때이다. 강의 시간에 선생님을 만나는 것이야 누구나 할 수 일이다. 아마 탈춤반 동아리에서 선생님을 지도교수로 모시면서 끈끈한 인연으로 이어진 것 같다. 1970년대 당시 탈춤은 감시의 대상이었다. 그런 탈춤반의 지도교수를 맡는 것이 썩 내키지 않는 일이셨을 것이다. 그러나 흔쾌히 승낙을 해 주셨다. 선생님께서는 어떤 일이든지 대강 하시는 일이 없으시다. 학과의 크고 작은 일이나 탈춤반의 일 등에 빠짐없이 참석하셨다. 탈춤반의 합숙 연습 때에는 불편한 잠자리 마다하지 않으시고 같이 밤을 지새우셨다.

내가 4학년 때 선생님께서 박사 학위를 받으셨다. 사실 과정만 달랐지 우리와 공부를 같이 하신 셈이다. 초등학교 교사로 출발하여 대학 교수가 된 선생님은 야학을 하는 우리에게 참으로 대단한 분이셨다. 직장을 다니면서 공부를 해 보니, 참으로 어려운 점이 한둘이 아니었다. 과제를 해야 하거나 시험이 다가오면, 그 일이 끝날 때까지는 정신이 없다. 정신을 좀 차릴 만하면 계속 이어지는 시험이며 과제들……. 그런데 선생님께서는 그러한 어려움을 조금도 드러내지 않으셨다.

내가 학교를 졸업한 지 몇 년 후 선생님께서는 현재의 대학으로 자리를 옮기셨다. 계속 공부하라는 선생님의 권유로 다시 선생님께 배우는 대학원생이 되었다. 대학원을 마치고 지금은 선생님께 지도를 받은 학생들이 모여서 만든 월곡고전문학회에 1년에 두 번씩 참석하고 있으니, 참으로 깊고도 깊은 인연이 아닐 수 없다.

음주가무! 참으로 정겨운 단어이며 우리 민족에게 없어서는 안 될 말이다. 그러나 우리 조상들이 즐겼던 그 멋진 음주가무는 이제 찾아볼 수 없다. 유일하게 그 멋이 남아 있는 곳이 월곡회가 아닐까? 선생님이 계신 곳은 항시 멋진 음주가무가 있다. 대학 때에도, 대학원에서도, 현재 월곡회에서도 빠짐없이 이루어진 멋진 음주와 가무, 그 멋에 더욱더 불을 지핀 것은 박온화 선생이다. 평소에 온화하다가 통기타 하나만 가지면 천하를 다 자기 세상으로 만들어 버리는 여인, 선생님의 흥에 없어서는 안 될 사람이다. 선생님과 같이 모이며 음주가무로 밤을 지새운다. 이때마다 선생님께서는 중간에 들어가 주무시는 일이 별로 없으시다. 선생님이 남달리 체력이 좋으시거나 술을 특별히 잘 드시는 것도 아니다. 나는 지금은 술을 거의 마시지 않지만 대학 다니던 시절만 해도 빠지지 않는 편이었다. 선생님과도 자주 술을 마셨다. 내가 대학을 졸업하고 몇 년 후 학교에 갈 일이 있었다. 후배들이 나를 보고 술 잘 먹는 선배님이라고 아는 체를 한다. 선생님께서 술을 드실 때면 내 이야기를 자주 하셔서 기억한다고 했다. 내가 선생님보다는 더 잘 마셨던 것은 확실하다. 사실 그 자리에서 버틴 것이지 집에 돌아와서 고생을 많이 했지만.

나와는 나이로는 띠 동갑이요. 선배님이시자 선생님, 그러다 보니 그리 어려움 없이 선생님과 같이 어울렸다. 다른 제자들은 선생님 대하기가 아주 어렵다고 한다. 선생님이 어렵다고 생각하는 사람들은 두 부류다. 선생님께서 무슨 잘못을 보시면 그냥 넘기지 않으신다. 그 자리에서 바로 지적을 하시며 고쳐주기 때문에, 처음 선생님을 대하는 사람들은 어렵게 느꼈을 것이다. 또 하나는 너무나 깍듯하게 예의를 차리려고 하기 때문이다. 특히 김모 교수는 더 그렇다. 선생님과 백발은 똑같은데 선후배지간이요 사제지간인 김 교수가 선생님을 대하는 것을 보면 충청도의 옛 선비가 다시 살아온 것 같다. 참으로 보면 볼수록 아름다운 사제지간이다. 선생님 죄송합니다. 저도 김 교수의 모습을 항상 마음속에 새기고 있습니다.

안주하지 않는 삶, 나를 염려하여 하신 말씀이지만, 이것은 바로 선생님의 생활신조이며, 삶 바로 그 자체이셨다. 이제 좀 쉬시지요. 고향으로 내려와 여유롭게 살고 있는 나는 가끔 선생님께 좀 쉴 겸 시골에 오시도록 말씀을 드리면 "이것만 끝내면 좀 쉬어야 겠네." 하시던 것이 어느덧 정년을 맞이하셨으니, 참으로 선생님께서는 평생을 안주하지 않는 삶을 사신 것이다.

선생님, 어느 잡지사에서 생각나는 제자를 소재로 글을 써 달라는 청탁받으시고 저에 대해 쓰셨지요. 그런데 저는 선생님의 기대에 부응하지 못하고 이렇게 자연을 벗삼아 안주하고 있으니 어찌 하오리까.

거문고 한자락에 휘영청 달이 돋고,
천년의 젓대 소리 꽃바람을 일으킨다.
동류수 맑은 물을 찻 잔에 올려놓으니,
향긋한 차 내음에 취해 오신 벗님네들.
어화 좋을시고 벌어진 풍류판에
어느덧 새벽별이 아쉬워 손짓하네.

김문선

서경대학교(전 국제대학교) 국어국문학과, 한국교원대학교 대학원 졸업. 교육학석사
현재 호남고등학교 교사, 풍류방 샘소리터 운영

겨울 편지

김은경

언 손 녹여줄 수 있는 따스한 마음이 그리워지는 계절입니다.
겨울은 삶을 돌아보게 하는 힘이 있다고 믿습니다.
눈부신 초록빛도 현란한 붉은빛도 없이
가장 가난하고 정직한 모습으로 다가서는 겨울의 자연.
겨울 풍경은 그대로 마음까지 발가벗은 가난함으로 이끌어줍니다.
그 때문에 겨울은 쉽지 않은 자신과의 싸움을 해야 하는 시간인 듯합니다.

교수님을 다시 만나 뵙게 되었던 그 겨울도 제게는 긴 싸움의 시간이었습니다.
3년 동안의 휴학을 접고 남은 과정을 마무리해야 한다는 숙제부터
변해버린 사람들과 상황에 어떻게 적응할까 하는 걱정까지.
주저하고 머뭇거리는 마음과 싸우며
스스로의 마음에 상처를 내고 또 그 상처로 울던 날들이었습니다.
아무런 기대도 자신감도 없이 다시 시작한 공부.
하지만 그 시간을 통과하면서 고민과 상처조차도 소중한 삶의 한 부분임을,
그리고 조금은 덤덤하게 삶의 문제들을 바라보아야 함을 깨달을 수 있었습니다.
그 힘든 시간을 견디는 동안 제 곁에 교수님이 계셨습니다.

돌아보면 교수님을 다시 만나서 수업을 듣고,
논문을 쓰고 졸업을 할 때까지 교수님은 제게 한 번도 꾸지람을 하신 일이 없으셨습니다.
엄격하시고 꼼꼼하신 교수님께서 보시기에
부족한 실수 투성이에 소심하기만한 학생이었을 텐데도 말입니다.
그것은 소심하고 위축되어 있는 제게 용기를 주시려는
교수님의 깊으신 배려와 사랑이었음을 잘 알고 있습니다.
언제나 할 수 있다고, 잘 하고 있다고
격려해 주신 그 말씀의 힘으로 한걸음씩 내 딛었음을 고백합니다.

몇 해 전 봄 교수님과 함께 한 태백산 산행이 기억납니다.
삶이 산을 오르는 일만큼이나 버거웠던 당시의 제게
교수님께서는 오랜 동안 이런 저런 이야기를 들려주셨지요.
제겐 그 날이 어렵게만 느꼈던 교수님의 마음을 엿보게 된 시간이었습니다.
나이 듦에 대한 담담한 성찰과 진솔한 마음을 보여주신 교수님.
먼저 마음을 열어 보여주신 교수님으로 인해 저는 저 자신을 보게 되었습니다.
그 날의 산행은 제가 지고 있었던 삶의 무게가 저만의 십자가가 아님을,
삶의 고비 앞에서 엄살만 피우는 자신을 보게 했습니다.
삶의 진보는 자신의 모습을 정확히 통찰하는 데에서 시작된다고 믿습니다.
그런 의미에서 그 날 저는 작은 한 걸음을 옮겼다고 생각합니다.
마음의 문 굳게 걸어 잠그고 스스로 상처 내는 일에 골몰하던 자신의 모습을 하늘 아래 태백산에서 보았기 때문입니다.
그 이후로도 저는 여전히 삶의 작은 문제 앞에서도 도망갈 궁리부터 하고,
소심하며 잘 넘어집니다.
하지만 이젠 그것들을 이유로 스스로에게 상처를 내지는 않으려고 합니다.

교수님께서 자신과 삶을 사랑하셨듯이
저도 못난 저 자신과 제 삶을 사랑하고자 합니다.
그리고 이제 조금은 씩씩해지고 싶습니다.
변함없이 삶은 녹녹하지 않고
예상하지 못한 어려움들이 불쑥 불쑥 나타나겠지만
언제든 찾아가도 용기를 주실 교수님이 계시니까요.

이 겨울이 지나면 새싹 움트는 봄이 어김없이 찾아오겠지요.
그리고 죽은 듯 잠자던 나무에 물이 오르고,
천지엔 붉은 빛 노란 빛 꽃들이 찬란하겠지요.
새 봄이 오면 봄 꽃 한 아름 안고 찾아뵙겠습니다.

이 겨울, 몸도 맘도 강건하시길 기도합니다.

김은경
성신여자대학교, 한국교원대학교 대학원 석사 및 박사과정
졸업. 교육학박사
현재 일산정보고등학교 교사, 성신여자대학교 강사

행복했던 시간들

김우영

사범대학을 졸업하고 교직에 몸담은 지도 어언 이십 년이 지났으니, 세월이 참 빠르다. 강산이 두 번이나 변한다는 세월이니 결코 적지 않은 시간이다. 사실이지 대학을 졸업할 때 대학원에 진학하여 공부를 더 하고 싶었으나, 여러 이유(그 중에서 제일 큰 것은 실력 부족이었다.)로 포기하고, 군대에 다녀온 후 직장을 잡아 교육 현장에 뛰어들었다.

그러다가 삼년 전에 한국교원대학교 대학원에 진학하였다. 지천명知天命의 나이를 바라보는 시기였기에 더 이상 늦기 전에 해 보자는 조바심과 전국 각지에서 오는 선생님들을 만날 수 있다는 가슴 설렘에 앞뒤 가리지 않고 그냥 무모하게 시작하였다. 이 무모한 도전이 나에게는 행복의 시작이었다.

돌이켜 보면, 의재 선생님과 함께한 시간들이 참으로 소중한 추억들이다. 학기가 시작될 때 인사 차 연구실에 들를 때마다 인자하게 맞아주시던 일, 매번 수업에 끝까지 시간을 지키시며 열성적으로 가르쳐 주시던 일, 학문적인 지식은 물론 인간적인 가르침을 소중하게 전해주시던 일, 공주를 거쳐 부여 낙화암과 고란사, 진천 길상사와 송강사 및 농다리 등으로 문학답사 기행을 갔을 때 자상하고 친절하게 설명해 주시던 일, 기행 후 누룽지닭백숙집에서 저녁 식사를 함께 하며 남은 이야기꽃을 피우던 일.

그 중에서도 매 학기마다 1박 2일에 걸쳐 함께한 월곡회 전공의 날은 잊을 수 없는 추억이다. 진지하고 치열하게 논문 발표를 끝낸 후 온화한 누님(박온화 교장선생님)의 기타 소리에 맞추어 밤새도록 노래를 부르며 마음 속 정담을 함께 나누던 그 아름답던 기억들. 특히 처음 참여하여 서먹서먹했던 순간에 선생님과 함께한 지리산에서 온천욕, 그날 월곡회원 197번의 번호를 부여받은 새내기로 신고식을 치르던 날 선생님께서 두 손을 꼭 잡고 함께 졸업(?)하자던 선생님의 따스한 손길, 이튿날 청학동을 둘러본 후 먹던 푸짐한 점심, 계룡산에서 저녁 식사 후 갑사까지 이야기를 나누며 걷던 밤길, 선생님의 고향이기도 한 홍성에서 하룻밤을 지내고 일어나 흠뻑 마신 용봉산의 아침 공기, 아쉬움을 남기고 다음날 아침 행사를 취소케 한 천안에서의 엄청난 큰비[暴雨]. 짧은 시간이었지만, 어느 것 하나 잊을 수 없는 아름답고 소중한 추억들이다.

이제 졸업을 앞둔 이 시간에, 의재 최운식 선생님께서는 곧 정년을 맞으신다. 평생 후학들을 가르치시며 학문에 정진해 오신 선생님께 존경과 감사의 마음을 드린다. 나는 이 아름다운 시간들을 잊을 수가 없기에, 이후에도 가능하면 월곡회 모임에는 빠지지 않고 참석하리라 마음먹는다. 지금까지 인연 맺은 소중한 분들과 함께할 수 있는 시간을 계속하고 싶다.

의재 선생님을 만난 것은 정말이지 '행복이다.'
그동안 선생님의 가르침에 감사한다.
선생님, 고맙습니다. 늘 건강하게 지내십시오.

김우영
홍익대학교 사범대학 국어교육과 졸업, 한국교원대학교 대학원 수료.
현재 경기도 군포시 산본고등학교 교사

마지막이 아닌 새로운 시작으로

김주은

대학원 생활 동안 가장 많이 들었던 말은 아마도 최운식 선생님의 마지막 지도 제자라는 말이었을 것이다. 선생님의 제자라는 것을 알게 되는 사람마다 항상 "마지막 제자구나."라는 말을 덧붙이는 것을 들으면서, 처음에는 깨닫지 못했던 마지막이라는 말의 의미를 되새겨 보게 되었다.

선생님의 마지막 제자로서 누리는 호사는 많았다. 부족함이 많은 나의 모습에도 선생님은 항상 온화한 모습으로 마치 딸을 대하듯 챙겨주셨고, 따뜻하게 격려해주셨다. 선생님 스스로도 이전의 엄격했던 모습이 많이 누그러졌다고 웃으면서 말씀하실 때면, 마지막 제자인 것을 다행으로 여긴 적도 있었다. 선생님이 마지막 제자에 대한 넓은 아량으로 덮어주시지 않으셨다면, 눈물나도록 혼날 일이 많았을 텐데 하는 생각에 안도감을 느낀 적도 많았다.

마지막 제자로서 누린 또 다른 복은 선생님께서 평생 동안 쌓아 오신 학문의 성과를 선생님으로부터 직접 전해들을 수 있는 마지막 기회를 잡았다는 것이다. 선생님을 처음 알게 된 것은 중학교 교과서에 실린 선생님이 쓰신 글 「설화속의 호랑이」를 통해서였다. 중학교 1학년 아이들에게 이 글을 가르치면서 고소설과 설화 속에 나오는 내용을 쉽고, 재미있고, 그리고 짜임새 있게 정리해 놓은 분에 대해 궁금증이 생겼었다. 그러던 중 대학원에 와서 고소설과 구비문학에 대해 체계적으로 정리하신 저서를 교재로 하여 수업을 받을 수 있게 된 것은 큰 기쁨이었다. 특히 논문을 쓸 때, 지도교수님의 이러한 저서를 바탕으로 논문을 쓸 수 있는 것이 큰 복으로 느껴졌다. 새로 들어온 대학원생 중 선생님께 지도를 받고 싶고, 고전문학을 전공하고자 해도 신청하지 못하는 분들을 보면서, 한편으로 선생님을 지도교수님으로 선택하여 마음껏 고전문학을 공부할 수 있었던 것이 얼마나 큰 복이었나 하는 마음에 늘 감사함이 느껴졌다.

선생님은 마지막 제자를 대하는 온화함 속에서도 끝까지 그 위엄을 잃지 않으셨다. 선생님을 처음 뵌 자리에서 '저희나라'라는 말을 썼다가 틀린 말이라며 지적을 받은 것을 시작으로, 논문 지도를 받으면서 시제 사용, 번역투의 말, 명확하고 간결한 표현 등 논문을 쓰는 사람으로서, 국어 교사로서 올바른 언어 습관을 지니는 것이 얼마나 중요한가를 깨닫게 해주셨다. 선생님의 지적을 받을 때면 정말 쥐구멍에라도 숨고 싶었지만, 끝까지 냉철한 학문적 자세를 잃지 않으시는 모습과 스승으로서 제자의 부족함을 채워주고자 하시는 성실함에 고개가 숙여졌다. 그럼에도 혹시라도 마음에 담아 둘 것이 염려되어, '내가 아니면 이제 누가 이런 말을 지적해 주겠냐?'며 웃으시며 위로해 주실 때면 더욱 그 지적이 따뜻하고 고맙게 여겨졌다.

2년간의 대학원 생활 동안 진정한 교사로서의 삶을 보았고, 또 배웠다. 학생으로서 2년을 살면서 선생님이 삶으로 보여주시는 모습을 통해, 말뿐만 아니라 행동으로 실천하는 교사가 진정한 학생들의 본보기가 된다는 사실을 배웠다. 설화를 채록하실 때 우리 것을 대하는 선생님의 자세는, 고전과 우리 것에 대한 막연한 관심만 가지고 있었던 나의 태도를 치열하게 가다듬게 하였다. 또한 선생님이 보여주신 학문에 대한 열정과 성실함, 그리고 집중력은 공부하는 과정에서 나태해질 때면 말없는 채찍질이 되었다. 이러한 선생님의 모습을 지켜보면서 부끄럽지 않는 마지막 제자가 되어야 한다는 생각에 긴장감을 가지고 깨어있을 수 있었다. 치열하게 자신의 삶을 꾸려가는 정신력을 선생님을 통해 보고 배웠기에, 자신에게 충실하고, 할 수 있는 한 최선을 다하라는 선생님의 말씀이 더욱 깊이 새겨질 수 있었다.

그리고 선생님을 통해 국어 교사로서 바른 언어생활의 모범이 되어야 할 것과 교사로서 지녀야 할 자세에 대해 다시 한 번 깨닫게 되었다. 40년의 교직 생활을 마감하면서도 수업시간의 발표 하나까지 소홀히 여기지 않고 끝까지 최선을 다하시는 선생님의 모습은 겨우 5년간의 교사 생활에 지쳐 새로움을 원했던 내 모습을 비추어 보게 하였다. 월곡회에 참여할 때 제자들의 사랑에 감사하고, 제자들과 함께 밤새 노래 부르며 허물없이 정을 나누는 선생님의 따뜻한 모습에 제자들을 향한 사랑을 느낄 수 있었다. 공부를 하는 과정을 장거리 마라톤에 비유하시며 늘 건강에 유의할 것을 강조하시고, 식사 자리에서도 제자들에게 지혜를 주시고, 건강을 지켜주실 것을 기도하시는 선생님의 모습에 존경심을 갖게 되었다.

항상 부끄러운 마지막 제자로서 다 표현하지 못했지만, 내가 앞으로 살아가야 할 길을 보여주신 선생님을 만나게 된 것을 하나님이 주신 복이라 생각한다. 5년간의 교사 생활 끝에 어떤 교사로 살아야 할지를 몰라 답답한 마음에 지원했던 교원대 생활에서, 선생님이 삶으로 보여주신 모습은 평생에 내가 바라보고 따라야 할 교사의 길이요, 삶의 길이라 생각한다. 내가 꿈꾸던 교사의 모습을 몸소 보여주신 선생님이 계셨기에, 앞으로 남은 교직 생활 동안 그 모습을 가슴에 새길 때 나도 그렇게 살아볼 수 있으리라 위안을 해 본다.

선생님은 항상 '마지막'이란 말은 정말 맨 마지막에 써야 한다 하시며, '마지막'이란 말을 함부로 쓰는 사람들의 말을 고쳐주시곤 하셨다. 그래서 나는 선생님의 마지막 제자라고 생각하지 않는다. 선생님이 길러내신 제자들 속에 선생님의 모습이 깊이 새겨져 있고, 그 모습 그대로를 닮아 가려고 애쓰는 제자들의 모습 속에 또 그 모습을 닮으려는 제자들이 생겨날 것이기 때문이다.

"우리 만남은 우연이 아니야."를 늘 강조하시는 선생님 말씀처럼, 선생님과 맺은 인연을 깊이 새기고, 선생님이 가슴속에 살아 계시는 한, 선생님의 제자는 계속해서 길러지리라 생각한다. 이제는 마지막이 아닌 새로운 시작으로 선생님과의 인연을 이어나갈 준비를 해본다.

김주은

이화여자대학교 국어국문학과, 한국교원대학교 대학원 졸업.
교육학석사
현재 부산대신중학교 교사

잘 기억하지는 못하겠지만

김창균

아직은 매서운 겨울바람이 남아 있지만, 3월의 고개가 시작의 번잡함을 벗어날 무렵이면 다락골에도 새로운 바람이 넘쳐난다. 아무래도 벗기 어려운 새내기의 티가 여전한 후배들 속에서 어쭙잖은 몸짓을 감추고 잰 체 난 체 나서는 2학년들이 바빠지는 시기이기도 하다.

신입생을 환영하는 자리를 서둘러 마련하고 선생님들과 재학생이 한 데 어울리면, '신입생 환영회'는 화기애애하게 시작하였다. 자리가 정돈되면 사회자의 안내에 따라 으레 자기소개가 따르기 마련이었다. 평소 다져진 인간관계를 과시라도 하듯 좌중을 압도하는 목소리가 있는가 하면, 수줍은 목소리도 있었다.

돌고 돌아 내 순서가 되자, 아마도 "잘 기억하지는 못하겠지만"이라고 허두를 내뱉으며 내 소개를 했을 게다. 겸손의 뜻이었을까, 아니면 남 앞에 나서기를 주저하던 성격이 절로 드러난 것이었을까. 그 때 선생님께서는 잠깐 좌중을 정리하시더니, 교단에서의 당신 경험을 말씀해 주셨다.

"나는 학년 초면 수업 시간에 출석부를 보며 학생들의 이름을 일일이 부르며 얼굴과 확인합니다. 그러면서 이렇게 말을 합니다. '지금은 내가 여러분들의 이름을 기억하기 위해 애쓰지만, 한 달이 지나도 이름을 기억하지 못하는 사람이 있다면 그건 그 학생의 책임입니다. 자기를 잘 알려서 이름을 쉽게 기억할 수 있도록 해주시기 바랍니다.'"

에둘러 하신 말씀이셨지만 얼굴이 화끈 달아오르는 것은 어찌할 수 없었다. 선뜻 다가서기 어려운 선생님의 아우라Aura를 느꼈던 순간이었고, 더불어 선생님의 매력에 빠지는 순간이었다고나 할까.

여기저기서 술이 오가고 거나해질 무렵이면, 빠지지 않은 노래가 있었으니 바로 과가科歌였다. 선생님들께서는 듣기에 거북하기도 할 내용이었지만, 뒤풀이의 여흥으로 넘기기엔 그만이었다. 하지만, 그 노래도 선생님의 예리한 지적을 피할 수는 없었다.

"우리는 교원대 자리 잡은 국어과 국어과 꼴통들, ……. 우리도 한 때는 마음잡고 공부를 하려고 했지만, '교수님'이 우리를 외면해서 우리는 이 길을 택했다."

당신께서는 '교수님'이 아니라 '선생님'이라고 불리시길 바라셨고, 몇 번이고 그 당연한 논리를 우리에게 설파하셨다. 이후로도 강의 시간이면 많은 시간을 쪼개어 우리의 잘못된 언어 사용을 지적하고, 바르게 지적하는 것을 잊지 않으셨다. 고전문학을 하시는 분답게 시대가 변해도 고리타분한 말씀만 하신다고 흉을 보는 사람도 있었지만, 국어 교사로서의 기초를 다지려는 선생님의 뜻이 서려 있는 말씀이셨다.

초임교사로 교단에 섰을 때 일이다. 학교에서 배웠던 국어과 교재 연구 방법론이나 교수법은 실상 손에 들어오지 않았다. 졸업 후 바로 R.O.T.C.로 군 입대하는 바람에 신임교사 연수도 받아보지 못하였고, 전역하자마자 바로 교단에 선 처지였기에 전무한 경험은 당황스러울 수밖에 없었다. 칠판을 지우는 방법과 같은 사소한 데서 출발하여 교단에서의 위치, 수업 시간에서의 어투 및 발화發話 속도, 중요한 사항에 대한 강조 방법 등 실질적인 면들은 이론과 달리 쉽게 몸으로 다가서지 못했다. 군 복무 시절 마지막 1년을 보낸 신병교육대에서의 교관 생활은 학교와 너무나 달랐기에 오히려 학교생활에 부적응 요소로 작용하였고. 아무튼 7월 5일부터 시작한 학교생활은 난관의 연속이었다.

한참 고민 속에 있을 때, 관내 국어(독서) 경시대회 계획 관련 공문이 내려

왔다. 다섯 권의 필독 도서가 제시되어 있었는데, 그 안에 최 선생님의 『생명을 관장하는 북두칠성』(한울, 1993, 이후 '옛이야기에 나타난 한국인의 삶과 죽음'으로 개칭)'이 포함되어 있었다. 학생들과 더불어 책을 읽어가며 내용을 보충 설명해 주는 과정에서 잊고 있었던 선생님의 강의 모습이 새록새록 떠올랐다. 그토록 목말라 했던 교사의 모델을 선생님께서는 강의 시간마다 몸으로 보여주셨는데, 학부 시절엔 강의 내용에만 주목했던 것이다.

생활관(기숙사)에서 함께 생활했던 우리들은 밤을 새워 서로의 생각을 나누기 일쑤였다. 1학년 2학기 '국문학개론' 시간에 선생님께서 국어교육을 전공하는 학생의 자세에 대해 말씀하신 적이 있었는데, 그 중 하나가 전공에 대한 지식과 교과교육학의 상관 관계였다. 교과교육학 이전에 전공에 대한 심층 지식이 먼저라는 말씀은 한동안 생활관에서 토론 주제로 회자되었다. '무엇을 가르칠 것인가.'와 '어떻게 가르칠 것인가.'에 대한 확실한 모델이 정립되지 않은 현실 속에서, 우리들은 섣부른 지식을 내세워 나름대로 심각하게 서로의 의견을 내세웠다. 이미 선생님께서는 두 가지 모두를 우리에게 보여주고 계셨는데, 왜 그 당시의 우리는 실제를 보지 못하고 허공 속에서만 헤매었을까. '무엇'이 없는 '어떻게'는 의미가 없음을, '어떻게'는 '무엇'과의 상관관계 속에서 나타남을, 16년차를 넘긴 이제야 어렴풋하게 깨달아 본다.

1988년 2학년 때 '고전문학 답사반'에서 충북 영동군 황간면의 설화 답사를 한 적이 있었다. 방언 조사와 병행하여 의욕적으로 나섰는데, 준비 소홀로 제대로 된 성과는 거두지 못하고 말았다. 이후 1990년 1월 선생님과 충남 연기군 답사를 진행하였다. 지금은 기억도 아련한 맵시나 승용차를 함께 타고 오지 마을을 찾아다니며 설화 자료를 채록하였다. 쉽게 생각했던 설화 채록에도 절차와 방법이 있음을 알았고, 자료화 과정의 중요성을 이해할 수 있었다. 얼마 안 되는 시간이었지만, 설화 자료에 담긴 땀과 혼을 확인해 가는 과정에서 선생님의 우리 문화에 대한 열정을 엿볼 수 있었다. 그런데 우리 문화에 대해 수업 현장에서 설명할 때면 지금도 그 때의 경험을 떠올릴 수밖에 없다. 이후로 현장에서 우리 문화를 접하려는 노력을 하지 못하고, 책을 통해 이론적으로 접해 온 한계를 벗어날 수 없었기 때문이다.

몇 해 전 선생님께서 광주민속박물관에 초빙 강사로 오셨을 적에 모시고 담양 가사문학권을 잠시 들른 적이 있었다. 사모님을 모시고 가는 길에 선생님께서는 광주의 전설을 말해달라고 하셨다. 학생들에게는 자주 알려주었던 내용들이 머릿속에서 맴돌았지만, 쉽게 선생님께는 말씀드릴 수가 없었다. 선생님께서는 내가 능숙한 설화 구연자이기를 바라지는 않으셨을 것이다. 실제 현장에서 살아가는 선생님의 제자, 후학의 모습을 확인하시고 싶으셨을 텐데, 정작 실제 전승 과정에서 나는 없었음을 반성하는 계기였다. 현장성을 생명으로 하는 구비문학의 중요성을 입으로만 떠들고, 이론적 지식을 마치 내 것인 양 자처해 왔던 모습이 정말로 부끄러웠다.

급한 마음에 '배고픈 다리'라고 와전되어 불리는 '백오푼 다리'의 유래에 대해 말씀드렸지만 횡설수설할 수밖에 없었던 것은, 항상 지나치는 다리면서도 차를 세우고 그 앞에 서보지도 않았던 내 자신을 깨달았기 때문이다. 이후로 시간이 나면 발품을 팔아 현장을 직접 찾아가 보게 된 것도 선생님의 무언의 질책 덕분이 아닌가 싶다. 전에는 단지 스쳐 지나가는 사람이고, 함께 산행하는 사람에 불과했지만, 자연스레 질문을 던지면 생생한 현장의 소리를 들을 수 있었다. 면앙정俛仰亭으로만 알았던 정자가 실은 '부앙정'으로 읽혀야 한다는 것도 현장에서 만난 한 어르신의 지적에서 처음 알게 되었다. '광주光州'의 지명이 무등산無等山과 관련 깊다는 것, 곧 무등無等이 '빛나는 돌'인 '서석瑞石'의 음역音譯임도 함께 산을 오르던 촌로는 이미 알고 있는 것이었다.

돌이켜 보면 선생님께서는 예비교사인 우리들에게 품위를 유독 강조하셨던 듯하다. 교사의 품위는 행동거지行動擧止와 말씨에서 비롯된다는 점을 몸소 우리들에게 보여주셨다. 교사의 자질은 실력도 중요하지만, 행동으로 함께 하는 전인적 가르침이 더 중요함을 깨우쳐 주셨다. 강의 중에 유독 잔소리처럼 하신 말씀이 한때는 행동이나 언행의 제약으로 다가섰지만, 어느 순간에 내가 남들에게서 그 잘못을 찾게 되면서 선생님께서 주고 싶어 했던 교훈을 확인하곤 한다.

그 이면에 서린 따스한 인간미는 오히려 사족일 것이다. 학부 시절부터 20여 년에 걸친 인연을 이어오면서도 멀리서만 맴돈 부족한 제자이기에 선생님의 정년을 바라보면서도 죄송한 마음을 금할 길이 없다.

며칠 전 8사단에서 2차 중대장으로 복무하고 있는 R.O.T.C. 후배이자 제자의 안부 전화를 받았다. 리더십에 관한 책을 일전에 전해 준 적이 있는데, 현지에서 많은 도움을 받고 있다는 고마움과 더불어 새해 안부를 전하기에, 고마움과 더불어 새해에도 열심히 하라는 격려의 말을 아끼지 않았다.

그러고 나서 얼마 안 있어 후배 조윤형 군의 전화를 받았다. 선생님의 근황을 듣는 와중에 나에 대한 선생님의 아쉬움을 전해들을 수 있었다. 무정함과 무심함에 대한 무언의 질책을 받으며 그동안 제 살 길에만 급급해 왔던 모습을 반성해 마지않았다. 설화 녹음 자료를 정리해 보여드렸을 때, '서숙'을 잘못 듣고 채록한 나에게 전라도 방언과 충청도 방언의 차이를 세세히 일러 주시던 기억에서부터 어설픈 석사 학위 논문을 다잡아 주시던 손길에 이르기까지 선생님의 마음을 이 자리를 빌려 되돌아본다. 기대에 미치지 못한다는 죄송한 마음에 자꾸 곁에서 멀어지게 되었는데, 어쩜 안부 전화조차 인색하게 되었는지……. 이 자리를 빌려서나마 사죄의 말씀과 더불어, 선생님의 뜻을 현장에서 더욱 더 열심히 실행하겠다는 다짐을 해본다.

김창균

한국교원대학교 학부 및 대학원 석사과정 졸업. 교육학석사
현재 광주북성중학교 교사

참 좋은 당신

김창덕

어느 봄날
당신의 사랑으로
응달지던 내 뒤란에
햇빛이 들이치는 기쁨을 나는 보았습니다.
어둠 속에서 사랑의 불가로
나를 가만히 불러내신 당신은
어둠을 건너온 자만이 만들 수 있는
밝고 환한 빛으로 내 앞에 서서
들꽃처럼 깨끗하게 웃었지요.
아,
생각만 해도
참
좋은
당신

―김용택, 「참 좋은 당신」 전문

언제부터인가 입가를 맴도는 시이다. 더불어 생각만 해도 참 즐겁고 힘이 나는 분이 있다. 이 시가 그 분과 만나면서 내 삶은 다시 시작되었다.

교직 3년차였던 2004년은 무던히도 힘든 한 해였다. 태어나서 처음으로 보약을 지어 먹어야 할 만큼 체력도 많이 약해졌고, 아이들과 씨름하면서 마음은 더욱 지쳐 있었다. 그런 나에게 다시 하루를 살아낼 수 있는 힘을 준 것이 바로 대학원 도전이었다. 고등학교 다닐 때 이름만 알고 있던 남자고등학교 문학 동아리 선배가 다녔다는 대학이라는 이유 때문만은 아니었지만, 한국교원대학교 아니면 안 된다는 생각뿐이었다. 쏟아지는 빗줄기를 뚫고 새벽 버스를 타고 달려 시험을 치렀던 정성이 갸륵했던 것일까? 대학 합격 발표처럼 가슴이 두근거렸던 그 순간이 아직도 기억날 만큼 설레었다. 운명적인 만남이 시작된 것이다.

똑같은 아이들과 함께 하는, 똑같은 일이 반복되는 중학교 교사 생활에 지쳐 있던 나는 그 날부터 다시 생기가 돌기 시작하였다. 대학교 다닐 때 못해 본 기숙사 생활에 대한 기대도 부푼 가슴을 더욱 부풀려 놓았다. 대학원에 등록을 하고, 수강 신청을 하는 것들은 대학 다닐 때 다 해 본 것이지만 새로웠다. 수강 신청을 하기 전까지만 하여도 나의 관심 분야는 한국어 교육이나 문법이었다. 그런데 수강 신청을 하기 위해 학과 사무실에 전화를 건 순간 운명의 끈이 실마리를 찾기 시작하였다. 대학원 첫 학기에 내가 선택한 과목은 바로 '한국 구비문학 교육 연구'와 '한국어 교육론 연구'였던 것이다.

'한국어 교육론 연구'도 외국인을 위한 한국어 교육에 관심이 많은 내게 의미 있는 강의였지만, '한국 구비문학 교육 연구'는 구비문학에 대한 새로운 관점을 제시해 주었을 뿐 아니라, 내 인생의 참 스승을 만나게 해 준 고마운 강의였다. 조용하고 깨끗한 미소와 온화한 성품으로 차분하면서도 알찬 강의를 해 주시는 의재 선생님은 그렇게 운명처럼 나를 이끌어 주셨다. 국어 교사였지만 정작 구비문학을 가벼이 여겼던 나는 많이 반성하였다. 또한 아버지께서 하고 계시는 하동의 전설이나 방언 수집에도 많은 관심을 가질 수 있었다. 내가 고향에서 근무하는 교사로서 할 수 있는 일이 무엇인지 깨닫게 된 것이다.

의재 선생님께 빠져들기 시작하니 걷잡을 수 없었다. 대학원 2학기에 전공

2006년 겨울 답사 길에 청주 고인쇄박물관 앞에서
앞줄 맨 오른쪽이 필자

을 정하는데, 나는 이미 1학기 고전문학 전공 세미나에 참석하였다. 노란색 바탕에 '월곡 고전문학 연구회 학술세미나'라고 검정 글씨로 적혀 있던 것이 인상 깊었다. 내게 너무도 잘 어울리는 '촌스러움'이 묻어났다. 사람과 사람 사이에 무엇이 있어야 하는지를 아는 사람들이 너무도 반갑게 맞이해 주셔서 눈물이 날 뻔하였다. 2005년 여름밤을 계곡 물소리보다 아름답게 흐르는 노랫소리에 빠져 홀딱 지새고 말았다. '월곡月谷'에 너무 깊이 발을 들여 놓아서 빠져 나올 수도 없었지만, 빠져 나오고 싶지 않았다. 사람 냄새가 나는 사람들 속에 있으면 나도 사람 냄새나는 사람이 될 수 있을 것 같았다. 학문에 대한 열의는 식었을지 몰라도 사람에 대한 희망을 발견하는 기쁨이 더 컸다.

전공 세미나에 다섯 번 참석하고 나니 드디어 현실적인 문제가 다가왔다. 논문을 써야할 시점이 다가온 것이다. 깊은 고민 끝에 내가 졸업한 모교로 옮겼지만, 막상 모교에 와서 보니 현실은 달라도 너무 달랐다. 15년 전에 내가 졸업한 학교가 아니었다. 학생이었을 때와 교사로 다시 돌아온 학교는 너무 달랐다. 왜 이렇게 변했을까 하는 실망과 왜 이곳으로 왔을까 하는 후회가 매일 반복되었다. 그러나 주저앉을 수는 없었다. 선택에 후회를 남기지 않기 위해서 최선을 다해 살아낼 수밖에 없다. 물론 논문도 써야 했다. 이 글을 쓰는 순간도 논문은 현재 진행형이다. 행복한 결말을 꿈꾸지만 주어진 시간까지 최선을 다할 것이다. 이런 내게 힘을 주시는 분이 바로 의재 선생님이시다. 졸음을 쫓기 위해 창문을 열면 산죽으로 엮은 처마 끝에서 별들이 숨을 쉬고 있다.

'언제까지나 밝고 환한 빛으로 제 앞에 서서 들꽃처럼 깨끗하게 웃어 주세요. 생각만 해도 참 좋은 당신, 의재 선생님 감사합니다.'

김창덕

경상대학교 국어교육과, 한국교원대학교 대학원 졸업.
교육학석사
현재 경남 하동 청암중학교 교사

마피아와의 인연

김현수

"김선생, 평생 교육 동지가 되겠습니까?"

"예?……"

순간, 기숙사 다락관에서 동료 교사들과 '파닭'을 안주 삼아 주고받던 이야기가 번개처럼 스쳐 지나갔다. 고소설 쪽은 논문 지도가 너무 깐깐하다더라. 논문 초고는 붉은색 볼펜으로 온통 피바다가 된다더라. 뭐 하러 사서 고생을 하느냐. 죽기를 각오하지 않으면 발을 들여놓지 말라. 들어보니 거의 마피아 조직 수준이라더라. 등등의 온갖 추측성 뒷담화가 무성했던 상황이라서 시원스레 대답을 하지 못하고 잠시 머뭇거리다가 더듬더듬 기어들어가는 소리로

"예…… 열심히 한번 해보겠습니다."

"그래요? 그러면 우리 잘 해 봅시다."

교수님의 승낙을 뒤로 하고 어정쩡하게 연구실을 물러나왔다. 월곡회月谷會와의 인연은 이렇게 시작되었다.

1년차 겨울 학기, 대천 임해학생수련원에서 치러진 전공의 날 모임. 그 때 나는 거기 참석할 의무는 없었지만, 경험 삼아 따라간 것이 월곡회 신입회원 신고로 이어졌다. 멋쩍기도 하고, 참으로 처신하기가 곤란한 분위기였다. 마치 신병 훈련소를 떠나 자대 배치를 받던 그 때의 심정이었다. 기숙사에서 동료 교사들과 나누었던 얘기를 흘려들은 것이 그저 후회스러울 뿐이었다.

'불혹不惑이라는 40대 중반의 나이에 내가 무슨 영화榮華를 보겠다고……. 차라리 해수욕장 근처에서 횟집을 하고 있는 친구를 불러내 소주나 한잔 할까?'

그러나 이런 생각도 잠시, 곧장 고소설과 설화 분과로 나누어 논문 구상 발표 및 계획 발표에 들어갔다.

발표자들의 어깨너머로 들려오는 선배님들의 날카로운 지적과 교수님의 총평에 괜히 내 몸이 움찔거렸다. 저녁 식사 후에는 심사에 통과된 선배님들의 논문 발표가 있었다. 속된 표현이지만, '1년 선배는 하느님과 동창생이요, 이순신 장군과 휴가 서열이 동급'이라던 군대 동료의 넉살이 떠올랐다. 그리고는 자신의 석사논문을 후배들에게 나눠주는 선배님들의 모습이 바로 그 '1년 선배'라는 단어에 겹쳐졌다. 정말 존경스럽고 부러웠다. 이후 여흥으로 새벽까지 이어진 음주가무는 후회막급後悔莫及이었던 내 마음을 거꾸로 돌려놓기에 충분했다. 몇몇 선배님들과 해변 조개구이 집으로 자리를 옮겨 애정 어린 조언을 듣다보니 뿌옇게 동이 터왔다. 월곡회의 내 첫 일정은 이렇게 무박이일無泊二日로 끝이 났다.

그 뒤로 일 년에 두 차례씩 명산대천名山大川을 찾아 치러진 월곡회 모임에 꼬박꼬박 참석했다. 그 때마다 금과옥조金科玉條 같은 선배님들의 경험담과 조언이 이어졌다. 그러다 보니 큰 어려움 없이 논문을 쓰게 되었고, 이제는 첫 모임에서 그렇게도 존경스럽게 생각했던 '1년 선배'라는 자리에도 끼게 되었다. 아직 기라성綺羅星같은 선배님들과는 감히 어깨를 나란히 겨룰 수 없지만, 그 분들의 교육에 대한 열정과 학식, 그리고 인격을 흠모하고 따르다 보면 나도 그렇게 닮아가지 않을까 하는 희망을 갖게 되었다. 흔히들 만남은 인간으로서의 출발이며 모든 것의 시작이라고 한다. 내 인생에서 교수님을 비롯한 여러 선배님, 그리고 후배들과의 만남은 중년에 들어선 교육자로서의 새로운 시작이었다.

이렇듯 월곡회와의 인연은 내 인생 중반에서 잡은 최고의 행운이었다. 이 행운의 중심에는 바로 최운식 교수님이 계셨다. 언젠가 교수님께서 단재교육원 강의를 하시다가 늦어져 교육대학원 강의가 휴강되었을 때 우리는 환호작약歡呼雀躍했다. 그러나 저녁 식사 후에 보강이 있다는 조교의 전달에 말문이 닫히고 말았다. 또 학위논문 초고가 온통 붉은색 볼펜으로 물들고 맞춤법 뿐만 아니라 문장부호까지 첨삭해 주셨을 때는 정말 쥐구멍에라도 숨고 싶은 심정이었다. 이 모두 자상하시면서도 철두철미하게 원칙을 고수하시는 교수님의 일면을 보여주는 사례들이다. 평생을 후학들에게 솔선수범으로 일관하셨던 우리 교수님이 이제 정년定年에 이르셨다. 편히 쉬실 수 있다는 안도감도 들지만 어딘가 모르게 마음 한 구석이 시려온다. 아마도 이 시대 우리 모두의 사표師表이셨던 최운식 교수님의 정년이 아쉽기 때문이리라.

김현수

한남대학교, 한국교원대학교 대학원 석사과정 졸업. 교육학 석사

현재 대전 명석고등학교 교사

저물어가는 해를 향해서, 첫걸음

김효석

겨울. 해가 지고 있다. 오늘 하루를 비추어준 해가 진다. 그러나 저물어가는 저 해는 끝을 알리는 해가 아니라, 내일을 준비하라고 알려주는 시작의 해이다. 나는 저물어가는 해를 향해 오늘도 한 발자국 내딛는다.

내 나이 스물여덟. 긴 인생은 아니지만, 인생에 대해 가장 격정적인 마음을 품고, 젊은 피를 끓이고 있는 나이이다. 주변의 한 마디 말과 뉴스에서 나오는 한 자락의 소식에 감동하고, 분노하는 청춘. 그것은 지금 나와 같은 시간을 살고 있는 서른 무렵의 사람들이 누리고 있는 삶일 것이다. 하지만 세상 어떤 사람들도 서로 같은 삶을 살지는 않는다. 이름이 같아도, 생김새가 비슷하여도 저마다 특별한 삶을 살아가는 것이 세상의 진리가 아닐까. 누구도 그 삶을 대신할 수 없을 만큼.

돌이켜보면, 지금까지 살아온 나의 삶도 특별함이 있는 것 같다. 어떤 부분에서도 특별함 없이, 그냥 남들 사는 대로 평범하게 살아간다고 생각했던 내 삶도, 미처 알지 못했던 특별함이 있었던 것 같다. 그것은 아마도 수많은 사람들과의 인연 때문일 것이다. 나는 지금 스물여덟 살의 나를 살게 해준 소중한 인연들, 나의 은사님들을 기리며 지난 기억을 떠올려보려 한다. 그리고 지금은 저물어가는 해와 같을지 모르지만, 항상 내일을 준비하라고 일러주시는 정년定年을 맞으신 지도교수 의재 최운식 선생님께 미천한 글을 올리고자 한다.

어린 시절의 나는 아무것도 특별할 것이 없는 평범한 집안의 막내아들이었다. 풍요롭게 하루를 살지는 않았지만, 그렇다고 아주 어렵게 하루를 살았던 것도 아니었다. 다만 삼시 세끼를 거르지 않을 정도로만 어린 시절을 보냈다. 그 시절을 살았던 내 나이 또래의 친구들이 그랬는지는 모르지만, 아버지는 약주를 좋아하시고, 어머니는 말없이 고생만 해야 했던 그런 가정이었다. 초등학교를 다니면서 평균 80점을 넘지 못하는 나는 공부를 잘 하지도, 똑똑하지도 못한 학생이었다. 특별한 것이 있었다면, 조그만 동네 아이들의 골목대장 노릇을 했던 것뿐이었다. 나는 그냥 친구들과 노는 것만 좋아했던 어린이였다.

그런 나의 어린 시절에 큰 변화를 준 것은, 갑작스럽게 돌아가신 어머니의 사고였다. 중학교 2학년인 나에게 어머니의 죽음은 큰 충격이었다. 한창 사춘기를 겪고 있던 나는 어머니의 부재가 믿기지 않았고, 세상 모든 고통이 나에게만 있는 줄로 착각하고 있었다. 그래서 나는 진한 방황의 사춘기를 겪었다. 나에게 사랑이란 단어는 없었고, 미움과 아픔의 상처만 있다고 생각하여 줄곧 싸움과 비행만 일삼고, 나의 미래에 대해서는 아무런 희망도 바람도 없었다. 공부란 놈은 더더구나 싫었다. '그까짓 거 하면 행복할까?'하는 마음만 가득 가지고 있었다. 그 때는 철저한 반항의 시기였다. 그래서인지 아버지는 수도 없이 나를 말리셨고, 네 살 터울인 큰형과 두 살 터울인 작은형은 나에게 매질을 하면서 버릇을 고치려고 했다. 하지만 정말 진했던 나의 사춘기는 쉽사리 좋아지지 않았다.

중학교 3학년이 된 어느 날, 여느 때처럼 방황하고 있던 나를 참지 못하셨던 아버지는 심한 매질과 함께 나를 내쫓으셨다. 공부는 못해도 좋으니 나쁜 길로만 빠지지 말라고 하시던 아버지의 꾸짖음이 생생하다. 하지만 그 때는 그걸 알 리가 없었다. 나는 아버지를 미워하며 집 밖으로 나와서는 한참이나 헤매고 있었다. 갈 곳도 없었고, 가야할 곳도 없어서 굽이굽이진 골목길만 헤집고 돌아다녔다. 그러다가 문득 골목 구석에 있는 후진 공중전화기를 발견했다. 주머니 속에 있는 몇 개의 백 원짜리 동전을 집어넣으며, '누구에게 전화를 할까?'하고 생각했는데, 막상 떠오르는 사람이 없었다. 내가 알고 있는 전화번호를 모두 뒤져도 그렇게 늦은 시간에 내 전화를 받아줄 사람은 없는 것 같았다. 결국, 나는 별로 좋아하지도 않았던 담임선생님께 전화를 걸었다. 딱히 전화를 할 곳이 없었던 나의 전화를 받은 선생님의 목소리는 내가 그 동안 처음 들어보았던 다정한 목소리였다. 갑자기 울컥 쏟아진 나의 울음에 선생님은 무척이나 당황하셨고, 세상 누구보다 큰 걱정으로 나를 달래 주셨다. 정확히 말하면, 나의 정식 담임선생님이 아니라 어떤 사정으로 인해 임시 담임을 맡고 계신 선생님이었다. '네가 있는 곳이 어디냐, 선생님이 그리고 가겠다, 어디 가지 말고 거기 꼭 있어라!' 하시면서 선생님은 나를 붙잡아 두셨다. 나는 거친 눈물을 닦으며 괜찮다고 했지만, 선생님의 말씀에 참을 수 없이 눈물을 흘리고 말았다. 그렇게 선생님은 한 시간이 넘도록 나를 달래고 얼러 주셨다.

그 일은 고등학교 진학에 관심이 없었던 나에게 욕심을 안겨 주었다. 내게 관심을 보여준 선생님께 공부하는 모습을 보여드리고 싶었고, 보란 듯이 고등학교에 가는 모습을 보이고 싶었다. 그래서 늦게나마 책을 펼쳐 공부를 하게 되었고, 그 진하던 사춘기의 방황도 접을 수 있었다. 하지만 짧다고 생각했던 그 잠시의 방황이 나에게는 적지 않은 손실이었다. 시험을 치고 들어가야 했던 비평준화 지역에서 나를 받아줄 학교는 그리 많지 않았던 것이다. 어떻게든 나를 인문계 고등학교로 보내고자 하는 선생님의 노력과는 달리 모의로 치는 시험 성적은 그다지 희망적이지 않았다. 하지만 선생님은 유난히도 나에게 신경을 많이 쓰면서 포기하지 않으셨다. 수학은 이렇게 공부해라, 국어는 그렇게 하면 안 된다, 영어는 그렇게 할 수밖에 없다, 하면서 하루에도 수백 번 잔소리를 하셨다. 다 알아듣지는 못했지만, 나름대로 선생님의 말씀에 따라 공부를 하면서 차츰차츰 성적이 올라가기 시작했다. 40등을 웃도는 내가 어쩌다 5등 안에 들어갔다면 할 말은 다 한 것 아닐까. 그 날 아버지는 먹다 지치도록 많은 양의 맛있는 삼겹살을 사주셨다. 그리고 선생님은 마냥 웃어만 주셨다.

많은 학부모님들이 서열을 매기면서 좋다고 하는 학교에 나는 들어가지 못했다. 워낙 기초가 부족했던 나에게 어쩌면 말도 안 되는 욕심이었을지 모른다. 하지만 선생님은 나를 굳이 인문계 고등학교로 보내셨다. 그리고는 뿌듯해하셨다. 나 역시 생각지도 않았던 결과에 기쁨이 넘쳤다. 그 날 선생님과의 전화 한 통이 아니었다면, 누리지 못할 기쁨이었다. 이제야 변성기가 지나 징그럽던 나에게 선생님은 축하한다는 말과 예쁘게 포장된 볼펜을 건네주셨다. 그리고 그 동안의 고생을 잊지 말고, 어머니를 위해서라도 공부 열심히 해서 훌륭한 사람이 되어 달라고 부탁하셨다. 졸업식을 마치던 그 날 선생님은 그렇게 내게 소중한 선물을 안겨 주셨다.

고등학교 생활은 생각했던 만큼 쉽지가 않았다. 워낙에 기초 실력이 없어서 친구들의 실력을 따라가기에는 너무나도 벅찼다. 좌절하지 않고 따라가 보려 해도 그 격차가 좁혀지지 않았다. 게다가 설상가상雪上加霜으로 어머니의 빈자리가 집안의 불행으로 다가왔다. 아버지 혼자의 힘으로는 건장한 세 형제를 감당하기 힘드셨던 것이다. 집안의 살림은 하루가 다르게 기울어져 갔고, 형편은 점점 어려워졌다. 1학년을 마치는 무렵에는 얼마 되지 않는 등록금을 내기는커녕, 급식비조차도 낼 수 없을 정도의 형편이 되고 말았다. 세상에 대해서는 몰랐던 나는 처음으로 '빨간 딱지'를 만져보기도 했다. 그것은 정말 비참하고 애통한 종이 쪼가리였다. 먼 곳에서 직장 생활을 하던 큰형은 다달이 돈을 보내왔고, 작은형과 나는 아르바이트를 시작했다. 큰돈을 벌지는 못했지만, 학교 야간 자율학습을 마치면 형은 작은 오토바이를 타고 배달을 했고, 나는 일식주점에서 새벽까지 주방보조로 일을 했다. 고등학교 시절에 생선회를 썰어본 사람이 얼마나 있을지는 모르지만 나에게는 아주 색다른 경험이었다. 일이 고된 것보다는 내 손에 쥐어진 날카로운 칼이 정말 무섭기만 했다. '내가 왜 이러고 있어야 하는가'라는 물음이나 원망보다는 정말 무섭기만 했다. '이 칼에 손이라도 베이면 정말 아플텐데…….' 하고 말이다. 그래도 열심히 일하기는 했다. 중학교 졸업식 이후로 성격이 변해서인지 항상 밝은 웃음을 지으려고 노력했고, 남들 앞에서 건강한 모습을 보여주고 싶었다. 그것도 어쩌면 사춘기였을지도 모른다. 언젠가 들었던 엄마 없는 자식이라는 소리도 듣기 싫었고, 내가 보내는 하루하루가 부끄럽지 않다고 나는 생각했다.

고등학생이 밤늦게까지 아르바이트를 하면서 버는 돈은 우리 집에 큰 도움을 주지는 못했다. 아버지는 그런 일을 하지 말라며 나를 말리셨고, 애써 등록금과 급식비를 마련하려고 노력하셨다. 그렇게 어려운 형편에 작은형은 나의 도시락을 매일같이 싸주었고, 아버지는 감당하지도 못할 고된 일을 하셨다. 나에게 주어진 길은 공부를 열심히 하라는 기대와 바람이었다. 하지만 아무리 노력해도 나는 공부를 잘하지 못했다. 그런 나에게 소중한 선물을 준 사람이 또 나타났다. 고등학교 2학년에 올라가면서 우리 집의 사정을 알게 된 담임선생님이었다. 언젠가부터 나에게 급식 당번을 시키면서 급식비는 내지 않아도 된다고 하시더니, 집안 형편이 어려운 학생들은 등록금을 면제받을 수 있다는 말씀도 해주셨다. 선생님의 말씀에 따랐던 나는 1년이 되도록 등록금과 급식비를 내지 않고 학교를 다닐 수 있었다. 하지만 선생님은 나에게 매우 엄하셨다. 수업 시간에 졸면 유달리 매질을 많이 하셨고, 좋지 않은 성적이 나오면 하늘이 무너진 듯이 나를 탓하곤 하셨다. 시험 성적이 오르지 않아 나보다도 한숨을 많이 쉬었던 선생님이셨다. 그 당시에 나는 내신 성적은 좋았지만, 수능 모의고사 성적은 아주 형편없었다. 대학을 갈 수 있을지도 모르는 모호한 성적이었다. 선생님은 그런 나를 매우 걱정하셨다. 대학이 인생의 모든 것은 아니지만, 너는 대학을 꼭 가야한다고 말씀하셨다.

공부를 지지리도 못했던 나에게 그렇게 대학에 가라고 말씀하셨던 선생님의 말씀을 이해할 수 없었다. 사실 나는 대학을 포기하고 돈을 벌어야겠다고 생각했었다. 나에게는 대학 등록금도 문제였지만, 어려운 집 형편을 어떻게든 살려야 한다는 생각뿐이었다. 그것이 어른스러운 생각이었는지는 모르겠다. 어쩌면 많은 친구들이 비슷하게 겪었던 생활고를 나는 내 인생에 해결해야 할 가장 큰 목표로 생각했는지도 모른다. 애초에 대학 같은 건 꿈꾸지도 않았다. 돈을 많이 벌면 잘 살 수 있을 거라는 생각이 더 컸다. 그런 다짐을 했던 나에게 선생님은 크게 꾸중하셨다. 너를 위해 살아가는 아버지와 형들을 생각하고, 선생님을 생각해서라도 대학을 포기하는 것은 죄를 짓는 것이라고 말씀하셨다. 그리고 나중에야 알게 된 사실이지만, 그동안의 급식비와 등록금을 선생님이 부담하셨다는 사실에 나는 어떻게든 대학을 가야 하겠다고 생각하였다. 그것이 선생님의 가르침에 대한 나의 보답이었던 것이다. 수없이 눈물을 흘리면서 나 자신만을 생각했던 스스로가 한없이 부끄럽고 창피하기만 했다. 후회를 하기에는 너무나도 늦어버렸다는 생각마저 했다. 이제 내가 무엇을 해야 하는가에 대한 답을 찾았을 때는 너무 늦었구나 하는 생각만 들었다. 하지만 내가 포기했을 때에도 선생님은 포기하지 않으셨나 보다. 모자란 나에게 끝없이 관심을 가지고 가르치셨던 선생님. 그 선생님을 나는 잊을 수가 없다. 결국 나를 대학이란 곳에 보내신 선생님.

우여곡절 끝에 나는 대학에 들어갔다. 하지만 작게나마 욕심을 부렸던 대학에는 들어갈 수 없었다. 중학교 시절과 마찬가지로 나의 실력으로는 남들이 말하는 '좋은 대학'에 들어갈 수 없었던 것이다. 20세기에서 21세기로 바뀌던 해에 나는 천안대학교 국문과에 입학했다. 정말로 많은 일들이 지나간 뒤에 나는 대학이란 곳에 들어가게 된 것이다. 어찌 됐든 대학생이란 타이틀을 가진 나는 행복했다. 고등학교는 이과계열을 나왔지만, 어린 시절부터 글쓰기를 좋아했던 나는 국문과에 진학해서 하고 싶었던 공부를 하게 된 것이다. 물론, 그런 기쁨도 쉽게 누린 것은 아니었다. 수능시험을 보고 아르바이트를 하던 나는 내가 지원했던 대학에 전부 떨어져 수없이 상심했고, 결국 돈을 벌어야 하는가라는 물음도 수없이 되뇌었다. 하지만 하늘이 도운 일인지, 합격했다는 연락을 받고 얼마나 기뻐했는지 모른다. 그렇게 나는 대학생이 된 것이다.

대학 생활은 고등학교 때까지의 생활과는 완연히 달랐다. 내가 듣고 싶은 수업을 신청해서 내 공부를 한다는 것이 낯설게만 느껴졌고, 담임선생님의 관심 없이 교수님들을 찾아뵈어야 한다는 것도 생소하기만 했다. 지금까지 나를 이끌어주던 사람들은 이제는 없게 된 것이다. 그것이 혼란스러웠고, 어떻게 해 나가야 할지 몰랐던 나는 또 다시 아르바이트를 시작했다. 대학 생활은 매일 학교에 나가지 않아도 됐기에 돈을 벌기에 수월했다. 이제 와서 돌이켜보면 그 때의 아르바이트가 이것도 저것도 아닌 결과를 가져왔지만, 짭짤한 수입과 자유로운 대학 생활은 나를 즐겁게 했다. 또 내 스스로 그 비싼 등록금을 마련할 수 있었다는 것에 자부심도 느끼면서 자족을 하기도 했다. 그리고 대학 졸업장을 얻으면 모든 것이 해결될 것이라는 생각에 나를 위로하고 안도하였다. 결국은 대학이라는 곳이 모든 것을 해결해 줄 것이라 나는 믿었던 것이다. 세상이 어떻게 돌아가는지 모른 채 나는 그러했던 것이다.

대학에서의 1년은 아무것도 모른 채 마냥 즐겁게만 보냈다. 돈을 벌면서 친구들과 술도 한 잔 하는 기쁨을 누리고, 바다를 보러 기차를 타고 갑자기 떠나는 낭만적인 생활을 즐겼다. 지난 세월과 인연들은 잊은 채 법적으로 어른이 되었다는 이유로 나는 자유 아닌 자유를 누렸던 것이다. 미래에 대한 어떤 준비도 없이 1년이라는 시간을 즐겁게만 보낸 것이다. 그리고는 친구들과 인생을 논하며 자만을 자랑하던 어설픈 시간을 보냈다. 그러나 세상은 내가 자만할 만큼 호락호락한 곳이 아니었다. 공부에 몰입했던 것도 아니었고, 무지하게 큰돈을 벌었던 것도 아닌 그 1년은 나에게 반성의 시간으로 돌아왔다. 덧없이 1년이 지나가고, 나는 군대를 가야 했다. 내가 해 놓은 것이 무엇인지도 모르고 군에 입대하기 위해 머리를 깎던 날, 나는 눈물을 흘리고 말았다. 시간은 내가 잠시만 놓아주면 절대로 기다리지 않고 아주 멀리 달아나 버린다는 것을 그때서야 알았다.

대학 생활의 1년을 마치고 군에 입대를 하기 전까지 약 9개월 동안은 제대하고 돌아와 제대로 시작하자는 다짐으로 열심히 등록금을 모았다. 제대하고 나오면, 열심히 공부하기 위해서 이제는 미래를 준비해야지 하는 마음으로 이를 악물고 돈을 벌었다. 그리고 내가 목표했던 얼마의 돈이 모인 후 나는 강원도 산골짜기로 나라를 지키러 갔다. 그곳의 여름은 징그럽게 더웠고, 겨울은 혹독하게 추웠다. 무서운 선임병과 낯선 산골짜기는 나를 작아지게 만들었다. 하지만 그 곳에 있는 동안에 나는 굉장히 많은 생각들을 했다. 야간 보초 근무를 서면서, 훈련 중에 잠시 쉬면서 나는 홀로 계신 아버지를 생각했고, 내가 꾸려갈 미래에 대한 계획을 하나씩 하나씩 세워가기 시작했다. 그곳은 생각하기에는 충분한 시간을 주는 곳이었다. 그래서 남자는 군대를 가야한다는 말이 생겨났는지도 모른다. 나 자신에 대한 삶을 반성하면서, 내 주변의 소중한 사람들과 내 미래에 대한 계획을 아주 구체적으로 할 수 있게 만드는 곳이었다. 특히 나에게는 강원도의 그 산골짜기가 잊지 못할 특별한 곳이 되었다.

군 제대를 두 달 앞둔 여름, 야간 불침번 근무를 섰던 나에게 전화 한 통이 걸려왔다. 아버지의 임종 소식이었다. 수없이 그리워했던 아버지의 갑작스런 죽음은 또 한 번 나에게 큰 슬픔이었다. 홀로 외롭게 자식들을 길러내신 아버지의 마지막 곁을 나는 지키지도 못했다. 불행의 나락이었을까. 인생을 더 배우라는 모진 가르침이었을까. 나는 힘없이 아버지를 보내고 말았다. 그래서 강원도의 산골짜기는 아직도 나를 마음 아프게 하는 곳이다.

아버지를 여의고 나는 제대를 했다. 그리고 이제는 제법 어른이 되어야만 하는 나이에 스스로 앞길을 헤쳐가야만 했다. 더는 기댈 곳도, 의지할 곳도 없이 나 혼자 어른이 되어야만 했다. 하지만 어른이 된다는 것은 생각보다 쉽지 않은 일이다. 갑작스런 내 삶의 변화와 혼란스러운 마음은 안정되지 않았다. 아마도 내가 다시 아르바이트를 시작한 건 그 마음을 안정시키기 위해서였을 것이다.

대학 2학년으로 나는 다시 복학을 하게 되었다. 지난 모든 경험을 뒤로 하고, 나는 또 내일을 위해 살아야 했다. 애통하고 억울한 마음이지만 나는 좌절할 수 없었고, 좌절해서도 안됐다. 다만 열심히 공부하고 열심히 살아야 하는 길만이 남았다. 그것이 일찍 돌아가신 부모님께 효도하는 길이라고 누군가가 말해 주었다. 너무나도 뻔한 이야기일지 모르지만, 그것이 곧 진실이고, 진리였다. 나는 이를 악물고 살아야만 했다. 아버지에 대한 슬픔이 가슴에 담겨질 즈음, 나는 교수님을 만났다. 오늘의 나를 이끌어주신 김기창 교수님이었다. 교수님은 묵묵히 나를 응원해 주셨다. 특별한 말씀이 없이도 언제나 힘이 되는 그런 분이셨다. 내가 가끔 지칠 때면, 환한 웃음으로 반겨주시는 아버지 같은 존재로 계셨다.

사실 나는 복학을 하고 대학을 다니면서 공부에는 흥미가 없었다. 학점은 곧잘 나왔지만, 공부를 잘 하거나 좋아해서가 아니라, 장학금을 받지 못하면 학교를 다닐 수 없었기 때문에 어떻게든 공부를 해야만 했다. 그래서 어쩌면 시험에 대비하기 위한 단편적인 지식만이 내 머릿속에 가득한 것인지도 모르겠다. 부끄러운 일이지만 나는 대학에서의 공부도 무던히 노력한 것이 아니라, 그야말로 벼락치기의 선수였다. 강의를 들으면서 필기를 하고, 시험 때만 되면 그 동안의 공부를 몰아치는 무식한 선수였던 것 이다. 참으로 부끄럽다.

글 쓰는 것은 좋아했지만, 공부는 잘 몰랐던 나에게 자극을 주신 것은 김기창 교수님이었다. 교수님의 강의 중에 나는 공부에 대한 흥분을 느낀 적이 있다. 어쩌면 그 때가 지금의 나를 만든 것이 아닐까. 교수님은 나에게 과제를 주셨다. 고소설 「박씨전」에 관한 논문을 한 편 주시면서 요약 발표하라는 것이었다. 나는 우선 내용을 알지 못했던 「박씨전」을 읽으며 흥미를 느꼈고, 그 논문을 읽으며 또 다시 흥미를 느꼈다. 그때만 해도 내게 논문이라는 것은 매우 생소한 다른 세상의 글이었다. 어쨌든 무사히 발표를 마친 나에게 교수님은 또 하나의 과제를 주셨다. 「박씨전」에 관한 또 다른 논문이었다. 그리고 말씀하시기를, "「박씨전」에 관한 내용은 학생들이 너한테 배울 테니, 열심히 공부해 보거라."라고 하셨다. 그 논문을 보면서 나는 흥분을 감출 수가 없었다. 이제 와 생각해 보면, 참 소박하고 단순한 흥분이었지만, 아무것도 몰랐던 그때에 나는 꽤 커다란 충격이었다. 고소설 한 작품을 가지고, 이렇게 여러 가지 이야기들을 할 수 있는지 나는 몰랐다. 「박씨전」의 여성의식에 관한 내용을 어떤 사람은 이렇다 말하고, 또 어떤 사람은 그것이 아니라, 이런 것이라고 말하는 것에 나는 흥분을 감출 수가 없었다. 우습지만, 「박씨전」의 여성의식에 대한 연구들은 매우 많고, 아직도 내가 미처 읽어보지 못한 연구들이 있다. 하지만 그때 나는 '공부란 이런 것이구나'라고 생각했다. 내가 어떻게 바라보느냐에 따라 「박씨전」이 이렇게도 되고, 저렇게도 되는구나 하고 신선한 충격을 얻은 것이다. 처음으로 나도 공부를 해보고 싶다는 생각이 들었다. 나도 내 생각과 논리를 가지고 고소설을 읽어보고 싶다는 생각이 들었다. 그렇게 나는 은근하게 고소설을 좋아하게 되었고, 공부라는 놈도 해보고 싶어졌다.

더욱 신선한 충격을 받은 것은 어느 날 내게 말씀하신 교수님의 제안 때문이었다. 교수님은 내게 공부를 하고 싶지 않느냐고 물어보시고는 대학원 진학을 제안하셨다. 특히 한국교원대학교 대학원에는 교수님을 지도해 주신 최운식 교수님이 계시고, 내가 좋아하는 고소설의 분야에서는 그 분만큼 훌륭한 업적을 가진 학자들이 우리나라에 드물다고 말씀하셨다. 최운식 교수님은 한 번도 뵌 적이 없지만 고소설 수업 때 교재와 자료를 통해 수없이 들어봤던 이름이었다. 그러한 분 밑에서 내가 공부를 한다는 것은 상상해본 적이 없는 일이었다. 의재 최운식 교수님과의 인연은 그렇게 시작되었다.

나를 더욱 놀라게 한 사실은 당시에 내가 워낙에 좋아하고 존경했던 고전문학을 가르치시던 최진형 교수님이 최운식 교수님의 장남이라는 사실이었다. 최진형 교수님은 항상 수업을 재미있게 진행하시면서 단편적인 지식보다는 학계의 논쟁거리와 작품 연구의 이면을 다루어 학생들에게 흥미를 주셨다. 그 때문에 교수님은 학생들의 인기를 한 몸에 받고 계셨다. 이주 뛰어난 강의를 해주시는 분이라고 생각했다. 그런데 그 분이 최운식 교수님의 아드님이시란다. 나는 더 더욱 놀랄 수밖에 없었다. 내가 하고 싶었던 공부를 하기 위해 만일 한국교원대에 들어갈 수 있다면, 나는 아주 기가 막힌 인연으로 교수님을 만나게 되는 것이었다. 그런 인연도 세상에 많지는 않을 것이다. 고뇌한 끝에 나는 결심했다. 공부를 하고 싶고, 해야 하겠다고 결심했다. 그 길이 매우 어려울 것은 짐작했지만, 세상에 내가 하고 싶은 일을 하고 산다는 것이 가장 행복한 일이 아니겠는가. 나의 공부나 실력이 터무니없이 부족한 것은 알고 있지만 나는 욕심을 내어 결심을 하게 된 것이다.

김기창 교수님은 나를 위해 무던히 애를 써주셨다. 교원대 대학원은 수많은 대학생들과 현장 교사들 사이에서도 경쟁이 치열한 곳으로 주변에는 재수·삼수, 그리고 장수생까지도 더러 있었다. 게다가 국립 교원 양성 기관이기 때문에 등록금이 저렴하다는 사실은 형편이 어려운 나에게 큰 욕심을 가져다 주었다. 나의 미래가 점점 뚜렷해지기 시작한 것이다. 내가 원하는 삶과 이루고자 하는 꿈이 현실로 다가오는 것이었다. 그때의 기쁨과 희열이란 이루 말 할 수 없다. 내가 가야할 단 하나의 목표를 찾았다는 것만으로도 내 삶의 이유를 말 할 수 있는 것이다. 마치 논문을 쓰고자 하는 학생이 확실한 논문 주제를 잡았을 때의 기분과 같다고 할까. 이건 우스갯소리지만, 논문을 쓰는 사람들에게는 정말 큰 기쁨이 아닐 수 없다. 하지만 교원대 대학원에 입학하는 관문은 정말 쉽지 않은 싸움이었다.

김기창 교수님의 배려와 관심으로 나는 최운식 교수님을 처음으로 뵙게 되었다. 함께 준비하던 친구들과 함께 인사를 드리러 교원대를 향해 처음으로 발을 내딛었다. 떨리고 긴장되는 마음으로 최운식 교수님을 기다리며 무슨 생각이 떠올랐는지도 몰랐다. 우리의 긴장을 아셨는지 김기창 교수님은 가벼운 농담을 해주셨다. 세 시간의 강의를 꽉꽉 채워서 하시는 최운식 교수님의 스타일은 정말 대단하다고 하셨다. 학생들에게 그런 말은 긴장과 웃음을 동시에 주는 말이기도 하다. 창밖으로 보이는 교원대의 정경은 참으로 넓었다. 과연 내가 이 목표를 이룰 수 있을까, 꼭 이루어야 하는데 하고 생각하는 찰나에 저 복도 끝에서 최운식 교수님의 인사 말씀이 들렸다. 멀리서 오시는 최운식 교수님의 모습은 순간, 최진형 교수님과 똑같았다. 그 중요한 순간에 그런 생각이 들어 정말 민망하고 송구스럽기는 했지만, 신기하게도 가장 먼저 든 생각이 바로 그것이었다. 하지만 교수님의 모습은 보다 온화하신 말 그대로의 '학자'의 모습이었다. 감히 범접할 수 없는 어떤 기운이 맴 도는 듯하여 제대로 인사를 드리지도 못한 것 같다. 교수님의 방에 들어서서 또 한 번 놀랐다. 김기창 교수님도 마찬가지이시지만, 한층 더 정교한 책 정리는 정말 입을 다물 수 없었다. 나도 나름대로 결벽증이 있다고 생각하면서 책을 정리하지만, 교수님의 책장에 정리된 책들은 놀라움을 감출 수 없었다. 마치 학자로서 걸어오신 그 걸음의 발자취가 순서대로 나란히 책으로 정리된 듯한 느낌이 들었다.

마침 식사 시간이 되어 교수님과 저녁 식사를 함께 하게 되었다. 교원대 후문에 있는 '여월'이라는 한정식 집에서 나는 교수님과 마주 앉아 식사를 하게 되었다. 하지만 워낙에 긴장해 있는 터라 밥이 어디로 들어가는지 알 수 없을 정도였다. 교수님께서 가볍게 우리들에게 말씀을 건네셨다. 각자의 소개를 한 마디씩 해보라는 것이었다. 그 순간이 어쩌면 가장 중요한 순간일지도 모른다. 짧은 말로 교수님께 내 소개를 하려면 온갖 수사적 기법과 중요하면서도 핵심적인 간단명료簡單明瞭한 어필을 해야 함은 당연지사다. 그런데 우스꽝스럽게도 나는 '교원대까지 운전을 해온 김효석입니다'라는 한 마디로 소개를 마치고 말았다. 이것이 엄청난 실수라는 것을 느낄 때 즈음엔 이미 저녁 식사가 끝나 버렸다. 그 때의 심정은 참으로 가엾을 정도로 절박했다. 교수님과의 첫 만남이 그렇게 될 줄은 몰랐다.

무더운 여름 동안 나는 교원대 입시 준비에 매진했다. 줄곧 해오던 아르바이트도 이제는 접고 내 목표를 향해 모두를 걸고 싶었다. 그것이 아니면 안 된다는 각오로 매달리면 꼭 이루어질 것이라는 기대를 하면서 그 동안 해보지 않았던 진지한 공부를 시작했다. 턱없이 모자란 것을 알지만 뜻이 있는 곳에 길이 있을 것이라고 믿었다. 김기창 교수님 역시 무던히 애써주셨다. 그 감사의 마음 또한 몇 마디 말로는 표현할 수가 없다. 부족한 제자를 위해 시간을 아끼지 않으셨던 교수님의 배려 또한 잊을 수 없다. 그래서 나는 꼭 되어야 했다. 나의 꿈을 위해서, 그리고 나를 믿어주는 형들과 응원해 주는 친구들, 그리고 그 동안 나를 이끌어주신 여러 선생님, 교수님들을 위해서라도 꼭 되어야 했다. 하지만 어려운 관문은 쉽게 문이 열리지 않았다. 입학 시험을 치른 날의 허탈감이란 대단했다. '조금만 더 공부할 걸, 이것 하나만 더 보고 문제를 풀 걸' 하면서 후회의 탄성만 자아냈다. 역시 그 관문은 높았던 것일까 하고 힘없이 집으로 돌아왔다.

이른 겨울 드디어 발표 날짜가 다가왔다. 속이 울렁거릴 정도로 긴장하며 합격자 명단을 확인했지만, 나의 이름은 어디에도 없었다. 예상은 했었지만 막상 불합격이라는 세 글자를 보니 온 몸에 힘이 풀리는 것을 느꼈다. 나의 단 하나의 목표였고 꿈이었는데 이루지 못했다. 그 순간, 많은 사람들의 얼굴이 눈앞에 아른거렸다. 모든 사람들에게 죄송하고 부끄러운 마음에 하염없이 눈물이 흘렀다. 내년을 기약할 수도 있겠지만, 당장의 슬픔은 감출 수가 없었다. 어디선가 소식을 들으신 김기창 교수님께서 나의 손을 조용히 잡아 주셨다. 괜찮다는 말씀과 더 좋은 일이 있을 것이라는 격려는 큰 힘이 되었지만, 죄송한 그 마음은 어쩔 수가 없었다. 나는 자신 스스로가 노력이 부족했음을 절감하고 반성을 할 뿐이었다. 그리고 이제 무엇을 해야 할지에 대해서도 고민을 해야 했다. 내가 원하던 일에 실패를 맛본 일을 경험한 적이 없던 탓에 상당히 혼란스러웠다. 2006년의 막바지는 그렇게 힘없이 저물어갔다.

새해가 밝고 나는 다시 꿈을 이루기 위해 진지한 고민을 시작했다. 무척이나 가고 싶었던 교원대를 한 번 더 도전할 것이냐, 다른 교육대학원에 들어가서 쉬지 않고 꿈을 이룰 것이냐에 대해서 매우 진지한 고민을 했다. 나에게는 또 하나의 목표가 있었다. 바로 교사가 되는 것이었다. 친구들은 이런 말을 들으면 한참이나 웃고 넘어갔지만 나는 공부를 하겠다는 결심과 함께 반드시 교사가 될 것이라는 다짐 또한 깊이 가지고 있었다. 정확히 말하면, 내가 살고 싶은 인생의 설계도는 이렇다. 대학원에 입학해서 하고 싶은 고전문학을 공부하고, 교원자격증을 취득한 뒤에 열심히 공부를 해서 교사가 되는 것이다. 지금까지의 나를 있게 만들어주신 선생님들과 교수님들을 보면서, 반드시 내가 해야 할 일이 있다면 그것은 교사가 되어 내가 받은 사랑과 관심을 더 많은 아이들에게 나누어 주어야 한다는 것이라고 생각했다. 그것이 내가 모든 사람들에게 보답하는 길이라고 믿었다. 그리고 또 하나의 꿈이 있다면, 교사 생활을 하면서 언젠가 꼭 수필을 써보고 싶었다. 먼 훗날에 내 머리가 희끗해질 정도로 나이가 들었을 때, 그 동안의 삶을 돌아보며 좋은 글을 한편 쓰고 싶었다. 그 꿈을 이루기 위해서는 반드시 교사가 되어야 했다. 그래서 나는 다른 대학원에 들어가기로 결정했다. 경제적으로 큰 부담이 되겠지만, 세상에 내가 하고 싶은 일을 하며 살 수 있다는 것을 생각하면, 그것은 그리 큰 문제가 아니었다.

결심을 내린 나는 이 길이 나의 길이라 생각하면서 열심히 등록금을 모으기 시작했다. 난생 처음으로 학원에서 아이들을 가르치고, 과외를 하며 선생님이라는 소리를 들었을 때는 온몸으로 흥분을 느꼈었다. 그동안 수없이 많이 해본 아르바이트는 온몸으로 뛰어다니며 파스와 함께 지내는 노동이었지만, 학원은 그렇지 않았다. 아이들을 가르치기 위해 내가 더 많은 공부를 해야 했고, 더 많은 머리를 써야 했다. 쉬운 일은 아니었지만, 나는 처음으로 가르치는 보람을 느꼈다. 그 생활이 익숙해질 때 즈음엔 교사가 되어야겠다는 다짐은 더욱 절실해졌다. 물론 아이들을 가르치는 기쁨도 있었지만, 그 이면에 학원에서 수업해야 하는 방식에 염증을 느끼기도 했기 때문이다. 이제까지 학원교육을 받아본 적이 없던 나는 학원 수업이 그렇게 해야 하는 것인지 몰랐다. 마치 언젠가 알루미늄 새시 공장에서 일할 때 찍어내던 똑같은 모양의 창틀처럼 아이들에게 기계적인 말과 행동을 보여야 했다. 교훈이 될 만한 경험담과 인생담은 절대로 금지해야만 하는 서글픈 현실이었다. 점점 더 교사가 되어야겠다는 마음이 커질 수밖에 없었다.

어쩌면 그런 나의 절실함을 하늘이 알았을까. 설을 하루 앞둔 아침에 나는 태어나서 가장 행복한 새해 선물을 받게 되었다. 아직도 그 떨림과 흥분을 잊을 수가 없다. 온 식구가 깜짝 놀랄 정도로 나는 소리쳤고, 내 몸은 벌써 공중에 붕 떠있는 것 마냥 펄쩍 날았다. 뜻밖에 교원대 대학원에서 연락이 온 것이다. 추가합격의 소식이었다. 나는 그 소식이 도저히 믿기지 않아 어서 꿈이라면 깨어나라고 빌었다. 하지만 꿈이 아니었다. 우리의 새해를 하루 앞두고 나는 세상에서 가장 행복한 선물을 받은 것이다. 그 기쁨은 말로 표현할 수 없을 만큼 컸다. 신들린 사람처럼 이리저리 돌아다니며 안절부절 못하는 내가 우습고 기특했는지 형들은 가볍게 머리를 토닥였다. 그 날 받았던 전화 한 통은 내 생의 최고의 선물이었다.

내가 꿈꾸었던 미래의 관문을 하나 통과한 것이다. 그토록 원했던 목표를 이룬 것 또한 처음 있는 일인지라 더욱 흥분을 느꼈다. 또 한 번 모든 사람들의 얼굴이 눈앞에 아른거렸고, 한 줄기 뜨거운 눈물도 아른거렸다. 마치 내 꿈을 이미 다 이룬 것처럼 방정을 떨었다. 하지만 그렇게 해도 기쁨은 넘치고 넘쳤다. 정말 행복한 순간이었다. 이제 다가올 미래를 위해 나는 내 길을 걸어갈 수 있으리라.

아직 추위가 기승을 부리던 이른 봄의 어느 날, 나는 최운식 교수님을 찾아뵈었다. 교수님은 환한 웃음과 함께 나를 반기셨다. 어려운 관문을 통과해서 축하한다는 말씀과 앞으로 해야 할 일들이 더 많다는 당부의 말씀도 주셨다. 그리고 반드시 자네는 삼관왕三冠王을 해야 한다고 말씀하셨다. 교원대 대학원에 입학하였으니, 공부를 열심히 하여 석사학위를 받고, 교육실습을 잘 하여 교사자격증을 받음과 동시에 교원 임용교사에 합격하여 삼관왕이 되라고 하였다. 그 당부의 말씀조차도 나는 큰 행복이며 행운이라고 생각했다. 그것이 내가 원하는 삶이었기 때문이다. 원하는 삶을 살 수 있다는 것이 얼마나 큰 행복인가. 철없던 나도 이제는 어른이 되어가고 있나 보다.

한 해가 또 지나고 있다. 한 해 동안 나는 교원대학교 대학원에서 그 동안 겪어보지 못했던 혹독한 공부를 경험했다. 각오했던 일이라지만 늦은 시작과 나의 모자람은 한 해 동안 나를 괴롭혔다. 나는 옹알이를 시작한 갓난아기처럼, 첫걸음을 배우는 아이처럼 서툴게 공부를 시작했다. 때로는 내가 걸어온 길이 우물 안 개구리처럼 좁았다는 생각과 함께 적잖은 충격을 받기도 했지만, 이곳에서 공부를 하고 있는 내 모습을 발견할 때면 가슴이 뜨거워짐을 느낀다. 오래 전에 꿈꾸듯이 한 번 생각해 보았던 최운식 교수님의 강의를 나는 1년 동안 수강했다. 더없이 행복하고 감사한 일이라고 수없이 되뇌었다.

그러나 또 다른 걱정이 생겼다. 지도교수를 신청하던 날, 최운식 교수님은 학생을 지도할 수 없다는 조교 선생님의 말을 듣고 나는 가슴이 철렁 내려앉았다. 이제 교수님은 정년이 되어서 학교를 떠나신다는 것이다. 다른 길은 생각해 본 적 없던 나는 어찌할 줄 몰랐다. 하지만 그런 나의 걱정은 오래 가지 않았다. 그 마음을 알아주신 교수님은 흔쾌히 나를 지도 제자로 받아주셨다. 분명 번거롭고 성가신 일이었을 텐데, 이렇다 할 재주를 가지지도 않은 나를 교수님은 환하게 맞아주신 것이다. 나는 그렇게 교수님의 마지막 제자가 된 것이다. 보잘것없는 나에게 보여주신 교수님의 정성은 평생을 두고도 갚지 못할 큰 은혜가 되었다.

어느 날, 교수님은 나에게 월곡회의 204번이라는 회원 번호를 선물해 주셨다. 200여 명의 선배님들과 함께 나는 원하던 공부를 할 수 있게 된 것이다. 204번이라는 번호를 보면서 다시 한 번 신기한 인연이라는 사실을 실감했다. 대학 때 나를 지도해주신 김기창 교수님의 번호는 1번. 그리고 최진형 교수님. 또 나의 번호 204번. 이 신기한 인연에 나는 또 가슴이 뜨거워짐을 느꼈다. 그리고 이 뜨거운 가슴을 가지고 나는 지금도 내일을 향해 걸어가고 있다.

또 다시 겨울. 밖에는 해가 지고 있다. 두서없이 어린 시절의 이야기부터 풀어놓으니 내 삶도 특별한 구석은 있구나 하는 생각이 든다. 나는 이제 시작이다. 세상과의 싸움도, 내 자신과의 싸움도 이제 막 시작하는 것이다. 아직도 가야할 길이 멀고 험하다. 어렵게 맺어온 인연의 끝자락에 이제는 물러나시는 교수님이 계시다. 얼마 전 교수님의 걸어오신 걸음처럼 잘 정돈되어 있던 연구실의 책들을 빼면서 나는 감개무량함을 느끼지 않을 수가 없었다. 교수님의 걸어오신 길들을 정리하심에, 이제 첫걸음을 배우는 내가 함께 하고 있다는 사실이 마음을 뜨겁게 만들었다. 교수님은 몇 권의 책을 선물해 주시면서 내게 인생과 공부에 대한 여러 말씀을 해주셨다. 이제 첫걸음을 걷는 제자를 위해 격려와 당부를 해주시는 교수님의 근엄한 모습이 내게는 오랜 추억으로 남을 것이다. 그리고 저물어가는 길까지, 어느 것 하나 대단할 것 없는 불초한 나를 이끌어 주시는 의재 최운식 교수님께 마음 속 깊은 감사의 말씀을 전하고 싶다. 부디 삼관왕을 이루어 멋지게 포도주 한 병을 사 들고 찾아뵐 때까지 항상 그 자리에 변함없이 계시길 간절히 기도한다.

김효석

백석대학교(전 천안대학교) 국어국문학과 졸업.
현재 한국교원대학교 대학원 국어교육학과 석사과정 재학

잊지 못할 삼천포 달밤

박온화

그 해 봄은 진분홍빛 철쭉꽃들 속에서 시퍼렇게 아팠었다. 갑작스럽게 발병한 남편의 중증 뇌출혈! 간신히 생명은 건졌으나 몸을 가눌 수 없게 된 남편의 험한 병수발을 운명이라 받아들이며, 나는 자신에 대한 꿈들을 서서히 지워가고 있었다. 국립재활원 정원에 너무도 곱게 핀 철쭉꽃들을 시리도록 바라보고 있노라니, 그저 모를 서러움에 눈물이 주루룩 흘렀다.

막 눈물을 훔치고 병실로 들어가려는 데 뜻밖에도 의재 선생님께서 병문안을 오셨다. 김기창 박사님과 함께 다정히 내 앞으로 오시는 의재 선생님을 나는 무엇을 잘못하다 들킨 양 무척이나 당황스러워 하며 맞았다. 병실로 함께 들어가 남편에게 빨리 낫도록 잠시 기도해주시고 나와서 그 화려한 철쭉꽃 앞에 앉으셨다. 얼굴이 너무 많이 상했다고, 얼마나 고생하는 지 잘 안다시며, 주님을 믿는 사람이니 함께 기도하자시고, 힘내라 하셨다. 운명적으로 힘든 상황 속에서 더 이상 내게 대학원 공부는 의미가 없어 자퇴하려 한다고 하자, 의재 선생님은 대학원 공부는 절대로 포기하지 말라고 내 손을 꼭 잡으셨다. 그리고 이번 여름 방학에 월곡 고전 연구회가 남쪽 멀리 삼천포에서 열리는데 힘들겠지만, 머리도 식힐 겸 꼭 다녀가면 좋겠다고 권고해 주셨다.

의재 선생님이 가신 뒤 며칠 동안을 곰곰히 생각해 보았다. 지금 남편이 이렇게 힘든 현실 속에서 내가 대학원 공부를 한다는 것은 사치스러운 게 아닌가! 간병이나 수발도 잘 하지 못하면서 오히려 자신만 생각하려는 이기적인 행동이 아닌가! 나는 어쩔 수 없는 나의 운명이라 믿으며 대학원 공부를 포기하려고 마음을 굳혀가고 있었다. 가족들이나 주변 사람들도 하나같이 이 상황에 대학원이 무어냐고 잘 접었다고 쌍수를 들어 환호하는 게 아닌가! 가슴 속에서 꿈틀거리는 답답하고 억울하기까지 한 심정인 채로 나는 정말 나에게 행운은 없다고 스스로에게 각인刻印시키고 말았다.

자포자기自暴自棄 체념 상태로 언제 끝날 지도 모르는 지리한 간병을 수행해 갔고, 여름 방학이 되었다. 병실에서의 나는 몹시 우울했다. 혼자 감내해야 하는 고독함과 지리한 고통 속에서 잠시라도 벗어나고 싶었다. 문득 의재 선생님의 월곡회 참가 권고의 말씀이 떠올랐다. 아침부터 저녁까지만 하는 간병인에게 이틀을 꼬박 더 간병비와 함께 부탁을 하고는 무조건 월곡회가 열리는 삼천포로 향했다. 간병하는 다섯 달 동안에 몸무게가 무려 6㎏이나 빠지니 무척 말라보였나 보다. 나를 본 월곡회 사람들은 한결같이 힘든 모습의 나를 위로하고 격려해 주었다. 이번 세 번째 학기를 일단 휴학한 상태로 곧 자퇴를 신청하려고 하던 나는 석사학위 논문을 위해 밤늦도록 열정을 다해 머리를 맞대는 진지한 표정들을 놓치지 않고 지켜보았다. 한여름 열기보다 더 뜨겁게 토의하고 토론하며 지도 받는 모습이 얼마나 부러웠는지 모른다. 그리고 이어진 회원들 간의 친목 친화의 시간 동안도 겉으로는 웃으며 참여하고 있었지만, 다시는 함께 하지 못할 것 같은 이 사람들과의 인연의 한계를 느끼고 속으로 울었다.

뜨거운 여름에 후끈후끈 달아오른 열기들을 식히려 늦은 밤이었지만 모두들 삼천포 바닷가 방파제로 몰려 나갔다. 마침 음력 7월 보름날인 삼천포 바다는 황금빛 우단을 쫘악 깔아놓은 듯 대단한 결혼식장처럼 화려하기 그지없었다. 바다 물결에 퍼져 흔들리는 달빛과 바닷물 속에 반영되는 달빛 출렁대는 우단자락으로 바로 코앞까지 펼쳐진 황홀경에 취해 저마다 넋을 잃고 있었다. 지치고 힘든 상황 속의 나는 황금빛 삼천포 바다의 화려함에 비해 너무나 초라해진 자신을 느끼며 소리 죽여 울고 있었다. 그 때였다. 누군가 등 뒤에서 어깨를 잡아 주시는 분, 바로 의재 선생님이셨다. 언제부터 나를 보셨는지 울지 말고 힘을 내라고 격려해 주셨다. 그리고는 이제부터 조금은 야속할지 모르는 얘길 할 테니 잘 듣고 깊이 생각해 보라고 하셨다. 지금도 출렁거리는 바닷물처럼 또렷이 기억되는 실로 소중한 이야기를 해주셨다.

"박 선생! 우리 함께 생각해 봅시다. 애들 아빠가 지금 병중인데, 그럴 때 박 선생 애들은 어떨까? 애들 아빠만 생각하지 말고 애들 장래도 생각해 봐야 하지 않겠어요? 엄마가 온통 아빠에게만 매달려 있다면, 아이들은 저 혼자 커야 할 텐데, 나중에 그 감당을 어떻게 하려고 해요?"

"……."

"우리 세 가지 경우를 생각해 보기로 해요. 첫째, 애들 아빠가 상황이 아주 안 좋아서 사망한다고 가정해 봐요. 힘들겠지만 그럴 때 엄마인 박 선생은 애들에게 기둥 역할, 버팀목 역할이 가능할까요? 엄마가 아빠 역할을, 정신적인 지주 역할을 대신 해주어야 하지 않을까요? 애들이 자라 어른이 되었을 때 엄마의 단단한 울타리 덕분으로 애들이 힘을 받지 않을까요? 박 선생은 능력과 열정이 있고, 게다가 신앙심까지 갖추고 있으니, 대학원 공부를 비롯해서 승진의 꿈을 절대로 포기하지 말아요. 자신을 위해서만이 아니라, 애들의 장래를 위해서도 꼭 이루어야 한다고 강하게 생각을 가져 봐요.

둘째로, 애들 아빠가 이런 병치레를 끝까지 한다고 생각해 봐요. 박 선생은 남편 뒤치다꺼리만 하다가 애들이 반듯하게 서야할 때를 놓치게 될 수도 있잖겠어요?

셋째로, 애들 아빠가 아주 좋아져서 다시 일을 할 수 있게 된다면 그건 더 잘된 일이 아니겠어요? 그러니 세 가지 경우 모두, 다시 말해 어떤 경우라도 박 선생이 중도에서 대학원을 비롯해 크게 서야 하는 꿈을 절대로 접어서는 안돼요. 남편에게 잘하려고 정성을 다하고 있는 박 선생에게는 섭섭하고 야속하게 들릴는지 모르겠지만, 진심으로 박 선생을 위해 지도교수로서 많은 고민 끝에 하는 말입니다. 꼭 명심해 주기 바랍니다."

의재 선생님 말씀은 너무도 분명하고 구체적이신 데다 나를 진심으로 아끼고 위해 주시는 사랑과 소신이 뚜렷하셨다. 안개가 걷히는 듯 찬란한 태양처럼 나는 환한 자신감을 가질 수 있었다. 몹시 어려운 상황 속이지만 뭔가 할 수 있다는 확신이 서면서 마구 설레는 흥분을 감추지 못했다. 이렇게 분명하고 확신에 찬 조언을 누가 과연 해줄 수 있을까? 가슴이 뻥뻥 뚫리는 시원함 속에 때마침 불어주는 바다 바람을 얼굴 내밀면서 두 팔 벌려대며 얼마나 맞았는지 모른다. 나는 기쁘고 들떠서 마구 춤을 추고 싶었다. 이토록 소신과 열정으로 지도하시는 분을 지도교수로 모실 수 있는 내 자신이 더없이 자랑스러웠다.

나는 간병을 하고 병수발을 드는 가운데에서도 의재 선생님의 제자라는 자랑스러운 마음으로 실로 열심히 공부하고 석사논문을 준비하였다. 학교에서도 쉬지 않고 연구 활동을 하고 부장교사 활동에 소홀함이 없이 적극적으로 뛰어들었다. 그리고 2년 뒤 2학기가 막 시작된 근무일 평일에 나는 석사학위를 받으러 교원대학교 교정에 들어섰다. 초등국어 전공에서 혼자 석사학위를 받을 줄 알았던 외로운 행진이 조퇴와 연가를 내면서 축하하러 와 준 동료들 속에서 화려하게 펼쳐짐에 기뻐 울던 날도 의재 선생님은 내가 많은 걸 베풀고 인내한 보답이라며 칭찬해 주셨다. 지팡이에 의지해서 나의 석사학위수여식에 와 축하해 준 남편과 엄마가 참 자랑스럽다는 두 아들들 속에서 세상이 얼마나 아름답게 빛나고 있는지를 확인할 수 있었다

지금 나는 내가 어려서부터 꿈꾸고 간절히 소망하던 초등학교의 교장이 되었다. 감나무 빛깔이 주황색으로 붉게 물드는 교장실 창밖을 바라보니, 참으로 귀엽기 그지없는 우리의 아이들이 선생님 손에 이끌려 재잘재잘 하교를 하고 있다. 아이들과 선생님을 행복하게 해 주는 역할을 하고 싶은 내가 작게나마 구실을 하는 것 같아 실로 행복하기 짝이 없다. 장가갈 나이가 다 된 두 아들들이 엄마 같은 여자를 아내를 맞고 싶다고 말하는 것을 들으며 웃음이 번진다. 내 스스로 장하다고 여길 때마다 항상 마음속엔 삼천포 달밤

속의 의재 선생님이 떠오른다. 살면서 이러한 지도교수님을, 이러한 스승을 모시게 된 것을 수없이 엎드려 감사를 드리고 싶다. 나는 황금주단 물결로 춤추며 내게 다가오던 삼천포 달밤의 한 줄기 희망의 빛을 잊을 수가 없다.

박온화

서울교육대학교, 한국교원대학교 대학원 졸업. 교육학석사
현재 서울중현초등학교 교장

나의 할아버지 교수님

박은희

백마강에 이른 봄의 햇살이 잘게 부서져 내려 눈이 부셔 그랬을까요? 선창가에 서계신 교수님의 얼굴이 누군가와 겹쳐 보였던 건. 대학원에 들어와서 처음 가게 된 구비문학 답사에서였습니다. 뒷짐을 지고 계신 교수님 얼굴을 가만히 보다가 저도 모르게 누군가를 떠올렸습니다. 단정한 머리, 인자한 미소, 은테 안경. 하얀색 지팡이만 있으면, 그건 바로 모 패스트푸드점의 창시자인 KFC 할아버지! 저는 순간을 참지 못하고 교수님께 쪼르르 달려가선, "교수님! KFC 할아버지 닮으셨어요!"라고 말해버렸습니다. 제 말이 너무 엉뚱했는지, 뱃소리가 시끄러웠는지 교수님은 "뭐? 시할아버지 닮았다고?" 하시며 껄껄 웃으셨지요. 상황이 재미있기도 하고, 시집도 안 간 처녀가 졸지에 시할아버지를 모시게 되었으니 저도 덩달아 웃음이 나왔습니다.

고민도 망설임도 없이 월곡회 190번이 되겠다고 선서를 하게 된 것은 저의 학문적 열망 외에도 교수님의 그 웃음이 있었기 때문이었습니다. 그리고 월곡회 첫모임에서 만나 뵌 여러 선생님들의 깜짝 놀랄 만한 정보! 우리 교수님께서 '호랑이 선생님'이시라는 거였습니다. 저에게 교수님은 수업 시간에 인자하신 미소로 옛날이야기를 해주시던 이야기 할아버지이셨습니다. 그런데 그런 교수님이 예전에는 여러 선생님들의 눈에서 눈물을 쏘옥 빼셨다는 거였습니다. 놀라움 반 호기심 반으로 눈을 굴리며 들었던 지난 얘기는 정말 믿을 수가 없었습니다. 아마 제가 교수님께 논문 지도를 받지 않았더라면 영원히 믿지 않았겠지요. 하지만 듣기론 저희만큼 부드럽게 지도 받은 사람도 없다고 하니. 저희가 예뻐서 교수님이 많이 봐주셨나 봅니다.

시집 갈 나이가 다 되었건만 전 아직 철부지인 것 같습니다. 이제 와서 말씀드리는 거지만, 저 사실 교수님 수업들을 때면 양옆에 앉으신 선생님들께,

"우리 교수님 탤런트 변희봉 닮지 않으셨어요? 신구도 닮으셨지요? 그렇죠?"

하고 소곤소곤 수다 떨고 그랬습니다. 돌이켜 보니 저에게 교수님은 무섭고 어려운 존재가 아니라 더없이 따뜻한 분이시어서 그랬나 봅니다. 여태까지 많은 선생님들을 만나왔지만 어떤 분도 제 손을 잡아주시거나 가슴에 안아주시진 않았습니다. 그런데 교수님은 저에게 정말 따뜻한 사랑을 주셨지요. 그래서 교수님 앞에서도 종알종알 얘기도 잘나오고, 자랑도 하게 되고, 사소한 얘기도 하게 되었던 것 같습니다. 더 사랑하고, 더 사랑받고 싶어서요.

제가 교수님께 받은 것은 사랑뿐이 아니었습니다. 혹시 기억하실지 모르겠습니다. 월곡회 들어가고 저희 바로 위 언니들이랑 처음 여월에서 밥 먹었던 때를요. 저 그때 교수님께 평생 공부하는 사람이 되겠다고 말씀드렸습니다. 그때 가졌던 막연하고 조그만 열망이 지금은 이전보다 훨씬 더 크고 강해졌습니다. 부족하다고 느끼는 만큼 더 열심히 해야겠다는 의지와 용기, 그리고 내가 이룬 성과에 대한 자부심 갖게 해주셨지요. 어디에 가서 얼마를 준들 살 수 있을까요? 이런 소중한 것들을요.

시간은 정말 붙들 수가 없어서 제가 대학원에 들어와 교수님을 만나 뵌 지도 2년이 훌쩍 지났습니다. 그리고 저는 졸업을 했고, 교수님은 정년퇴임을 앞두고 계시지요. 졸업은 항상 새로움에 대한 기대와 설렘인 줄만 알았지 아쉬움과 미련이 있을 줄은 정말 몰랐습니다. 사은회 날 교수님 맞은편에 앉아 평소처럼 이런 저런 얘기를 하려 했지만 아무 말도 할 수가 없었습니다. 그래서 그 흔한 감사의 말조차 한마디 하지 못했습니다. 그러나 교수님 만나온 날 보다 만날 날이 더 많기에 아쉬워하지는 않겠습니다. 이제 곧 퇴임을 하시기에 형식적인 가르침을 받을 수는 없겠지만, 앞으로도 주욱 인생의 가르

침은 받을 수 있을 테니까요. 그때마다 눈빛으로, 마음으로 제 진심을 전해 드릴 테니까요. 이런 저 계속 지켜봐 주실 거죠?

고맙습니다. 할아버지 교수님.

박은희

충남대학교 국어국문학과, 한국교원대학교 대학원 졸업.
교육학석사

나는 누구로부터

박창원

1990년대 중반인가 보다. 대학원 은사인 의재 최운식 선생님이 쓴 글에서 이런 내용을 읽은 적이 있다. 아드님이 고등학교에 입학하여 자기 담임 선생님이 적어내라고 한 학생조사서에 '내가 가장 존경하는 인물'이란 항목이 있었는데, 아드님은 거기에 '우리 아버지'라고 적어 냈단다. 이를 본 담임 선생님이 전화로 한번 만나자고 하여 나갔다. 담임은 아들로부터 가장 존경받는 인물로 기록된 아버지는 어떤 분인가 궁금해서 뵙자고 했다는 거다.

꼭 의재 선생님의 제자라서가 아니라, 사실 선생님은 나를 포함한 많은 사람들로부터 존경을 받고 있고, 그럴 만한 충분한 자격이 있다고 본다. 그러니 객관적으로 봤을 때 아드님이 그렇게 쓴 건 절대 잘못이 아니다. 하지만 생각해 보자. 존경의 대상을 자기 아버지라고 하기가 쉽겠는가. 세상엔 존경할 만한 위인이 참으로 많거늘 집에서 늘 대하는 아버지를 가장 존경한다니, 어찌 보면 이건 '연구 대상'이다. 자기 자식한테 존경받는 아버지가 더러 있겠지만, 이 세상에서 가장 존경할 만한 인물로 자식의 가슴에 각인刻印되기는 어려운 일이다. 존경하는 마음이란 게 지위가 높다고, 재산이 많다고, 잘 생겼다고, 힘이 세다고 생기는 게 아니지 않은가.

자기 아버지를 거기에 적자면 평소에 아버지에 대한 남다른 존경심이 뒷받침되어야 한다. 아버지는 인격적으로 흠이 없어야 하고, 무엇보다도 아들을 포함한 가족들에게 존경받을 만한 일을 해야 한다. 아버지로서 가족을 위해 봉사하는 건 물론이거니와 사회적으로 훌륭한 업적을 많이 쌓아 밖에서

봐도 자기 아버지가 자랑스러워야 한다.

그 글을 읽고 내가 깨우친 바가 많았다. 가정에서 두 아이의 아버지요, 학교에서 많은 학생을 지도하는 교사인 나는 과연 누구한테서 가장 존경 받는 인물로 기록될 것인가 하는 준엄한 가르침이 가슴 한켠에 자리하게 되었다.

그로부터 5, 6년이 지난 어느 늦은 가을날의 일이다. 퇴근 때 포항 시내에 볼 일이 있어 잠깐 나갔다가 버스를 타고 집으로 들어오는 길이었다. 내가 다니는 시골 중학교를 졸업하고 시내 모 여고 3학년을 다니는 언희가 중간에서 탔다. 마침 내 옆자리가 비어 있어 앉게 했다.

인문계 고등학교라서 야간자율학습까지 하게 되면 보통 밤 10시가 넘어야 마치는데, 그것도 고3이 어째서 일찍 가느냐고 물었다. 대학 수시모집에 합격했기 때문에 '야자'를 하지 않아도 된단다. 공부를 잘 하는 아이라서 어디 들어갔는지 궁금했다. 서울에 있는 ㄱ대학 인문학부에 들어갔단다. "야, 잘 됐다. 그 동안 얼마나 고생이 많았니. 참 대단해……." 한 바탕 칭찬 보따리를 풀어놨다. 유달리 국어 공부를 잘 하고, 글짓기에 소질을 보이더니 자기 적성을 살려 인문학부에 들어갔나 보다.

내가 중학교에 있다 보니 대입에 대해서는 모르는 게 많아 수시입학에 대해 이야기를 나누었다. 그러다가 언희는 자기 이야기를 하나 꺼냈다. 그 대학에 수시입학 원서를 낼 때 자기가 가장 존경하는 인물을 적고 그 이유를 써야 하는 서류가 있는데, 거기 내 이름을 적었다는 거다. 순간 얼굴이 화끈 달아올랐다.

"야, 이 임마! 그런 덴 나 같은 사람 적는 게 아냐."
이러면서 어색한 상황을 모면하려는데,

"그래도 합격했는데요."
하며 빙긋 웃는다. 존경하는 이유를 뭐라고 적었는지 궁금했지만, 부끄럽기도 하여 더 이상 물을 수는 없는 일이었다. 우리 집이 가까워 오기에 나중에 학교 놀러 한 번 오라고 하고는 차에서 내렸다.

정류장에서 집으로 걸어 들어오는 발걸음이 가벼워졌다. 내가 누군가로부터 가장 존경받는 사람으로 기록됐다는 사실로 가슴 가득 뿌듯함이 차올랐다. 그러면서 언희가 나를 입학원서에 그렇게 적게 된 동기가 뭘까 생각해 보았다.

언희가 중학교 다닐 때 한 번도 내가 담임을 한 적은 없지만, 3년 동안 이래저래 가르침과 배움의 인연이 유지되었던 것 같다. 성적은 줄곧 전교 1, 2위를 다투었는데, 국어는 1등을 도맡아 했다. 글을 잘 써 각종 글짓기대회에 나가 장원을 하거나 최우수상을 타왔다. 가끔 지역대회에서 1등을 하고 도대회에 나가서도 우수한 성적으로 입상하여 국어 선생인 내 어깨를 으쓱이게 했다. 국어 수업 외 특기적성 교육의 하나로 논술을 가르치던 내게 와서 작문을 배우는가 하면, 내가 맡고 있던 클럽활동 자연탐사반에 들어와 산야를 뛰어다니기도 했다.

졸업을 한 달 가량 앞두고 있을 즈음 문화원에서 지역의 초·중·고등학교 학생 중에서 한 해 동안 가장 왕성한 문예 활동을 한 사람을 뽑아 공로상을 준다고 하기에 추천했더니 수상자로 결정되어 큰 상을 받기도 했다. 졸업식 날엔 한 번도 본 적이 없는 자기 어머니를 모셔와 내게 인사를 시켰다. 어머니와의 인사는 오랫 동안 고마운 기억으로 남았다. 졸업식 때 와서 담임한테 인사도 안 하고 자녀만 데리고 교문을 나서는 학부모가 적지 않은데, 담임도 아닌 나한테까지 와서 고맙다고 하고 가는 어머니가 예사롭지 않아 보였던 거다.

고등학교에 간 뒤에도 종종 만나볼 수 있었다. 중학교 때의 경험을 살려 입학하자마자 문예 동아리에 들어갔다. 그래서 무슨 백일장이 열릴 때면 꼭 나타났다. 나는 자기 후배들 데리고 나가고, 저는 자기 동아리 친구들과 나오고, ……. 용하게도 고등학교에 가서도 언희는 저력을 발휘했다. 늘 입상자 명단에 올라 있었고, 한 번씩 장원에도 이름을 올렸다.

함께 한 가르침과 배움의 시간 동안 나의 모습이 언희에게 어떤 인상으로 남았을까? 나를 부지런히 따라다닌 걸 보면, 그 많은 대회에 나가면서도 한 번도 싫은 기색 보이지 않은 것 보면 그 어린 나이에도 나를 괜찮은 선생님으로 생각한 모양이다. 그래도 내가 무슨 위인도 아니고, 대단한 일을 한 것도 아닌데, 언희가 가장 존경하는 사람으로 여길 이유는 약하지 않은가?

한 가지 생각나는 게 있다. 글을 가르칠 때마다 소재를 먼 데서 찾지 말고 가까운 데서, 자기 주변에서 찾아야 한다고 했다. 그 말처럼 언희는 존경하는 인물을 주변에서 구하다 보니, 그렇게 적지 않았을까. 아니면 지원서를 좀 독특하게 쓰려다 보니 나를 지목하게 된 것일지도 모르겠고. 어쨌거나 언희가 전해 준 이 말은 교편을 잡은 이십 년 동안 가장 큰 보람을 느끼게 하는 말이 되었다.

얼마 전에 연락을 해 보니 재작년에 대학을 졸업하고 직장에 다니고 있었다. 어지간한 사람은 알 만한 괜찮은 회사였다. 좋은 데 들어갔다며 축하한다 하니까 인정해 줘서 고맙단다. 그러면서 그 동안 연락을 못해 미안해 하였다. 동해안 어촌 가난한 집에서 태어나 그 연약한 몸으로 성실히 공부하여 명문 학교를 졸업하고 직장 생활을 하는 언희. 언희도 나중에 누군가로부터 이 세상에서 가장 존경받는 사람으로 기록되었으면 좋겠다. 그 성실성 하나만으로도 충분히 그럴 자격이 있다.

박창원

한국교원대학교 대학원 졸업. 교육학석사
현재 경북 포항시 청하중학교 교감.

호랑이 미소

변숙자

대학 시절부터 흠모하던 저자가 있다. 그 시절, 소설가나 시인들을 읊조리던 친구들과는 달리 나는 고전 연구자들, 더 구체적으로는 무속 연구자들을 좋아했다. 그 중에서도 '최운식'이란 저자를 좋아했다. 내가 관심 있는 분야의 서적엔 항상 그 이름 석자가 씌어 있었기 때문이다. 고전 연구자들은 훈고학이나 고고학처럼 어쩌면 불가능한 영역을 비밀스럽게 벗겨내는 신비로운 인물들처럼 보였다. 숱한 역사와 문화가 한 올 한 올 실타래가 되어 풀리는 듯한 느낌, 그것이 고전 연구의 매력이라 생각했다. 그 매력의 소유자가 있다는 사실, 그것이 나를 교원대학교로 불러들인 이유이다.

구비문학 강의로 첫 학기를 열던 날, 저자 프로필 사진에서만 뵈었던 그분이 오셨다. 조금은 완고해 보이는 듯한 인상이시다. 첫 수업이라 책도 없이 왔는데, 수업을 시작하신다. 그것도 정해진 수업 시간 끝까지 빽빽하게 채우신다. 저자 프로필 사진에선 인자하신 할아버지셨는데, 오늘 보니 완벽주의자에 가까우시다. 나는 한 시간 만에 군기가 제대로 잡혔다. 한 마디를 놓칠세라 두 눈과 두 귀를 열어 젖혔다. 들으면 들을수록 얼굴이 붉어지는 열기와 재미가 더해졌다. 어쩌면 저렇게 설명을 자상하고 알기 쉽게 하시는지, 새삼 교사인 나 자신이 부끄러웠다. 교사들에게도 저렇게 친절한 설명이 필요한데, 하물며 아이들에게는 더욱 더 필요한 교사의 수업 기술이 아니겠는가. 수업 중간에 '굉장히', '마지막으로' 등 우리가 무의식중에 잘못 사용하는 단어들을 교정해 주시는 모습은 영락없는 교사의 모습이시다.

첫 학기, 전공을 선택하기엔 아직 이른 감이 있었지만, 나는 당당히 월곡회 회원이 되었다. 168번 이름표를 달고 매우 쑥스럽긴 했지만 말이다. 그렇게 재미있는 학교생활을 하던 중, 나는 선생님께 참으로 어처구니없는 오해를 받았다. 때는 바야흐로 구비문학 수업에 푹 빠져 있던 시기, 함께 수업 받는 대학원생들이 선생님을 모시고 저녁식사를 하던 날, 갑자기 선생님께서 대학원 면접시험 보던 날을 회상하시며 말씀하셨다. 어떤 선생님이 면접을 보러 오셨는데, 찢어진 청바지를 입고 오셨더란다. 충북 단양인가에서 오신 분이라던데, 그 선생님만큼은 대학원에 오지 말았으면 하셨단다. 그런데 갑자기 내게 고개를 돌리시더니, 그게 혹시 변선생이 아닌가 싶다고 하신다. 이런 '변'이 있나! 저자 프로필 사진에서 마르고 닳도록 뵈었던 그 분은 면접날이 아니라 구비문학 강의실에서 처음 뵈었다는 사실을 나는 알고 있는데, 선생님은 어떻게 그런 말씀을 하시는지. 순간, 면접날 나의 복장 상태를 더듬기 시작했다. 분명, 검정 바지에 카키색 가죽점퍼를 입고 있었다. 아닌가? 맞는데. 머릿속이 복잡해지고, 모든 대학원생들의 시선은 나를 향해 꽂혔다. 얼마나 부끄러웠던지, 떨리는 소리로 '아닌데요!' 하고서도 붉은 얼굴이 식을 줄 몰랐다. 지금도 오해를 하고 계시진 않은지, 혹시 그러시다면 오해를 풀어 주십사 간곡히 청하고 싶다.

그런 오해는 아주 작은 부끄러움일 뿐, 논문계획서를 발표하던 날에 비하면 아무 것도 아니다. 그래도 월곡회 다닌 횟수가 얼만데, 속된 말로 그렇게까지 깨질 줄은 몰랐다. 하필 그 날은 특별히 구비문학, 설화, 고소설 분야를 나누지 않고 모두 한자리에 모여 발표했다. 30명 정도의 선후배가 한 방에 모였는데, 숙고한 흔적 없는 내 논문계획서는 30분 정도 신나게 선생님의 질타 세례를 받았다. 오늘 따라 왜 이리 더운지, 그리고 왜 오늘은 분야를 나누어 발표하지 않는지 원망스럽다. 모두들 참 한심한 눈으로 나를 쳐다보는 것 같아 저녁밥이 목으로 넘어가지 않는다. 선생님의 시선과 마주칠까 두려워 얼른 집으로 도망가고 싶은 심정이다. 그 때, 권택경 선생님께서 말씀하셨다.

이런 때일수록 더 선생님을 찾아뵈어야 한다고. 그래야 무엇이 잘못인지 깨우치고 더 좋은 논문을 쓸 수 있다고 말이다. 그 날 밤, 가까스로 마음을 진정시키고 선생님께 죄송하다며 울먹이는 손으로 술잔을 건네었다. 선생님께서는 다들 그렇게 논문 쓰는 거라고, 그렇게 호되게 야단을 맞은 사람이 더 좋은 논문을 쓰는 법이라고 용기를 주셨다. 아까 그 호통 치시던 호랑이 선생님은 아니 계시고, 따스하고 인자하신 선생님의 미소만이 남았다.

그 미소가 얼마나 잔잔한지, 그 호통은 또 얼마나 매서운지, 만삭의 몸으로 논문을 쓰는 내내 뇌리에 맴돌았다. 이렇게 쓰면 호통을 맞겠지, 이렇게 쓰면 공부를 더 해야 한다고 하시겠지, 이렇게 쓰면 의미 전달이 미흡하다고 하시겠지. 다행히 초고를 들고 갔을 때, 그만하면 초고치고는 고칠 부분이 많지 않다며 칭찬해 주셨다. 논문 심사위원님께는 문체가 매끄럽다는 평을 들었다. 잘 쓰지 못한 논문에 내내 부끄럽지만, 그나마 선생님의 배려 덕분이라 생각하며 늘 감사하다.

어느 덧, 월곡회에 처음 들어올 때만큼 겨울이 익었다. 이제 선생님이 된 저자와의 만남이 기다리고 있다. 거기엔 어김없이 호랑이처럼 큰 호통과 가슴 울리는 미소가 있으리라. 그래서 나는 선생님의 별명을 '호랑이 미소'라 지었다. 엄격함과 인자함, 두 가지 모두 선생님을 흠모할 수밖에 없게 만드는 이유이기 때문이다. 저자가 선생님이 되고, 선생님은 내 가슴에 영원히 호랑이 미소로 간직될 것이다. 힘들다고 투정부릴 때마다, 대충 넘기려고 할 때마다 나타나 채찍질 하고 용기를 줄 것이다. 언제, 어디서든.

변숙자

제주대학교, 한국교원대학교 대학원 석사과정 국어교육과 졸업. 교육학석사
현재 청주 금천중학교 교사

나를 키워주신 의재 선생님

변우복

한동안 배움에 목말라 할 때가 있었다. 교육대학을 졸업한 뒤, 민통선 아래 조그마한 시골학교에 부임했다. 형편상 야간 대학에 다니기도 어려웠으므로 혼자 공부하여 실력을 쌓아가는 것만이 유일한 선택이었다. 그러나 이렇게 혼자서 쌓은 실력을 누가 인정해 준단 말인가? 그래서 선택한 길이 중등학교 준교사 자격시험을 보는 길이었다. 졸업장이 있는 것은 아니지만, 중등학교 국어 교사 자격증을 받을 수 있고, 그러면 자동적으로 대학 졸업의 학력도 인정받는 것으로 판단되었다.

고등학교 때, 내가 가장 잘한 과목은 고전문학이다. 그렇게 재미있을 수가 없었다. 다른 자습서는 도서관의 것을 빌려다 보았는데, 고전문학 자습서만은 사서 보았다. 지금은 그 책 이름이 자세히 생각나지 않지만, 그것을 몇 번 읽고 외우고 하여 책에 있는 모든 것을 머리에 넣었다. 수업 시간에 고전문학 선생님이 물으실 때, 대답치 못하는 것이 없을 정도였다. 선생님께서 칭찬해 주시니 더 재미있었다. 실력 있는 고전문학 선생님을 만난 것이 내게 행운이었다.

그렇지만 나는 거기서 더 나아가 학자들이 쓴 책도 직접 보고 싶었고, 원전도 그대로 읽고 싶었다. 교대에 들어가서는 시립도서관이나 학교도서관에서 양주동, 김기동 이런 분들의 저서를 읽었다. 발령을 받고 나서는 헌책방을 돌아다니며 구입하기도 하였다. 그 중에는 지금까지 내 서재에 고이 꽂혀 있는 책도 있다.

중등교사 자격시험 쪽으로 결정을 내리자 공부가 더 잘되었다. 우편으로 시험에 필요한 수험서를 사고, 서울에 올라가서 시험에 필요한 전공서적을 좀 더 구입했다. 그리고 정독하면서 정리했다. 공부를 본격적으로 시작한 지 1년 만에 꿈에 바라던 중등교사 자격검정에 합격하였고, 1985년 9월에는 중학교 국어교사로 발령을 받았다. 대학원에 진학하여 더 공부하고 싶었다. 그러려면 대학 졸업장이 필요했다. 그래서 방송통신대학 영어과와 국어과에 다녔다.

방송통신대학교 국어과를 졸업할 즈음, 교무실에서 우연히 한국교원대학교 대학원 응시 안내 공문을 보았다. 한번 시험을 치르고 싶었다. 교무부장님께 여쭈어 급히 서류를 갖추어 응시원서를 제출하였고 운 좋게 이 시험에 합격하였다. 꿈만 같았다. 거기다 한국교원대에 파견되어 공부만 하게 되는 특혜까지 주어졌다.

한국교원대 대학원에 들어와 의재 선생님을 처음으로 뵈었다. 그때가 1991년이니 벌써 선생님과의 만남은 20년이 다되어 간다. 책에서만 뵙던 선생님의 강의를 직접 들었다. 그리고 선생님을 지도교수로 모시고 내가 고등학교 시절부터 좋아하던 고전문학을 좀 더 깊이 공부하기로 하였다. 선생님의 가르치심으로 석사과정에서는 조선 말기 대하소설 중 하나인 「천수석」을 연구하였다. 선생님께 강의를 듣다 보니 이왕 내친 김에 여기서 더 나아가고 싶은 욕심이 들었다. 그래서 박사과정 시험을 준비하였다. 선생님께 박사과정 시험에 응시하겠다고 하였더니 많이 격려해 주셨다. 한국교원대 박사과정 시험은 녹녹하지 않다. 전공, 교육학, 영어, 제2외국어 시험까지 부과되었다. 한편으로 석사논문 지도를 받으면서 한편으로는 박사과정을 준비하는 것은 쉽지 않았다.

선생님의 자애롭고 엄격한 지도 덕분으로 석사 학위도 받을 수 있었고, 박사과정 시험에도 합격할 수 있었다. 그리고 선생님의 지도 아래 「전우치전」을 연구하여 박사학위도 취득하였다. 선생님의 논문 지도는 엄하면서도 까다롭기로 유명하다. 선생님과 논문 방향을 상의하고 초안을 작성하여 선생님께

드리면 선생님은 며칠간이고 고심하시면서 수정에 수정을 가해 주신다. 그리고 잘못된 내용은 가차 없이 빨간 줄을 그으신다.

나는 선생님께 많은 은혜를 입었다. 배움에 목말랐던 젊은 시절, 선생님께서 배움의 단비를 주셨다. 그분이 아니었다면 어떻게 내가 박사학위를 받을 수 있었겠는가? 그래서 석사학위를 받을 때도, 박사학위를 받을 때도 속으로 맹세하였다. '선생님의 은혜를 잊는 배은망덕背恩忘德한 사람이 되지 않을 것이라고. 그러나 그것이 잘 실천이 되지 않는다. 직장일이 바쁘다는 핑계로 자주 뵙지 못한다. 그래도 가끔 전화를 드리면 '아, 변 박사' 하시면서 반갑게 맞아 주신다. 가뭄에 콩 나듯이 찾아뵐 때도 우리 아이들 하나하나 어떻게 지내는지 자상하게 묻고 걱정해 주신다. 우리 집사람 하는 일은 잘 되는지, 건강은 좋은지 물으시며 걱정해 주신다. 집안 형님 같기도 하고 아버님 같기도 하다.

선생님께 제자로서 잘못한 것은 많지만, 그중에 계속 전공을 공부하면서 논문을 쓰지 않는 것이 제일 크다. 선생님께서는 내가 아마도 현장에 있으면서 현장의 고전문학교육 발전에 많은 업적을 쌓기를 기대하고 계실 것이다. 학위논문을 쓸 때도 꼭 대학에 가는 것만이 능사가 아니고, 현장에 남아서 연구 업적을 쌓는 것이 더 보람될 수도 있다고 하시지 않았던가? 이따금 생각한다. 언젠가는 논문을 써야겠다고. 책을 읽고 논문을 쓰는 것만큼 좋고 멋진 노후가 어디 있는가?

선생님은 언어 감각은 아주 뛰어나시다. 만약에 국어 체계에 어긋난 표현을 하는 제자가 있으면 바로 지적해 주신다. 다른 사람은 못하는 일이다. 내게도 그런 일이 있었다. 선생님께 전화를 드리면서 무심코 '최운식 선생님이시죠. 변우복 선생님입니다.' 이렇게 말씀 드렸다. 그랬더니 그 다음날 '변 선생, 전화를 하면서 선생님이라고 자신을 높여서야 되겠나?' 하고 나무라셨다. 그래서 그 다음에는 '선생님, 변우복 선생입니다.'라고 조심스럽게 전화 드렸다. 그리고 다음에 뵈었더니 또 다시 꾸중을 주셨다. '변 선생, 선생도 높이는 말이네.' 그래서 나는 지금껏 전화를 할 때 선생이라며 나를 스스로 높이는 결례를 저지르지 않는다. 선생님이 보이지 않는 곳에서 많은 말 실수를 한다. 선생님이 옆에 계시면 더 고상하게 바른 말을 쓸 수 있을 텐데 하는 생각이 든다.

선생님은 단아한 기품을 지니셨다. 대쪽 같은 조선 선비의 올곧은 성품을 그대로 지니고 계시다. 나는 선생님의 그런 모습을 존경하면서도 감히 닮지 못한다. 가끔 남을 비웃기도하고, 나 자신을 속이기도 하고, 주위 사람들에게도 최선을 다하지 못한다. 어머님께 효도도 마찬가지로 부족하다. 때로 삶이 어지러울 때, 이런 일이 있을 때 의재 선생님이라면 어떻게 대처하실까, 선생님도 이렇게 하실까 하고 나를 선생님께 비추어본다.

선생님께서 퇴임하신다니 믿어지지 않는다. 퇴임 후에는 학문의 세계가 견고해져서 문향이 후세에 오래 기억되고, 강건하시어 천수를 누리시길 빈다. 나를 키워주시고 이끌어 주신 선생님의 은혜, 오래 간직하겠다고 다시 한 번 다짐해 본다.

변우복

인천교육대학교, 한국교원대학교 대학원 졸업. 교육학박사
경기도내 초 · 중 · 고등학교 교사, 경기도교육청 장학사 역임
현재 김포고등학교 교감

삼계탕 됩니까

송미영

지난 1월, 6년 만에 다시 서울로 소임 이동되어 반갑게 만난 월곡회 동창 최명자 선생님으로부터 의재 선생님의 정년퇴임 예정 소식을 들었다.

지난 날, 전공 선택을 앞두고 고민하는 대학원생들에게 "왠지 마음이 이끌리는 대로 자연스럽게 선택하라."시며 자상한 웃음으로 조언해 주시던 매력적인 모습에 끌려, 의재 선생님과 영원한 사제 인연을 맺고 월곡회에 들어온 때부터인가, 대학원 입학시험을 대비하여 공부하려고 학교 구내 서점에서 『한국구비문학 개론』, 『한국 고소설 연구』, 『한국 설화 연구』 등 선생님의 저서 중에서 몇 권을 사들고 와서 펼쳐 든 후부터였던가, 선생님의 「심청전 연구」를 통한 심청이와의 새로운 만남을 통해서였던가, 만해의 시 구절처럼 한국교원대학교에서의 시절은 내 인생의 지침을 새롭게 돌려놓았다. 그리고 지금 나는 참 스승을 만난 제자의 더없는 행복으로 가득 차 있다.

이 지면을 빌려, 졸업논문을 준비하면서 있었던 제 개인의 일화 하나를 들려 드릴까 한다.

국립 중앙 도서관에서 『구비문학대계』 등의 논문 자료들 사이를 누비다가, 자료를 겨우 정리하여 돌아와서는, 본격적인 전설 채록을 나서야겠는데, 도무지 혼자 나서기가 막막하기 그지없었던 때가 있었다.

교무실에서 끙끙대며 고민하다가 용기를 내어 류제광 부장 선생님의 책상머리에 서서 부탁드렸던 것이 시작이었을까, 아니면 우리와 함께 동행해 주겠다고 선뜻 나섰던 유용선 선생님의 운명의 장난이었다고 해야 할까. 논문을 쓰기 위해 전설 채록을 가야하는데 기동력이 없어서 고민스럽다는 말을 듣자마자 바로 그 자리에서 흔쾌히 자가용 동행을 자청해 주신 두 분과 나의 공동 운명이라고 해야 하는 것이 공평하리라. 아무튼 그 다음 날, 두 분은 황금 같은 휴일을 반납하고 기꺼이 전설 채록에 동행해 주셨다.

충남 공주군의 어느 국도 위를 달리다가 기사 식당엘 들어가게 되었다. 어쩌다 그 기사 식당이 우리 눈에 들어왔는가! 그리고 또 왜 하필 그 순간에 나는 삼계탕이 먹고 싶다고 말했던 것일까? 삼계탕을 주문하고 나서 벌어진 일은 두고두고 우리의 잊지 못할 전설이 되었다.

하필이면 논제를 전설로, 그 중에서도 「장자못 전설」로 택하다니. 단 여덟 개의 서사단락으로 이루어진 이 짧은 이야기가 전국 각지에 걸쳐 120여 군데의 전승지와 그에 따른 다양한 변이형이 있음에 당혹해 할 때는 이미 그 주제에 마음을 실어 미운 정, 고운 정이 다 들어 버린 후였다.

정작 채록자인 나 자신보다도 더 열심인 두 분은 누가 먼저랄 것도 없이 적극적으로 구연자를 물색하며 온 마을을 나보다 한 걸음 앞서 다니시고, 적당한 구연자라고 생각되는 사람이 나서기만 하면, 바로 마이크를 들이대고, 메모를 하고, 장자못 사진을 찍기 위해 옷을 다 버려가면서도 진흙바닥으로 서슴없이 내려서기도 하셨다. 그런 두 분의 모습을 그윽이 바라보노라니, 마치 호수천신이라도 나타난 듯하여 감격스런 마음을 누를 길 없었다. 두 분은 전설담 채록에 성공할 때마다 환호성을 올리며 마치 밭에 묻혀 있는 보물이라도 발견한 농부처럼 기뻐하셨다.

충남 아산시 보문사를 거쳐, 염치면 송곡리 은행나무집을 지나 두 군데의 채록 성과를 자축하며, 충북 오창면을 향하여 가던 도중, 이미 점심시간을 놓쳐 버린 터라 배꼽시계는 요란히 울려대는데, 끝없는 국도 변에 식당 간판은 좀처럼 눈에 들어오지 않았다. 기진맥진한 상태에서 드디어 발견한 한 기사 식당. 사막에서 오아시스를 만난 듯 반가워하며 식당에 들어서자마자 두 분은 동시에 주문을 날렸다.

"삼계탕 됩니까?"

그 이후에 벌어진 일에 대해서는 평소에 좋아하던 닭고기를 시골에서 제대로 먹어보려는 욕심이 발동했던 내 탓이라고 하는 것이 옳겠다. 젊은 주인 내외의 흔쾌한 대답에 안심을 하고, 맛있는 삼계탕을 기대하며 오늘의 채록 성과를 자축하고 있었는데, 그로부터 두 시간이 지나도 삼계탕이 나올 기색이 없다. 우리는 최대한 인내심을 발휘하면서 기다리고 있었다. 그러고 보니, 얼핏 우리가 삼계탕을 주문하고 나서야, 커다란 비닐 앞치마를 두르고 고무장갑을 낀 주인 남자가 유유히 식당 뒤쪽 야산으로 올라가는 것을 본 듯도 하다. 거기엔 놓아먹이는 몇몇 오골계를 비롯해 붉은 갈색 깃털의 빨간 부리 닭들이 위엄 있는 자태를 뽐내고 거닐고 있었던 것까지도…….

문제는 정작 두 시간 후에 큰 가마솥에서 건져내어 코앞으로 전달된 큰 닭 한 마리. 너무 질겨서 도저히 손과 입으로는 뜯을 수가 없었다. 가위를 청하여 근육질의 닭살을 싹둑싹둑 작게 잘라서 씹어보기로 했다. 아무리 씹으려고 해도 씹어지지 않는 고깃살, 식당을 나오는 우리의 아쉬움보다도, 남겨진 닭고기가 더 컸던 것 같다.

저녁에 돌아와서, 일명 '삼계탕 사건' 이야기를 하는 나를 보며 재밌어 죽겠다는듯 웃어대던 수녀님들의 정다운 웃음소리가 지금도 들리는 듯하다.

이런 저런 사연을 뒤로 하고 드디어 인쇄되어 나온 논문집을 받아 든 순간, 이처럼 깔끔하게 완성된 논문집보다도, 정작 의재 선생님으로부터 지적받아 온통 빨간색 펜으로 밑줄 그어진 제본 원고를 오히려 '가보家寶'로 삼고 싶다고 말씀하시던 선배님들의 마음이 어떤지 짐작을 할 수 있겠다.

마감일을 넘겨 천안에서부터 신금호역으로 달려가 선생님 댁의 벨을 누르기까지 설레고 두려운 마음은 월곡회 회원이면 누구나 한 번 쯤 비슷한 경험을 했을 법하다. 떨리는 마음으로 최종 선고를 기다리는 나에게 빨간 펜으로 얼룩진 원고를 넘겨주시며 마지막 수정을 해 주시고 나서, 맛있는 자장면을 시켜주시던 스승님의 자상한 마음을 어찌 말로 다할 수 있으랴.

몇 차례 참석했던 월곡회 모임도 잊을 수가 없다. 반나절을 꼬박 상머리에 둘러 앉아 발 저린 것을 참으려고 코에 침을 발라 가며 논문 발표 예정자들의 발표를 다 듣고 나서, 해방된 기쁨으로 저녁상을 물리고 나면 찾아오는 즐거운 시간. 특히, 박온화 선생님과 박명재 선생님의 듀엣이 이루어내는 환상적인 노래의 하모니를 들을 때와, 의재 선생님과 나란히 서서 찬송가 「여호와는 나의 목자시니」를 부르던 때, 또 유혜련 선생님과 함께 「저별은 나의 별」을 부를 때는 하늘의 모든 별이 온통 내려와 우리를 축복해 주는 듯했다.

지금은 상담센터에서 전문가족상담사로 활동하면서, 학부모와 교사를 대상으로 행복한 가정과 즐거운 학교생활을 위한 강의를 하고 있다. 그럴 때마다 약방의 감초처럼 비유로 삼는 것이 「심청전」이다. 곽씨 부인과 심 봉사의 애절한 사랑의 결실인 청이는 두 분 부모님의 사랑 덕분으로 천하의 효녀가 될 뿐더러, 스스로는 가장 행복한 사람이 된다. 온갖 역경과 고난의 순환구조 속에서 승화되고, 완성되어가는 인생 역전의 비결은 부부 간의 안정된 관계와, 동시에 자식을 귀여워하며 기르는 데 있음을 역설한다.

부모는 자식을 가르치는 존재가 아니라, 항상 곁에 있어 포근히 안아 주는 존재이다. 자식은 늘 내 말을 잘 들어주는 부모의 사랑에 감동하여 스스로 부모님의 말씀을 잘 듣는 효자가 될 것이다. 그리고 부모님의 마음에 들려고 억지로 효자인 체하면서 힘들어하는 것이 아니라, 부모로부터 받은 긍정적인 힘으로 말미암아 반드시 성공하기 마련인 것이다.

의재 선생님의 가르침과 격려와 칭찬과 지지와 사랑이 있음으로 해서 오늘의 제가 있음에 이 기회를 통해 진심으로 감사하는 마음을 바칩니다.

송미영

부산대학교, 한국교원대학교 대학원 졸업. 교육학석사
한국순교복자수녀회 수녀. (전)복자여고 교사
현재 성모아동복지센터 상담사

바리데기를 아십니까

송태숙

작년부터 꼭 읽어야지 하는 마음과는 다르게 일상에 파묻혀 지내다가 읽지 못한 책이 한 권 있었다. 바로 '바리데기'다. 소설가 황석영님의 작품이라서가 아니라, 북한에 관한 실상을 담아서가 아니라, 나에겐 꼭 읽어야 할 이유가 있다는 의무감까지 가세하여 자못 긴장감까지 느꼈었는데, 드디어 내 손에서 책장이 넘겨지고 있다.

'바리데기'는 '바리'의 삶의 노정을 담담하게, 한편으로 적나라하게 펼쳐 놓은 소설이었다. '바리데기'는 바로 내 석사논문의 중요한 모티브를 제공해 준 인물이었고, 선생님과의 인연을 다시 이어준 한국 신화의 여성 대표 주자인 셈이다. 이렇게 친다면 '바리데기'의 신비한 효력 때문에 나는 선생님을 다시 만났다고 생각하니, 옛 신화 속 '바리데기'의 영험을 느끼는 현대 디지털 시대의 '나' 때문에 슬며시 웃음이 나온다. 난 그렇게 '바리데기'와 함께 선생님을 떠올려 본다.

선생님과의 인연은 1986년 내가 대학교에 입학하면서부터 4년간 이어졌고, 사회에 첫걸음을 디디면서 잊혀진 듯하다가 10년의 세월이 훌쩍 넘은 2004년에 다시 이어졌다. 이 정도 인연쯤이야 누군들 찾아보면 없겠냐마는, 그래도 '교육자'의 길을 걷는 나에게 '지식'은 한 밑천인 셈이고, 한 밑천을 두둑하게 챙겨준 선생님을 어찌 잊을 수가 있겠는가?

대학 시절 충청도 일대 공주 마곡사 주변으로 선생님은 호기롭게 우리들과 옛이야기 채록을 떠났다. 당시 소형 카세트 라디오를 들고 골짜기 논둑길을 가로지르며, 힘에 겨워 MT 쯤으로 알고 따라온 후회와 슬픔으로 반쯤 실의에 빠진 우리들을 독려하여 다시 개울도 건널 수 있게 해 준 선생님. 큰 개가 컹컹거리며 짖는 소리에 지레 겁먹고 대문을 두드리다 만 우리에게 할머니, 할아버지의 구수한 옛이야기 보따리와 거기에 덤으로 김이 솔솔나는 주전부리까지 얻는 방법을 알려주신 선생님. 길게만 보이던 시골길이 끝이 나고 어느덧 해가 산등성이에 걸릴 때 우리들은 너나 할 것 없이 느티나무 등걸에 등을 대고 멀리 떠가는 구름을 부러워하였다.

치칙-찌직거리는 녹음 상태에서도 몇 번이고 다시 테이프를 돌려 옛이야기 한 구절도 빠뜨리지 말라고 당부하고, 원고지에 써내려간 옛이야기 보시며 등 다독이던 선생님. 지금 생각하니 선생님의 모습은 바로 학문의 길을 걷는 학자의 길이었다. 난 이제야 꼿꼿하게 책과 수많은 이론과 옛날의 이야기를 벗 삼아 그렇게 즐기고, 때로는 갈등하셨을 선생님의 뒷모습이 떠오른다.

뒤늦은 나이에 공부한다고 연구실 문을 두드리는 제자에게 눈짓으로 왔냐 하며 미소가 번지던 그 표정에, 그간 찾아뵙지 못한 송구스러움으로 마음이 짜안했다. 선생님께서는 세월처럼 깊어진 학식과 노련함으로 나이 많은 제자에게 석사과정을 무사히 마치도록 때로는 엄하게, 때로는 자상하게 3년 동안 버팀목이 되어 주셨다. 그래서 청원의 다락리 길이 멀지 않았고, 논문 초고를 싸들고 전철에서 내다본 스산스런 한강 초겨울의 서울 길도 어쩌면 다정하게 느꼈는지도 모르겠다.

학문의 길이 인생의 길임을 선생님은 말씀하셨다.

"논문 끝내고 나면 자네에게 닥친 참으로 어려운 일들 앞에서도 당당해지는 자신감이 생길거야. 열심히 해 보게."

그래! 한 밑천이 '지식'뿐일까? 현재의 나를 인정하고 알아버린 나, 그래서 넘어서고자 노력했던 나, 그리고 당당해지는 나, 나를 사랑해 줄 사람은 바로 나였음을…. 이런 체험은 나에게 두 밑천이라도 얻은 것 아닌가 말이다.

요즈음은 '바리데기'를 읽으며 이 부분을 선생님은 어떻게 생각하실까? 밑줄 치며 바로 이 대목을 선생님은 어떻게 읽으실까? 행간의 숨은 의미야 주저리주저리 풀자면 한도 끝도 없지만, '바리데기'를 통한 삶의 노정을 통해 '삶이란 무엇인가' 하는 화두 하나쯤 선생님과 공유한다면, 이 세상에서 난 행복한 사람이 아닐까!

일상사의 잡다한 갈등을 지혜로 풀어가는 원초적 삶의 본능을 민담 속에서 자연스레 익히고, 그 민담의 주인공은 바로 우리이고, 우리의 근원적 삶의 방식임을 구비문학에서 배웠다. 새로움을 찾아 변화를 추구해야만 한다는 끊임없는 성장의 논리 속에서 '바리데기'는 새로움에 대한 시각을 새롭게 하였다. 친근함 또는 익숙하거나 누추하여 눈여겨보지 않은 것들도 다른 시각에서 바라보면 그것이 새로움이고 변화의 시작일 수 있음을 알게 되었다. 바쁜 흐름 속에서도 한 박자 쉬어가며 고전의 향내에 취할 수 있을 여유와, 그러면서도 내 갈 길을 가야만 한다는 고집과 치열함의 공존을 이제야 선생님께 배우는 어수룩한 제자다.

'바리데기'를 아십니까?

송태숙

한국교원대학교 학부 및 대학원 석사과정 졸업. 교육학석사
현재 용인 구갈중학교 교사

선생님의 따뜻한 그늘

안미욱

나는 참 운이 좋은 사람이다. 살아오면서 공들인 수고보다 더 큰 득을 얻었던 적이 종종 있었다. 지금까지의 그런 복 중에 제일 큰 것을 꼽으라면 훌륭하신 선생님들을 만난 것을 들겠다. 나는 내 이름대로 '미욱하다'. 붙임성도 융통성도 없다. 그런데도 그 미련스러움을 성실함으로 보아 주고 가르침을 베풀어주신 분들을 만나는 행운을 누렸으니, 얼마나 과분한지 모르겠다. 그 중 한 분이 바로 의재 선생님이시다.

선생님은 나의 학부 시절부터 재미있고 열정적인 강의를 하시기로 소문이 나셨더랬다. 단호하시면서도 온유하신 분이라 인기도 많으셨다. 선생님의 강의를 듣는 날에는 우리 학생들끼리 선생님의 어투를 흉내내 보며 재미있어 하기도 했다. 선생님의 강의를 듣다 보면 선생님의 방계 학문이 얼마나 넓으신지 짐작하기 어려운 적이 많다. 고소설을 강의하시면서 동서양의 민속, 종교, 역사, 예술 등을 자유롭게 넘나드신다. 학부 시절, 선생님의 학문 세계는 무척이나 매혹적이면서도 끝 간 데를 몰라 감히 들여다보기가 두려웠다. 『한국의 신화』, 『한국의 민담』, 『충청남도 민담』 등 그 방대한 설화 채록집을 보면서 선생님의 학문 세계를 혼자 동경했던 적이 많았다.

내가 행운이라고 하는 이유는 바로 그 선생님을 대학원 석사과정 시절에 지도교수님으로 모실 수 있었기 때문이다. 동경하던 구비문학의 세계에 겁 없이 한 발을 들이밀 수 있었던 것은 선생님이라는 든든한 횃불이 있었던 덕택이다. 선생님의 가르침을 받았던 학생이라면 선생님께서 얼마나 단호하고 엄격하게 제자를 단련시키시는지 알 것이다. 간결하고 쉬운 문장을 구사하는 것부터 합리적이고 체계적인 사고력을 갖추는 데까지, 학문과 관계된 것이라면 제자의 태도 어느 것 하나도 가볍게 넘기지 않으셨다. 그 덕분에 선생님 곁에 서면 늘 긴장이 되었지만, 담금질되어 가는 내 모습을 스스로 느끼면서 가슴 뻐근한 자긍심을 느끼기도 하였다.

대학원 시절, 선생님께 받은 것이 어찌 학문적 가르침뿐이겠는가. 내가 행운아라고 할 수 있는 진정한 이유는 선생님으로부터 사람을 대하는 따뜻한 마음을 배울 수 있었다는 데에 있다. 선생님 하면 떠오르는 나만의 따뜻한 추억이 있다.

1999년 6월 말에서 7월 초의 5박 6일 동안, 우리 석사과정 동기들은 선생님의 지도를 받으며 충남 예산에 학술 답사를 가 있었다. 나는 현지의 민간 신앙을 조사하는 역할을 맡았다. 무속인들을 만나 현지의 민간 신앙과 관련된 자료를 수집하는 일이었다. 일찍이 선생님의 『홍성의 무속과 점복』에 실린 방대하고 꼼꼼한 자료에 감동을 받은 적이 있는 나로서는, 그 책의 자료 채록 방식을 실제로 적용해 볼 수 있는 이 흥미진진한 절호의 기회에 흥분되지 않을 수 없었다.

답사 둘째 날 점심 무렵, 나는 한 여성 무속인을 방문하게 되었다. 그 날 오전에 있었던 선생님의 무속인 면담에 동행해 보았던 터라, 나 혼자만의 무속인 취재에 더욱 마음이 설레었다. 면담 내내 나는 선생님을 흉내 내며 완전히 자아도취에 빠져 들었다. 필름을 몇 통씩이나 갈아 끼우며 사진도 찍고, 무속인의 거침없는 입담에 채록 테이프를 연방 바꾸어 가며 신이 났다. 근데, 시간이 갈수록 점점 그 무속인의 현란한 말솜씨에 빠져들기 시작하면서 조사자로서의 역할을 잊어버리고 말았다. 신단에 걸린 신장, 산신, 칠성신 등이 만들어내는 야릇한 분위기, 신단에 차려진 오색 제물들, 방 가득한 향냄새와 연기……. 난생 처음 느껴보는 이 몽환적夢幻的인 분위기에 압도되고 만 것이다. 그 무속인은 나에게 신줄이 보인다고도 했다. 아, 그래, 어쩐지 이 분위기가 낯설지 않더라니, 내가 이 세계와 무슨 큰 인연이 있었나 보다, 나한테 신기神氣가 있다니 나는 앞으로 어떻게 되려나……. 면담을 마치고 나오니 기분이 묘했다. 머리도 지끈지끈 아파오기 시작했다. 이제 신내림까지 받으려나…….

숙소로 돌아와 그 날의 답사 결과를 보고하는 자리에서 선생님께서 내 기분을 알아보셨다. 완전 초보자로서의 결점을 간파하신 것이다. 조사자가 그리 객관성이 없냐는 질책보다 나의 안부를 먼저 챙기셨다. 처음 무속인을 면담하는 경우에 나처럼 그 낯설고 신비로운 분위기에 제압당하는 조사자들이 종종 있다고 하시며, 나의 어설픈 실수를 감싸 주셨다. '안 선생, 내일은 무속인 면담을 쉬는 게 어떻겠냐, 정말 괜찮겠어?' 하시던 걱정스러운 표정과 음성이 아직도 생생하다. 면박을 주시기는커녕 진심으로 나를 염려해 주시던 선생님, 나는 그날 정말 감사하고 행복했다.

석사 졸업 논문을 끝내 갈 무렵, 태몽을 꾸고 첫 아이를 가졌다. 업구렁이 설화를 논문으로 쓰는 중이라 그랬던지 아이의 태몽에도 엄청나게 큰 구렁이가 나왔다. 아이도 생기고, 시도간市道間 교류가 되어서 주말 부부의 설움을 끝내게 되는 등, 정말 업구렁이 같은 행운이 많이 찾아왔지만, 대학원 시절에 자상하신 선생님 그늘에서 누린 행복과 호사를 나의 행운 목록에서 빠뜨릴 순 없다. 연애를 해 본 사람들은 연애 시절의 행복한 추억으로 일생을 살아갈 힘을 얻는다고도 한다. 나에게는 대학원 시절의 추억이 꼭 그렇다.

대학원 시절, 선생님의 배려로 많은 사람을 알게 되었다. 열정적인 학구열을 가졌으며, 인생의 선배로서 조언을 아끼지 않던 사람들. 내가 워낙 성품이 진득하지 못하여 그 때 선생님께서 맺어주신 그 사람들과의 인연의 끈을 더 튼튼히 엮지 못한 것이 지금에야 더욱 아쉬워진다. 소중한 사람들과의 인연이 그냥 만들어지는 게 아니라는 것을 나는 선생님을 통해 배웠다. 작년 가을의 일이다. 대학 동기 하나가 인사동에서 서예전을 연다는 소식을 듣고 찾아간 자리에서 예상치 못하게 선생님 내외분을 뵐 수 있었다. 대학 졸업한 지 십오년이나 지난 옛 제자의 서예전을 축하해 주러 오신 선생님 내외분. 그 자리에서 선생님을 뵈면서 인연은 정말 아무나 엮어갈 수 있는 게 아니구나 싶었다.

예전이나 지금이나 늘 선생님의 곁에는 따뜻하고 유쾌한 사람들이 많이 모인다. 엄격함 뒤에 숨은 관대하고 자상하신 성품 때문이 아닐까. 추억이란 배를 타고 시간의 강을 거슬러 올라가 만나는 열정적인 선생님의 모습은 참 멋있으시다. 하지만 그 열정을 여전히 품으시고도 더 여유 있고 평화로우신 지금의 모습은 더욱 눈이 부시다. 늘 행복하시고 건강하시기를 두 손 모아 빈다.

안미욱

한국교원대학교 학부 및 대학원 석사과정 졸업. 교육학석사
현재 서울 난우중학교 교사

최운식 선생님에 대한 추억

오재혁

요즘 들어 '하루는 힘들게 흘러가며, 일주일은 그렇게 지나가고, 한 달은 어느덧 뒤안길로 사라지고, 1년은 금세 흘러가 버리고 말았구나!' 하는 생각을 하게 된다. 그리고 지나간 시간들은 순차적으로 머릿속에 저장되는 것이 아니라 무더기로 쌓여 그 앞과 뒤를 명확히 구분하기 어려움을 느낀다. 기억 영상을 구분하려면 기억만으로 할 수 없고, 부단히 사진이나 기록물에 남아 있는 시간의 흔적과 필적의 자취를 좇아가야만 구체적인 모습을 확인할 수 있다. 흘러가 버린 과거의 기억은 선후 관계를 명확하게 정립하지 못할 뿐더러 어렴풋하게 향수로만 남게 되는가 보다. 그래서 고려 유신 길재는 서리서리 쌓여 있는 지난날을 회고하며 이렇게 시조를 읊은 것일 게다.

오백년 도읍지를 필마로 돌아드니
산천은 의구한데 인걸은 간 데 없네
어즈버 태평연월(太平烟月)이 꿈이런가 하노라

새로운 무자년이 밝으니 모든 사람들은 활기차고 새롭게 심기일전心機一轉하는 마음으로 일 년을 계획하는데, 교단에서 제자 단련과 교육, 그리고 그들이 학문적 성취를 이룰 수 있도록 조언을 아끼지 않으셨던 선생님께서 정년을 맞아 20여 년을 몸담아 오신 한국교원대학교 국어교육과를 떠나신다고 한다. 모교에 깃들어 있던 추억의 편린片鱗이 사라지는 것 같아 못내 아쉽기만 하다. 의재 최운식 선생님과 나는 1987년 한국 교원대학교에 입학을 하면서 인연을 맺고, 지금까지 20여 년간 그 끈을 놓지 않고 있다.

학부 과정에서는 1987년 2학기 국문학 개론 강의를 시작으로 1989년 한문 부전공의 일반론과 고전소설론, 1990년 구비문학개론 강의를 들었다. 그리고 강의와는 별도로 1987년 연극반 '얼네'의 지도교수님으로, 1988년 국어과 학과장님을 맡으셔서 2학년 과대표였던 내가 여러 번 찾아 가서 조언을 듣고 상담을 했던 것으로, 1990년 1월 충남 연기군 설화·방언·민속놀이 답사를 하면서 당대 우리 현실에 살아 숨 쉬고 있으나 조만간 사라지고 말 구비 문학의 보고를 채록하는 과정에서 직간접으로 대면하는 시간을 가졌다.

연극반 지도 교수를 맡고 계실 때의 일이다. 충북 연극 연합회 충북 대학교와의 교류 차원에서 공연을 보러 가기 위해 "8교시에 있는 국문학 개론 시간에 강의를 듣지 못하겠습니다."라고 말씀을 드리자 선생님께서는 "사정이 그러하다면 출석을 부를 때 대답을 하고 나가라."라고 말씀을 하셨다. 그 때 당시에는 그냥 가라고 말씀하실 줄 알았다. 그런데 이와 같이 말씀을 하시니 좀 고리타분하신 것 아닌가하는 생각을 안 한 것은 아니었다. 그러나 그 당시 성적에 관한 규정(과제+시험+출석)을 엄격하게 적용하고 있는 학교 분위기로 볼 때, 최운식 선생님께서 원칙을 지키시면서 동시에 운영 면에서 형평성에 위배되지 않도록 배려를 해 준 것이 아니었던가 생각해 본다.

1987학년도 2학기 중간고사를 볼 때 일이다. 시험 문제가 '시조에 대해 쓰시오.'와 같은 문제가 3문제 정도 나온 것이었다. 시험을 치르고 수업 시간에 선생님의 말씀이 "정해진 시간(50분) 안에 얼마나 효과적으로 질문에 응답했느냐를 가지고 평가를 한다."라는 원칙을 제시하셨다. 시험 당시 칠판에 판서된 문제를 보고 한숨이 섞인 탄성과 함께 답안 작성이 이루어졌다. 그 당시 87학번들 사이에선 시험 문제가 기가 찬 것이 아니냐며 급우들 사이에서 회자되곤 했다.

그 후 고전 소설론과 구비문학 개론 강의를 들으면서 선생님께서는 당신의 학문의 과정에서 체득하신 것, 즉 "현대 문학을 연구하다보니, 그것의 근원이 되는 것이 고소설이었고, 고소설을 연구하다보니 소설의 모태가 된 구비문학(설화, 민속학)을 연구 하지 않을 수 없었다."라고 말씀을 하셨다. 이것은 1학년부터 고전 문학 분과에 들어가 활동을 하던 나에게 민속학과 설화에 대한 관심을 기울이게 되는 촉매가 되어 후일 석사 과정에서 고전 산문 분야의 연구를 하게 되는 계기가 되었다.

1988년 독재 문화의 잔재를 일소하고자 하는 전반적인 사회적 분위기 속에서 우리도 비켜나가지 않았다. 관선 총장 불신임과 맞물려 학내 민주화 문제가 결부되면서 11월 중순경 처음으로 수업 거부가 시행되었다. 학교가 생긴 지 처음으로 벌어진 이런 상황에서 과대표를 맡고 있던 내가(물론 다른 학생들이 인문관 4층 연구실로 찾아 갔을 때도 마찬가지로) 선생님을 뵈었을 때, 수업의 본질을 훼손 했다거나 미래의 선생님들이 될 사람들이 수업을 거부했다며 일방적으로 학생들을 매도하지 않으시고 오히려 중간에 끼어 고생한다며 배려해주시곤 하셨다.

나는 대학에 들어가서 아르바이트를 한 번도 해 본 적이 없다. 방학 때는 학기 중에 못 읽는 책과 교재를 정독하는 시간으로 계획하고 시쳇말로 '방콕'을 했었다. 1990년 1월에도 마찬가지였다. 그런데 어느 날 전화벨이 울렸다. 전화를 받으니 최운식 선생님이셨다.

"오군, 나 최운식이네."

"네! …… (어안이 벙벙함)"

"시간이 되나? 연기군 답사가 일주일 정도 계획되어 있는데, 시간이 된다면 참여할 의향은 있는가?"

"예!"

답사 기간 선생님의 녹색 맵시 승용차와 장장식 선생님의 르망 새 차에 7명의 학생들을 인솔하시면서 직접 운전을 하시며 비포장 도로 푹 파인 길의 마루를 따라 곡예 운전을 하시며 답사를 한 적이 있다. 그 때 선생님께서 식

사 시간에 전화를 받을 때, 일반적으로

"예, 저 ×××입니다. 안녕하셨습니까?"

라고 받는데, 오군의 전화 받는 것이 이상했다며 말씀을 하셨다. 상대방이 누구라는 것을 들었으면 "안녕하십니까?"와 같은 인사가 나올 줄 알았는데, 내가 무척 난감한 반응을 보였던가 보다. 이것에 대해 나는 "어렵게만 느껴지던 교수님께서 저에게 직접 전화를 하셔서 답사 요청을 한다는 것이 전혀 뜻밖이었기 때문입니다."라고 짤막하게 말씀을 드린 적이 있다. 만약 그러한 상황이라면 '동료(1988년 고전문학 답사 반에서 설화 방언 답사를 갔던 김창균이나 이병철)를 통해서나 선배로 하여금 전화를 통해 답사 인원을 선정하고 구성하도록 할 수 있었을 텐데…….'라는 생각을 하고 있던 나는 친히 전화를 제자에게 거신 선생님의 거동에 무척 당황스러웠다. 지금 교직 경력 15년이 된 교사의 입장에서 생각을 해 보니 이는 제자에 대한 애정과 관심의 표현으로 느끼고 있다.

군대를 갔다 오고 교직에 들어온 지 3년이 경과한 1996년 9월, 결혼을 앞두고 있던 나는 어느 분을 주례 선생님으로 모실 것인가를 두고 고민하였다. 그때 나의 요청을 거부하지 않고 들어주실 분으로 단번에 떠오른 분이 바로 최운식 선생님이었다. 그래서 주례 요청 전화를 드리고 약혼자와 같이 찾아갔다. 무척 긴장을 하고 있던 약혼자는 지하철 4호선 미아 삼거리 역에서 하월곡동 자택까지 찾아가며 몇 번이고 아직도 멀었냐며 채근하였다. 선생님 댁에 들어가니 사모님이 맞아 주셨고, 선생님은 당신이 결혼하실 때 마련한 다이아몬드 반지를 왼손 약지에 끼고 우리들의 인사를 받으셨다. 인사에 관해 엄격한 장인어른 덕분에 내 약혼자는 당연히 큰절을 올리는 줄 알고 있었고, 나 또한 큰 절을 올렸다. 평소 생활 인사법에 대해 엄격하셨던 기억을 가지고 있던 나는 왼손 손가락을 오른손 손가락 위로 가도록 하였고, 이마를 마주 닿은 손에 가져다 잠시 동안(2초 정도) 대었다. 그리고 일어나 자리에 앉았다. 아니나 다를까 선생님께서는 주례에 필요한 사항에 대해 조목조목 물어 보신 후 남녀의 큰절 인사법을 설명하시며 나의 인사에 대해 바르게 했다며 칭찬을 하셨다.

그리고 혼례 절차와 함과 함진애비, 함 값 등에 대해 물어 보셨다. "함은 납폐納幣를 할 때, 함은 함진애비가 그 물건을 넣어 갈 상자이며, 함진애비는 하인이나 그 마을에서 첫아들을 낳아 유복하게 살고 있는 사람을 시켜 짊어지고 가게 합니다. 그리고 함 값은 함진애비를 후하게 대접하여 보내던 풍습에서 유래한 것으로 보입니다." 그러자 선생님께서는 그 유래를 잘 알고 있다며 청첩장을 열어 보시고 그 안에 있는 초대의 말을 열어 보시고 문구를 선별한 경위를 물으시고 그 내용을 보신 후 결혼 당사자가 손님을 초대하는 것으로 되어 있어 좀 어색하다는 말씀도 잊지 않으셨다. 또한 지금까지 결혼 주례를 섰던 기혼자들의 혼례 사진을 보여주시며 혼례복의 변천을 한 눈으로 볼 수 있다며 오 선생도 이 주례 앨범의 한 칸을 차지할 수 있게 되었다며 기념사진이 나오면 반드시 사진을 가지고 오라고 말씀하셨다. 그리고(지금도 그러시겠지만) 당신이 나중에 기념사진을 찢어 버리거나 주례를 섰던 것이 민망한 일이 되지 않도록 열심히 살라고 당부의 말씀도 하셨다.

물론 한 달 후 우리 두 내외는 선생님 댁을 다시 방문하였고, 그곳에서 선생님으로부터 직접 "오재혁 선생, 전연숙 씨 내외분께 1996년 12월 31일 최운식"이라고 써 주신 『홍성의 민담』도 2층 서재에서 받았다.

1996년 10월 27일 12시, 지금은 헐려 버린 한국 일보사 12층에서 최운식 선생님의 주례로 결혼식은 거행되었다. 그 때 낭독하시며 신랑 신부에게 대답을 들으시고, 혼인 서약과 성혼 성례문에 서명하신 것을 지금 농 깊은 곳에 깊숙이 간직하고 있다. 강태공의 엎어진 물 이야기와 관련한 부부간의 신의信義와 양가 집안에서 각각 잘 얻은 며느리와 사위라는 말을 들을 수 있도록 생활하라는 주례의 말씀은 군더더기 없으면서도 결혼 생활의 지침을 10분 정도로 마무리하셔서 식장을 이리저리 다니는 사람 없이 하객들도 주의 깊게 경청하였고 양가 친척 분들 사이에 아주 잘된 것으로 그 후에도 입에 오르내렸다. 심지어는 이렇게 모범적으로 결혼식의 볼거리를 제공하고, 감명 깊은 주례사였다며 이렇게 멋있는 결혼식을 본 적이 없다며 하객들의 칭찬도 지지하였다. 주례 선생님을 잘 모신 덕분에 아내와 처가로부터 나의 주가는 올라갔을 뿐만 아니라 아버지－내가 결혼한 지 3년째 되는 해 폐암 말기로 돌아가셨음.－께서 얼마나 뿌듯해 하셨는지 모른다. 그 후 내가 고향에 내려가면 아버지께서는 농민신문에서 스크랩하신 최운식 선생님의 설화와 민속에 관한 칼럼을 나에게 보여 주시며 이 분이 주례 선생님이 아니셨냐며 그 자료를 나에게 주시던 기억이 모락모락 난다.

그 후 2년이 지나 모교 교육 대학원에 입학을 한 후 의재 선생님께서 지도교수로 계신 고전 산문 분과 '월곡 문학회'에 들어가 논문 구상과 계획 발표를 하며 많은 도움을 받았다. 특히 5학기 중 논문 목차와 개략을 작성한 후 자료를 펴 놓고 컴퓨터 자판을 두드려 가며 직접 작성한 초고와 논문 진척도를 선생님께서 점검하신다고 하셔서 우편으로 보내 드린 적이 있었다. 그리고 일주일 후 금호동 댁에 방문하여 받아 보았을 때 A4용지로 수십 장이나 되는 초고 논문은 처음부터 끝까지 빨간 색으로 표시되어 있었다. 그리고 별 말씀을 안 하셨다. 그것을 받아 본 나는 얼굴이 몹시 화끈거렸다(선생님께서는 물론 알고 계셨으리라 짐작을 하지만). 내가 급하게 작성한 후 퇴고를 하지 않고 보내 드린 것을 그렇게 자세히 봐 주시니 송구스러워 감히 얼굴을 들 수 없었다.

그 이후 난 논문을 철두철미하게 작성을 하려고 노력하였고, 그 뒤 몇 차례의 지도를 받아 논문 심사를 통과할 수 있었다. '학생들을 가르치며 안 하려면 몰라도 이왕 하려면 철저하게 하여야 한다.'는 선생님의 무언의 가르침은 이 못난 제자에게 그대로 내면화되어 나의 일부분이 되었다. 그러나 학교에서 이를 실천하면서도 육체적으로 힘들 때는 갈등을 느끼고 있는 나의 모습으로 보아 "내가 최운식 선생님을 따라가려면 아직도 멀었는가 보다."라고 생각하곤 한다.

2000년 여름 강화도 학회에서(그때 약하게 비가 내리고 있었다) 답사코스로 마니산 참성단을 올라갔을 때, 앞장서서 솔선수범하며 이끄시던 기억 또한 새롭다. 만약 그 당시 성생님께서 기상을 탓하시고 약한 모습을 보이셨다면 아마 참성단을 구경해 보지 못했을 것이다. 그 당시 과감한 결단력과 추진력으로 학회를 이끄셨으며 "힘은 육체적 능력에서 오는 것이 아니라 불굴의 의지에서 온다."는 교훈을 새겨 주시고자 했던 의도가 숨어 있었던 것으로 추측해 본다.

개구리 올챙이 적 생각을 못한다고 했던가? 이는 나를 두고 하는 말인 것 같다. 월곡 문학회에 들어가면서 "한 번 동지는 영원한 동지다"라는 가입 구호를 외치며 회원으로 가입을 했다. 그런데 한 번 모임에 참석하면 잃는 것보다 얻어 가는 것이 많음에도 불구하고 내가 정기 모임에 참석하지 못한 것이 3년이 되어 간다. 내 나름대로는 가족에 충실하고 바쁜 일과를 꼬집지만, 선생님을 비롯한 월곡 문학회원 여러분들이 나에게 보내주신 성원에 비할 바가 못 된다. 인간적 신의를 저버린 것 같아 체면이 서지 않는다.

최운식 선생님! 1남 1녀를 두고 있습니다. 벌써 12살과 10살이 되었습니다. 1998년 상계동에서 오택환 결혼식에서 보시고 우량아라고 하셨던 원탁은 똑똑하고 운동을 좋아하는 아이로 무럭무럭 자라고 있고, 1999년 태어난 딸—전혀 아빠가 걱정하지 않아도 될 정도로 믿음이 확실한—원진은 가정의 분위기를 쥐락펴락 할 정도로 다부지게 잘 자라고 있습니다. 그리고 내자는 아이들과 남편에게 선생님께서 보신 바대로 현모양처답게 내조를 잘 하고 있습니다.

새로운 하루를 열기 위해 여명을 깨고 올라오는 실오라기 같은 빛은 광명의 햇살이 되어 힘찬 기지개를 하고, 모든 사람의 주목을 받고 활활 타오릅니다. 그리고 중천을 넘어 시나브로 서쪽으로 기울어 수평선 끝으로 사라지기 전까지 아름다운 노을을 수놓습니다. 그 해는 사람들의 이목을 다시 끌며 다시 각광을 받습니다. 그리고 많은 사람들은 그 해가 품어내는 빛의 향연에 정서적 감동을 받기도 하고 마음의 안정을 찾기도 할 것입니다.

최운식 선생님! 정년 후 종로 3가에 위치한 오피스텔에서 연구 활동을 하신다고 들었습니다. 선생님과 인연의 끈을 맺은 것이 엊그제 같기만 한데, 두

2007년 7월 7일(음력) 한강에서 찍은 필자 가족

개의 십 년이 어느덧 흘러가 버리고 말았습니다. 선생님을 통해 고전 문학에 대한 지적 관심과 열정 더불어 가정도 이루었고, 다소나마 학문적 성취도 이루었습니다. 선생님의 뜻과 기대를 저버리지 않는 제자 오재혁으로 당당하게 살아가겠습니다.

오재혁

한국교원대학교 학부 및 대학원 석사과정 졸업. 교육학석사
현재 서울불암고등학교 교사

인연 따로 사람 따로

이규훈

2003년 1월의 일이다. 나는 한국교원대학교 교육대학원에 2002년에 입학해서 첫학기를 1급 정교사 연수 관계로 대학원을 휴학했다가 2003년 1월에 복학해서 첫 학기를 맞이하게 되었다. 1월 4일인가? 기숙사를 배정받고 처음으로 대학원 수업을 들어가게 되었다. 대학원 첫 수강 과목명은 '고전소설론 연구'였다. 담당교수님은 '최운식' 교수님이었다. 같은 학교에서 함께 근무했던 다른 선생님에게 최운식 선생님에 대한 얘기를 익히 들었고, 입학하자마자 내 전공은 고소설로 하겠다고 마음먹은 터라, 첫 수업은 참으로 기대되었고 긴장도 되었다.

수업이 시작되고, 몇몇의 수강생들과 강의실에 앉아서 기다리고 있는데 과조교선생님이 들어와서 하는 말이 교수님께서 모친상을 당하셔서 당분간 휴강을 할 수밖에 없다는 것이었다. 개강하고 바로 인사를 드리려고 찾아뵙지 않았던 것이 내게는 큰 실례가 되고 만 것이다. 그리고 1주일이 지나고, 조금은 여위신 교수님을 연구실에서 처음 뵈었다. 과목명이 다소 어려운 탓인지 의외로 다 모인 수강생은 몇 명 되지 않았다. 나까지 포함해서 6명밖에 되지 않았다.

교수님께서는 개인적 사정에 대해서 잠깐 말씀하시고는 지난주 하지 못한 수업은 야간수업을 해서라도 보강을 하시겠다고 하셨다. 보강이라니……. 그냥 지나가셔도 되고, 교수님의 사정상 안 하셔도 되는데, 보강을 하신다는 말씀에 나는 겉으로는 당연하듯이 태연했지만, 속으로는 참으로 답답했다. 기숙사 생활도 답답했고. 교원대와 집이 가까운 관계로 통학을 계획하고 있었기 때문이었다. 무엇보다도 근무하던 학교에서 방학 동안 보충수업을 안 하고 쉰다는 생각으로 다니려는 대학원인데, 몸이 편안하게 되지 않게 된 것이다.

교수님은 나지막한 목소리로 수강생들에게 자기소개를 하라고 하셨다. 어떻게 나를 소개했는지 지금은 기억나지 않는다. 하지만 그 당시 미혼이었고, 애인도 없던 나는 수강생들 중에 미혼인 사람이 있는가만 관심을 둔 것으로 기억난다. 다행이랄까? 마침 초등교육을 전공하는 한 수강생이 미혼이었고, 교수님께서는 나와 그 초등학교 선생님이 미혼이라서 수업 분위기가 매우 밝을 것 같다고 농담을 하시기도 하셨다. 매일 4시간씩 2주간 계속 된 수업과 저녁식사를 하고 다시 교수님 연구실에 모여서 계속된 보강수업 속에서 교수님과 우리 수강생들은 수업뿐만 아니라 개인적인 이야기도 주고받을 수 있었다.

최운식 교수님께서 나와 인연을 만들어 주고 싶었던 그 초등학교 선생님은 참으로 밝았다. 저녁식사 후 교수님 연구실에 다시 모여서 수업 전 녹차라도 한잔 하려고 하면, 물을 끓인 다음 찻잔 하나하나마다 붓고 다시 들고 나가서 잔을 비워 왔다. 잔을 따뜻하게 데워야 녹차 맛이 살아난다는 것이다. 덜렁대고 대충 살아오던 나로서는 그 선생님의 모습이 참으로 신선했다. 교수님께서도 밝고 활달한 그 선생님의 모습과 다소 어두운 나의 모습을 겹쳐서 합집합을 만드시려고 이런저런 이야기를 통해서 인연을 만들어 주시려고 노력을 하셨다.

"늦었으니까 이 선생이 김 선생을 좀 데려다 주지. 드라이브도 할 겸 해서 말이야."

한번으로 끝나신 것이 아니었다. 저녁 보강 수업이 끝날 때마다 말씀하셨고, 무언가 필요하실 때면 둘을 같이 보내시기도 하셨다. 난 싫지 않았고, 그 선생님도 잘 생긴(?) 내가 긍정적이었는지 둘이 맞는 부분도 있는 것 같았다. 그러던 어느 날, 예처럼 야간 보강수업이 끝나고 용기를 내서 데려다 주겠다고 하였다.

"고맙습니다만, 저 데려다 줄 사람이 밑에서 기다리고 있어서요. 안녕히 가세요."

나는 당황했고, 기다렸다가 그 김 선생님을 늦은 시간에 집에까지 데려다 줄 사람이 누구인지 궁금했다. 잠시 후 차가 한대 도착하고, 김 선생님은 그 차에 올라타며 내게 고개를 살짝 숙여 인사를 했다.

아! 애인이 있었던 것이다. 다음날 김 선생님에게 감히 누구인지 물어보지도 못했다. 교수님께서도 모르셨는지 내게 계속 김 선생님과 맛있는 것이라도 먹으러 나가라고 시키시곤 하셨다. 답답한 마음에 교수님께 사실을 말씀드리고 싶었지만, 김 선생님을 경호(?)해 주는 그 남자분과 김 선생님의 관계를 확실히 알지 못해서 혼자서 끙끙댈 수밖에 없었다. 교수님께서는 나를 여전히 좋게 보시고선 계속 김 선생님과 연결시켜 주려고만 하셨다. 그렇게 3주간의 첫 대학원 수업은 계속되었다.

대학원 첫 학기를 끝내고도 우리 수강생들은 연락을 계속 했다. 다음 학기 수업을 무엇을 수강할 것인가? 먼저 수강했던 과목과 과제는 무엇인가 등으로 6명의 수강생들은 메일을 주고받고, 전화를 주고받으며 정보를 공유했다. 김 선생님과 나도 전혀 거리낌 없이 메일을 주고받으며 다음 학기 수업을 준비했다. 그리고 2번째 학기인 2003년 여름학기에 우리들은 같이 만나서 교수님께 인사를 드리러 갔다. 교수님께서는 반갑게 우리를 맞이해 주시며, 우리 둘의 연애가 얼마나 진척되었는지를 궁금해 하셨다. 우리 둘은 그저 웃음으로 대답했다. 교수님을 속이는 것은 아니지만, 우유부단한 내 성격에 저는 이 여선생님과 전혀 관계가 없다고 선언이라도 하면 교수님께서 실망하실까 걱정되어서였다. 우리 둘은 다시 교수님 수업을 수강하였고, 학문적으로 더욱더 가까운 사이가 되었다. 물론 김 선생님에게 지난번 그 남자분과의 관계에 대해서 감히 물어보지 못했다. 연애를 하고 있는 건지, 결혼을 계획하고 있는 것인지가 궁금하긴 했지만, 내가 끼어들 만한 것이 아니기 때문이었다. 김 선생님은 여전히 밝았고 자기 속에 대해서 전혀 내 보이지 않았다. 지금 생각해 보면, 대학원에 와서 공부에만 신경 쓰고 그 공부에 대해서 최선을 다하는 모습인 것이다.

그러다가 11월인가? 드디어 김 선생님의 결혼 소식이 들렸다. 교수님께 안부 전화를 드렸는데, 김 선생님이 내년(2004)에 결혼할 것이라는 것이었다. 교수님께서는 다소 안타까운 마음으로 나를 가볍게 질책하셨고, 당시 나도 아내와 결혼을 전제로 사귀던 터라 이실직고以實直告를 할 수밖에 없었다. 교수님께서는 우리가 그렇게 서로 다른 길을 찾아가는지도 모르고 애썼다고 하시면서 웃음으로 축하해 주셨다. 나는 교수님과의 통화가 끝나고 김 선생님에게 축하 전화를 하였고, 김 선생님도 내게 축하의 말을 건넸다. 그리고 우리는 2004년에 한 달 차이로 따로따로 결혼을 했다. 지금 나는 아들을 하나 두었고, 김 선생님은 그 겨울밤의 그 분과의 사이에 딸을 하나 두었다.

짧게는 두 학기 동안, 길게는 1년 동안 교수님께서 우리 둘을 연결시켜 주시려고 했던 것은 교수님께서 우리에게 좋은 인연을 만들어 주시려고 했던 것이다. 물론 그 인연의 양 끝을 잡고 있던 나와 김 선생님은 그 끈을 따로따로 잡고서 다른 사람과의 인연으로 완성시킨 것이다. 교수님께서 결혼을 앞두었던 내게 해 주신 말씀은 서로 아끼고 사랑하며 살아가라는 것처럼 평범하면서도 소중한 말로 기억된다. 가장 기본적인 것이 가장 어려운 것이라고 하지 않았던가?

이렇게나마 글로써 그 당시 내게 좋은 인연을 만들어 주시려고 노력하셨던 교수님께 감사말씀을 올리고 싶다. 교수님께서는 내 결혼식에 부득이 참석하시지 못하셨던 것을 지금까지 안타깝게 여기고 계신다. 그러시면서 지금까지 우리 부부의 안부를 묻고 챙기신다. 충주 가까이에 오실 때면 안부 전화를 주셨고, 지금 대학원 박사 과정을 밟으며 학교에 갈 때면 늘 웃음으로 반겨 주신다. 언젠가는 교수님 내외분과 동료 선생님 가족, 그리고 우리 가족이 만나서 저녁 식사를 한 적이 있는데, 전혀 생각하지도 못했던 우리 아이의 옷도 사다 주시며 살갑게 대해 주셨다. 물론 그 날 저녁 나는 대취하여 못난 술 솜씨를 자랑하였다.

교수님께서는 정년을 하시더라도 내게는 영원한 지도교수이시다. 학문적 지도교수이시지만, 내게 부부의 정도定道를 알려 주신 인생의 지도교수이시기도 하다. 교수님께서 늘 건강하시고, 늘 웃음으로 세월을 보내시고, 늘 사랑으로 세상을 감싸실 수 있으시면 좋겠다. '인연 따로, 사람 따로'로 교수님의 노력을 흘려보낸 나로서는 지금 할 수 있는 말은 이것뿐이다. 교수님, 저희가 이렇게 살아가는 모습, 퇴임하셔도 늘 너그럽게 지켜봐 주십사 하는 것뿐이다.

이규훈

동국대학교 국어교육과, 한국교원대학교 대학원 석사과정 졸업. 한국교원대학교 박사 과정

현재 충주중학교 교사, 서울특별시 산학연구소 문화산업 분야 연구위원

월곡의 문향

이방주

8월 5일 월곡회에 참석했다. 월곡회는 '월곡 고전문학 연구회'의 약칭이다. 한국교원대학교 대학원 국어교육학과에서 최운식 교수님으로부터 지도를 받은 석·박사들과 그 과정 이수자들로 된 모임이다. 이번 모임(2005)에 참석해 보니 금년에 막 입회한 신입회원의 회원번호가 194번이다. 실로 엄청난 모임이다. 나는 영원히 변치 않는 45번을 달고 있다.

석사과정 이수 중에는 이 모임에 열심히 참여하지만, 학위를 받고 나서 박사과정 이수에 뜻이 없는 사람들은 약간 느슨해지거나 아예 참석하지 않는 사람들도 있다. 그러나 대부분 회원들은 월곡회의 잔잔한 감동을 잊지 못하여 참석하게 된다. 우리들에게 월곡회는 학문의 고향이기 때문이다. 이번에도 한 5~6십 명 정도가 참석한 것 같다.

박사과정에 입학하지 않았으면서도 끈질기게 참석하는 회원이 몇 있다. 서울의 박온화 선생님, 박호준 선생님 부부, 포항의 박창원 선생님 등이 그런 분들이다. 박온화 선생님은 나와 같은 연배인데 벌써 3~4년 전에 어느 초등학교 교감이 되었다. 그런데도 월곡회의 귀엽고 소중한 꽃이다. 걸어 다니는 노래방이라 할 만큼 대중가요의 백과사전이다. 당연히 분위기를 주도할 수밖에 없다. 키는 나보다 작지만 우리 모두를 포용할 수 있는 따뜻하고도 넉넉한 가슴을 가지고 있는 여자 중의 여자이다. 박창원 선생님은 포항의 변두리 한 시골의 사립중학교에 근무하고 있다. 나보다 몇 살 아래인데 성격상 학교를 자기학교로 생각하고 있으면서 학교가 탈이 날까봐 안달하는 교사 중의 교사이다. 교무부장을 맡고 있었는데 지금쯤 교감이 되어 있을지도 모른다. 그 분은 중학교 교감이라는 것이 별로 중요하지 않다. 그보다 포항 문화의 산 증인이기 때문이다. 포항에 숨어 있는 문화를 발굴하기 위해 하도 돌아다녀서 몸에 살이 붙을 날이 없다.

그들에 비하면 나는 아무런 내세울 게 없다. 내가 참석하면 회장이나 선생님께서 인사 소개할 때 참으로 난처하실 것이다. 소개할 내용이 별로 없기 때문이다. 다만 최운식 선생님께서는 보잘것없는 나를 대단한 수필가라고 추켜올리시고, 퀴퀴한 냄새가 날 정도로 옛날 얘기인 나의 석사 논문 <윤지경전 연구>에 대하여 아직도 이 논문을 넘어선 연구가 없다느니 하시면서 유별나게 과장하여 소개를 하신다. 선생님께서 나를 소개할 때가 가장 고통스러우실 것이라는 생각에 이제 그만 참석할까도 생각한 적이 많다. 그러나 박창원 선생님이나, 박온화 선생님, 박호준·유혜련 선생님 부부를 만나기 위해서는 참석해야 한다. 또 내 글을 인정해 주는 눈치인 최명자 박사, 내가 좋아하는 시인 장인수 선생님도 보고 싶기는 마찬가지이다.

모임은 대개 금요일 3시나 4시에 집합하여 바로 세미나에 들어간다. 1부에서는 그 해 박사학위나 석사학위를 받는 분들의 논문 발표를 한다. 박사는 한두 분이지만 석사는 많을 때는 열 두셋까지 될 때도 있다. 참으로 진지하다. 이미 인준을 받은 논문이 여기 와서 공연히 두들겨 맞는 경우도 있다. 생각해 보면 참으로 웃기는 일이 아닌가? 인준을 받아 학위를 받고 인쇄되어 나온 논문을 두고, 과정에 있는 이나 겨우 석사학위를 가진 이들에게 두들겨 맞아야 된다는 것이 말이다. 그만큼 월곡회는 학문과 연구에 관하여 열린 모임이다.

2부에서는 석사과정에 막 들어온 회원들의 논문 구상 발표, 그 보다 한 학기 위에 있는 회원의 논문 계획 발표, 또 그 보다 한 학기 위 회원의 논문 중간과정 발표로 이어진다. 모두 긴장 속에서 이루어진다. 이 모임에서 논문 구상 발표자들이나 다른 발표자들이 얼마나 발갛게 달구어 버리어지는가는 생각만 해도 아찔하다. 내가 거친 과정도 그랬으니까 말이다. 그래서 월곡회 회원에게서는 서툰 논문이 나올 수 없다.

나는 이 모임을 통해서 얻은 것이 참으로 많다. 우선 선생님께서 그토록 자랑하시는 「윤지경전」에 관한 논문을 쓸 수 있었던 것이 그것이고, 인터넷 교과서인 '고등학교 한국어'의 수필 부문을 집필하게 된 것도 선생님의 추천이고, 종문화사에서 추진하고 있는 '꼭 제대로 읽어야할 우리 고전' 시리이즈의 집필에 참여하여 우선 「윤지경전」을 고쳐 쓸 수 있는 기회를 갖게 된 것도 선생님의 추천 덕택이다. 무엇보다도 소중한 것은 이 모임에 오면 스승을 존경하고 선배를 대하는 법, 제자를 사랑하고 후배를 아끼는 법을 배운다는 사실이다. 또 학문하는 동료끼리 동지애, 학문하는 자세, 사람 사는 도리를 묻혀올 수 있다는 것이다. 또 사람이 이렇게까지 향기로울 수 있음을 깨닫고, 그 향기가 밴 몸으로 돌아올 수 있다는 것이다. 모임을 마치고 집에 돌아와 거기서 얻은 논문을 내려놓으면, 손끝과 옷깃에서 문향이 솔솔 피어나는 듯해서 월곡회의 반기를 온몸으로 느낀다.

나는 대개 보충학습 기간이어서 참석하기가 참 어렵다. 그런데 이번에 쉽게 참석을 결정할 수 있었던 것은 청주에서 가까운 쌍곡에서 모임을 가졌기 때문이다. 모임 장소인 예당은 떡바위에서 군자산 쪽으로 한참 내려가 칠보산 아래에 있다. 나는 집에서 궁싯거리다가 늦게 출발했다. 솔직히 말하면 논문 구상이나 계획을 발표하는 사람에게 선배로써 한 마디 하도록 선생님께서 채근하시는 것이 두려워서였다. 덕분에 발표 논문을 한 편도 얻지 못했다. 이런 태도가 결국 이렇게 사고를 녹슬게 하는 것이겠지만…….

청주 농협 물류센터에서 청주의 명산 대추술을 좀 사가지고 갔다. 대개 모든 발표가 끝나면 12시 쯤 되는데, 이 날은 발표자가 적었는지 9시부터 3부 행사를 하고 있었다. 모든 세미나를 마치고 여흥으로 우정을 다지는 시간이다. 모든 광고나 모임 운영에 관한 협의가 끝나고, 내가 도착하자마자 건배를 할 차례였던 모양이다. 회장인 백석대학교 김기창 교수께서 나더러 건배 제의를 하라고 했다. 나는 칠보산, 군자산, 쌍곡의 전설 등을 얘기하고 건배를 제의 했다. 박온화 선생님이 사회를 보면서 어린 아이 같은 게임을 하였다. 나는 박창원 선생님의 사모님과 파트너가 되었다. 이런 행사가 제일 쑥스럽다. 재미있게 해 드리지 못해서 파트너가 된 사모님에게 미안했다. 박 선생님은 선생님 사모님과 한 파트가 되어 매우 즐겁게 따라 하고 있었다.

4부는 마당의 평상으로 자리를 옮겼다. 대추술이 많이 남아 있었다. 이 술맛에 익숙하지 않은 이들 덕분에 우리가 마실 양이 충분히 남아 있었다. 선생님과 월곡회의 옛 동지들이 한자리에 앉아서 맑은 공기를 안주 삼아 물소리를 풍악삼아 새벽까지 술을 마셨다. 괴산으로 돌아오는 길에 몇 번이나 깜빡 깜빡 비틀거렸는지 모른다. 긴장 탓인지 집에 도착하니 술이 오르기 시작했다. 그런데 허전하다. 가장 중요한 걸 잊었다. 월곡회에 참석하고 돌아오면 며칠간 서재에 묻혀서 읽을 수 있는 논문을 얻어 왔는데, 이번에는 늦게 가는 바람에 한편도 가져오지 못했다. 나도 나이를 먹었나 보다. 그들의 정에만 취했던 모양이다. 옷자락마다 은은한 향기만 물씬물씬 피어올랐다.

월곡회 홈페이지 <월곡 글방>에서 회원과 주고받은 글

최운식 : 월곡회의 존재 의의와 분위기를 알 수 있는 좋은 글이네요. 많은 회원이 읽었으면 좋겠네요.

이방주 : 선생님, 월곡회 회원이라는 걸 항상 자랑하고 동료들이나 달리 공부하는 분들에게 학회의 분위기를 소개하기도 합니다. 이번에 더욱 가슴 뿌듯했습니다.

박온화 : 방주씨! 왜 내세울게 없어요? 수필가란 호칭! 가장 부러운데……. 교감은 그저 그런 사람들에게만 의미가 있지, 썩 중요하진 않아요. 저보고 귀엽다 하셨네요. 제가 제일 불리고 싶은 단어, 귀여운 교감! 아름다운 교장! 월곡의 향기 참 공감해요!

이방주 : 언제나 온화한 박온화 선생님, 듣기 좋으라는 말이 아니라 정말 귀엽고 아름다운 선생님이십니다. 우리 학회의 자랑이고 보배이시지요.

최명자 : 선생님께서 축하해 주신 글은 최고의 찬사이셨습니다. 그렇지 않아도 조만간 우체국에 들르려고 하였답니다.

이방주 : 최박사님, 감사합니다. 지난번에는 이야기 한마디도 못 나누었습니다. 선생님은 누가 뭐래도 하늘로 튀어 오르는 미끈하게 잘생긴 잉어를 연상하게 합니다.

유혜련 : 모임에 몇 번 참석하지 못한 나태한 저희 부부까지도 글 속에 언급해 주셔서 감사합니다. 잘 하는 게 없어서 늘 부끄럽지만, 더 이상은 부끄럽지 않기 위해 지금도 노력 중입니다. 만나 뵐 때마다 좀 더 나은 모습이 되어 있고 싶습니다.

이방주 : 참석하시지 못하셔도 느낌은 늘 그 자리에 계신 듯합니다. 두 분의 깊은 정의 향기는 월곡에 남아 있으시니까요.

이방주

청주교육대학교, 청주대학교, 한국교원대학교 대학원 졸업. 교육학석사
수필가, 1998 『한국수필』 신인상 수상, 한국문인협회, 한국수필가협회,
한국수필작가회, 한국수필문학가협회, 월곡고전문학연구회 회원, 현재
내륙문학회 회장. 저서 수필집 『축 읽는 아이』
현재 충북 괴산 연풍중학교 교사

옛이야기들 속에 담아 주신 가르침

이준현

옷깃 한 번 스치는 것도 전생에 인연이 있기 때문이라 한다. 그런데 대학 학부에서 맺어진 의재宜齋 선생님과의 사제지연師弟之緣이 다시 대학원 석사와 박사 과정을 거쳐 20년 넘게 이어지고 있다. 전생의 인연이 깊었던가 보다. 선생님께 받은 가르침 또한 인연만큼이나 깊다.

나의 학부 시절, 선생님의 강의에는 지적 호기심을 자극하거나 감동을 느끼게 하는 특별한 매력이 있었다. 수업의 엄정함도 그러했지만, 삶 속에 녹여서 들려주시던 옛이야기는 매력의 근원이었다. '오누이 힘내기 전설'을 수업하시며 여담으로 이 전설을 연구하던 어느 학자의 치열했던 고민을 함께 들려 주셨을 때, 나는 난생 처음으로 학자의 매력에 이끌렸다. 또 내가 넓은 종이를 깔아 놓고 손톱을 깎은 후에 그것을 잘 접어서 휴지통에 버리는 습관을 갖게 된 것도 선생님께 '쥐 둔갑 설화'를 들은 후부터였다.

대학 졸업 후 8년이 지나 대학원에서 다시 뵈었을 때, 선생님께서는 나의 학부 시절 모습까지도 따뜻하게 기억해 주셨다. 그리고 기회가 될 때마다 참 많은 옛이야기의 현장으로 이끄셨고, 나는 그 때마다 풍성한 가르침을 얻었다. 강화도로, 경기도 가평으로, 다시 영암의 덕진 다리에서 월출산을 지나 김해의 구지봉으로, 또 단양의 온달산성 등지로 이어지는 짧지 않은 여정이었다. 그곳에서 나는 지금도 살아 있는 우리 조상들의 삶의 모습과 애환哀歡을 직접 보고 들을 수 있었다. 전남 영암의 덕진 다리에서는 남의 어려움을 안타까워했던 한 여인의 자비심을, 강화도의 봉가지奉哥池에서는 봉씨奉氏의 시조를 잘 보살핀 할머니의 정성을, 손돌목에서는 한 뱃사공의 충성심과 한을 생생히 느낄 수 있었다. 그리고 마니산 꼭대기 참성단에서 인간을 이롭게 하리라는 단군 할아버지의 외침을 듣고, 온달산성 위에서 온달의 뜨거운 애국심을 느낄 수 있었던 것이 모두 선생님과 함께 했던 여행에서 얻은 것이었다. 또 경기도 가평에 사시는 어느 할아버지의 아름다운 '사랑가' 선율을 들으며 감동하던 일도, 어느 망자의 꽃상여 곁에서 상두가의 애절한 선율을 들으며 삶과 죽음의 거리를 생각하던 일도 모두 그러했다. 선생님께서 쓰신 『전설의 현장을 찾아서』에 그 자취가 남아있다. 다시 펼쳐 볼 때마다 늘 감회가 새롭다.

선생님께서는 나의 결혼식 주례를 기꺼이 맡아 주셨는데, 그 때에도 조강지처糟糠之妻라는 고사성어의 유래가 된 후한의 '송홍 이야기'에 담아 부부간의 신의와 도리를 가르쳐 주셨다. 이렇게 옛이야기에 담아 주시는 가르침은 다른 이들에게도 감동이었든지 같은 학교에 근무하는 선생님들과 장모님에게서 주례사가 들을 만하고 유익하더라는 이야기를 여러 번 들었다.

선생님께서는 학문의 길에서, 삶의 길에서 참 많은 것을 가르쳐 주셨다. 그렇게 큰 은혜를 입고도 갚은 것은 없다. 석사과정을 시작할 때, 선생님께서는 '학문을 대충하지 않으며, 평생 동지가 된다.'는 약속을 하라 하셨다. 학문의 길과 삶의 길을 하나로 사시는 분과 평생의 동지가 되는 약속을 망설일 까닭이 없었다. 그러나 돌이켜 보면, 겁 없이 약속만 드린 것 같아 죄스럽고 부끄럽다. 아직도 더 배워야 할 것과 다 지키지 못한 약속이 남았는데, 선생님께서 벌써 정년을 맞으신다. 이를 어찌하면 좋단 말인가?

선생님! 다시 한 번 그 약속을 받아 주세요. 마음에 단단히 새겨 더욱 정진하겠습니다. 그리고 늘 강녕하신 모습 잃지 마시고 곁에서 지켜보아 주십시오.

이준현

한국교원대학교 학부 및 대학원 석사과정 · 박사과정 수료
현재 충주중학교 교사, 한국교원대학교 강사

변함없는 굵기와 탈색하지 않을 인연의 끈

장성렬

'대학원에서 구비문학과 민속 연구의 가르침을 주시고, 조사 과정에서도 틈틈이 전화로 격려해 주신 한국교원대학교 최운식 은사님께 감사드린다.'

내가 장수 지역의 무속巫俗과 점복占卜의 실상을 조사하여 『장수의 무속과 점복』(장수문화원, 2004)이라는 이름으로 마지막 원고를 탈고하며 머리말에 썼던 내용의 일부이다.

전주교육대학교에서 학부 과정을 마치고 초등학교에서 10여 년 동안 아이들을 가르치다가 한국교원대학교 대학원에 진학하여 선생님을 만난 것은 내겐 큰 놀라움이고, 행운이었다. 여름과 겨울 방학을 이용하여 하루 6시간씩 3주 동안 전국에서 모인 원우院友들과 함께 기숙하며 강의를 들었는데, 매 시간이 즐겁고 보람이었다. 특히 선생님의 구비문학 강의는 시간 가는 줄 모르게 했다. 조용하면서도 정감 있는 어조로 중간 중간 예화로 들려주시는 설화와 신화는 우리들을 꼼짝 못하게 가두는 데 충분했다. 무더운 여름 오후 고운 세모시옷 입으시고 이마의 땀을 연신 훔치시면서 열심히 강의하시던 모습은 지금도 가끔 게으름에 빠지고 싶은 내 자신을 꾸짖는 채찍이 되곤 한다.

마지막 학기에 논문을 준비하면서 내가 사는 지역의 농요를 채록하여 그 사설을 논문의 자료로 삼고자 할 때, 선생님께서 '민요는 사설이 담고 있는 문학적 가치도 중요하지만, 가락이 담고 있는 음악적 요소와 농사 현장에서 민요가 갖는 기능과 현장성도 간과할 수 없다.' 하시면서 다소 힘이 들더라도 민요의 총체적 연구를 해보라고 말씀하셨다. 덕분에 비록 좁은 지역이지만, 민요의 문학적 · 음악적 · 기능적 요소를 모두 살피는 총체적 연구가 가능했고, 내 논문의 자료는 우리 지역 3학년 사회교과서의 내용으로 일부 활용되기도 했다.

3년간의 대학원 공부와 현장 조사를 통한 논문 완성의 경험은 졸업 후 내가 사는 장수 지역의 사라져가는 문화를 구체적으로 조사하여 정리할 수 있게 하는 힘을 주었다. 선생님께서 가르쳐주신 현장 조사의 방법과 자료의 정리, 집필, 현장 조사 과정에서 발생할 수 있는 문제점과 대처 방법 등이 얼마나 실질적이었는지는 실제로 작업을 진행하면서 절실히 느꼈다.

그 가르침 덕에 2004년에는 장수 지역의 무속과 점복의 실상을 조사하여 『장수의 무속과 점복』이라는 이름으로 2,400매의 원고를 탈고할 수 있었다. 2005년부터 2년간에 걸쳐 장수 지역의 지명地名과 마을 형성 유래, 민속과 문화유적들을 조사하여 『장수長水의 마을과 지명地名 유래由來』라는 이름으로 5,000여 매의 원고를 탈고했다. 장수군의 적은 인구와 열악한 재정 자립도, 부족한 인적 자원 등은 우리 지역의 소중한 문화유산들이 묻혀질 수밖에 없는 불리한 여건들이어서, 나의 이런 작은 작업들은 주변으로부터 그 가치를 인정받아 2005년 문화원 총회에서 감사패를 받기도 했다.

이번 겨울 방학은 '장수 상여소리 연구회'를 조직하여 우리 지역의 상여소리를 조사하고 있다. 앞으로 위의 작업들을 바탕으로 하여 우리 면의 면지面誌를 엮어볼 계획도 갖고 있다. 학교에서 아이들을 가르치면서 주말과 방학을 이용하여 이렇게 지역의 문화와 민속 등을 조사하고 집필하여 한권한권 엮어낼 때마다 느끼는 보람과 함께 선생님의 가르침에 대한 은혜가 새롭기만 하다.

작년 봄에 선생님께서 사모님과 함께 장수를 다녀가셨다. 쌀쌀한 날씨에도 불구하고 계남면 남평리에 있는 '알봉'과 장계면에 있는 '성관사', 계북면의 '서방소 각시소' 등 전설의 현장을 함께 돌아보시는 중에도 이동하는 차 안이나 현장에서 끊임없이 가르침을 주시던 선생님, 점심 시간이 되어 시골의 작은 식당에 들렀을 때 앞에 앉아 죄송해 하는 제자를 생각하여 초라한 국밥 한 그릇을 맛있게 비워주시던 선생님. 13년 전 강의실에서 수강하며 뵙던 정정하신 모습을 머리에 그리고 있는 내게 백발성성하신 모습으로 나타나 주시긴 했어도, 무거운 가방 메고 카메라 드신 채로 암벽 사이를 가볍게 건너다니시는 모습을 보며 얼마나 위안이 됐는지 모른다. 변변한 대접도 못해드려 죄송한 내게, 참고가 될 거라며 당신의 저서를 곱게 보자기에 싸서 건네주고 떠나시던 인자한 표정과 따뜻한 손길이 아직도 생생하다.

세수를 하고 머리를 털며 거울을 본다. 어느 새 작은 글씨 읽기가 불편해지는 시력과 반도 넘게 차지하려드는 흰머리, 좀 심한 운동이 겁나고, 긴 걷기가 힘이 드는 세월 속의 내 자신을 돌아보며 정년을 맞으시는 선생님께서는 아직도 일정한 간격으로 앞장서서 인도하고 있음을 느낀다.

오늘도 이렇게 선생님의 뒤를 밟아 따라가며 변함없는 굵기와 탈색하지 않을 인연의 끈을 힘주어 잡아 본다.

장성렬

전주교육대학교, 한국교원대학교 대학원 졸업. 교육학석사
장수군 애향장학회 이사, 장수문학 주간
현재 전북 장수 계북초등학교 교사

비, 개펄, 꼬막 같은 선생님

장인수

선생님! 못난 제자 장인수입니다. 수줍고 낯을 가리는 제 성격 탓에 선생님의 절친한 제자 그룹에는 속하지 못하지만 누구보다도 선생님을 존경하는 제자입니다. 이유는 아주 작고 소박합니다. 석사 논문을 지도해 주셨기 때문이고, 또 저처럼 별 볼 일 없고 하찮은 존재조차도 예쁘게 보아주셨기 때문입니다.

밖에는 지루하게 비가 옵니다. 비 오는 날 선생님은 무얼 하시나요? 구름의 자궁에서 터져 나오는 양수인 비! 비가 오면 이상하게도 수만 킬로미터의 먼 바다에서 끝내 모천母川을 찾아오는 연어 떼와 같이 태어나기 전에 머물렀던 그 원초의 세계에 대한 그리움으로 사무칩니다. 그러면서도 비가 오면 무언가 수직으로 돋아나고, 푸르러지고, 발아하는 정신과 영혼을 느낍니다. 비는 감정의 존재태存在態이면서 정신의 자질인 듯합니다.

술주정꾼의 손떨림처럼 비가 내리고, 새뱅이의 파닥임처럼 비가 내리고, 하루살이 눈썹의 떨림처럼 비가 내리고, 내린 비는 지상에서 무아無我의 역으로 흘러가고, 사소함의 역으로 건너가고, 세심洗心과 세척洗滌의 역을 지나서 화장을 하지 않는 비구니의 젖꼭지를 물고 놓지 않을 듯 비가 흐르고…… 비가 오면 나무도 다시 보게 되고, 길거리도 다시 보게 되고, 빗방울에서는 길거리의 까만 구두 밑창 냄새도 나고, 바람 맞은 여인의 치마에서 떨어진 치모 냄새도 나고, 갓 갈아 끼운 생리대의 비린내도 나고……. 아무렇지도 않고 예쁠 것도 없는 사철 발 벗은 시골 아낙네의 발 냄새도 나고…….

아, 그러고 보니 저의 사유는 정지용의 향수에 가 닿았고, 그 자리에 선생님의 멋드러진 풍류가 있습니다. 박온화 선생님과 함께 어우러지는 선생님의 풍류가 있습니다.

이 세상의 모든 생명체들이 만들어 낸 무수한 이야기를 그 누구보다도 많이 아시는 선생님은 빗소리조차 구름의 이야기로 들리지 않으시는지요? 처마에서 일렬로 떨어지는 낙수를 바라보며 주룩주룩 세로로 된 완판본 춘향전의 글귀를 읽어내고 계실 것만 같습니다.

선생님은 달변가이셨죠. 주룩주룩 끊임없는 빗줄기처럼 우리를 흠뻑 적셔주셨습니다. 누구보다도 많이 발품을 팔고 이 강산 저 산하를 떠돌이처럼 돌아다니신 선생님의 젊음을 저는 존경합니다.

정주성定住性은 인류 역사에 잠시 끼어드는 형태로만 존재하는 것인지도 모르겠지요. 여행이 끝나자 또 길이 시작되는 삶을 벗어날 수 없는 직업을 가지신 선생님을 존경합니다. 선생님의 학문은 넓고 넓어 시작과 끝을 알 수 없는 수많은 이야기를 찾아 부유하는 삶을 사셨죠? 선생님의 걸음걸이에는 리듬이 있고, 경쾌함이 있음을 느꼈습니다. 단련된, 숙달된 걷기. 그것이 화수분처럼 끊임없이 쏟아지는 청산유수 같은 선생님의 이야기들! 아, 저는 수업시간마다 감동을 했습니다. 입술과 항문은 직방으로 연결된 구멍의 시작과 끝이라는데 선생님의 괄약근에서도 구수한 이야기가 흘러나올 것만 같습니다.

선생님을 보면 조선 후기 학자인 박제가가 말한 '벽癖'이 생각납니다. 『백화보서』라는 책인가요?

"사람이 벽癖이 없으면 쓸모없는 사람일 뿐이다. 대저 벽이란 글자는 질疾에서 나온 것이니, 병중에서도 편벽된 것이다. 하지만 홀로 걸어 나가는 독창적인 정신을 갖추고 전문 기예를 익히는 것은 왕왕 벽이 있는 사람만이 능히 할 수 있다."

홀로 걸어가는 정신이란 남들이 손가락질을 하든 말든, 출세에 보탬이 되든 말든 혼자 뚜벅뚜벅 자신만의 길을 걸어가는 정신일 것입니다. 그리하여 독창적인 예술과 학문의 경지를 일구어내는 사람들. 그 중에 선생님이 계시지 않을까 싶습니다.

모든 미세하고 격렬한 감각과 직관과 분석력을 총동원해서 전설, 설화, 민담, 고소설 속에 담긴 삶의 비의를 캐낸 학자. 어느 한 가지 일에 무서운 집착을 보였던 사람이 '벽'을 지닌 사람이라면 선생님이 그런 삶을 사셨다고 생각합니다. 그것이 제가 가장 존경하는 삶입니다. 그런 스승을 만났다는 것이 저에게는 가장 큰 복입니다.

선생님, 선생님은 충청도 호랑이 양반의 품위를 지니고 계시면서도 자연 대상물로 치자면 전라도 벌교의 참꼬막 같은 분이십니다. 선생님의 말솜씨는 개펄처럼 푹푹 빠져드는 끈적끈적함이 있었고, 속살이 찰지고 쫄깃쫄깃하고, 물큰물큰 고소한 비린내가 나고, 말의 안쪽으로 사람을 쑥 빨아 당기는 힘이 있었습니다. 그것이 저는 부러웠습니다. 술술 자연스럽게 쏟아내는 말과 학문적인 말씀이 구분이 안 되었습니다. 아마도 이 땅의 질긴 이야기와 노래를 접하고 배우신 까닭이 아닐까 제 스스로 추측해 보았습니다. 수업 시간에는 엄한 스승의 모습을 보이시다가도 사석에서는 위아래 터울 없이 자상한 모습을 보이시며, 특히 술과 노래가 있는 자리에서는 촌뜨기 향암이 되기도 하시고, 풍류가객이 되기도 하시는 모습은 제가 가장 부러워하는 모습입니다. 남녀노소 신분고하를 막론하고 다양한 타인을 포용하는 능력이 교단에 서는 자의 자질이라고 볼 때 선생님은 그런 면에서 저에게 으뜸이셨습니다. 네모진 물건이나 둥근 물건이나 모두 싸맬 수 있는 보자기 같은 성품! 선생님의 그런 모습을 본받아야지 늘 생각했습니다.

자꾸 선생님을 생각하면 '비, 개펄, 꼬막' 등등의 노장사상에 나오는 물의 이미지가 떠오르네요.

선생님! 요즘 제가 몸이 아파서 연락도 못했습니다. 쉽게 낫기 힘든 병입니다. 술도 끊은 상태입니다. 월곡회 모임에 두 번 빠지는 죄를 범하고 말았습니다. 죄송합니다.

선생님, 오늘 화단 사이에서 비를 맞고 있는 노랗고 빨간 부적을 습득했습니다. 빨간 꽃송이 같았습니다. 순간 갈등했습니다. 나는 교회를 다니는데, 주님이 늘 지켜보는데, 이것을 어쩌나. 수능시험 72일 전. 2학기 수시모집 상담이 한창입니다. 교내 방송을 할까, 담임들께 메신저로 날릴까. 교실마다 돌아다닐까. 보면 볼수록 부적으로 보이지 않고 꽃잎으로 보였습니다. 모성母性으로 보였습니다. 저는 결심했습니다. 제자들은 다 소중하다. 교사로서 나는 잘 난 제자이건 못 난 제자이건 나와 종교와 믿음이 다른 제자이건 나에게는 제자들이 하나님보다 소중하다고. 선생님도 열심히 교회에 다니시면서도 수업 시간에 하시는 말씀은 민속신앙을 긍정도 부정도 아니 하셨습니다. 선생님의 그런 면이 저는 좋습니다.

선생님! 선생님께 배운 점이 한두 가지가 아닙니다. 고맙습니다. 선생님의 가르침을 마음 속 깊이 새기며 교육 현장에서 열심히 후학에 힘쓰고 있습니다. 그러나 선생님의 솜씨에 비하면 그저 한참 어릿광대에 불과합니다.

선생님! 오래 오래 건강하십시오. 저도 몸이 좋아지면 선생님을 즐겁게 찾아뵙겠습니다. 안녕히 계세요.

장인수

고려대학교 국어교육과, 한국교원대학교 대학원 졸업.
교육학석사
현재 서울 중산고등학교 교사

좀 깐깐한 교수님

정용선

최운식 교수님을 처음 뵈었을 때 좀 깐깐한 분 같았다. 수업을 받으면서 그 생각은 맞다고 생각하였다. 설화와 고소설 분야에서 챙겨야 할 것은 꼼꼼하게 과제로 내 주시고, 발표를 하게 하였다. 내용을 좀 잘못 요약했다 싶으면 발표 중 혼도 내고, 화도 내셨던 기억이 난다. 설화인가 고소설인가 '10 작품을 읽은 후 감상문 쓰기'라는 과제를 10매 이상 써 내라고 해서 딱 10쪽으로 맞춰 냈다가 과제물 점수를 B를 받고 기분이 나빴던 일도 떠오른다. 이런 기억들을 볼 때 교수님은 깐깐한 분인 것이 확실한 것 같다.

여러 교수님 중에 내가 최 교수님을 지도 교수님으로 선택한 것은 설화 분야가 재미있고, 쉽다고 생각했기 때문이다. 처음에 꼼꼼하게 챙기는 교수님을 보면서 잘못 온 것 아닌가 내심 걱정도 하였다. 나처럼 별 생각 없이 대학원에 가고, 지도 교수님 정한 대학원생들이 가야할 마지막 방황의 길 - 논문 제제 선택 - 은 정말 어려웠다. 나무를 좋아해서 '나무 설화'를 한 번 해 보려고 하니, 어느 선배가 벌써 써 버렸다.

그 다음 강아지와의 추억을 떠올리며 '개 설화'를 한 번 해 볼까 하며 자료를 찾고 있었다. 그 무렵 나는 가진 돈을 딸딸 모아서 이사를 하였는데, 집주인이 빚이 많아서 그 집이 경매競賣에 넘어가고 말았다. 불안해하면서 근무하는 학교에만 간신히 다니고 있었다. 그 해 겨울에 논문을 써야 하는데, 아무래도 못 쓸 것 같아서 교수님께 사정을 말씀드리고, 다음에 하면 안 되겠느냐고 여쭈었더니, 그냥 쓰라고 하셨다. 이제 '개 설화'는 눈에 들어오지 않고, 사기꾼 · 트릭스터trickster 이야기만 보였다. 그래서 주제를 '상전 속이는 하인 설화 연구'로 잡았다.

선배님들이 아무리 짧고 변변찮은 논문이라도 석 달은 고생해야 한다고 하였다. 석 달 고생하기로 하고, 학교 근무 마치고 도서관 가서 자료 복사하고, 요약하고, 되는 말 안 되는 말 쓰기 시작하였다. 컴퓨터에 바이러스가 들어 있었는지 새벽 1시인가 2시인가 되면 자동으로 꺼지는데, 그 때까지 쓰고 저장이 안 된 부분은 학교에 가기 전에 일어나 다시 썼다. 내가 그렇게 컴퓨터에 앉아 논문을 쓰게 된 것은 최운식 교수님께서 1차 제출 날짜, 2차 제출 날짜를 잡아놓고, 그 날까지 초고草稿를 보내라고 하셨기 때문이었다.

제1차 제출 날짜에 맞춰 글을 보내고 나서 학교 선생님들과 하루 신나게 놀았다. 1주일 후에 교정본을 받아 보니, 빨간색 프러스펜으로 고친 글 투성이였다. 다시 글을 보내고 하루 또 놀았다. 그 다음 주에 교수님께서 서울로 올라오라고 하였다. 처음에는 학교 마치고 못 갈 것 같아 걱정을 하고 있으니, 학교 선생님들이 수업 당겨서 하고 조퇴하고 가라고 하였다. 비행기 타고 서울 가기는 그 때가 처음이었다. 선생님 댁에 가서 논문 지도 받고, 밤 버스 타고 내려 왔는데, 11시인가 12시인가 집에 도착하였다. 피곤하였지만 기분이 매우 좋았다.

논문 심사가 먼저였는지, 그 뒤였는지는 확실하지 않지만, 나는 내가 세 들어 살던 집을 경매로 받았다. 그 해 내가 논문을 쓰지 않았다면, 나는 그 6개월 동안 엄청나게 불안한 나날을 보냈을 텐데, 논문을 쓰는 데에 정신이 팔려 불안해 할 틈도 없었다. 나는 교수님의 격려와 깐깐한 지도 덕택에 논문도 통과하고, 집주인도 되었다. 그래서 나에게는 그 때가 힘들었지만 소중하고, 빛나는 시간으로 남게 되었다.

그 다음 해 겨울 월곡회 모임에 가서 학위 기념패를 받았다. 그 기념패를 받으면서 이건 내가 받을 것이 아니라 교수님이 받아야 되는 것 아닌가 싶었다. 그리고 교수님 머리가 갑자기 많이 세어 보여서 논문 지도하시느라 힘들어서 그런 게 아닌가 하여 죄송한 마음도 들었다.

한편 주변을 둘러봐도 교수님만큼 논문을 꼼꼼하게 챙겨 지도해 주시는 교수님이 없었다. 교수님은 왜 그렇게 챙겨 주셨을까 당돌한 궁금증도 있었다. 지금 내가 이해한 것으로는 사랑이 많은 분이라서 그러신 것 같다. 지금도 내게는 깐깐한 교수님이지만 그 뒤에는 우리에 대한 관심과 사랑이 감겨 있다는 것을 알고 있다.

"교수님, 저의 소중하고 빛나는 시기를 지켜봐 주셔서 감사합니다. 사랑합니다."

정용선

한국교원대학교 대학원 국어교육과 졸업. 교육학석사
현재 김해 경원고등학교 교사

두 번 선배, 두 번 스승

조남득

23층 꼭대기 집에서 엘리베이터를 타고 내려와 현관에 나서 보니 또 눈이 내린다. 어제에 이어 오늘도 또……. 요즘 대학로 근처 학교에서 열리고 있는 연수에 참석 중이다. 차를 가지고 좀 편하게 가려고 마음먹었는데, 새벽부터 함박눈이다. 어제는 운전하는 것이 겁이 나서 지하철로 갔지만, 오늘은 주머니 속 자동차 열쇠를 만지작거리다 용기를 내었다.

복잡한 영등포 로터리를 지나니, 서울대교에서부터 길은 뻥 뚫려 차들은 마음껏 속력을 내고 있다. 여의도를 지나 마포와 광화문 쪽으로 힘차게 달리다 보니, 어느 새 종로다. 이제 조금만 더 가면, 우리 선생님이 계시는 3가를 지나치게 된다. 지난 초겨울 어느 날부터 종로 3가를 지날 때면, 선생님을 생각하는 행복한 습관을 갖게 되었다.

선생님은 내게 두 번 선배이고 두 번 스승이시다. 내가 선생님을 처음 뵌 것은 1983년 봄이다. 서울교대를 졸업한 후 교편을 잡고 2년을 빈둥거리다 국제대학 국어국문학과 1학년에 들어가니, 거기에 대선배님인 선생님께서 계셨다. 원래 '하루 선배를 조상 섬기듯 하라.'는 말이 있듯이, 한두 해 위의 동문 선배들 중에는 시집살이를 시킨 분도 있었지만, 선생님께서는 내게 사랑만 주셨던 것 같다. 당시 나는 학문의 길에 목말라 학력고사를 다시 보고 야간대학 1학년에 들어간 터라 나름대로 결심이 대단하였다. 그래서 선생님께서 내주신 고사성어 배경 찾기, 신화 30편 · 전설 50편 · 민담 100편의 줄거리를 독서카드에 써 오기, 『삼국유사』에 나오는 향가 14수의 배경설화 원문을 쓰고 풀이하기 등 다들 힘겨워 하는 숙제들도 신명나게 하였다. 그리고 선생님께서 강의 시간에 해주신 말씀 중 내 마음에 와 닿아 지금까지 잊을 수 없는 것이 있다.

夫人必自侮然後人侮之 무릇 사람은 스스로 업신여긴 뒤에 남이 업신여기며
家必自毁而後人毁之　집은 반드시 스스로 헌 뒤에 남이 헐며
國必自伐而後人伐之　나라는 반드시 스스로 친 뒤에 남이 치게 된다.

『맹자孟子』의 「이루장離婁章」에 나오는 내용이다. 그 당시 종로에 있는 서점에서 책을 사면, 포장지로 책을 예쁘게 싸 주곤 하였다. 나는 그 위에다 이 글을 써 가지고 다니며 늘 들여다보았다. 나이가 들어가며 점점 더 절실해지는 말이다.

국제대학은 한동안 학내 소요로 연일 시끄러웠다. 우리는 집단 유급의 위기에 처해 겨울 방학 내내 보충 강의를 들었던 기억도 난다. 내가 4학년이 될 즈음, 선생님께서는 한국교원대로 자리를 옮기셨다. 선생님은 선배 교수로서 마음 고생이 많으셨기에, 나는 선생님이 떠나시는 데 대해 섭섭해 하기보다 오히려 반가워했다. 그러나 선생님이 떠나시니 당장 내가 불편했다. 학사학위 논문 지도를 받아야하는데, 선생님을 뵙기가 어려웠다. 나는 선생님께서 후배들 강의하러 올라오시는 날 강의실 밖에서 달달 떨며 기다리기도 하고 댁으로 찾아가기도 하였다.

1987년 2월 졸업을 하고, 스승의 날을 맞아 몇몇 동기들과 선생님을 뵈러 갔다. 그 자리에서 선생님은 '월하노인月下老人'을 자청하셨다. 그런 또 하나의 인연으로, 나는 가끔 남편이 미울 때면 선생님을 원망하기도 한다.

그런데 선생님과의 인연은 그것으로 끝난 것이 아니었다. 2005년 나는 한국교원대학교 교육대학원에 진학하게 되어 선생님을 지도교수로 다시 만났고, 선생님의 정년퇴임과 함께 석사학위를 받게 되는 특별한 인연을 한 번

더 누리고 있다. 선생님께서는 석사논문을 지도해 주시며 '자신이 쓴 논문을 읽을 때, 원수가 쓴 글을 읽는 마음으로 읽으면 그 허물을 잘 찾아낼 수 있다.'고 당부하셨다. 선생님의 말씀은 부끄러운 학위논문과 함께 오래도록 내 마음 속에 남아 있을 것 같다.

교육대학원 계절제 학생들에게 한국교원대 캠퍼스는 여름에는 교프리카(교원대와 아프리카를 합성한 말), 겨울에는 교베리아(교원대와 시베리아를 합성한 말)로 불린다. 정말이지 여름에는 후덥지근하게 더웠고, 겨울에는 매섭게 추웠다. 그렇지만 입학할 때 아득하니 멀게만 느껴졌던 3년이 지나고, 이제 선생님도 나도 이 교정을 떠날 준비를 하고 있다.

종로 5가에서 좌회전하여 눈 덮인 대학로 입구에서 차를 멈추며 황홀한 대학로 설경에 시선을 빼앗긴다. 오후에는 눈이 그쳐야 할 텐데, 종로 3가를 지나 돌아가야지.

조남득

서울교육대학교, 서경대학교(전 국제대학교) 국어국문학과 졸업. 한국교원대학교 국어교육과 석사과정 졸업. 교육학석사
현재 서울영원초등학교 교사

삶으로 가르치신 선생님

조윤형

"황조가는 유리왕이 누구를 생각하며 지은 것일까? 한인의 딸 치희雉姬일까, 아니면 이미 세상을 떠난 전처 송씨宋氏일까?"

이는 18년 전 국문학개론 수업이 한창인 학부 강의실에서 학생들에게 던지신 의재 선생님의 질문 내용이다. 그때 나는 대다수의 학생들과 상반된 답을 혼자 했다. '전처 송씨……'라고 말을 흐리며. 그런데 선생님께선 뜻밖에 나의 답에 힘을 실어 주셨다. 그러면서 다음과 같은 말씀을 던지셨던 것을 또렷이 기억한다.

"학문적 진리는 다수결에 의해 정해지는 게 아니다. 나아가 진리는 소수의 의견 속에도 있을 수 있다."

그때만 해도 많은 대학생들이 민주주의의 온전한 실현을 매우 갈망하던 때라 정치뿐만 아니라 거의 모든 영역에서 다수결이라는 민주주의의 원칙에 반反하는 사고나 행동은 이내 몰매 맞거나 배척당하기 쉽던 분위기였다. 그래서 누구도 그런 말씀을 그냥 흘려들을 수만은 없었다. 이후 이 사건과 말씀은 나로 하여금 사람들의 의견을 듣고 일을 추진하거나 학문 활동을 하면서, 또는 학생들을 가르치면서 여러모로 용기와 자신감을 내는 힘으로 작용했다. 소수의 존재나 생각도 가치가 클 수 있으며 존중받아야 한다는 신념이 되어서 말이다.

학위 논문을 쓰고 있던 어느 날은, 식사 자리에서 다음과 같이 하신 말씀이 기억난다.

"원고를 퇴고 할 때는 평생의 원수에게 보인다는 생각을 갖고 있어야 해."

선생님께서는 이후 그런 말씀에만 그치시지 않고 몸소 하나하나 고쳐 쓰기를 해 주시며 퇴고하는 방법을 소상히 가르쳐 주셨다. 사실 글을 쓰며 그 방식이나 표현법 등에 관해 꾸지람이나 충고를 들은 제자가 비단 나만은 아닐 것이다. 국어를 배우고 가르치는 교사로서 처음에는 자존심이 상하기도 했지만, 잘못을 수정할 수 있게 가르쳐 주신 선생님의 열성으로 인해 이후 학문하는 사람으로서의 자세를 부지런히 가다듬게 된 것도 사실이다.

몇 해 전 선생님께 세배를 간 자리에선, 옷차림새와 인사법 등에 관한 말씀을 들을 기회도 있었다. 새해 인사를 드리러 간 때에 함께 간 학형들과 잘못 행한 예법에 대해 지적을 받아야 한다는 사실이 유쾌하기만 한 것은 아니었다. 하지만 은사님으로부터 그런 류의 말씀을 들을 수 있는 사람들이 세상에 얼마나 있을 것인가를 생각하면서, 오히려 그것이 내게 부여된 특권이자 선물일 수 있음을 깨달았다. 인간에 대한 올바른 예의와 예법이 사라져가는 오늘날, 아름다운 우리의 전통 예법을 선생님으로부터 직접 듣고 배울 수 있다는 것은 값진 나의 분복分福이 아니었을까 생각한다.

실수와 허물과 약점은 덮어주시고, 그 극복을 위한 격려와 가르침을 아끼지 않으신 선생님의 삶들이, 배우고 가르치는 길을 가고 있는 오늘에 내 모습의 일부가 되었음은 부인할 수 없다. 특히 학문의 길에서 주변 상황으로 인해 중요한 결정을 못 내려 머뭇거릴 때마다, 비전을 제시하시고, 변함없이 힘낼 것을 역설하신 모습 등은 다음 세대를 가르칠 내게 큰 귀감이 되었다.

이런 이유들로 진정한 선배이자 스승이요 지도자로서의 역할을 충실히 감당해 오신 의재 선생님을 세인들에게 많이 자랑하고 싶다. 아울러 정년이 되어 교단을 떠나시더라도 이전처럼 변함없이 제자들에게 가르침을 주실 수 있는 열정과 건강이 있으시길 진심으로 기원하며 깊이 감사하는 마음을 전하고 싶다.

조윤형

한국교원대학교 학부 및 대학원 졸업. 교육학박사
현재 한국교원대학교 겸임교수, 대전과학고등학교 교사

여러 갈래 길

최명자

여러 갈래 길 누가 말하나 이길 뿐이라고
여러 갈래 길 누가 말하나 저 길 뿐이라고
여러 갈래 길 가다 못갈 길 뒤돌아 가볼 길
여러 갈래 길 다시 걸어갈 한없이 머나먼 길
여러 갈래 길 다시 만날 길 죽기 전에라도
여러 갈래 길 다시 만날 길 죽은 후에라도

—김민기 작사 · 작곡, 「길」

김민기가 짓고 노래한 「길」이라는 노래의 가사가 절실하게 다가오는 계절이다. 11월의 연례 행사인 대입 수능 시험일. 유치원, 초, 중, 고를 아우르는 한국의 교육은 결국 대학입시로 귀결된다. 등급화된 성적으로 등급화된 대학에 들어가야 하는 아이들에게 수능 등급의 숫자는 인생의 등급과도 같은 의미로 다가온다. 앞으로 걸어가야 할 길이 여러 갈래임에도.

어제 막내가 수능을 치렀다. 결과가 아쉬워서 잠 못 이루는 아이를 보며, 대입 수능은 이제 시작이며, 수없이 치르며 걸어 가야할 크고 작은 시험의 첫 단추라는 것을 알려 주고 싶다. 크게 어긋나지만 않았다면, 계속 나아가라고.

11년 전 겨울방학 중에 나는 한국교원대학교 강의실에 수험생으로서 앉아 있었다. 하얀 눈이 쌓인 강의실 밖에서는 초등학교 4학년, 1학년이던 아이들이 아빠와 함께 엄마의 합격을 응원하고 있었다. 시험을 치루고 나오니 강의실 복도 게시판에 '엄마, 꼭 합격하세요!'라는 종이가 꽂혀 있었다. 꾹꾹 눌러쓴 초등학생 둘의 필체에 가슴이 찡하였다.

겨울방학이 가까워진 어느 날, 우연히 학교에서 교원대학교 대학원 모집 공문을 보았다. 학교에서 교육청으로 서류 제출하는 날은 이미 지났고, 마침 그 날이 교육청에서 교원대로 원서를 제출하는 마감 날이었다. 당시에는 겨울방학이 12월 중순에 시작되어 시험 보는 날까지 20일정도 공부할 시간이 있었다.

'한 번 해 볼까?' 하는 생각만으로 교육청에 전화하니, 장학사님께서 늦었지만 내 보라고 하셨다. 전화를 끊고는 바로 대학의 성적 증명서와 관련 서류를 준비하여 교육청으로 갔다. 이미 오후 5시가 넘었는데, 산 넘어 산이라고, 농협에 입학원서 대금을 납부해야 했다. 택시를 타고 뒷문으로 들어간 농협 전산망이 오후 늦게까지 열려 있었던 것은 우연이었을까?

우여곡절 끝에 입학원서를 제출한 나는 집 가까이에 있는 도서관에서 기출문제와 관련된 책을 빌려다가 공책 정리를 하기 시작하였다. 정리한 것을 부랴부랴 외우고 있는 사이에 시험 날이 다가왔다. 어학, 현대문학, 고전문학, 교육학 시험을 치렀는데, 가장 어려웠던 것이 고소설 시험이었다. 「금방울전」은 스쳐가며 한 번 읽었지만, 변신과 도술이 무쌍한 그 옛이야기를 어찌 세세히 다 외웠으랴?

공부하는 과정에서 최운식 선생님이 쓰신 『한국 고소설 연구』는 매우 흥미 있었다. 그 중에서 소설 배격론을 주장한 이덕무의 글이 가슴에 와 닿았다.

> 언번전기(諺飜傳奇)를 탐독해서는 안된다. 집안일과 길쌈을 게을리 하며, 그것을 돈을 주고 빌려다 읽고, 이에 빠지고 혹하기를 마지않아 한 집안의 재산을 기울이는 사람까지 있다.
>
> —이덕무의 「사소절」

'아, 이거 내 얘기네!' 나는 '책읽기에 빠져 집안일을 게을리 한다.'고 지적

하는 말에 무릎을 쳤다. 그런데 정작 시험에서는 '「금방울전」에 관하여 논하라.'는 문제를 받아든 것이었다. 중언부언重言復言, 아는 것 모두 쓰고 나와 면접을 보게 되었다. 그때 나를 면접하신 분이 바로 최운식 선생님이셨다. 인자한 모습을 대하는 순간, 정확하게 외워서 쓰지 못한 답안지가 못내 아쉬웠다. 공부라는 것이 충분한 시간으로 완성되는 것이거늘…….

"시험은 잘 보셨나요?"

"제가 공부를 많이 못하고 왔어요. 내년에 다시 오겠습니다."

선생님은 입학원서와 관련 서류를 자세히 보시며, 따뜻한 미소를 지어주셨다. 우여곡절迂餘曲折 끝에 면접을 볼 수 있었다는 사실만으로도 나는 기뻤다. 교원대학교의 눈 쌓인 하얀 교정을 걸어보고, 책으로만 뵈었던 분과 직접 대화까지 나누고 돌아오는 길은 또 하나의 즐거운 가족 여행길이었다. 겨울방학을 보내던 중에 교육청에서 연락이 왔다.

"선생님, 합격하셨어요. 합격을 축하합니다. 잘 하셨어요."

「금방울전」의 답안지를 인정해주신 선생님의 미소가 생각나서, 나의 마음은 풍선을 단 것처럼 둥실둥실 떠올랐다. 온 가족이 나의 합격을 진심으로 축하해 주었고, 모든 것이 감사할 뿐이었다. 이렇듯 나는 젊은 날부터 간절히 원하던 문학의 길로 들어설 수 있게 되었다.

열심히 응원하여 엄마를 공부의 길로 밀어 넣은 1학년, 4학년 꼬마 아이들이 이제는 자라서, 스스로 선택한 진로를 향하여 나아가고 있다. 아이들은 꼭 필요했던 엄마의 손을 쉬게 하고, 어려서부터 스스로 살아가는 길을 선택하였다. 열쇠가 없어서 따뜻한 곳을 찾아 밖을 헤매다가도, 열쇠 안 챙긴 사실이 미안하여 씨익 웃던 아이들. 방과 후나 방학 때, 집의 텅 빈 공간과 엄마 부재의 수많은 시간들이 고사리 손 끝에서 여물어갔다.

제풀에 자라 수능을 보고, 가채점 뒤에 말을 잃은 아이. 어떤 말이 위로가 될 수 있을까?

'간절히 원하고 노력하면 언젠가는 가고자 하던 길로 들어설 수 있다. 지금 당장은 험한 소로를 걷게 될지라도, 쉬지 않고 현실을 인정하며 즐겁게 걸어 가거라. 오랜 시간 동안 땀흘리며 가다가, 탄탄대로에서 등불 같은 빛을 비추어 줄 어른을 만나게 되리라.'

의재 최운식 선생님은 내게 그런 어른이시다. 좁고 구불구불한 소로를 헤매다가 만난 큰 길의 안내자이신 선생님.

"'교수님'이라는 호칭은 직업을 나타내는 말이니, '선생님'이라고 부르는 것이 맞습니다."

"'너무 너무 감사합니다.'라는 말을 쓰는데, '너무'라는 말 뒤에는 부정적인 뜻이 오는 것입니다. '너무' 대신 다른 말을 사용하세요."

"사람들이 큰 절을 하는 모습을 보면, 임금님께 하는 고두배叩頭拜를 하는 사람들이 많습니다. 손을 모으고 절을 해야 합니다. 축하할 일이 있을 때 남자는 왼손, 여자는 오른손을 위로 하고 손을 모으고, 슬픈 일이 있을 때는 그 반대로 손을 모읍니다."

"'감사드린다'고 말들을 많이 하는데, '감사하다.'는 말이 맞지요."

제자들이 무심코 하는 말이나 행동에서 고쳐야 할 것이 발견되면, 그 자리에서 바로 점잖게 타일러 주시거나, 큰 잘못은 호통으로 바로 잡아 주시기도 하셨다. 선생님 앞에 설 때마다 바른 자세를 유지하려고 했던 노력은 지금껏 살아가는 데에 이정표가 되어 주고 있다. 이런 선생님 밑에서 석사와 박사 논문을 쓴 것이 자랑스럽다. 먼 길을 에돌아 와서 만난 제자가 다른 길을 선택했어도, 영원한 제자로 믿어주신 선생님.

석사 논문인 「장백전 연구」를 쓸 때, 논문의 기초는 월곡 고전문학회 세미나에서 다져졌다. 김기창·이복규·장장식·김대성·변우복 박사님, 박온화·유혜련 선생님을 비롯한 쟁쟁한 선배 석사님들의 조언이 논문의 든든한 초석이 되었다. 자료를 구하여 논문을 쓸 때에는 새로운 사실을 알아가는 기쁨으로 충만하였고, 함께 공부하는 월곡 고전문학 연구회 동료들과의 친화도 큰 힘이 되어 주었다. 의재 선생님의 논문 지도는 어느 누구도 그 성실과 세심함을 따라오지 못할 것이라고 자부한다. 선생님께서는 논문의 한 글자 한 문장도 놓치지 않고, 꼼꼼하게 첨삭을 해주셨다. 여백에 빽빽하게 적힌 지도 조언대로 수정한 논문은 심사위원님들이 지적 사항을 고민할 정도로 깔끔하였다. 이렇게 석사 논문의 반 이상은 의재 선생님과 월곡회 회원들의 도움으로 쓰여졌다.

문학에 대한 열망으로 시작한 공부는 '능력 없고 나이 많은 교사는 퇴출' 시키라는 신자유주의 시장 논리가 교육계에 큰 회오리 바람을 일으키는 가운데 열매를 맺었다. 몸담고 있던 직장에서도 존경하고 따르던 선배님이 이 회오리 바람에 휩쓸리는 일이 생겼다. 그분은 노모의 병수발을 들면서도 배고픈 아이들과 어린 후배들에게 따뜻한 정을 베풀어 주셨다. '교사의 성공은 승진뿐'이라는 교직 풍토 속에서, 나이든 교사가 이제 막 합법화된 전교조에 가입하였다는 이유만으로 혹독한 눈총을 받아야만 했던 선배님. 병이 든 선배는 평생 걷고자 했던 '교직의 길'을 눈물 속에서 떠나야 했다. 나는 존경하던 선배를 떠나보내는 슬픔 속에서, '승진의 길'이 아닌, '공부의 길'을 선택하였다.

한국교원대학교 대학원 박사과정에 원서는 냈지만, 시험 대비를 못하여 포기하려던 나를 남편은 차에 태우고는 교원대학교를 향해 차를 몰았다. 새벽 안개 낀 길을 뚫고 가서, 치룬 시험도 겨울 안개처럼 희미했다. 예비 합격. 이듬해 나는 집에서 40분 거리이고, 남편의 직장과 가까운 아주대학교 대학원 국어국문학과에 지원하여 들어갔다. 의재 선생님의 불호령을 듣고 시작한 2년의 과정은 직장의 일반대학원 수강 불허 방침과 전공 교수의 부재 속에서 겨우겨우 마칠 수 있었다. 졸업 논문 속에는 교직 선배의 눈물과 가족의 한없는 인내와 희생, 다른 길로 간 제자를 끝까지 보살펴 주신 의재 선생님의 한숨이 배어 있다.

박사 논문인 「1910년대 고소설의 대중화 실현 양상」은 난산의 과정을 겪으며 썼다. 의재 선생님께서는 논문 심사위원을 기꺼이 허락하시고, 먼 길을 달려와 주셨다. 선생님의 논문 심사본을 넘겨다 본 순간 나는 가슴이 먹먹해져서 고개를 들 수가 없었다. 빽빽하게 가필된 심사 논문에는 심사위원으로서가 아니라 지도교수로서의 열과 혼이 담겨 있었다. 혹독한 논문 심사 과정에서 당황한 제자를 안쓰럽게 바라보시던 선생님의 눈빛. 심사가 끝나고, 집으로 향하시는 선생님의 뒷모습에서 발견한 세월의 흔적. 선생님은 함께 심사에 참여하신 교수님들께 진정한 스승의 모습을 보여 주셨다. '못나도 내 제자'라는 참 스승의 모습을.

내 아이들도 큰 길 한 가운데에서 이같이 큰 어른을 만날 수 있을까? 집과 독서실을 오가며, 재수한 끝에 불러준 대학에서 열심히 공부하고 있는 큰 아이의 길. 자칭 '교육부의 실험 쥐'라는 1989년생 작은 아이의 지금은 막막한 대학 입학의 길. 아이들이 걷고 있는 길이 어떠할지라도, 그 길은 언젠가 큰 길로 통할 것이라고 믿는다. 남의 손을 빌리기보다 내 손을 움직여야 함을 일찍 깨달은 아이들은 손끝에서 머물다 떠나간 꿈들을 언젠가는 찾아 이루어가며 살아 나갈 것이다. 그리고 여러 갈래 길을 가다 스친 모든 사람들, 앞으로 걷게 될 길에서 만날 사람들이 그 만남으로 인해 기쁨과 행복이 충만해질 수 있기를 기원한다.

최명자
서울교육대학교, 한국교원대학교 대학원, 아주대학교 대학원 졸업. 문학박사
현재 서울거여초등학교 교사

우리들의 행복한 시간

한은수

한 스승 아래에서

선한 사람들은 선한 인연因緣으로 만나게 되고, 그렇지 않은 사람들은 또 다른 모습으로 서로 만난다. 많은 사람들이 그러하듯이 나는 살아가면서 사람들과 악연惡緣을 맺고 싶지 않다. 되도록 좋은 모습으로 만나서 좋은 모습으로 헤어지게 되길 바란다. 지금까지 살아오면서 나는 이렇게 되길 기원했고, 이렇게 살고자 노력하였다. 그래서인지 많은 사람들과의 만남을 선연善緣으로 맺고 지내온 듯하다. 그렇지만 사람과의 만남을 내 마음대로 이룰 수 있는 것이 아니기에 좋지 못한 연緣을 맺기도 한다. 때로는 사랑하는 사람을 떠나보내고 술잔을 기울이며 울고, 때로는 지나가는 자동차의 흙탕물을 뒤집어쓰고 분통을 터트리기도 한다. 평생 다시 보지 않을 것처럼 핏대를 올리며 싸운 사람이 있는가 하면, 변변한 말 한 마디 못하고 일방적으로 맞아 주기만 한 사람도 있다. 한 없이 넓은 사랑을 받기만 하는 경우도 있고, 아무 조건 없이 주기만 한 경우도 있다. 이러한 모든 것이 사람살이 모습일 것이다.

이러한 여러 가지 만남의 모습 가운데 의재宜齋 선생님을 뵙게 된 것도 나에게는 특이한 인연이라 할 수 있다. 내가 처음 의재 선생님의 성함을 들은 것은 20여 년 전의 일이다. 학부 4학년 때 모교의 지도 교수 박붕배朴鵬培 선생님의 연구실에서 근로 학생으로 활동하면서 선생님의 일을 시중들었을 무렵이다. 그 당시 박붕배 교수님께서는 『세계의 자국어 교육정책』이라는 책을 집필하고 계셨는데, 나는 그 초고를 원고지에 정서하는 일을 했었다. 요즈음

이야 교수님들도 컴퓨터를 이용해 집필을 하시지만, 그 당시에는 컴퓨터가 일반화되지 않았다. 대개는 교수님께서 원고를 써 주시면 조교 학생이 친필 원고를 보고 정서해서 출판사에 넘기는 게 상례였다. 박붕배 교수님께서는 그 당시 학과의 원로 교수님이셨다. 그래서 여학생들은 교수님을 어렵게 생각하고 가까이 다가서지 못하였다. 나는 2학년 때 학생부대표, 3학년 때 대표 일을 맡으면서 자연스럽게 박붕배 교수님을 자주 뵐 수 있었다. 아마도 그 영향으로 4학년 때에는 연구실에서 학생 조교를 했던 것 같다.

박붕배 교수님께서 쓰신 원고를 보면 쉽게 알아볼 수 있는 필체는 아니었다. 또한 요즈음 사용하지 않는 구어투口語套의 문체를 많이 사용하여 원고를 쓰셨다. 그래서 원고를 읽기가 쉽지 않았으며, 원고를 제대로 읽었다고 하여도 학부 학생이 쉽게 이해할 수 있는 내용은 아니었다. 원고를 정서하다 보면 몇 번이고 교수님께 다시 여쭤 보아야 제대로 글자를 정서할 수 있었다. 그런 원고를 아무 말 없이 진진하게 베껴 쓰는 내가 대견스럽게 보이셨나 보다. 어느 날 원고를 정리하는데, 박붕배 교수님께서 문득 이런 말씀을 하셨다.

"자네 선배 중에 최운식 교수라고 있네. 자넬 보니 그 사람을 많이 닮았네. 그 사람도 자네처럼 키도 작고, 시골에서 올라와서 공부했는데 어찌나 열심히 하던지. 졸업생 중에 늘 기억에 남는 사람이지."

이렇게 흘리듯이 하는 말씀이었지만, 나는 어린 마음에 그 분이 누굴까 무척 궁금해 했었다. '우리 선배님 중에 무척 훌륭한 분이 계신가 보구나.' 하고 생각했었지만, 더 이상의 관심을 두지 못했다. 그리고 학교를 졸업하면서 그 말씀도 자연스럽게 잊어버렸다. 아마도 이때부터 학문에 뜻을 두었더라면 의재 선생님과의 인연도 더 빨리 맺어졌을 듯한데, 불행하게도 첫 인연은 그렇게 선생님 함자만 듣고 말았다.

옷깃을 스치듯이

그렇게 잊혀 졌던 의재 선생님의 성함을 다시 듣게 된 것은 그로부터 대략

10여 년 후인 2001년 늦가을 무렵이다. 나는 그 동안 학부에 학사 편입하여 국문학 공부를 더하고, 대학원에서 석사 과정을 마쳤다. 그리고 박사과정으로 교원대학교 국어교육학과에 진학하고자 입학시험을 보게 되었다. 나는 한문교육 전공으로 시험을 준비하였기 때문에, 의재 선생님을 뵙게 될 것이라고는 생각도 못하였다. 그런데 면접시험을 보러 들어가 보니 박정도朴正道 교수님께서 "한 선생! 이 분이 한 선생 선배님인데, 인사는 드렸습니까?" 하고 말씀하시는 게 아닌가? 그 순간 내 머리에서는 학부 때 들었던 의재 선생님의 성함이 다시 떠올랐다. 하필이면 이런 데서 뵙게 되다니. 나는 쥐구멍이라도 찾고 싶은 심정이었다. 박사 과정을 공부하려고 하는 사람이 미리 와서 인사도 못 올리고, 너무도 구실을 못한 게 아닌가 싶어 낯을 들고 있기가 부끄러웠다.

의재 선생님께서는 입학 하게 되면 어떻게 공부할 것인지, 공부에 전념할 수 있는지 등 몇 가지를 물어보셨지만, 나는 머리 속이 멍하여 몇 마디 제대로 대답을 드리지 못하였다. 그 해에는 그렇게 면접 시험장에서 얼굴만 뵙고 말았다. 내 공부가 부족하여 더 공부하라는 발표가 났기 때문이다. 나는 부끄럽고 창피하였지만, 오랜만에 뵙게 된 선배님에 대한 예의가 아닌 것 같아 전화를 드렸다. 그랬더니 의재 선생님께서는 용기를 잃지 말고 더 열심히 해서 내년에 다시 도전해 보라고 격려해 주셨다. 이렇게 해서 두 번째 만남도 빗겨가고 말았다.

문 아래의 한 구석

2003년 입학시험에 다시 응시하게 되었는데, 그때에도 의재 선생님을 면접시험장에서 뵐 수 있었다. 비록 면접고사 자리였지만 다시 뵙게 되니 매우 반가웠고, 선생님께서도 환한 얼굴로 대해 주셨다. 의재 선생님께서는 처음에는 여러 가지 신변적인 말씀을 물으셨고, 나중에 전공과 관련한 질문을 하셨다.

"한 선생! 한 선생은 초등학교 한자교육에 관심을 두고 공부하고 있다고 들었는데, 초등학교에서 한자 교육을 잘 하려고 하면 어떻게 해야 한다고 생각하는지 말해 보세요."

"네. 초등학교 현장에서 학생들을 지도하다 보면, 학생들이나 학부모들이 한자 공부에 대한 열망이 많아서 학교에서 체계적으로 한자를 가르칠 필요가 있다고 봅니다. 그런데 교육과정 상 초등학교 단계에서는 한자를 정규 교과로 가르치지 못하도록 하기 때문에 한자 교육에 어려움이 많습니다. 그래서 한자 공부를 제대로 하려면 법제화된 교육과정이 필요하고, 그에 따라서 정규 교과로 가르쳐야 한다고 생각합니다."

"그런가? 나는 그렇게 생각하지 않네."

이렇게 몇 말씀을 나누었다. 비록 내 주관을 말씀드렸지만 면접을 맡으신 교수님께서 다른 말씀을 하시니 마음이 편치 않았다.

다행히 그 해에는 합격의 행운을 얻었고, 그렇게 해서 의재 선생님과 다시 인연을 맺을 수 있는 터가 마련되었다. 그 다음해인 2004년에 입학하고 보니, 한문교육 전공 담당 교수이신 김왕규金王奎 선생님께서는 학과 내규 상 단독으로 대학원생을 지도하실 수 없다고 하였다. 그렇게 하여 나는 의재 선생님의 문하門下에 발을 딛게 되었다. 실로 처음 의재 선생님의 성함을 들은 지 16년 만에 가까이에서 뵙게 되었으니 무슨 인연이기에 이렇게 더디 이루어졌을까?

핑계

2004년 대학원에 입학하여 박사 과정 공부를 시작하였지만, 의재 선생님을 자주 찾아뵙지 못하였다. 그 때는 학교에 근무를 하면서 공부를 하러 오던 터이라 겨우 강의시간만 맞추어서 내려오다 보니, 매번 강의 시간 대기에 허덕이기 일쑤였다. 더욱이 소심한 내 성격 때문에 매사에 쭈뼛거려서 의재 선생님을 뵙는 일은 쉬운 일이 아니었다. 그러니 지도 학생으로서의 구실을 제대로 할리 없었다. 한 번은 선생님을 찾아뵙고, 그 동안 자주 찾아뵙지 못한 이유를, 어렵게 생각되어서 못 왔다고 둘러댔다. 그랬더니 의재 선생님께서는 환하게 웃으시면서 이렇게 말씀해 주셨다.

"내가 그렇게 어렵게 보여요? 이것 참 섭섭한데. 나, 그렇게 어려운 사람 아냐. 편하게 생각하고 자주 오세요."

금방 탄로 날 거짓말을 하고 쩔쩔매는 어린 아이처럼, 뻔히 들여다보이는 말씀을 드리고 나서 얼마나 송구스럽던지. 다시는 그런 말씀을 드리지 말아야지 하면서 혼자서 머리를 긁적였다. 앞으로는 좀 더 자주 뵙고 말씀도 들어야겠다고 생각하였다. 하지만 그 때 뿐, 나는 또 분주함을 핑계로 내 일상사에만 몰두했고 그렇게 훌쩍 시간은 흘러갔다.

님은 먼 곳에

2005년 가을 학기를 앞두고 나는 공부를 제대로 하기 위해 휴직을 하기로 마음먹고 김왕규 선생님께 말씀을 드렸다. 그 때 마침 의재 선생님께서 김왕규 선생님 연구실로 들어오셨고, 김왕규 선생님께서는 내 사정 이야기를 모두 의재 선생님께 말씀하여 주셨다. 나는 내가 직접 의재 선생님께 말씀드리지 못하고 선생님께서 아시게 되어 매우 죄송스러웠다. 그런데 의재 선생님께서는 서운한 기색도 없이 여러 가지로 격려와 걱정의 말씀을 해주셨다. 공부에 전념하기 위해 휴직을 하는 것이 한 편으로 반가운 일이었지만, 한편으론 생계가 막연한 못난 제자의 앞길이 퍽이나 걱정이 되신 모양이었다. 때마침 의재 선생님께서는 학부 강사 한 사람이 필요한데 잘 되었다고 하시면서 나에게 할 수 있겠냐고 물으셨다. 여름 방학 중에 한문학漢文學과 관련한 강의는 해 보았지만, 국문학國文學 강의는 처음이라 쭈뼛거렸다. 의재 선생님께서는 강의를 맡는 일이 경험을 쌓을 수 있어서 좋기는 하지만, 그로 인해 전공 공부할 시간을 빼앗길 수도 있어서 잘 생각해 봐야 한다고 말씀하셨다. 나는 몇 번 머뭇거리다가 한 번 해보겠노라고 말씀을 드렸고, 선생님께서는 시간을 쪼개서 열심히 하라고 하셨다. 그러면서 공부란 것이 혼자 하는 것만 공부가 아니며, 자신이 배운 내용을 이해하여 누군가를 가르칠 때 또 다른 공부를 하는 것이라며 여러 가지 격려의 말씀도 해 주셨다.

나는 선생님의 말씀에 고무되어 처음으로 '고전작가론' 강의를 맡게 되었다. 선생님께서는 이준현 선생님이 전공 학생 강의를 맡고 있으니, 이 선생에게 물어보고 도움을 받으라고 말씀하셨다. 그리고 첫 강의를 하는 사람들이 너무 잘 하려고 하다가 오히려 그르친다며 강의에 너무 욕심내지 말고 학생들이 쉽고 재미있게 공부할 수 있도록 힘써야 한다고 당부 하셨다. 그런 뒤에 의재 선생님께서는 북경北京으로 떠나셨다. 나는 선생님의 말씀을 마음에 새겨 강의를 준비했다.

그러나 처음으로 하는 강의라 그런지 욕심이 생겨 자꾸 나도 모르게 어렵고 재미없게 강의를 진행하게 되었다. 학생들에게 많은 내용을 전달하려고 하다 보니 내가 공부한 모든 내용들을 전달하기에 급급하여 선생님께서 해주신 말씀을 까마득히 잊었다. 달포가 지나서야 '이렇게 하는 게 아닌데' 하는 생각이 들어 차츰 바꿔 보니, 학생들의 반응도 훨씬 나아졌다. 진작 선생님 말씀대로 하는 건데, 꼭 이렇게 시간을 들이고 나서야 배우는구나 하는 생각이 들었다.

구름은 용을 좇고 바람은 호랑이를 좇고[雲從龍風從虎]

이러구러 1년의 시간을 보냈다. 2006년 9월에 의재 선생님을 뵙고 논문계획 발표를 할까 하는데 어떻겠는지 여쭤보니 선생님께서는 흔쾌히 계획발표를 하라고 하셨다. 나는 선생님의 지도를 받아 계획 발표를 마쳤다. 계획발표를 할 때에는 그 날 지적 받은 내용들을 탄탄히 준비하여 보강하여야겠다고 생각했는데, 그렇게 하지도 못한 채 또 한 학기가 흘렀다. 2007년 3월이 시작하자 의재 선생님께서는 본 발표를 준비하라고 말씀하셨다. 나는 그동안 공부를 한 것도 얕고, 논문도 많이 진행하지 못하여 어렵다고 말씀드렸다. 그러나 의재 선생님께서는 내가 드리는 말씀에 아랑곳도 하지 않으셨다.

"이번에는 무조건 발표를 해야 되네. 그리고 나서 본 심사는 생각해 보세."

나는 별도리가 없었다. 그 동안 공부한 내용을 부지런히 엮어 본 발표를 했다. 아니나 다를까 예상대로 여러 교수님과 동학들이 나의 부족한 면면을 지적해 주었다. 나는 본 발표를 했다는 데 만족을 하고자 했다. 그래서 논문은 더 준비를 해서 다음 학기에 심사를 받고 싶다고 의재 선생님께 말씀드렸다. 그런데 의재 선생님께서는 고개를 저으셨다.

"무슨 소릴? 본 발표까지 했는데, 당연히 심사 준비를 해야지. 자네가 한 학기 늦게 한다고 해서 논문의 질이 확 달라지겠나? 이번 학기 지나면 복직할 텐데, 복직해서 근무하면서 언제 논문을 쓴다고 그러나? 걱정하지 말고 진행하게. 다른 일들은 내가 다 도와 줄 테니."

"선생님께서 하시는 말씀은 잘 알았습니다. 하지만 제 생각엔 도저히 이번 학기에는 심사 받기가 어려울 듯합니다. 논문의 이론도 제대로 갖추어지지 못해서 다시 보강해야 하고요, 또 학교 현장에 나가서 학생들과 수업을 해서 반영해야 하는데, 기일이 너무 촉박합니다."

나는 나대로, 의재 선생님은 선생님대로 옥신각신 하며 주장을 굽히지 않았다. 두 시간 가량 말씀을 나누시다가 선생님께서는 마침내 얼굴을 붉히셨다.

"나는 지도 교수 입장에서 할 말 다 했으니, 이제 자네가 결정하게. 지도 교수가 하라고 하면 지도 교수의 말을 들어야지."

처음이었다. 그렇게 언짢은 표정을 지으시고 말씀을 하시는 것을 그 동안 본 적이 없다. 나는 그 자리에서 좀 더 생각해보겠다고만 말씀드렸다. 그리고 돌아와 곰곰이 생각해 보았다.

'선생님께서는 왜 저리도 사정을 몰라주시나? 밀어붙인다고 해서 해결될 것도 아닌데.'

'저렇게 말씀하실 때에는 뭔가 뜻이 있으실 거야. 내가 아직 젊어서 잘 모르는 게 있겠지.'

이런 저런 생각으로 한 동안 밤잠을 이루지 못하고 고민했다. 그러나 시간이 많지 않았다. 마냥 고민만 한다고 해결될 일도 아니고. 결국 나는 선생님의 말씀대로 논문 심사를 받기 위한 일을 진행하였다. 본 발표 이후 두 달도 채 안 되는 시간에 심사를 받기 위한 모든 일을 헤쳐 나갔다. 다행히 그 후 본 심사에서 심사위원 선생님들의 지도를 받고 무사히 일정을 마치게 되었다.

'그 때 그렇게 의재 선생님께서 독려해주시지 않았더라면 지금쯤 어떠했을까? 논문을 쓰기는 했을까? 아마도 또 다시 찾아뵙고 다음 학기에 더 준비해서 한다고 말씀드리지 않았을까?'

학위 과정을 무사히 마치고 학교에 복직해 보니 이런 생각들이 떠오른다.

'그 때 의재 선생님 말씀대로 하길 참 잘했구나. 다 때가 있는 것인데, 내가 너무 고집을 부렸구나.'

우리들의 등대지기

이렇게 모든 일을 뒤로 하고 돌보아주신 선생님이 안 계셨더라면 나는 지금도 어디에서인가 헤매고 있을 것이다. 의재 선생님이 계셔서 내 삶의 좌표를 정해 주시고, 방향을 일러 주셨는데, 벌써 정년을 맞이하신다니 안타깝기 그지없다.

그 동안 나를 비롯한 많은 제자들이 선생님을 만난 인연으로 힘은 들지만 제대로 학문의 길을 걸을 수 있었는데, 이제 선생님께서 떠나시면 남은 사람들은 어떻게 가야할지 염려된다. 또한 선생님이 계신 동안 선생님 문하에서 공부를 할 수 있었던 것이 얼마나 큰 자랑이고 기쁨이었는지 모르겠다. 좀 더 일찍 의재 선생님을 만나 뵈었더라면 좋은 말씀도 많이 듣고, 정情도 더 많이 쌓았을 텐데 매우 안타깝다. 아무쪼록 의재 선생님께서 내내 강녕하시길 기원한다.

한은수

서울교육대학교 · 한성대학교, 단국대학교 대학원 석사과정,
한국교원대학교 대학원 박사과정 졸업. 교육학박사
현재 서울신우초등학교 교사, 한국교원대학교 강사

교수님의 제자임이 제겐 큰 자랑입니다

홍정희

교수님을 뵌 지 벌써 2년이 되었습니다. '월곡회 201번'이라는 명함이 어색하지 않고, 기타와 함께 어우러지는 포크송에 적응하고 나니, 교수님과 함께 졸업을 하게 되었습니다.

2006년 대학원에 진학하여 선생님을 처음 찾아뵈었을 때는 인사도 제대로 못 할 만큼 긴장했던 기억이 납니다. '엄격하고 꼼꼼하셔서 논문 쓸 때 고생 많이 한다.'는 소문에 기가 죽었던 데다가, 30년 교수 생활에서 자연스레 흐르는 노교수의 카리스마는 도저히 바라볼 수 없는 높은 산이었기 때문입니다. 지금에야 말하지만, 그 땐 왜 그렇게 선생님이 어렵고 무서운지, 2년차 친구들이 선생님을 뵈러 가면서 저에게 같이 가자고 할 때마다 쌩하니 도망쳐 숨어버렸습니다. 그렇게 선생님을 무서워하면서, 먼저 찾아뵙지도 않는 무례를 범하며 입학 후 두 달을 보냈습니다.

선생님을 무서워하지 않고 먼저 찾아뵐 수 있는 용기를 얻게 한 것이 학술답사입니다. 고전 · 한문학 분과가 모여 전라도 일대를 돌며 고전 문학의 뿌리를 찾는 귀한 시간을 가졌습니다. 그 때 우리는 꽤 많은 곳을 답사하였는데, 답사 지역에 도착하여 이동할 때마다 그 곳에 관한 많은 이야기를 전해주셨습니다. 당신의 해박한 지식을 옛날이야기 하듯 술술 풀어주시는 모습에, 외할아버지의 무릎에 앉아 재롱 피우던 오래 전 기억이 살아났지요. 제 나이를 생각하면 저는 늦둥이뻘이지 손녀뻘은 아니기에 교수님께서 이 말을 들으시면 서운해하실지도 모르지만, 저는 그 때의 외할아버지 생각 덕분에

충북 제천 도담 삼봉에서(왼쪽부터 필자, 의재선생님, 김주은 선생)

교수님께 재롱 피우는 귀한 기회를 얻게 되었으니 어쩌면 좋지요?

처음 교수님 문하에서 공부를 하겠다고 결심한 이후 가장 먼저 생각한 것은 '교수님의 삶을 배우자.'였습니다. 교수님의 가르침을 올바르게 배우려면, 교수님의 삶을 배우는 것보다 더 효과적인 것은 없다고 생각했기 때문이었습니다. 하지만 그 결심은 한 달도 가지 못해 포기하고 말았습니다. 교수님의 철저한 자기 관리와 학문을 향한 열정 앞에 무릎을 꿇지 않을 수가 없었습니다.

저는 정말 교수님처럼 자기 관리가 철저하신 분을 본 적이 없습니다. 어찌나 스스로에게 엄격하신지 건망증이 심하고 덜렁대는 제가 교수님의 자기 관리를 배우려면, 석사 학위를 받고도 한참을 배워야 할 것이라 생각합니다. 학문에 대한 열정 역시 마찬가지입니다. 놀러 다닐 궁리만 하며 공부는 뒷전일 때가 많은 제가, 연구만 하고 싶어 대학의 많은 감투를 고사하셨다는 교수님을 어떻게 따라갈 수 있을까요? 두 번의 답사에서 안내원의 말을 학부생들보다 더 경청하시고, 특이한 점을 기록하시고, 많은 자료를 사진에 담으시는 교수님을 어떻게 따라갈 수 있을까요? 그저 그 열정과 소신 앞에 더욱 교수님을 존경하게 될 뿐이었습니다.

하나님께서 교원대를 통해 허락하신 많은 복 중 가장 큰 은혜는 '거장의 마지막 제자'라는 직분입니다. 하나님께서는 맏이로 태어나 책임감으로 성장한 제게, 막내의 자리를 허락해 주셨습니다. 이 자리는 맏이의 책임감을 벗어버려도 되는 자리이고, 귀엽고 애교 많다는 말을 많이 듣는 자리이며, 드리는 것보다 받는 게 훨씬 많은 자리입니다. 교수님께서는 제가 막내의 자리를 풍성히 누릴 수 있도록 해 주셨습니다. 부족한 저를 정말 손녀처럼, 딸처럼 아껴 주셨거든요. 많은 것을 가르쳐 주시고, 부족한 지식을 채워주시고, 사소한 말 하나에도 크게 반응해 주시고, 칭찬해 주시고, '더 예뻐졌다'고 말씀해 주시고, 손수 운전하시는 차도 태워주시고, 밥도 많이 사 주시고, 책도 선물해 주시고, 따끔하고 엄하게 논문을 지도해 주시고. 대학원 동기 언니들이 '최운식 선생님이 정희 너를 아끼시는 게 눈에 보인다'라고 말 할 정도였습니다.

교수님, 감사합니다. 어떤 것으로 교수님께 감사를 표현해야 할지 모르겠습니다. 교수님의 제자라는 것이 제겐 큰 자랑입니다. 항상 교수님의 사랑과 은혜를 기억하겠습니다.

감사합니다. 감사합니다. 감사합니다!

홍정희

충남대학교 국어국문학과, 한국교원대학교 대학원 석사과정 졸업. 교육학석사

청람 뜰의 추억

의재 선생은 한국교원대학교에서 1986년 3월부터 2008년 2월까지 22년 간 봉직하였다. 그 곳에는 의재 선생의 아름다운 추억과 보람이 서려 있다. 한국교원대학교에서는 학생을 잘 기르면 스승보다 더 훌륭한 사람이 될 수 있다는 뜻에서 '청출어람青出於藍'이란 말을 즐겨 쓴다. 여기에선 제목을 '청람 뜰의 추억'으로 하여 의재 선생이 동고동락同苦同樂한 동료 교수와 제자들의 글을 모아 싣는다.

최운식 선생님이 주신 가르침

강 석

만남은 언제나 한 사람의 인생에 흔적을 남긴다. 다른 사람을 만난다는 것은 내가 또 다른 세상을 경험하게 되는 계기이다. 선생님과의 만남은 어렸었던 나에게 참스승의 모습을 알게 해 준 사건으로 기억될 것이다.

내가 최운식 선생님을 처음 뵈었던 때는 1994년이다. 갓 스물이 되어 한국교원대에 입학해서 젊은 혈기 외에는 아무것도 가진 것이 없을 때였다. 사실 그때는 다른 교수님들과 마찬가지로 친근하다는 느낌보다는 어렵고 무서운 분들이라는 느낌을 받았다. 하지만 1학년 2학기에 선생님 수업(국문학개론인 것으로 기억한다.)을 들으면서 재미있는 수업과 인자하신 모습을 보면서 마음속으로는 조금씩 존경심과 친근감을 가졌던 것 같다. 그리고 2학년이 되어서 계속 선생님의 수업을 들으면서 선생님의 수업과 인품에 많은 배움을 얻었다.

내가 생각하는 이상적인 스승의 상은 해박한 교과 지식을 가지면서, 제자를 대할 때 엄격하면서도 그 안에 따뜻한 정을 보이는 스승이다. 교원대 국어과에 계신 모든 교수님들이 훌륭하시지만, 최운식 선생님은 내가 생각하는 이상적인 모습과 가장 닮으셨다. 해박한 지식을 바탕으로 수업 시간에 들려주시는 흥미 있는 우리 전통의 이야기도 좋았고, 잘못을 바로 지적해 주시는 엄한 모습도 계셨지만, 그때에도 교수님의 눈에는 애정이 스며 있었다고 느낀 것은 나뿐이었을까?

2학년이 끝나고 군대를 가게 되고, 복학을 하게 되었다. 복학 후에는 교수님의 수업이 없었던 것으로 기억한다. 아마 그 당시 3학년 이상의 수업은 개설하시지 않았던 것 같다. 그래서 선생님과의 만남은 별로 없었고, 사은회에서도 당시 여러 가지 일 때문에 오래 뵙지 못했다.

그리고 몇 년 후, 대학원 입학을 하게 되고 또 몇 년 후 조교 생활을 하게 되었다. 이 일 역시 많은 사람과 만나는 일이다. 그리하여 조교를 하는 동안 이제까지 미처 모르고 있던 교수님들의 따뜻함을 알게 되었다. 특히 최운식 선생님께서 조교들에게 보여주신 따뜻한 마음은 여기에 일일이 적기도 어려울 정도이다. 처음 조교가 되었을 때에도 따뜻한 말씀을 해 주셨으며 사소한 일까지도 일일이 챙겨주시는 등, 내가 학부생 시절 생각했던 교수님의 인자함을 실제로 체험하게 된 계기가 되었다. 선생님께 서류를 부탁드리면 워낙 꼼꼼히 하셔서 조교들이 손 볼 것도 없었으며, 아무리 사소한 것이라도 놓치시는 경우가 없으셨다. 처음 조교를 시작할 때 그런 선생님의 모습은 조금은 덤벙거리던 나에게 큰 가르침이 되었다. 그리고 내가 실수를 하여도 꾸중을 하시기보다 오히려 격려해 주시고, 이해해 주시는 경우가 대부분이셨다. 내가 2년 동안 조교 생활을 하면서 선생님께 한 번도 꾸중을 들을 적이 없다는 것은 내가 일을 잘해서가 아니라(사실 지금 돌이봐도 일 잘하는 조교는 아니었던 것 같다.) 교수님의 따뜻하신 마음 때문이었으리라. 이런 교수님의 모습은 백 마디 말보다 더 큰 가르침을 나에게 주셨다. 조교를 했던 2년은 선생님의 따뜻함을 알게 해 준 참으로 소중한 시간으로 기억될 것이다.

또한 전공은 다르지만 선생님께서 보여주신 학문의 자세는 언제나 나에게 경외심을 가지게 하셨다. 비록 약간 다른 분야를 공부하고 있지만, 학문의 경계를 넘어 존경을 가질 수 있다는 것은 바로 이런 부분 때문일 것이다. 그리고 언제나 연구하시는 선생님의 모습은 '임중이도원任重而道遠'이라는 선현의 가르침을 다시 나에게 새겨 주셨다.

사람 인人 자는 누구에게 기대고 다른 이와 함께할 때만 인간다운 인간이 된다는 것을 보여준다. 인간은 언제나 다른 사람을 통해서 자신을 성장시켜 나간다. 그 중 인생 전체에 커다란 영향을 주는 사람도 있을 것이다. 나는 살면서 여러 사람을 만났다. 나에게 좋은 기억을 남긴 사람도 있었으며, 나에게 상처를 준 사람도 있었다. 나에게 사랑을 가르쳐 준 사람도 있었으며, 증오를 가르쳐 준 사람도 있었다. 그렇다면, 선생님과의 만남은 나에게 무엇을 남겼을까? 새삼스레 이런 질문을 다시 하는 까닭은 분명하다. 아직 나는 선생님께서 나에게 주신 가르침을 다 인식하지도 못하고 있기 때문이다. 앞으로 살면서 나는 분명히 이럴 것이다. "아! 선생님께서 그 때 보여주신 행동이 이런 의미였구나, 나에게 이런 깨달음을 주시기 위해 이렇게 행동하셨던 것이구나!" 하고 말이다.

강 석

한국교원대학교 학부 및 대학원 석사·박사과정 수료
현재 한국교원대학교 강사

영원한 등대

김경훈

좋은 인간적 만남은 서로의 이해를 깊게 하고 신의를 두텁게 하거니와 좋은 학문적 만남은 한 사람의 정신적 성장에 아늑한 정상을 향한 찬란한 연륜으로 영원히 각인된다. 학문을 하면서 가장 힘든 부분은 외로움을 감수해 나가는 지루하고 고독한 과정일지도 모른다. 학문이 결국 개인의 정신사의 부분에서 비롯되고 전체적인 교호를 거쳐 다시 개인의 몫으로 내면화될 수밖에 없다는 점에서 외로움이나 고독은 학자의 특성이라고 할 수밖에 없을 것이다.

사실 살아가는데 그토록 많은 고독을 디뎌나갈 수밖에 없음은 학문뿐만 아니라 모든 인생의 운명적인 과정이라고 할 수도 있다. 외로움 때문에 원망하고 저주까지 하지만, 또 그 외로움을 거쳐서 인간은 왜소한 데로부터 드팀없는 커다란 산 같은 존재로 성장하는 것이다.

문학이 좋아서, 한국문학이 좋아서 어려운 유학의 길에 올랐던 지나간 일들이 떠오를 때마다 나는 인간적 성장의 좋은 경험에 항상 고마운 느낌에 젖곤 한다. 마침 금년은 그 어려운 유학의 길을 떠난 지 만 10년이 되는 해이고, 더구나 모든 사랑과 지원을 아끼지 않으셨던 의재 최운식 교수님의 정년을 앞둔 시점이라 한결 감개무량하기만 하다.

지난 세기 97년, 중국에서의 민족문학 전통의 고수와 새로운 발전이라는 힘겹고도 당찬 꿈을 안고 한국교원대학교 대학원에 박사 과정으로 입학했지만, 상상도 못한 물가고와 여러 가지 장애로 말미암아 극도의 난관에 봉착한 적이 있었다. 지금도 그러하지만, 그때는 경제적인 발전의 격차가 엄청나 한때 유학의 길을 접으려고도 했었다. 아무리 좋은 꿈을 가졌다 해도 경제적인 뒷받침이 없이는 하루도 살아가기 힘들었기 때문이다. 그렇지만 그 힘든 상황에서도 유학의 꿈을 접지 않도록 격려하시고 성의껏 지원을 아끼지 않는 분이 계셨으니 그분이 바로 국어교육과의 의재 최운식 교수님이셨다. 교수님은 유학생 제도가 미처 마련되지 못한 교원대의 상황을 파악하시고 지도 교수님과 함께 해당되는 장학제도의 설립을 위해 적극 힘써주셨고, 눈에 띌 때마다 연구실에 부르셔서 차 한 잔이라도 권하시는 따뜻한 마음을 열어주셨다. 그때만도 조선족에 대한 인식이 희박한 때이고, 대학교도 편벽한 시골에 위치해 있은 까닭에 유학생에 대한 그곳 사람들의 시선은 대체로 호기심과 무관심이 뒤섞인 것이었다. 따라서 오랜 친지나 지기처럼 자연스럽게 대해주시고, 또 일반의 경우와 달리 격식이나 틀 같은 것이 전혀 없이 학생과 이야기 나누시는 그 모습에서 고향의 자상한 이웃 어른 같기도 하고, 언제나 변함이 없는 부모님을 대하는 듯한 푸근함과 사랑도 느끼곤 하였다.

교원대에서의 유학은 경제적인 측면과 함께 학문적인 어려움도 동반한 고난의 과정이었다. 중국에서 조선족이 가장 집중된 지역이고 해외 민족문학연구에서도 일정한 위치에 있는 연변대학교에 재직하고 있었지만, 고국에서의 풍부한 관련 자료와 유명하신 교수, 학자 분들의 업적은 수업 과정이나 제출물 준비는 물론 학교 도서관에서 국회도서관에 이르기까지 엄청난 부담으로 머리를 짓누르고도 남음이 있었다. 여기에 교원대의 특성상 교육학 학점 이수에 관한 엄격한 규정으로 말미암아 연변대에서 미처 이수 못한 교육학 학점의 부담도 가세해서 학문적인 어려움 하나만으로 유학의 길에서 충분히 주저앉고도 남을 법하였다. 그렇지만 역시 최운식 교수님과 같은 분들이 지속적으로 관심을 가지고 독려하여 주신 결과, 2개월이 지나서 처음으로 접하는 컴퓨터 타자, 문서 작성이 익숙해지고, 1년 정도 지나 4분의 1 정도 알아듣지 못하던 여러 가지 낱말들을 원활하게 사용하게 되고, 도서관을 중심으로 학문의 넓은

서울 북악산길 팔각정에서 의재 선생님 부부와 함께 선 필자 부부

바다 속에서 학위 취득을 향한 파도타기에 성공하였다.

의재 선생님은 처음 만나 뵌 지 10년이 넘도록 마냥 변함없는 사랑을 멀리 떨어져 있는 이 제자한테 전해주시고 있다. 명절이나 스승의 날에 인사를 올리면 꼭 답장을 주시고, 교원대에 갈 때마다 언제나처럼 편안한 분위기 속에서 맞이주신다. 지난해 대전에서 교환교수로 있을 때 아내가 온 기회를 빌려 교수님은 서울 관광을 마련해 주시고자 일부러 서울에서 열린 학술회의에 초청하셨고, 함께 서울타워를 구경하게 하셨을 뿐만 아니라 따로 사모님을 시켜서 남대문 등 명소에 디니면서 물건 구입까지 주선해 주시는 배려를 아끼지 않으셨다. 그때 남긴 사진들을 들여다 볼 때마다 나는 이런 훌륭한 분이 다시 계실까 자문自問해보기도 한다.

교원대에서 힘든 학기가 끝나 지친 분위기 속에서도 항상 샘처럼 힘 솟고 용기가 솟고 희망이 솟는 이유는 바로 가족 같은, 가족보다 더 진하고 푸근한 사랑과 정을 갖고 계신 분이 계시기 때문이었다. 중국의 연길이 인간으로서의 나를 낳은 첫 번째 고향이라면 충북과 교원대는 학자로서의 나를 키운 제2의 고향이다. 나는 나를 낳아주고 키워준 부모님에 감사하고, 나에게 날개를 달아준 지도교수님과 의재 최운식 교수님에 더욱 감사하고 있다.

최운식 교수님은 인간적인 측면에서 뿐만 아니라 학자로서의 품격에서도 더없이 훌륭한 분이시다. 뜨거운 인간애와 높은 학문적 위상에서 늘 뜨거운 용암을 분출하는 활화산 같은 거대한 힘과 청고한 가을 하늘처럼 맑고 깨끗한 지심(至心)을 내재하신 분이시다. 교수님은 어제도 그러하셨지만 앞으로도 나의 앞길을 길이길이 밝게 비추실 등대와 같은 분이시다. 교수님의 정년을 맞이하여 좀 더 오래 교단에서 후진들을 양성할 순 없을까 하는 아쉬움을 감추지 못하면서 교수님의 만수무강을 진심으로 빌며, 모교 교원대학교의 무궁무진한 발전을 기원해마지 않는다.

김경훈

연변대학교 조선언어학과 학부 및 대학원 석사과정, 한국교원대학교 대학원 박사과정 졸업. 교육학박사
연변사회과학원 문예연구소 연구원, 연변대학 출판사 조선문 편집실 주임
현재 연변대학교 조선-한국학학원(대학) 교수, 연변작가협회 이사
저서 : 『문학교육론』, 『조선문학(공저)』, 『중국조선족 시문학 연구』 등

국경을 초월한 사제 인연

김영옥

얼마 전에 한국 백석대학교 김기창 교수님께서 보내주신 최운식 교수님 정년기념문집 원고 청탁 메일을 받았다. "아니? 은사님께서 벌써 정년을 맞이하시다니……" 메일 내용을 읽고도 은사님께서 정년을 맞이하셨다는 사실이 잘 믿어지지 않았다. 나의 기억 속에는 언제나 50대 초반처럼 보이는 은사님의 모습만 생생하게 남아있기 때문이었다. 작년에 북경에서 뵙던 모습도 여전히 젊고 건강하신 모습이어서 더욱 그런 생각이 들었던 것 같다.

은사님을 알게 된지도 어언간 10년이 되어간다. 한국교원대학교에서 유학생활을 시작하던 첫 학기에 공부했던 과목 중의 하나가 '한국 전래동화'였다. 수업도 재미있었지만 그 학기에 같이 수강하던 석·박사 선생님들과 함께 진천 일대에 답사를 갔던 일이 더욱 기억에 남는다. 그날 은사님을 모시고 모두들 활짝 웃으며 찍었던 그 사진은 아름다운 추억의 한 페이지로 남아있다.

기나긴 유학의 나날에, 은사님께서는 나에게 지식을 가르쳐주셨을 뿐만 아니라 내가 힘든 유학생활을 잘 견뎌낼 수 있도록 늘 격려를 아끼지 않으셨고, 가끔 학교 주위에서 맛있는 밥도 사주시곤 하셨다. 은사님께서 나의 박사학위논문 심사위원장을 맡으시면서 나는 은사님을 더 자주, 더 가까이에서 뵐 수 있었다. 몇 차례의 논문심사가 이어지는 동안, 은사님께서는 여러 가지로 많은 지도와 가르침을 주셨다. 큰 문제점에서부터 시작하여, 작은 문장부호까지 꼼꼼하게 고쳐 주시던 은사님의 진지하고 엄격하신 학문적인 태도는 나에게 적지 않은 영향을 끼쳤다. 따라서 몇 년간의 유학생활에서 나에게 남긴 은

북경의 이화원에서 의재 선생님과 함께 선 필자

사님의 인상은 인간적이고 자상하신 성품과, 강직하고 곧은 선비의 기질이 동시에 존재하는, 정말 존경할 만한 스승의 한 본보기로서의 모습이었다.

은사님을 떠올리면 또 한 가지 잊을 수 에피소드가 있다. 2002년 추운 겨울의 어느 날, 나의 박사학위논문 마지막 심사가 서울 YMCA 회관에서 열렸고, 논문이 순조롭게 통과된 후 심사위원 교수님들과 헤어질 때는 이미 서울거리가 가로등과 네온등 불빛으로 환하게 밝은 밤이었다. 나에게 하실 말씀이 있다고 하시면서 한 걸음 떨어지셨던 은사님께서 축하의 말씀과 동시에 호주머니에서 하얀 봉투 하나를 꺼내서 나에게 건네주시는 것이었다. 곧 유학생활을 마치고 귀국하게 될 나에게 하고 싶은 말씀들을 편지에 쓰셨다면서 돌아가서 읽어보라고 하셨다. 지하철 입구에서 은사님께 작별인사를 드렸고, 지하철 계단을 내려가면서 참을 수 없는 호기심에 곧 편지를 뜯어보았다. 그 속에는 수표 몇 장과 편지 한 장이 들어있었다. 편지에는 졸업축하 인사 말씀과 함께, 해마다 박사학위 취득 후 교수가 된 제자들에게 작은 졸업선물을 하는 습관이 있는데, 봉투 안의 돈으로 귀국할 때 필요한 기념품을 사가지고 가라는 등등의 내용들이 들어 있었다. 서예가의 필체인 듯 활달 하면서도 단정한 글씨체의 은사님의 짧은 편지를, 지하철 계단을 내려가면서도, 지하철을 기다리는 동안에도 몇 번이나 읽고 또 읽었다. 눈물이 앞을 가렸다. 얼마 후 5년간의 유학생활을 정리하고 '금의환향'하는 길에 인천공항 면세점에서 그전부터 욕심냈던 정교한 한국 전통액자 한 틀을 사들고 귀국했다. 그 때 그 액자는 지금도 우리 집 거실 진열장에 소중하게 진열되어 있다. 그 액자를 볼 때마다 늘 은사님을 떠올리곤 한다. 지난 해, 은사님께서 북경에서 객원교수로 계시는 동안, 우리 집에 잠깐 오셨을 때 은사님께 그 액자를 보여드리면서 함께 그날의 감회를 되새긴 적이 있다. 그날의 그 편지 역시 지금까지 내 서재 책상서랍 속에 소중하게 보관되어 있다.

한국에서 5년간 맺었던 사제 간의 정은 중국까지 그 무대를 옮기면서 오늘까지도 소중한 인연으로 이어지고 있다. 내가 북경에서 교수가 되었다고 그토록 기뻐하시던 은사님, 어쩌다 안부 메일이라도 드리면 꼬박꼬박 답장을 보내 주시고 격려해 주시던 은사님께 늘 감사했다. 언젠가 북경에서 열린 국제학술회의에 오신 은사님 부부를 만났을 때, 은사님께서 곧 안식년을 맞이하게 되신다는 사실을 알게 되었다. 그 때 은사님께서 안식년을 중국에 있는 대학에서 보내고 싶으시다는 말씀을 하셔서 나의 모교인 중앙민족대학교에 소개해드렸고, 그래서 그 후 은사님께서는 객원교수로 북경에서 한 학기 동안 계시게 되었다. 그리하여 은사님 부부와 나의 인연은 북경에서 계속 이어지게 되었다. 중국에서의 객원교수 생활이 한국에서보다 불편하고 힘들 때도 많으셨겠지만, 내 앞에서는 전혀 그런 내색을 하지 않으셨다. 두 대학 사이의 거리가 너무 먼데다가, 학교 강의와 바쁜 일상 때문에 자주 찾아뵙지 못했던 나는 늘 죄송하고 미안하였다. 그래도 몇 번인가 은사님과 사모님을 모시고 식사도 함께 하고 북경시내 관광도 하고, 우리 집에 잠깐 오셨던 적도 있어서 오늘까지도 좋은 추억으로 남아 있다. 또한 우리 대학 한국어 학과에 오셔서 '한국 전통문화 – 일생의 통과의례'라는 주제로 학생들에게 특강을 해주시던 일도 어제 일인 듯 새롭다.

한국에서 시작된 은사님과의 인연이 오늘까지 이어져오는 동안, 학문에 대한 드높은 열정과 부지런함이 몸에 배인 학자적인 풍모, 그리고 한 점 흐트러짐 없는 반듯한 선비의 모습을 갖추신 은사님께서는 교원대 유학 시절 그때와 변함없는 모습으로 오늘도, 내일도 언제까지나 내 머릿속에 영원한 스승으로 기억될 것이다.

명예로운 정년을 맞으신 은사님께 멀리 북경에서 삼가 건승과 행복을 기원합니다!

김영옥

중국 북경 중앙민족대학교, 한국교원대학교 대학원 석사 및 박사과정 졸업. 교육학박사

현재 중국 북경제2외국어대학교 한국어학과 교수

김 선생, 자식 낳아 길러 봐

김왕규

해마다 겨울이 되면, 한국교원대학교의 교수와 학생은 바쁘다. 석사, 박사 학위 청구 논문 심사 일정에 따라 지도교수, 대학원생, 그리고 심사위원들이 심사본을 들고 이리 뛰고 저리 달린다. 심사장의 풍경은 늘 따뜻하지만은 않다. 때론 팽팽한 긴장緊張이 감돌기도 하고, 서릿발처럼 날카롭고 차가운 독설毒舌이 오가기도 한다. 물론 그 긴장은 심사위원과 논문을 제출한 대학원생 사이에 놓여 있지만, 날카로운 기운은 어느 덧 지도교수와 심사위원 사이로 전이轉移된다. 심각한 상황이 얼마간 흐른다. 이즈음, 지도 학생은 거의 사색死色이다. 바야흐로, 지도교수가 나서야 한다. 그러나 쉽게 나설 수가 없다. 단지, 자기가 기른(?) 자식이라는 것 때문에…….

한국교육과정평가원에서 일하다 한국교원대학교로 일터를 옮긴 지 이제 5년이 지났다. 새 둥지의 나뭇가지가 채 마르기도 전에, 선생님과 함께 석사, 박사 학위 논문을 심사하게 되었다. 주로 선생님의 지도 학생들의 논문이었다. 난, 그 당시 이렇게 생각했었다. '교원대학교의 학풍學風을 바꿔야 해. 어떻게 박사 학위를 3년만에 받을 수 있는 거지? 왜 석사 학위를 꼭 2년만에 줘야 하는 거지? 학위 과정 하면서, 학점 따고 강의도 하면서 어떻게 논문을 쓸 수 있지? 이런 정도의 논문을 왜 내가 심사해야 하나?…….' 난, 인정사정 볼 것 없었다. 내가 하고 싶은 말을 아무런 거리낌 없이 쏟아 냈다. 말은 때론 비수匕首가 되어 날았다. 내 입에서 나온 말들은 지도 학생을 낳고 기른 선생님에게로 가서 꽂혔다. 나중에 안 일이지만.

선생님은 엄하시다. 특히 나에게 엄하셨다. 그렇게 엄하셨던 선생님도 모래성처럼 무너지거나 약해지실 때가 있다. 바로 논문 심사장의 심사위원들 앞에서다. 아니, 심사 위원들의 손에 쥐어진 논문 초고 본을 쓴 선생님의 지도 학생들 때문이다. 그들을 기른 부모 노릇 때문이다. 못 난 자식, 부족한 자식일수록 선생님의 엄격함은 더욱 쉽사리 무너진다. 만신창이滿身瘡痍가 된 선생님이 가끔 나에게 이런 말을 하신다. 빙그레 웃으시면서.

"김 선생, 자식 낳아 길러 봐-!"

금년에 난, 몇 명의 대학원생을 지도 했다. 선생님을 위원장으로 모시고 내 지도 학생들의 논문을 심사했다. 3년 만에 학위를 쓴 사람도 있었고, 좀 더 공부했으면 하는 학생도 있었다. 본인을 위해 더 공부시켰으면 하는 학생도 있었다. 선생님은 논문을 꼼꼼히 읽고, 친절하게 고칠 부분을 말씀해 주셨다. 내가 했던 말들은 비수가 되었지만, 선생님의 말들은 온유溫柔하고 돈후敦厚한 선생님의 품성처럼 늘 넉넉하다. 난, 지난 날의 내 무례함이 부끄럽고, 지도 교수로서 부족한 능력이 부끄럽다. 하여, 이렇게 부끄러움을 깨닫게 해 준 선생님이 감사하다. 늘 오래 오래 여여如如하시기를.

김왕규

서울교육대학교, 단국대학교 대학원 및 고려대학교 대학원 졸업. 문학박사

현재 한국교원대학교 국어교육과 교수

우리 시대의 큰 스승님

김정헌

내가 최운식 교수님을 처음 뵌 것은 1992년 여름이었다. 홍성의 문학단체인 홍주문학회에서 홍성 출신인 성기조 교수님과 최운식 교수님을 초청한 적이 있었다. 그때 최운식 교수님께서 직접 운전을 하시고 홍성에 오셨다.

교수님의 존함은 그전에도 들어서 익히 알고 있었다. 우리 홍성 출신이면서 홍성고등학교 선배님이시고, 특히 어려운 가정에서 고학하다시피하며 공부하신 분으로, 초등학교 교사를 시작으로 대학 교수가 되었다는 사실을, 교수님의 몇몇 고향 친구들은 입에 침이 마르도록 자랑한다. 교수님의 고향 친구들은, 교수님을 평할 때마다 대단히 성실하고 입지전적立志傳的인 분이라는 말씀들을 많이 하셔서 꼭 한번 뵙고 싶었다. 그런 중에 홍주문학회에서 최운식 교수님을 초청한다는 소식을 듣고 정말로 반가웠다.

교수님께 처음 인사드렸을 때, 인자한 모습으로 웃으며 반겨주시던 모습이 인상에 남는다. 문학회 회원들 틈에 섞여서 교수님과 단 둘이 대화를 나눌 시간은 별로 많지 않았다. 고등학교 후배이며 동화를 쓰고 있으며, 현재 초등학교 교사라는 인적 사항을 말씀드리고 첫인사를 드렸다. 교수님께서 내 인사를 받고 활짝 웃으시며 반갑게 악수를 청하시던 모습이 지금도 눈에 선하다.

사실 그때 나는 속셈으로 한국교원대 대학원에 입학하고 싶은 욕심이 있었다. 교사들 사이에서 교원대에 입학하기도 힘들고, 졸업하기도 힘들다는 소문을 듣고 있던 터였다. 이런 기회에 교수님께 눈도장을 확실하게 찍어두어서 교원대에 입학하는 데 조금이라도 도움을 받고 싶었던 것이 그때의 솔직한 심정이었다.

그 다음 해에 교원대학교 대학원에 정식으로 입학하면서 최운식 교수님을 더 가까이에서 뵐 수 있었다.

지금 솔직하게 고백하는 바, 내 인생에서 교원대학교 대학원 3년 과정이, 지금의 나를 있게 해준 가장 중요한 시간이었음을 감히 말할 수 있다. 특히 교수님 밑에서 구비문학을 공부하면서 내 동화의 깊이와 폭을 넓힐 수 있는 자양분을 얻을 수 있었다. 하지만 더 큰 가르침을 받은 것은, 교수님께서 학자로서 다른 곳에 한눈을 팔지 않고 오로지 학문을 연구하는 자세를 제자들에게 몸으로 직접 보여주신 것이다. 교수님의 그 정신과 모습들이 지금도 흐트러지고 게을러지는 내 마음을 다잡아주는 큰 힘이 되고 있다.

교수님을 모시고 현장의 설화 채록 작업을 여러 번 다녀보았다. 어느 하나도 그냥 적당히 작업하지 않으셨다.

홍성에서 교원대 대학원에 다니는 동료 교사 3명과 함께 교수님을 안내한 적이 몇 번 있었다. 가장 기억에 남는 것은 「도미 설화」의 근원지로 알려진 보령시 주포면 미인도 주변 마을을 찾아갔을 때였다. 한여름에 교수님을 모시고 주변의 알만한 노인들을 찾아다니며 여러 내용을 채록했었다. 나는 그때 그것으로 「도미 설화」에 관한 채록 작업을 모두 마친 것으로 믿었다. 그런데 교수님은 마음속으로 부족한 부분이 있으셨던 모양이었다. 후에 혼자서 그 먼 길을 다시 다녀가셨다는 말씀을 들었다. 우리 생각으로는 그날 하루 조사한 내용으로도 충분했을 것이라고 보았는데, 거리가 멀고 힘들어도 두 번 세 번 조사와 확인을 하셨던 것이다. 이 외에도 현장을 발로 직접 뛰어다녀서 확신이 선 다음에 발표하는 모습을 옆에서 여러 번 보았다.

내가 지금 우리 홍성 지역의 설화들을 채록하여 책을 펴내고, 창작동화에 접목해 보고, 신문지상에도 발표할 수 있는 것은, 모두가 교수님 밑에서 공부한 덕분이다. 강의실에서 이론으로 가르쳐 주셨고, 현장에서 실기를 가르쳐 주셨던 내용들이 이렇게 내 문학과 인생의 큰 이정표가 된 것이다. 참으로 교수님을 만날 수 있었던 것은 내 인생에서 큰 행운이 아닐 수 없다.

교수님을 모시고 공부하면서 송구스럽게도 공저자共著者의 자격으로 교수님과 함께 책을 펴낸 것은 참으로 큰 영광이었다. 『한국 구전설화집(홍성편)』, 『홍성의 무속과 점복』, 『홍성의 마을 공동체 신앙』 등이 공저자 자격으로 교수님 옆에 내 이름이 올라 있는 책들이다. 나는 이 책들을 볼 때마다 속으로 다짐하는 것들이 있다. 교수님께서 평소에 행동으로 실천하며 보여주셨던 그 정신과 자세를 항상 간직하며 공부해 나가겠다는 다짐이다.

이 세상에서 '권위'라는 말들을 많이 하지만, 진정으로 그 권위를 인정받으며 존경 받는 인물들은 얼마나 될지 모르겠다. 교수님의 수필에서, 큰 아드님이 학교 담임 선생님의 질문을 받고 이 세상에서 제일 존경하는 인물로 '아버지'라는 대답을 서슴없이 했다는 글을 읽은 적이 있었다. 큰 아드님의 담임 선생님이, 아들로부터 진심으로 존경받는 아버지의 모습을 보고 싶어서 교수님을 만나 뵙기를 청했다는 글을 감명 깊게 읽었었다.

자식과 제자들로부터 진심에서 우러나오는 존경을 받는 인물이 바로 교수님이시다. 아버지라는 자리와 교수라는 자리 때문에 존경받는 권위가 아니라, 묵묵하게 외길을 걸으며 성실하게 행동으로 보여주신 권위이고 존경심이다.

한동안 교수님을 뵙지 못했다. 마음속으로는 항상 전화라도 드려야겠다고 생각하면서도 아쉬울 때만 전화를 드린다. 죄송한 생각이 들어서 사죄 말씀을 올리지만, 껄껄 웃으시며 너그럽게 감싸주시는 모습 또한 큰 가르침으로 다가온다.

교수님께서 벌써 정년퇴직이라는 말씀을 듣고 마음이 서운하다. 교수님의 나이는 숫자에 불과할 뿐이라는 생각으로 애써서 서운한 마음을 지워본다. 앞으로도 청년 못지않은 열정으로 후학들을 가르치고 이끌어주시리라 믿는다.

교수님께서 오래오래 건강하시고 우리 시대 큰 스승으로 영원히 남으실 것을 굳게 믿는다.

김정헌

공주교육대학교, 한국교원대학교 대학원 석사과정 졸업. 교육학석사, 동화작가

현재 충남 홍성군 구항초등학교 교감

학점을 받지 못하다

박찬흥

나는 학부 시절 최운식 선생님의 강의를 듣지 못했다. 누가 시킨 것도 아니고, 피해 다니겠다는 생각이 있었던 것도 아닌데, 국어교육과의 필수과목인 '국문학개론'은 시간강사에게 듣게 되었고, 교양과목이나 전공 선택과목 역시 다른 과목들로 모두 학점을 채워버려 그대로 졸업을 하게 되고 말았다. 졸업 사은회를 하면서 같이 졸업하는 동기들에게 물어보았으나, 최운식 선생님의 수업을 듣지 못한 것은 나 하나 밖에 없었던 것으로 기억한다.

그러다가 학부 졸업 후 몇 년이 지나 대학원에 진학하게 되었고, 다시 최운식 선생님의 강의를 수강할 기회를 얻게 되었다. 학부 시절에는 최운식 선생님의 강의를 듣지 못했기에, 대학원에서는 반드시 수강하고 말겠다는 다짐이 있었던 것이다. 그것이 2007년 2학기의 '한국 구비문학론 특강'이었는데, 이 강의는 최운식 선생님께서 정년퇴임을 하시기 직전의 강의였다.

그런데 이번엔 엉뚱한 곳에서 이상한 일이 일어났다. 이미 수강 신청을 마치고 출석부에 이름까지 올라간 상황에서 휴학을 해야 하는 약간 별스런 사정이 생겨버린 것이다. 사정 때문에 어쩔 수 없이 휴학을 하는 것이지만, 최대한 빨리 복학을 할 생각이었기 때문에, 휴학생의 신분으로 수업을 듣는 것도 좋겠다는 생각이 들었다. 더군다나 수업 중 발표순서도 정해져 있었기 때문에 휴학과는 상관없이 계속 수업을 듣겠다고 다짐하고, 다른 수강생들과 마찬가지로 정상적으로 수업을 들었다. 하지만 휴학 상태로 수업을 들었으니 학점 인정이 되지는 않았다.

휴학생 자격으로 수업을 들으면서 드는 가장 큰 생각은 학부 시절에 최운식 선생님의 강의를 듣지 않은 것이 몹시 잘못한 일이라는 것이었다. 내가 공부하고 있는 분야와는 세부 전공이 다르고, 나의 공부도 매우 부족하여 전공 분야의 깊이는 감히 헤아릴 수 없다. 하지만 분명히 느낀 것은 선생님의 수업에는 평생을 초·중등학교 교사로, 학자로, 대학 교수로 살아오신 경험이 고스란히 녹아있다는 것이다. 강의에서 전달되는 학문적인 내용 뿐 아니라, 강의를 하시는 모습과 자세를 통해서도 매우 많은 것을 배울 수 있었는데 그것을 미처 배우지 못하고 기회를 날려버렸다는 생각이 들어, 나름 다양한 경험을 하며 충실하게 보냈다고 생각했던 학부생 시절이 후회가 되었다.

그래도 다행인 것은 최운식 선생님의 가르침을 대학원에서나마 받을 수 있다는 것이다. 이미 학점과는 상관없이 한 학기 수업을 들을 수 있었고, 정년퇴임을 하시지만 다음 학기에도 대학원 강의를 하시게 되어 다시 수업을 들을 수 있는 기회가 허락된다. 나에겐 매우 다행스럽고 감사한 일이다. 정년퇴임을 하시더라도, 수업을 통해서나 다른 만남을 통해서 최운식 선생님의 가르침을 받을 수 있는 기회가 계속해서 이어지기를 바란다. 선생님의 건강과 평안을 기도드린다.

박찬흥

한국한국교원대 국어교육과 졸업. 동 대학원 국어교육학과 석사과정 재학

현재 한국교원대학교 국어교육과 조교

언령설言靈說

박형우

한국교원대학교라는 학교와 인연을 맺게 된 것이 이제 20년 가까이 되었다. 길지 않은 내 삶 속에서 절반 이상을 차지하는 시간이다. 최운식 선생님과의 인연 또한 이 시간 속에 있다. 내가 처음 선생님을 뵈었던 때는 선생님께서 가장 역동적으로 연구 활동을 하시던 시절이었던 것 같다. 학생과 교수라는 관계로 맺어진 인연 속에서 당시 선생님께서는 자신감도 강하셨고, 하시던 강의도 매우 활기찬 분위기였던 것으로 기억한다. 학부를 마치고, 대학원에서 석사, 박사 과정을 거치는 동안, 그리고 이제 내가 모교에서 다시 나와 같은 학생들을 선생님과 같은 위치에서 만나게 되기까지 그 시간 동안 선생님과 많은 일들이 있었다.

여러 가지 중요한 경험들이 많았지만 그 중에 유독 생각나는 일이 한 가지 있다. 강의 시간에 들었던 '언령설言靈說' 얘기다. 말은 강력한 힘을 가지고 있으며, 그 말의 힘이 그 말을 하는 사람의 미래를 지배할 수도 있다는 생각. 처음에는 그 발음이 유독 이상하게 들리는 개념이었다. 한자로 적어 주시기 전까지는 내용도 이해하기 어려웠다. 우리나라 사람들이야 산에 가면 산신, 바다에 가면 해신, 부엌에 가면 조왕신, 이런저런 귀신들에 둘러싸여 살고는 있지만 말에도 귀신이 붙어 있다니. 뭐 그럴 수도 있겠다는 생각을 하다가 이와 관련된 우리 풍습이나 생활사 설명을 들으면서 과연 이것이 우리 민족만의 문제일까 하는 생각도 했던 것 같다.

본인의 삶 또한 이러한 언령설이 실연되는 과정이었다고 선생님께서도 말씀하셨지만, 사실은 나 자신도 종종 그러한 경험을 하게 된다. 그런데 분명한 것은 그렇게 만들어 준 것이 말 자체는 아니라는 점이다. 선생님께서 이루신 많은 일들은 대부분 직접 그 많은 어려움과 힘든 과정을 선생님께서 스스로 극복하셨기에 가능했던 것이다. 그런데 문제는 우리 모두가 감정을 가진 인간인 이상 항상 노력만 할 수 있는 것도 아니고, 언제나 문제 상황에 의연하게 대처할 수 있는 것도 아니라는 점이다. 때로는 노력해야 한다는 것을 알면서도 하기가 싫어지기도 하고, 문제 상황이 두려워 피하고 싶은 경우도 많다. 아마도 이러한 상황을 해결해 주는 것은 우리의 이성적 판단과 집념, 그리고 당장의 고통을 이겨내 줄 희망인지 모르겠다. 그 희망 속에 '언령설'이 자리 잡은 것이 아닐까 하는 생각을 해 본다. 자신과 타인을 속인다기보다는 자신과 타인에게 주는 무조건적인 작은 희망, 그것이 '언령설'이 아닐지.

오래 동안 뛰어야 하는 마라톤이라는 운동이 있다. 오랜 시간을 뛰어야 한다는 생각과 그로 인해 발생할 고통 때문에 실제로 하는 것은 주저하게 되는 운동이다. 그런데 이러한 운동을 하는 사람들이 겪게 되는 색다른 경험이 있다. 일명 '러너스 하이runner's high'라는 것이 그것이다. 오래 달리다 보면 오히려 기분이 좋아지고 몸이 가벼워진다. 어떤 사람은 하늘을 나는 것 같다고 하고, 마치 꽃밭을 걷고 있는 기분이라고 말하는 사람도 있다. 이 '러너스 하이'를 느끼는 동안 몸속에서는 '엔도르핀endorphin'이 분비된다고 한다(요즘 방송 등에서는 '엔돌핀'이라고도 부르고 있다). '엔도르핀'은 몸속에서 분비되는 마약이라고 불리는 것으로, 고통스러운 상황을 이겨내도록 해주는 기능을 한다. 사실 이런 '러너스 하이'는 실제로는 단순히 신체에 가해지는 고통을 감해 주는 역할을 할 뿐이다. 그런데 재미있는 것은 고통스럽게 달려야만 '엔도르핀'이 나온다는 점이다. 고통이 없으면 엔도르핀도 없다. 고통이 사라진, 아니 그 고통을 잊은 동안 마라토너의 두 다리는 열심히 계속 달려 결국 완주의 기쁨을 맛보게 한다.

나 자신을 포함해서 이제 힘들고 어렵더라도 계속 더 달려야 하는 사람들이 우리 주변에는 많다. 자신이 갖고 있는 이런저런 자산을 이용하여 우리는 긴 거리를 달려야 한다. 계속 달려야 한다는 것은 고통일 수도 있지만 피할 방법은 없다. 그래서 우리에게도 '러너스 하이'같이 부작용 없는 작은 희망의 엔도르핀 하나 정도는 필요한 것은 아닐까. 우리의 삶 속에서도 달려가는 우리를 받쳐 줄 작은 희망 '언령설' 하나 정도는 꼭 잊지 말아야 할 것 같다.

박형우

한국교원대학교 학부 및 대학원 졸업. 교육학박사
현재 한국교원대학교 국어교육과 교수

최 교수님의 사랑

성낙수

보통 사람에게 이론과 행동이 일치하는 경우는 드물다. 더구나 요즘과 같이 '말 다르고, 짓 다른' 이들이 많은 시대에는 더욱 그렇다. 의재 최운식 교수님은 교회 장로시다. 잘 알다시피 기독교의 교리 중에는 '사랑'이 으뜸이다. 그 분은 그 교리를 이론으로만 알고 계신 것이 아니라, 실로 몸소 다른 이들에게 실천하신다.

나는 최 교수님처럼 부인을 사랑하시는 분을 많이 알지 못한다. 두 분은 대학 동기로서 같은 직장에서 만나셨단다. 일찍이 결혼하셔서 삼 남매를 낳으시고, 아주 훌륭하게 키우셨다. 그런데 두 분은 아직도 경어를 깍듯이 쓰시면서, 좀처럼 떨어지지를 않으시려 한다. 그러다 보니 같이 외국에 부부 동반하여 여행이라도 하다 보면, 다른 부부들이 싸우게 되는 일이 빈번하게 생기게 된다. 그 이유야 간단하다. 다른 부인들이 "왜 당신은 최 교수님처럼 아내에게 다정하게 대해 주지 않느냐?"고 불평하기 때문이다. 그러나 그게 어디 쉬운 일인가? 그런 일은 성격도 그렇게 다정다감하게 가지고 태어나야 할 뿐더러, 수십 년 간 닦아온 경륜이 있어야 자연스럽게 이루어지는 일이지, 하루아침에 이루어지는 것이 아니기 때문이다.

내가 알기로는 최 교수님은 가친을 일찍이 여의시고, 모친을 아주 오래도록 모시고 사셨다. 아마도 그 분 모친은 90세를 훌쩍 넘기도록 사셨는데, 역시 최 교수님의 효행은 남달랐다. 부모님이라 하더라도 오래 모시다 보면 귀찮은 일이 생길 법도 한데, 최 교수님은 그런 내색을 한 번도 내 비치지지 않으셨다. 이도 역시 그 분의 부모님에 대한 사랑이 지극하심을 보여 주는 것이다.

최 교수님은 세 자녀를 지극히 사랑하신다. 자식들에 대한 사랑이야 뭐 특별한 것은 아니니 굳이 강조할 일은 아니나, 자식을 그냥 사랑하기보다는 정말로 훌륭한 인재로 만드는 것이 중요한 과제라고 볼 때 최 교수님은 정말 아들·딸을 잘 키우셔서 사회의 동량棟梁으로 만드셨으니, 이거야말로 사랑을 제대로 실천하신 것이다. 요즘 그들이 낳은 친손주, 외손주들의 재롱으로 한참 삶의 기쁨을 누리시는 것도 이런 사랑의 결실이라 할 만하다.

최 교수님은 제자들을 또한 사랑하신다. 나는 최 교수님이 한국교원대학교에 처음 오셨을 때 먼저 계시던 대학의 제자들이 구름같이 몰려와 사사를 하려 해서, 한편으로는 놀랍고 한편으로는 부러웠던 기억이 있다. 그 제자들이 한결같이 잘 되어서, 그 중에 많은 분들이 교수, 혹은 교육계의 거목으로 우뚝 서 계시다. 그 뒤로 한국교원대학교에서도 많은 제자를 키우시어, 이른바 '월곡학파(그 분이 하월곡동에서 사셨기 때문에 붙인 이름이다.)'를 이루었으니 예삿일이 아니다.

또한 최 교수님은 동료들을 사랑하신다. 나도 그런 동료 중의 하나인데, 우리들이 만난 지가 어언 20여 성상이 넘었지만, 그 분의 따뜻한 정을 언제나 느끼며 산다. 나야 변덕이 죽 끓듯 하고, 작은 욕심이 많아서 때로는 최 교수님을 슬프게도, 고깝게도 하련만 그 분은 한결같이 따뜻한 정을 주신다. 그런데 이런 정은 나만 받는 것이 아니라, 우리 학과 교수님은 물론 대학의 모든 교수님들이 받는 까닭에 그 분에 대한 평은 항상 부드럽고 온화하다.

최 교수님은 자신의 전공 분야를 사랑하신다. 『심청전』을 비롯한 고전 문학에 대하여 깊은 성찰과 많은 연구 성과가 있음은 물론 구비문학에 대한 애정과 식견은 타의 추종을 불허한다. 나는 그 분처럼 옛날이야기를 많이 아시고, 기억하시는 분을 만난 적이 없다. 게다가 그런 이야기를 채록하시기 위하여 천리 길도 마다하지 않으시고 달려가신다. 나는 방언학을 조금 해본 사람으로서 현장에서 재료를 채집하는 일이 얼마나 어려운지 잘 안다. 그런데 그 분은 일찍이 40여 년을 투자하여 그런 구비문학 자료를 수집하셨으니, 그 분은 즉 살아있는 '설화 도서관'이라 해도 과언이 아니다.

최 교수님은 풍류를 사랑하신다. 이 점은 장로신 것을 감안하면 절대로 비밀이 되어야 하겠지만, 알 사람은 다 아는 일로 약점이라기보다는 장점이기 때문에 밝히지 못할 이유가 없다. 술로 최 교수님을 당하는 사람이 없다. 그리고 그 분은 기독교의 장로시기 전에 한국의 전통적인 유교의 규범을 잘 아시는 분으로 정평이 나 있는 바 '붕우유신朋友有信' 또는 '관포지교管鮑之交'의 도리를 실천하기 위하여 음주는 아주 필수적인 매체이기 때문이다. 그렇다고 아무 때나 드시는 것이 아니라, 때와 장소를 가려 꼭 필요할 경우에 밤을 새워 마신다는 점이 남과 다르다. 그러면서도 절대로 어투가 흩어지지 않고, 정신이 말짱하여 실수하시는 법이 없으시다. 최 교수님의 노래 실력도 수준급이시다. 특히 '향수'를 구성지게 부른다든지 '사랑이여'를 열창하시면 듣는 이들이 다 놀란다.

최 교수님은 글쓰기를 사랑하신다. 전공 논문과 저술은 차치하더라도 수필도 이미 아마추어의 경지를 넘어서신 지 오래다. 그래서 가끔 수필집을 내어 옆 사람들을 놀라게 만드신다. 그 글들에는 그 분의 속내와 관심사를 비롯해서 국내는 물론 세계 곳곳의 풍물이라든가, 갖가지 이야기들이 넘쳐난다.

이제 아직도 청년 같으신 최 교수님이 정년을 하신다니 믿어지지 않는다. 같은 1940년대 출생으로서 몇 십 년은 모시고 근무할 수 있으려니 했는데, 역시 흘러가는 세월을 막지는 못하였다. 그러나 한편으로는 오히려 잘 되었다고도 생각된다. 사람이 태어나서 삼분의 일은 먹고 사는 준비를 하는 데 보내고, 삼분의 일은 자식들 키우는 데 보내고, 삼분의 일은 어떻게 사는지도 모르게 바쁘게 사는 것이 보통이니, 최 교수님도 이제는 좀 쉬시면서 자신을 위하여 삶을 사셔야 할 것이라고 믿는다.

이제 최 교수님은 '여유'를 사랑하시기를 바란다. 다른 이들은 위하여 돈을 버시고, 다른 이를 가르치시고, 바른 길로 이끄시기에 정성을 기울이셨으니, 이제 자신을 위하여 돈과 시간적 여유를 즐길 때가 도래했다고 생각된다.

또한 최 교수님이 건강하셔서 세계를 두루 섭렵하시며, '여행'을 사랑하시기를 빈다. 국내는 이미 안 가보신 곳이 없을 정도로 많이 다니셨으니(주로 연구하시느라고), 이제는 세계의 풍물은 물론 다른 종족들의 문화와 문명을 두루 보시고, 연구도 하시기를 빈다.

물론 최 교수님은 세 자녀가 낳은 손주들을 사랑하시고, 또 그들이 낳을 자손들을 사랑하실 것이다. 학계의 제자들도 여전히 사랑하시고, 제자의 제자들이 최 교수님의 학문을 이어받아 발전시켜 나가는 것을 사랑하실 것이다.

최 선생님은 항상 정년을 '停年'이 아니라, '定年'이라고 말씀하셨다. 멈추는 것이 아니라, 정해진 것이라는 논리신데, 정말 이제야 그 말씀의 진리를 이해할 만하다. 그 분에게는 정해진 해를 맞아 학교를 떠나시기는 하지만, 새로운 도약의 출발점이 분명할진대, 분명 축하의 뜻을 전하는 것이 도리일 것이라고 나는 생각한다.

성낙수

연세대학교 학부 및 대학원 졸업. 문학박사
현재 한국교원대학교 국어교육과 교수

최운식 교수님을 떠나보내 드리면서

신헌재

최운식 교수님과 나와는 여러 면에서 공통점이 많다. 우선 태어나 자란 고장이 충남 서쪽 변두리란 점이다. 하긴 최 교수님 고향이 홍성이고, 나는 거기서도 서쪽으로 90리를 더 들어가야 하는 서산 바닷가이니, 서쪽 변두리란 점에서는 내가 더 시골 사람이긴 하지만……. 두 번째로 공통점은 1960년대의 왕십리 서울교육대학을 나와 초등교사 경력을 지녔다는 점이다. 1960년대 당시 시골 촌사람 가운데 공부깨나 한다는 이가 서울에 취직을 하고 생활 근거지를 갖기 위해서는 서울로 '유학'을 가서 잘 사는 집에 '입주 과외'를 다니는 일이 보통이었다. 또 서울에 대학도 많지만, 그 중 서울교육대학은 국립대학이라 학비도 싼 데다 졸업하면 국가에서 발령까지 보장해 주는 곳이라, 특히 가난한 시골 출신들에게는 선망의 표적이었다. 더욱이 당시 교육대학은 2년제 초급대학이라 초중고 6+3+3 코스를 따라 밟으면 스무살에도 정식 교육공무원으로 발령 받을 수 있는 유일한 곳이기도 했다. 최 교수님과 나는 바로 이런 혜택을 받은, 복 받은 시골 출신이었다. 게다가 196, 70년대 당시 초등학교 남자교사들에게 '성공' 사례로 꼽히던 바, 동료 여교사를 신부로 맞아 부부 교사가 되는 행운아가 된 점도 똑 같다.

무엇보다도 중요한 공통점은 이런 행운과 복이 그냥 저절로 굴러온 것이 아니라 하나님께서 주신 은혜로 여기고 감사히 여기는 기독 신앙을 갖고 있다는 점인데, 이는 최 교수님이나 나나 똑같이 새벽기도를 한 번도 거르지 않으신 독실한 기독 신앙인, 어머니를 모신 덕분이다. 그래서 최 교수님과 나는 그동안 한국 교원대학교에서 매주 수요일 정오에 기도회로 모이는 교수 신우회의 한 회원이었고, 지금도 비록 지역은 다르지만 기독교 대한 감리회라는 한 교단 소속의 교회에서 장로로 시무하고 있다는 점에서도 공통점을 찾을 수 있다.

이번에는 최 교수님 덕분에 생긴 공통점도 두 가지 들 수 있는데, 첫 번째는 성균관대학교 박사과정의 동문이 된 점이다. 당시 나는 석사과정을 나와 성대 박사과정 시험에 응시해 합격했지만, 처음 내는 사립대학의 비싼 등록금 등으로 다닐지 말지를 망설이다가 먼저 학위를 마치신 선배인 최 교수님께 여쭤 보러 당시 국제대학 연구실로 찾아뵈었던 것이다. 그때 최 교수님께서 그 특유의 설득력 있는 어조로 권유하시지 않았더라면, 나는 그 좋은 기회를 잃고 말았을 것이다. 두 번째는 당시 국제대학에서 한국교원대 초등국어교육전공 교수로 옮기신 최 교수님의 배려로 내가 그분의 뒤를 이어 동 대학의 교수로 가게 된 점이다. 당시 나는 성대에서 학위를 받기 전후 얼마 동안, 여러 대학에 원서를 내며 다니던 중이었는데, 마침 최 교수님께서 교원대학교의 초등교육전공에서 고전문학전공으로 옮기시면서 당신의 그 자리를 내가 이어받을 수 있도록 도와주신 것이다. 그 때도 나는 마침 사람을 구하는 강릉대 국문과와 한국교원대를 놓고 망설이다가 역시 최 교수님께 여쭈려 찾아 뵈었는데, 거기서 설득력 있는 권고를 듣고, 최 교수님 계신 앞에서 강릉대학교 담당자에게 사퇴 전화를 했던 일이 엊그제인듯 떠오른다.

이렇게 최 교수님 덕분에 교원대 교수가 된 결과로, 마지막으로 하나 더 들 공통점이 생겼는데 그것은 다름 아니라 20여 년 간 일주일에 한 번씩 서울과 청주를 오가는 주말 부부 노릇을 했다는 점이다.

이렇게 헤아려 보니 공통점이 의외로 많은 편이다. 그러나 차이점은 이보다 훨씬 더 많다. 하긴 이것은 차이점이라기보다는 차라리 내가 미처 못 따라가는 점이라고 하는 말이 더 맞을지도 모른다. 이것은 사실 너무 많아 헤아릴 수 없지만, 그 중에 중요한 것 몇 가지만 들어보기로 한다.

우선 자녀교육에서 나는 따르지를 못한다. 나는 아들 형제만 두었는데, 안타깝게도 그중 하나도 우리 부부의 전공이나 교직의 대를 이어가도록 하지 못했다. 그러나 아들 형제와 외동딸을 두신 최 교수님은 두 아들을 모두 당신 전공을 이어받아 국어국문학 전공을 하게하고, 국어교사와 국문학 분야 강사를 역임하게 만드셨던 것이다. 그리고 며느리도 모두 교직을 갖고 있어 멋진 교사 가족을 이루어 내신 것이다.

두 번째 내가 못 따를 또 하나 차이점은 어떻게 최 교수님께서 집안에서 가장과 남편 노릇을 잘하셨는지, 사모님의 존경과 신뢰를 한 몸에 받고 계시다는 점이다. 우리집 사람이 모처럼 최 교수님의 사모님과 만나 이야기 나누던 중, 남편으로서 최 교수님을 다음과 같이 표하시더라고 전하는 말이 지금도 귀에 선하다. '여지껏 최 교수가 하라는 대로 해서 한 번도 잘못된 적이 없다 보니 믿음직스런 마음이 든다.'고…….

부인에게서 이런 온전한 신뢰를 받는다는 일은 보통 어려운 일이 아닌데, 최 교수님은 바로 이런 한 남편으로서, 가장으로서, 모든 이의 부러움을 살 만한 가정생활을 훌륭하게 영위하신 셈이다.

끝으로 내가 또 못 따라갈 가장 큰 차이점은 연구 업적 면이다. 나는 공저와 번역서까지 합해야 고작 열권도 못되는데, 최 교수님의 저서는 자그마치 사십 권에 이르렀으니 말이다. 그 저서들 가운데는 당신 전공하는 분야에서 모두가 인정하는 역작들도 많아서, 마침내 지난 2007년도 말에는 고전문학 연구자들이면 누구나 선망하는 바, 최고의 영예인 도남국문학상 수상자가 되신 것이다.

이렇게 한 가정의 훌륭한 아버지요, 가장으로서 모범을 보이시고, 국문학자로서 최고의 영예까지 이루신 최 교수님께 경하를 드리며, 끝으로 이런 기원을 드리는 바이다.

"남은 여생 동안도 하나님 크신 은총 속에 온 가족과 더불어 부디 건안하시옵소서! 그리고 사표로써 자손과 후학들에게 계속 좋은 영향을 끼쳐 주시고, 훌륭한 가르침을 베풀어 주시옵소서!"

신헌재

서울교육대학교, 성균관대학교 대학원 졸업. 문학박사

현재 한국교원대학교 제1대학 초등교육과 교수, 한국아동문학학회 회장, 국정도서 초등국어편찬위원회 위원장

의재 최운식 선생님

원용문

사람이 이 세상을 살아가는 것은 여러 가지 각도에서 이야기할 수 있지만, 필자는 만남과 헤어짐의 연속이라고 생각합니다. 저는 초등학교를 시골 분교에 다녔는데, 그때 같은 학년이었던 6명이 졸업 후에 만난 적이 거의 없습니다. 6년 동안 매일 그처럼 지겹게 만났는데, 막상 졸업 후 각자의 길을 떠나고 나니, 만날 방법이 없었던 것입니다. 어쩌면 그 여섯 명 중에 지금 생존한 사람도 거의 없을 것이라는 생각이 듭니다. 중학교 동창생도 마찬가지입니다. 그 50명씩 두 반이면 100명가량 되는데, 어쩌다 행사장에서 우연히 만나는 사람이 한두 명 있기는 하지만, 그 외는 만나는 사람도 없고, 연락이 닿는 사람도 없습니다. 내가 일부러 외부와 담 쌓고 사는 사람도 아닌데, 이처럼 만날 수도 없고 연락도 되지 않으니, 이것이 바로 자연의 섭리요 사람이 살아가는 이치가 아닌가 생각됩니다.

의재 선생과의 만남은 1986년 2학기 9월초에 이루어졌습니다. 그때 저는 경상대 국문학과에 있다가 교원대로 오게 되었는데, 같은 국어교육과 교수로서 자연스럽게 만나게 된 것입니다. 최 교수께서는 나보다 한 학기 먼저 오셨는데, 여러 가지로 학교 생활을 안내해 주시고, 도와주셔서 지금까지도 고맙게 생각하고 있습니다. 성격이 강직하셔서 마음에 드는 사람한테는 아주 잘 대하시지만 한번 찍힌 사람에게는 적을 대하듯 하셔서 어떤 때는 무섭다는 생각이 들 때도 있습니다. 그만큼 시비가 분명하시고, 사리가 명철하셔서 좀처럼 흐트러진 자세를 발견하기가 어려울 정도입니다.

나는 최 교수님을 입지전적인 인물로 생각합니다. 그러니까 성공하고 싶은 사람은 이분의 삶의 자세를 배우고 그대로 실천하면 똑같이 성공할 수 있으리라는 생각이 듭니다. 그분은 초등학교 교사로 출발해서 중・고등학교 교사, 대학교 교수, 대학원 교수로 마치 사람이 사다리를 타고 높은 곳에 올라가듯이 단계를 밟아서 올라간 분입니다. 그 과정이 얼마나 힘들고 괴로웠는가는 직접 체험해 보지 않은 사람은 모를 것입니다. 남보다 덜 먹고, 덜 놀고, 혼신의 힘을 다해서 앞만 보고 달려온 결과 얻어진 과실일 것입니다. 일체 잡기를 안 하시고 오로지 공부만 하시니, 그처럼 큰 학자가 되시고, 많은 저서를 내시고, 훌륭한 제자들을 많이 길러내시는 스승이 되셨을 것입니다.

교수는 학생지도 열심히 하고, 강의 잘하고, 연구 열심히 하고, 대학원생들의 논문지도를 잘하면 좋은 평가를 받습니다. 최 교수는 어느 누구보다도 논문지도 잘하시고, 열심히 하시고, 세세하게 지도하시니까, 대학원 신입생들이 그리로 몰립니다. 논문지도를 하실 때는 마치 초등학교 담임교사가 학생들의 작문지도를 하는 것처럼 주제나 문장 전개는 물론, 철자법에서 띄어쓰기, 논문의 체제 등을 일일이 지적하고 고쳐주십니다. 그러니 배우는 사람의 입장에서는 훨씬 수월하고 빨리 논문을 완성할 수 있으니까 편하고 좋을 것이라는 생각이 듭니다. 특히 대학원생들의 논문 심사를 같이해 보면, 얼마나 날카롭게 지적하고 바로잡아 주시는지 옆에 있는 사람들이 놀랄 정도입니다. 이런 것은 그만큼 연구를 많이 하시고, 학식을 쌓으시고, 또 열심히 학생을 지도해야 한다는 사명감에서 비롯된 것으로 이해됩니다.

그러면서도 학생들과의 관계가 좋으셨다고 생각합니다. 자기가 지도하는 학생은 물론이고, 다른 사람이 지도하는 학생들의 이름도 잘 기억하십니다. 저도 수업 시간에 출석부를 가지고 들어가서 자주 출석 체크를 했습니다마는, 극소수 학생들의 이름만 기억할 정도였습니다. 그런데 의재 선생은 그 많은 학생들의 이름, 대학원생들의 이름을 다 기억하시고, 그들의 이름을 부르십니다. 사실 학생들의 입장에서는 교수가 자기 이름을 기억하고 그 이름을 불러준다면 상당히 고맙게 생각하고, 자긍심을 갖게 될 것입니다. 이름을 기억한다는 것은 그만큼 자기에게 관심이 많다는 것을 의미하기 때문입니다. 그러니 학생들이 잘 따를 수밖에 없을 것이고, 이러한 관계는 학생들이 졸업하고 사회에 진출한 다음까지 이어져서 문하생들의 모임인 '월곡회'가 성황을 이루고 발전하는 것으로 압니다. 부끄럽게도 '여강 시가회'는 잘 안 됩니다. 그 잘 안 되는 것이 바로 지도교수인 저에게 문제가 있기 때문이라는 것을 '월곡회'를 보고서야 깨달았습니다.

이제 정년을 몇 달 앞두고 정든 학교를 떠나시려니 만감이 교차하실 것입니다. 사람은 한번 만나면 반드시 헤어지게 되어 있습니다. 어떤 직장에도 그곳에 입사했을 때가 있었으면 언젠가는 퇴사하게 되어 있습니다. 정년 후를 대비하셔서 여러 가지 준비를 하셨겠지만, 몇 가지 참고사항을 말씀드리겠습니다.

첫째로 지금까지 너무 열심히 달려오셨는데, 정년 후에는 한 템포 늦추시면 좋겠습니다. 지금보다는 공부를 덜 하시라는 이야기입니다. 그래서 앞만 보고 사시던 것을 이제는 뒤도 돌아보시고 좌우로 눈길을 돌리면서 사신다면 새로운 인생이 보이실 것입니다.

둘째로 건강 관리를 더 잘하시기 바랍니다. 제 경험에 의하면 건강을 타고나는 사람이 있지만, 그보다는 나이 들어서 관리를 잘하는 것이 중요하다고 생각합니다. 자동차나 집이나 모두 관리를 잘해야 오래 가는 것처럼 사람도 건강 관리를 잘해야 무병장수 하실 수 있습니다. 그 방법을 누구보다도 잘 아실 테니까 열심히 하시라고 주문하겠습니다.

셋째로는 여가 생활, 취미 생활을 즐기시는 것도 여생을 즐겁게 사는 방법입니다. 그 동안 하고 싶었던 일이 있었는데 시간이 없어 못하셨던 것을 이 기회에 하신다면 전화위복轉禍爲福이 되실 것입니다. 여행을 하시면서 기분 전환을 하는 것도 한 가지 방법입니다. 누구보다도 지혜롭게 사시니까 잘하시리라 믿습니다.

정년이란 끝이 아니라 새로운 시작입니다. 새로운 세계를 향하여 새로운 삶을 사는 것입니다. 새 인생, 새 출발 잘하시기 바라면서 다시 한 번 정년을 축하드립니다.

원용문

서울대학교, 고려대학교 대학원 졸업. 문학박사
전 한국교원대학교 교수, 월간문학 신인상 당선, 여주문인협회 고문, 여강시가회 고문, 광진문인협회 명예회장
현재 여주문화원장

최우식 교수님의 정년을 기념하면서

윤국한

'교수님'이라는 단어를 알고 있던 나는, 그 아는 단어를 연구실 문마다 붙어 있던 '명패'라는 구체물로 대할 때마다 경건해지곤 했었다. 너는 어디서 무얼 하다가 왔고, 지금은 무엇을 하다가 여기에 있느냐. 복도를 지나치다 바라보게 되는 선생님들의 명패는 내게 물었었다.

세상은 약육강식. 물질은 우리로 하여금 동물적인 삶, 약육강식, 적자생존의 삶을 살도록 강요한다. 물질은 이것이야말로 '새로운(new)' 질서라며 우리의 의식을 흐린다. 교수님, 선생님이라는 단어를 대할 때, 서글프게도, 건방져진 나는 이제 별로 경건해지지 않지마는, 그 대신 이 험한 세대에서 있기가 힘든 흐릿한 향을 느끼곤 한다.

적자생존의 세대에, 약육강식의 세대에 부모가 어디에 있고, 자식이 어디에 있으며, 선생님은 어디에 있는가? 부모는 생물학적 유전을 후대에 물려준 육체로 존재할 뿐이고, 자식은 생물학적으로 자연스럽게 생겨나는 육체로 존재할 뿐이며, 선생님은 돈 받고 지식을 전하는 육체로 존재할 뿐이다. '부모, 자식, 선생님'이 갖는 인간으로서의 의미는 어디에 있는가?

아기를 업은 엄마가 무단 횡단을 하고, 아들과 동행한 아버지가 가난한 장사꾼과 인간미 없는 흥정에 핏대를 올리며, 아이들 앞에서 부도덕한 돈을 횡재로 여기는 아버지가 불성실한 아들을 폭력적인 언행으로 몰아붙이는 이 세상에서, 교수님, 선생님과 같은 단어로부터 내가 맡는 향수란 뻔한 것이다. 이 뻔한 것은 너무 뻔해서 중요한지 모른다. 그게 이 험한 세상의 술책인지도 모르겠다. 귀하고 중요한 것을 뻔하게 만드는.

감추어져서 희귀성을 띠는 것은 사람들에게 귀하게 여겨진다. 귀한 것, 중요한 것이 감추어지는 것은 이유가 있는 것이다. 그런데 요새는 모든 귀한 것이 뻔히 드러나고, 그래서 그 귀한 것이 귀한 대접을 못 받는다.

> 드러내려 하지 않고는 숨긴 것이 없고 나타내려 하지 않고는 감추인 것이 없느니라
>
> —마가복음 4장 22절

한 학기 강의를 마칠 때 즈음, 학생들의 고백을 듣게 된다. 1, 2학년들은 대개가 "우와, 방학이다"라며 좋아한다. 그러나 3, 4학년들은 대개가 "또 한 학기가 갔다"라며 아쉬워한다. 나는 1학년 때부터 세월 가는 게 싫었다. 너무나 소중했으므로, 내 눈에 들어오는 기숙사 입구, 책상 모서리, 친구들의 숨소리, 나무들의 흔들림, 어느 것 하나 아깝지 않은 것이 없었다. 아깝지만 모두가 바뀌었고, 나는 그 바뀜을 세월의 흐름이라 여겼다. 그래서 세월의 흐름을 원망했던 것이다.

과거를 살아선 안 되고, 그렇다고 너무 먼 미래를 살아서 허황되어도 안 되는, 현재를 살아야 하는 우리 인간은 절대로 과거를 잊지 못한다. 과거의 경험이 마련해 준 자기 자신에 대한 시선으로 미래의 나를 한정짓도록 내버려두는 것이 우리 인간의 습성이다. 그러나 과거에 대한 긍정적인 시선은 미래를 계획하고 현재를 충실하게 하는 원동력이 된다.

과거에 대한 기억은 추억을 위해 존재해서는 아니 된다. 그런 과거는 사람의 시선을 현재로부터 과거로 돌리도록 만든다. 그런 과거는 현재를 살아야 할 사람을 주저앉히는 힘 외에는 아무런 힘도 없다. 무서운 일이다. 과거의 풍경을 원하다가 현재를 놓치는 어리석음에 비견할 만한 어리석음이 또 있을까. 그렇다면, 나도 풍경의 바뀜을 원망해서는 아니 될 것이다.

예전에는 인문관 수위실 쪽 계단을 통하여 4층에 올라서면, 왼쪽부터 한철

우 교수님, 박희숙 교수님, 김철 교수님, 최운식 교수님, 성낙수 교수님, 원용문 교수님, 성기조 교수님, 신헌재 교수님, 박정도 교수님의 연구실 명패가 보였다. 맞은편엔 과사무실과 청하문고, 한국어문교육연구소가 있었다. 이제는 교원대학교의 인문관의 풍경이 많이 바뀌었다.

또 한 차례 풍경이 바뀌려고 한다. 어떻게 정리해야 할지 잘 모르겠지만, 삶의 매 순간은 엄숙하고 그 엄숙한 순간은 지체하지 않는다. 지금 이 순간은 어떤 순간인가? 지금 이 세상은 어떤 세상인가?

최운식 교수님께서 벌써 정년을 맞으신다. 지척에 있으나 가까이서 선생님을 모실 기회는 없었다. 학부 때의 제자라 하기도 부끄러운 입장이다. 모든 면에서 능수능란하여 선생님을 기쁘게 해드리는 제자가 되었더라면 좋았을 것이나, 모든 면에서 미숙하였다. 그래서 지척에 있어도 제자라 하기가 부끄러운 입장에 있다.

필자가 생각하기에 세상은 험하다. 갈수록 험해진다. 그래서 보란 듯이 살 만한 용기가 필자에게는 없고, 자꾸 근심만 는다. 이런 필자에게 교수님, 선생님이라는 단어의 향은 정직하게, 성실하게 살면, 가난해도 괜찮다고, 용기를 내라고 힘을 주는 목소리이다. 좀 굶으면 어떠냐, 지금 하는 일이 보람되지 않으냐 하고 가르치는 목소리이다. 네 지위가 좀 낮으면 어떠냐, 네가 하는 일이 의롭지 않으냐 하고 달래는 목소리이다. 이 모든 것이 이러하니 어서 일어서서 하던 일을 계속하라 하고 채근하는 목소리이다.

정년을 맞으신 선생님은 앞으로도 이런 목소리의 주인이 되실 것이다. 정년을 맞으셨으므로 그 상징성은 더 커졌다. 그러므로 그 목소리도 더 커질 것이다.

선생님, 건강하셔서 오래도록 우리 같은 청년들에게 힘을 주십시오.

윤국한

한국교원대학교 학부 및 대학원 석사·박사과정 수료.
현재 한국교원대학교 및 충북대학교 강사

부지런한 삶을 실천하신 최운식 선생님

윤천탁

지금껏 세상을 살아오면서 인생을 살아가는 데 필요한 많은 것들을 여러 사람들에게서 배웠다. 부모님에게서 가장 많은 것들을 배웠고, 그에 버금가는 것들을 여러 스승님들에게서 배웠다. 그분들의 가르침을 온전히 배워서 인간다운 삶을 살아가기 위해 노력한 결과로서 여태껏 덜 부끄러운 삶을 살아올 수 있었다고 생각한다.

부모님의 경우 돌아가시는 순간까지 항상 옆에 계시면서 자식들에게 더 많은 것을 가르쳐 주시고 끝까지 돌봐주시기 때문에 운명하시는 순간이 되면, 자식들은 세상을 다 잃은 것 같은 슬픔과 함께 그동안 가르쳐 준 대로 똑바로 살아오지 못한 것에 대한 후회가 많게 된다. 한편, 스승님의 경우 학교에 계실 때는 제자들이 수업을 들으면서, 또는 함께 학교생활을 하면서 많은 것을 배우게 되는데, 스승님의 퇴임을 맞아 더 이상 자주 뵙기 힘들게 되면, 그동안 가르침을 제자들의 생애에 제대로 반영하지 못하고 산 것에 대한 죄송함이 많게 된다.

이번에 정년을 맞으시는 최운식 선생님께서 제자들에게 직접 가르쳐 주시고, 당신의 삶을 통해 보여 주신 것들은 매우 많다. 학문에 대한 열정, 제자들에 대한 애정, 세상을 살아가면서 갖춰야 하는 예의, 교육자로서의 헌신 등 실로 열거하자면 끝이 없을 것이다. 그 가운데 이 글을 통해 떠올리고 싶은 것은 일상을 통해 보여 주신 부지런한 삶이다. 내가 선생님께 학부 수업이나 대학원 수업을 들으면서 느낀 점도 많지만, 특히 2년 반 정도 교원대 국어교육과에서 조교로 근무하면서 보고 느꼈던 것을 떠올리면서 앞으로 살아가는 가르침을 다시 한 번 되새겨 보려고 한다.

처음 조교를 시작하고 업무가 익숙하지 않은 터라 가능하면 빨리 출근을 해서 하루를 시작하려고 노력했던 즈음이었다. 과사무실에서 가까운 곳에 위치한 선생님의 연구실에 있는 형광등이 이른 시간부터 켜져 있는 것을 보면서 출근한 날이 많았다. 선생님께서는 일찍 출근하셔서 하루의 일과를 차분히 준비하시는 모습을 보면서 나도 조교로 근무하는 동안 부지런히 하루를 시작해야겠다는 생각을 했었다. 아마 2년 반 동안 단 한 번 근무시간에 늦은 것을 빼고는 별 탈 없이 하루 조교 업무를 시작할 수 있었던 데에는 선생님의 가르침이 매우 컸다.

조교 업무에 어느 정도 익숙하게 되었다고 생각하게 될 즈음, 어느 날인가 선생님께서 과사무실로 들어오시더니 '외부 출강 승인 신청서'를 주셨다. 다음 학기에 다른 학교로 출강을 하기 전에 학교 측으로부터 승인을 받아야 하고, 그것을 위해서 서류를 내야 한다는 것을 그때 조교로서 처음 알게 되었다. 선생님께서는 언젠가는 해야 할 일이라고 생각하신 것은 절대 미루지 않으시고, 바로바로 일을 처리해서 뒤늦게 일을 처리한 적이 없으셨다. 예를 들어 학교 도서관 측에 구입을 희망하는 도서를 신청하시거나, 한 해 동안 교수님들의 실적을 평가하기 위해 손수 작성하는 교수 업적 평가서를 낼 때에도 제출 기간에 임박해서 낸 적이 없고, 항상 일찍 내셨다. 또한 연말 정산과 관련해서 제출해야 하는 서류들도 미리 철저하게 준비하여 제출하셔서 조교 업무를 차질 없이 진행할 수 있었다.

선생님께서는 학부 과정 중 '한국의 민속'이라는 강좌를 맡으셨는데, 이 강좌에서는 이론을 통해 배운 것들을 교외교육을 통해 현장에서 체험하는 기회를 가졌었다. 한국민속촌으로 교외 교육을 나가실 때에도 일찍 교외 교육 신청서를 내셨고, 학교 측에 지원을 요청하는 것이 있으면 미리미리 서류를 제출하셔서 학교 측의 지원을 최대한 받으면서 교외교육을 통한 학습 효과를 최대한 끌어 올리셨다. 학부뿐만 아니라 대학원 학생들과도 설화 수집 등을 위해 교외 교육을 가실 때에는 미리미리 준비하셔서 교외 교육에 참여하는 대학원생들이 많은 것을 배우고 올 수 있도록 손수 잘 챙기셨다. 한편, 학부 답사 때나 대학원생들과 함께 가신 교외 교육에서는, 개별적으로 준비해 오신 녹음기와 사진기 등을 꺼내서 설화를 채록하고, 관련 사진을 카메라에 담는 부지런한 모습을 보여 주셨다. 그렇게 채록한 설화와 손수 찍은 사진들은 당신께서 쓰시는 책에 머지 않아 수록되어 전국에 있는 여러 독자들에게 전파되었다.

선생님께서는 평소 학문에 대한 열정을 바탕으로 하여 전공자를 위한 전공 서적뿐만 아니라 일반인들이 쉽게 접할 수 있는 여러 교양 서적을 많이 쓰셨다. 요즘 나오는 선생님의 저서에 실린 저자 소개 중 저서 목록을 보면 알 수 있듯이, 실로 많은 책을 쓰셨다. 웬만큼 부지런하지 않고서는 연구도 그렇게 많이 하실 수 없을 뿐더러 연구 성과를 세상 사람들과 나누는 일을 그렇게 많이 할 수는 없을 것이다. 한편, 선생님께서는 책을 많이 내시는 것뿐만 아니라, 세상에 선을 보인 책을 다듬는 작업에도 부지런한 모습을 보이셨다. 선생님의 연구실 책장의 일정한 공간에는 선생님께서 손수 쓰신 저서만을 모아 놓은 곳이 있어서 감탄을 했던 적이 있는데, 한 번 낸 책들 중에 수정할 내용들이 있는 경우, 책마다 그 내용들이 잘 적혀 있었고 그런 내용들은 추후 수정・보완되어 수정판에 반영되었다. 그 많은 저서를 내는 것도 쉽지 않은 일인데, 그 많은 책에서 잘못된 글자나 표현 등을 계속 점검하고, 좀 더 완벽한 책이 될 수 있도록 끊임없이 노고를 아끼지 않으시는 모습을 보여 주셨다.

지금처럼 성적을 인터넷상으로 입력하지 않고 직접 손으로 적어서 낼 때에도 성적 제출 기간이 되면 착오가 없이 일찍 성적을 처리하여 제출하시는 모습도 많이 떠오른다. 또한 한 학기가 끝나면 어김없이 제출해야 하는 출석부도 꼼꼼히 정리하신 후 제출하셔서 조교가 더 이상 손볼 것이 없게 하셨다. 학과 교수님들의 의견을 수집하기 위해 의견을 정리해서 내 주십사 하는 부탁을 드릴 때에도 신속하게 의견을 내 주셔서 학사 업무를 추진하시는 데 큰 힘을 보태 주셨다.

선생님의 부지런하심은 주변 사람들이 익히 알고 있겠지만, 실제 조교를 하면서 옆에서 지켜본 모습을 정리해 보니, 정말로 삶 속에서 부지런함이 몸에 밴 분이라는 것을 되새길 수 있었다. 그런 분을 옆에서 지켜보면서 나도 평소 생활을 하면서 매사 부지런한 모습을 보여야겠다는 생각을 많이 했었지만, 마음뿐으로 그치고 실생활은 나태와 태만과 불성실이라는 말이 어울리지 않았나 생각한다. 이제 선생님께서 재직 시 제자들에게 보여 주신, 삶의 부지런함을 내 삶에 몸소 실천하기 위해 더 노력해 보려고 한다.

먼 훗날에 부지런함과 근면, 성실이란 단어가 어울리는 삶을 살아왔다고 나 스스로 느낄 때가 되면 최운식 선생님이 아주 많이 생각날 것이다. 내가 그렇게 살 수 있도록 옆에서 많은 가르침과 자극을 주셨던 분이었으니, 그렇게 생각하는 것이 당연할 것이다. 그런데, 아직 더 많은 가르침과 꾸지람과 자극을 받고 싶은데, 이제 선생님께서 정년을 맞으셨다니 매우 안타깝다. 아마 퇴직하시는 선생님께서 이런 상황을, 제자들보다 더 많이 아쉬워하실 것이다. 그래도 선생님의 부지런함에서 많은 것을 배운 제자들이 각자가 처한 곳에서 열심히 사는 모습을 보면서 선생님께서 흐뭇한 웃음을 지으실 줄로 믿는다.

최운식 선생님, 정말 고맙습니다. 그동안 선생님께서 보여 주신 부지런한 삶을 통해 많은 것을 배웠습니다. 선생님의 가르침을 거울삼아 저도 부지런한 삶을 살도록 노력하겠습니다. 또한 퇴직 후 세상에 선보이시는 여러 책들을 서점에서 볼 때마다 재직 시 선생님께서 보여 주신 성실하고 근면하신 삶의 모습을 가슴속으로 떠올리며 제 삶을 반성할 기회로 삼겠습니다.

윤천탁

한국교원대학교 학부 및 대학원 석사 · 박사과정 수료.
현재 한국교원대학교 강사

두 겹으로 엮어온 삶의 여정

이병진

인간의 삶의 여정은 제한적이다. 한 번뿐인 제한된 시간에 존재하다 사라지는 숙명적 존재이다. 그러므로 그 한정된 자신의 삶을 어떻게 엮어갈 것인가는 누구에게나 해당되는 중대한 과제이다. 어떤 이는 일생을 허둥대기만 하다 속절없이 떠나기도 하고, 어떤 이는 많은 이들의 존경과 축복을 받으며 그의 삶의 여정을 아름답고 의미 있게 채워가기도 한다.

의재 선생의 정년기념 문집 간행에 즈음한 원고 청탁을 받고 의재 선생은 어떤 삶을 엮어 왔을까를 생각해 본다. 국문학계의 거목인 최운식 교수의 삶을 감히 얘기하기에는 나에게 조심스럽고 버거운 일일 수 있다. 그러나 20여 년을 한 직장 한국교원대학교에서, 그것도 같은 교수아파트 아래 위층에서 함께 해 온 사람으로서 누구 못지 않게 최 교수를 잘 알고 있다고 내세워도 되기에 몇 마디 적어두는 용기를 내본다.

의재 선생의 삶은 한마디로 '두 겹으로 엮어온 삶의 여정'이었다. 여정 얘기가 나왔으니 문득 의재 선생과 근래 몇 차례 해외여행을 함께 한 일이 떠오른다. 일반적으로 여행은 일상의 번거로운 일들에서 벗어나 미지의 세계를 누비며 새로운 것들을 보고 듣고 느끼고 겪는 즐거움을 만끽하는 것이 주된 일이다. 그래서 되도록이면 평소의 쌓인 잡념들을 털어버리고 오로지 여행 그 자체에 흠뻑 빠지고자 한다.

의재 선생은 남다른 면이 있다. 일반적인 여행의 목적은 그것대로 이루면서 한걸음 더 나아가 여행지의 이모저모를 최신 동영상 카메라로 빠짐없이

영국 런던브리지 앞에 선 필자 내외(가운데)와 최운식 교수 내외

담을 뿐 아니라 현지 안내자의 생생한 설명을 귀 기울여 메모한다. 그러니까 일반여행과 답사(채집)를 함께 한다고 볼 수 있다. 그러다 보니, 넋 놓고 경이로운 풍경을 바라만 보는 일도, 버스 안에서 안내자의 열띤 설명을 아랑곳하지 않고 꾸벅꾸벅 조는 모습도 찾아 볼 수 없다. 결국 의재 선생은 두 겹의 여정을 엮었다고 할 수 있다.

어쩌면 의재 선생의 삶 전체가 그렇게 엮어진 것은 아닐까? 특히 서울교육대학을 졸업한 후 사회에 첫발을 내딛으면서 현장의 교사로 충실을 다하는 한편, 4년제 야간대학에 편입하여 학문을 닦는 일도 고삐를 늦추지 않았다. 낮에는 교사로서 밤에는 학생으로서 밤낮없이 두 겹의 삶을 엮은 셈이다. 교수 생활도 그러했다. 전공이 고전문학인데 민속학에도 깊은 연구열을 쏟아 민속학회 회장직을 수행하는 것을 지켜보면서 아무리 학문적으로 유사성이 높다 해도 학계가 그만한 인정을 하자면 상당한 업적을 쌓았음을 미루어 알 수 있다. 이러한 두 겹의 삶으로 하여 빛나는 결실 또한 뚜렷하다. 그 많은 저술과 의재 선생을 흠모하여 따르는 수많은 제자들의 활약은 이를 방증하는 사례가 될 것이다.

이러한 두 겹의 삶은 누구나 걸을 수 있는 길이 아니다. 적어도 두 겹의 땀 흘림, 두 겹의 열정, 두 겹의 지력知力이 요구된다. 그게 어디 쉬운 일인가? 의재 선생과 함께 한 짧지 않은 세월 속에서 나는 그러한 삶의 모습을 늘상 대하면서 본받고자 하는 마음과 존경의 마음을 지니곤 하였다.

의재 선생이 공직을 떠난단다. 지금 활약하는 모습으로나 건강한 모습을 볼 때 더 남아 있었으면 하는 아쉬움이 간절하다. 그러나 그 아쉬움을 떨쳐버릴 수 있는 또 다른 길이 있음을 먼저 정년을 맞았던 사람으로서 깨우쳐드리고 싶다.

공직에 매여 있을 때는 직무와 책임감에 얽매이게 된다. 이제는 이 속박에서 벗어나는 자유인으로서의 홀가분함이 있다. 더욱이 교수 신분은 공식적인 직장을 떠난다고 하여 전문적인 역할마저도 던져버리는 것이 아니다. 전문 자유인(professional freelancer)이라고나 할까? 필요로 하는 곳이면 어디든지 달려가 전문적인 지식과 경륜을 설파하고, 글을 쓰고, 모임에 참석하고 그런 기회들이 특히 의재 선생에게는 더 많이 몰려들 것이다. 전에는 매인 곳이 있어서 자유롭게 접근하지 못했던 것들에 내 마음이 가는대로 주저 없이 넘나들 수 있으니, 생각하기에 따라서는 새로운 삶의 또 다른 여정이라고도 할 수 있을 것이다.

다만, 선험자로서 덧붙여 두고 싶은 것은 이제는 두 겹의 두터운 삶보다는 두 겹을 한 겹으로 펴서 엷더라도 널리 펴가는 삶의 여정으로 바꾸어가기를 바라는 마음이다. 의재 선생의 그간의 삶의 양식과 의지는 앞으로도 변함없이 두 겹으로 엮는 삶을 추구할 것 같은 느낌이 들어서이다.

정년퇴임을 마음깊이 축하하며 전문적 자유인의 세계로의 입문을 환영한다.

이병진

한양대학교 대학원 졸업. 교육학박사
한국교원대학교 명예교수

최운식 선생님은 사이버 교수님

이재형

우연히 '청년'이라는 단어의 뜻을 국어사전에서 찾아보니, '신체적, 정신적으로 한창 성장하거나 무르익은 시기에 있는 사람'이라고 한다. 하지만 신체적으로는 아무리 젊어도, 정신적으로는 건강하지 못한 사람을 '청년'이라고 표현하기는 어렵다고 할 때, 역시 '청년'이라는 단어 뜻은 아무래도 '정신'의 측면에 방점이 찍혀야 옳을 듯 싶다.

내가 학부 과정에 있을 때나, 군대에 있을 때, 그리고 석사과정과 조교를 거쳐 지금 박사과정에 재학할 때까지 늘 한국교원대 인문관에서 든든하게 자리를 지켜 주시던 최운식 선생님. 선생님께서 이제 곧 정년을 맞으신다고 하니 마음 한쪽이 찡한 것은, 바로 늘 새로운 가르침과 세심한 배려로 제자들을 돌보아 주시던 '청년' 최운식 선생님을 교원대에서 자주 뵙지 못하게 될 것에 대한 아쉬움이 가장 큰 이유가 아닌가 싶다.

학과 조교를 지냈던 나로서는, 선생님의 세심한 배려를 느낄 수 있는 일이 하나 하나 열거하기 힘들 정도로 참 많았다. 학과 조교를 거친 사람은 누구나 그렇겠지만, 사실 가장 신경이 쓰이는 업무는 소소한 행정적인 문서 처리일 것이다. 그런데 선생님께서는 아무리 작은 서류 하나까지도 손수 작성하여 직접 전달해 주시며 '수고해 주어. 고맙네!'라는 말을 빠뜨리지 않으셨다. 작은 일까지도 조교를 생각하여 주시고 배려해 주신 고마움을 잊을 수가 없다.

최운식 선생님께서는 교원대 국어교육과 안에서는 고전문학과 문학교육을 담당하시는 교수님으로 알려져 있지만, 사실 교원대 전체에서는 '민속학'을 강의하시는 분으로 더 널리 알려져 있다. 선생님께서 매년 1학기에 개설하시는 '한국의 민속'과목은, 교원대 최고의 인기 강의이다. 항상 수강 인원이 많아서, 대형 강의실을 섭외하는 일이 학기 초 가장 큰 일이었다. 그래서인지 몰라도, 2003년도에 '한국의 민속' 강의를 사이버 강의로 새롭게 개발하신다고 하실 때, 나는 사실 어린 마음에 염려가 있었다. 선생님께서 오프라인으로 강의하실 때의 그 열의와 열정을 학생들이 컴퓨터 화면으로 어떻게 전달받을 수 있을까 하는 걱정은 차치하고서라도, 선생님께서 보여주시던 수많은 슬라이드와 동영상 자료 제시를 사이버 강의에서 제대로 구현할 수 있을까 하는 염려가 가장 컸었다.

그런데 역시 선생님은 다르셨다. 당시 거의 웹문서로만 이루어지던 교원대 사이버 강의를 탈피하여, 획기적으로 선생님께서 직접 동영상 강의를 녹화하심은 물론, 각종 슬라이드 및 비디오 자료를 일일이 모두 컴퓨터 파일로 다시 만들어서 교안을 제작하셨다. 뿐만 아니라 비디오 및 문서 자료의 일부라도 매 학기마다 반드시 업데이트하셔서 학생들에게 제시하셨다. 그래서 한국의 민속 사이버 강의는 '수강해 보면 그 진가를 아는' 유명한 강의, 강의실에서보다 더 생동감 있는 사이버 강의로 학생들에게 알려져 있다.

이렇게 인간적으로는 따뜻한 배려를, 교수님으로서는 항상 새로운 도전을 주저하지 않으시는 선생님을 어찌 '청년'이라 부르지 않을 수 있으랴. 최운식 선생님은 수백 년의 연륜을 갖고 있으면서도 매 해마다 생명의 푸른 싹을 틔우는 든든한 거목이시라고 감히 말씀드릴 수 있다.

최운식 선생님. 부족한 제자를 너른 마음으로 사랑해 주신 은혜, 결코 잊지 않겠습니다. 선생님께서 주신 지난 14년의 가르침을 마음 속에 깊이 새기고, 더욱 열심히 학업에 정진하겠습니다. 늘 행복과 건강이 함께 하시기를 기도합니다.

이재형

한국교원대학교 학부 및 대학원 박사과정 수료.
현재 한국교원대학교, 관동대학교, 충북대학교 강사

청람 뜰 추억

이정환

다락리라는 이름만 들어도 가슴이 설렌다. 석사과정 3년, 박사과정 3년 반을 드나들던 곳이니 어찌 한시라도 잊을 수 있는 곳이랴. 늦은 나이에 석사과정을 마치고, 턱(?)도 없을 나이에 박사과정에 입학하여 다녔다. 그래서 곤혹스러울 때도 적지 않았다. 그러나 그 무렵 나는 학문하는 즐거움에 어느 정도 빠져들어 곤혹스러움을 간신히 이겨내고 있었다.

한국교원대에서 내게 가르침을 주신 교수님들은 많으시다. 그 가운데서도 의재 최운식 교수님은 나를 많이 사랑해주셨던 분이시다. 교정이나 강의실 계단에서 최운식 교수님을 자주 뵙곤 하였는데, 그때마다 결코 그냥 지나치지 않으셨다. 꼭 격려 말씀을 해주셨다.

"오늘도 먼 길 오셨네. 고생이 많으서……."

웃으시면서 그렇게 말씀하실 때마다 나는 고마움을 느꼈다. 늦은 나이에 공부하는 모습이 좀은 안쓰러워 보이셨던 까닭이리라. 또한 내가 청주에서 꽤 떨어져 있는 대구에서 올라온다는 사실을 알고 계셨기에 더욱 그러하셨으리라.

나는 교수님으로부터 적잖은 가르침을 받았다. 석사논문을 심사하셨고, 몇 차례 강의도 들었다. 늘 자상하셨고, 따뜻한 정을 보이셨다. 박사논문 심사 때에는 심사위원장으로서 내 부족한 논문이 통과되는 데 큰 도움을 주셨다. 엄격한 잣대를 가지고 계셨기에 나는 내심 많이 걱정했는데, 심사과정에서 부족한 부분들을 세세히 일러 주시면서 격려를 아끼지 않으셨다. 최종 심사를 끝마치시고 아래와 같은 당부의 말씀을 들려주신 것을 나는 잊지 못하고 있다.

"이젠 이 선생은 학자를 겸하게 되었으니, 창작과 학문 탐구, 가르치는 일을 잘 병행하여 더욱 크게 이루시게나. 잘 하리라 믿네. 졸업을 미리 축하하네."

뜻하지 않은 계기로 마흔 넷에 교원대학교 석사과정에 입학하여 학문의 길에 접어든 때가 1998년이었다. 2000년 2월에 졸업하고 2년을 비비적거리다가 용기를 내어 박사과정에 도전하게 되었고, 턱걸이하여 나보다 열 몇 살 적은 동기들과 동문수학하면서 만 3년간의 출석 수업과 어려운 외국어 시험, 소논문 쓰는 일 등에 골몰하면서 3년 반을 어렵사리 견디어내었는데, 마침내 2005년 8월에 학위를 받게 되었으니, 나로서는 더할 나위 없는 광영이 아닐 수 없었다.

나는 사실, 평생을 시인으로 살고 싶었다. 그러므로 공부하는 일은 전혀 염두에 두지 않았다. 그러나 사람의 길이란 자기 의지대로만 되는 것이 아니기에 마흔 중반에 내 앞에 다가온 기회를 나는 붙잡기로 하였고, 그 이후로 창작보다 학문 탐구에 힘쓰면서 결코 공부하는 일이 창작에 지장을 주지 않는다는 사실도 알게 되었다. 늦은 공부는 오히려 내가 쓰는 시편에 깊이를 더하는 일이었다. 그래서 나는 더욱 한국교원대학교가 고맙고, 여러 교수님들이 고맙고, 특별한 애정으로 가르침 주신 의재 최운식 교수님의 사랑이 고마울 뿐이다.

나는 이렇듯 살아가면서 많은 빚을 지고 있다. 다 갚을 수 없는 은혜이다. 내가 어디에 눈길을 주든지 청람 뜰은 항시 내 뇌리의 한 부분을 차지하고 있어서, 갖은 어려움을 이겨온 내 삶을 견인하는 한 귀중한 축이 되고 있다.

의재 최운식 교수님의 영예로운 퇴임을 엎드려 축하드리며, 주님께서 은총으로 주시게 될 앞으로의 나날들도 더욱 복되시고 강안하시기를 간절히 기도드린다.

이정환

대구교육대학교, 한국교원대학교 대학원 석사 및 박사과정 졸업. 교육학박사
중앙일보 신춘문예 당선, 대구문학상, 중앙시조대상 등 수상
현재 한국교원대학교 겸임교수, 대구교육대학 강사, 정음시조연구회 대표

최운식 선생님을 그리며

임택균

'회자정리會者定離'라는 말이 있다. 사람은 누구나 만났다가는 헤어진다. 참으로 슬픈 말이지만, 우리는 일생 동안 많은 만남과 이별을 반복한다. 어떤 사람들은 그저 스쳐지나가는 인연이고, 어떤 사람들은 오랫동안 같이 동고동락同苦同樂하다가 깊은 아쉬움과 여운을 남기며 이별을 한다.

최운식 선생님과 만난 지 어느덧 10여 년이 흘렀다. 학생과 교수로, 또 조교와 교수로서 오랫동안 선생님을 옆에서 뵈면서 보고 느끼고 배운 점이 참으로 많다. 이 자리를 빌어서 그간 강의와 삶으로서 많은 것을 가르쳐 주신 선생님께 감사의 말씀을 드린다.

학생으로서 선생님에 대한 기억은 참 엄하면서도 인자하셨다. 강의실에서 가르치고 지도해야 할 부분에 대해서는 단호한 목소리를 내시면서도, 한편으로 복도나 연구실에서 만나 뵐 때면 늘 부드럽게 인사를 받아 주고 대해 주시던 선생님의 모습이 눈에 선하다. 어린 학생에게도 예의를 항상 깍듯하게 지키셨고, 보여 주시는 항상 흐트러짐이 없는 단정한 모습에서 스승이란, 교사란 학생에 대해 모름지기 어떠한 자세와 모습을 보여주어야 하는지를 몸소 가르쳐 주셨다.

조교로서 선생님에 대한 기억은 매사에 빈틈이 없는 성실한 학자로서의 모습이셨다. 연구와 강의에 몰두하다보면 행정 업무 한두 건쯤은 잊을 만도 하건만, 내 기억에 단 한 번도 당신이 해야 할 것을 놓치거나 대충하는 법이 없으셨다. 늘 꼼꼼하게 검토 후 서류를 직접 건네주셨고, 혹 시간에 쫓겨 당신이 미처 하지 못할 경우에는 반드시 예의를 갖춰 부탁을 하셨다. 또한 선생님은 재직 당시에 많은 책을 쓰셨는데, 책이 출간될 때마다 매번 조교에게도 직접 인사를 잊지 않으셨다. 간혹 연구실에서 뵐 때는 그냥 시간을 보내는 법이 없이 항상 무언가에 몰두해 있는 모습에서 성실한 학자의 자세를 배울 수 있었다.

한 사람으로서의 선생님에 대한 기억은 참 한결같은 분이라는 점이다. 다사다난多事多難한 인생과 대비되어 '한결같다'라는 말은 그 속에 참으로 많은 것들이 담겨져 있다. 소신에 관한 무언가를 지키기 위한 많은 수고와 노력, 그리고 정진精進 등이 그 속에 숨어 있다. 선생님은 옆에서 오래 지켜 본 사람으로서 분명 한결같은 분이셨다. 처음 만났을 때의 모습과 지금의 모습이 크게 변함이 없다. 도리어 시간이 지남에 따라 더 알게 되는 선생님에 대한 여러 면모들은 그러한 한결같은 모습을 뒷받침하였다. 누가 보든지, 보지 않든지 묵묵히 본인의 길을 걸어가시는 모습에서 사람이란, 학자란, 스승이란 어떠해야 하는지 많은 가르침 주셨다.

선생님을 회고하면 수많은 일들과 생각들이 영화 필름처럼 머리를 휘감는다. 졸필로 모두 다 글로 담아낼 수 없음을 한탄하면서 짧게나마 선생님에 대한 기억 몇 가지를 더듬어 적어보았지만, 자칫 짧은 글로 인하여 본인께 누가 되지 않을까 염려스럽기만 하다. 다만 그 성의와 진의眞意만은 잘 전달되었기를 빌 뿐이다.

'회자정리'에 이어지는 말이 '거자필반去者必返'이다. 계속 이어가시는 학문에서, 혹은 새로운 인연으로 선생님을 다시 만나 뵐 날을 기대해 본다. 끝으로 선생님의 나아가시는 새로운 길이 만사형통萬事亨通하시고, 건강하시기를 바라며 글을 마친다.

임택균

한국교원대학교 학부 및 대학원 석사과정 졸업.
박사과정 재학
현재 한국교원대학교 국어교육과 조교

위로하고 위로하며

조일영

요즘 들어 늦게 잠들었다가 한밤중에 잠을 설치고 일어날 때가 많다. 원래 잠귀가 밝은 편이라서 종종 있어왔던 일이긴 하지만 최근에는 새벽 불면증에 시달린다는 선배들의 푸념이 남의 일 같지가 않다. 그런데 그냥 잠만 일찍 깨게 되는 것이 아니라 이런 저런 생각이 머리 속에 끝없이 밀려들어 시간이 흐를수록 잠이 멀리 달아나기만 한다.

가깝던 후배 한 사람이 갑자기 유명을 달리한 일이 있고 나서는 예전에 잘 만나던 사람들이 예사롭지 않게 느껴지던 차에, 어느 날 역시 새벽에 일어나 앉아 이런 저런 생각에 시달리던 중 문득 떠오른 의문이 있었다. 왜 내가 아끼던 착한 사람들과 물건, 시간들일수록 일찍 떠나버릴까? 내 부모님, 절친했던 친구, 동고동락하던 후배, 슬프도록 아름답게 남아있는 지난 시간들이 모두 그렇다. 선배들 중에도 유독 좋아하던 사람들이 먼저 내 곁을 떠나버린다.

사람들 중에는 더불어 얘기해 보면 뭔가 마음의 위안이 되고 좀 더 얘기를 나누고 싶은 사람들이 있다. 또 어떤 사람은 얘기를 나눌수록 주눅이 들고 일방적으로 듣게만 되는 경우가 있다. 연령이나 지위나 학식이 나보다 높아서 경청을 하는 경우라 하더라도 심기가 편치 않아 얼른 자리가 끝났으면 하는 생각이 절로 나는 경우다. 그런 사람들 중의 한 유형이 자신의 생활을 예로 들어 설교하려는 사람이다. 내가 속이 좁고 수양이 덜 되어서 그렇겠지만 참 견디기 쉽지 않다. 그런데 과연 나만 그럴까? 다른 사람들은 어떨까? 다른 사람들은 용케 참고 잘도 들어주는 것 같기도 하다. 하지만 그렇게 모범적인 사람의 생활이란 얼마나 갑갑하고 견디기 힘든 것일까?

사람은 어쨌든 일상사에서 늘 위로받고 싶어 하는 약한 감정의 동물이다. 모범적인 삶의 강박관념에서 잠시나마 피해볼 수 있는 시간을 우리는 행복해 한다. 늘 실수하고 남에게 상처를 주기도 하고 또 그것을 미안해하고 하면서 삶을 영위해 나간다. 그래서 우리는 결국 서로 사랑할 수밖에 없지 않는가? 그런 의미에서 남을 위로하고 그 과정에서 또 내가 위로받게 되는 대화라는 것은 우리네 삶의 행복과 여유를 확보해 주는 중요한 수단인 것이다.

마누라의 짜증도 때로는 그립다. 마누라의 비난이 혹독한 것이긴 하지만 또 한편 눈물겹게 고맙기도 하다. 왜냐하면 그것이 다른 살아있는 존재로부터 나의 존재를 확인할 수 있는 흔치 않는 기회이기 때문이다. 마누라의 잘못과 나의 잘못이 서로 얽히고 설키면서 그 잘못까지도 결국 사랑하며 못 잊고 그리워하게 마련이기 때문이다. 그러면서 여기까지 살아오지 않았는가?

교원대학교에 부임한 것이 벌써 12년이 되었다. 대학에서 직장 생활을 한다는 것이 생각보다 삭막한 면이 많다. 으레 어떤 모임이나 집단에서건 남달리 정을 두고 사는 사람이 한둘 있기 마련이다. 생활의 압박감 속에서 긴장을 풀고 고달픔을 하소연 할 수 있는 상대가 필요하기 때문이다. 내 주변에 직장 동료로서 또는 선배로서 여러분이 계셨지만 의재宜齋 선생님은 바로 옆방에서 나의 그런 시간들을 함께 해 주셨다. 옆방에 불이 켜져 있으면 때를 가리지 않고 들어가서 이런 저런 얘기를 나누기도 했고, 그런 기회에 학교생활의 대소사를 의논하기도 하고, 마음이 답답할 때는 하소연하는 상대가 되어 주고 위로해주기도 하셨다. 늦은 밤에 연구실에서 나갈 때 선생님께서는 내 방문을 두드리고 먼저 나간다고 통고하시고. 그래서 나도 그렇게 따라 했다.

의재 선생님은 내가 교원대학교에서 사는 동안에 지하철이나 백화점에서 에스컬레이터의 안내방송처럼 소홀히 하면 큰코다칠 삶의 주의 사항들을 무수히, 반복해서 들려주셨다. 직장 동료로서, 선배교수로서, 인생의 선배로서, 옆방 이웃으로서, 교수의 삶은 이런 것이다 하는 것을 몸소 보여주시는 듯 했다.

내게 있어서 의재 선생님은 명쾌한 판단, 단단한 의지, 근면한 삶으로 기억된다. 예부터 사람에 대한 평가항목으로 신언서판身言書判을 말해왔다. 흐트러짐 없는 몸가짐, 단순 명료한 언어 표현, 근면한 학문, 실속을 중시하는 사고 등 그대로 의재 선생님을 보면 될 것 같다. 선생님을 마주하면 단단함이 몸 전체에서 풍겨 나오는 것을 느낀다. 간간히 들려주시는 삶의 과정을 보더라도 반듯하고 단단함이 그대로 드러난다.

우선 선생님은 처신에 명쾌하다. 이해 관계가 첨예하게 맞선 경우 가장 현실적으로, 가장 명료하게 판단하고 처신한다. 그러므로 혹시 어느 한 쪽에서 비난을 받는 한이 있더라도, 사후에 이러쿵저러쿵 뒷말이 없다. 너무나 명료한 처신 때문에 본인의 말씀대로 어떤 때는 차가움마저 느껴질 정도이지만 나름대로의 명확한 이유 때문에 상대방의 마음에 서운함이 비집고 들어올 틈이 없다. 그만큼 확고한 주관이지만 부드러운 처신 속에서 유연하게 살아오신 것으로 생각한다.

그런 처신과 관련해서 필자의 기억에 남아 있는 것이 있다. 5, 6년 전 쯤 하필 필자가 학과장의 임무를 수행하고 있을 때 학장 선거가 있었다. 당시 인문계열 교수들과 사회계열 교수들 중에서 번갈아 한 번씩 학장 후보를 선출하는데, 선생님의 연세가 마침 학장 후보 군에 해당하던 때인지라 후보 출마 의사를 밝히셨는데, 같은 학과에서 선생님보다 연령상으로는 후배이지만 부임은 먼저 하셨던 교수 한 분이 출마 의사를 밝혀 학과장으로서 매우 난감했었다. 모두 학장 후보로서 결격됨이 없었지만, 두 분 모두 필자보다는 선배 교수인지라 중간에서 곤혹스러웠다. 한 과에서 두 사람이 출마한다면 결과는 보나마나할 것이기 때문이다. 생각하다 못해 두 분을 한 자리에서 모시고 중재를 시도하였다. 자신이 출마해야 하는 당위성과 출마 했을 경우의 당선 가능성에 대한(대개가 아전인수격이게 마련인) 각자의 생각을 개진하고 나서 침묵의 시간이 흘렀다. 그 사이 필자의 머리는 복잡하게 돌아갔다. 만약 타협이 되지 않고 그대로 진행된다면 누구를 지원해야 하는가, 또 학과 외부에는 무어라고 설명을 해야 할 것인가, 그리고 그런 상태라면 다른 과의 후보로부터 좋은 공격거리가 되어 선거 필패의 결말이 날 터인데 그 후유증은 어떻게 치유할 것인가 등등 가슴이 답답해 왔다. 그런 숨 막히는 상황이 10여 초 흘렀을 때, 먼저 말문을 여신 분이 의재 선생님이셨다. '정 그렇다면 양보하마, 대신에 이왕에 하는 거 필승해야 한다'는 당부 말씀이 요지였다. 그런 힘든 결정을 그렇게 쉽게 내리고 깨끗이 정리해 주실 줄은 정말 몰랐다. 안쓰럽기도 하고 한편으로는 죄송스럽기도 해서 자리가 파한 후 연구실로 쫓아가서 아쉽다는 말씀으로 위로를 드렸다. 그러나 선생님은 담담한 표정으로 오히려 '걱정하지 말라'고 부담을 덜어주셔서 당시 무척 고맙게 생각했다. 선생님의 그런 결단성도 그렇지만 그 후 선거와 관련하여 일체 아쉬움이라든가 섭섭함 등의 언급이 없는 깔끔한 모습이 아름답게 보였다.

또 선생님의 부지런함은 누구나 인정하고 있고 또 감탄할 만하다. 지도받는 제자들에게 늘 부지런해야 한다는 말씀을 아끼지 않으시지만, 또 실제로 그런 근면한 학문적 자세와 생활태도를 필자는 늘 옆에서 보아왔다. 혹시 후배 교수인 필자가 게으름을 필 때도 정중하지만 솔직하게 나무라기를 서슴지 않으셔서 늘 감사하게 생각해 왔다. 선생님의 학문을 위한 열정은 수많은 저서를 통하여 확인된다. 보직이나 다른 명예에 연연해하지 않는 의지의 꿋꿋함이 얼마 전 국문학의 큰 상인 도남 국문학상 수상을 당연하게 여기게 만든다.

근면한 삶은 절제 없이는 어렵다. 내가 처음 교원대에 부임했을 때는 선생님의 주량이 그렇게 대단한 줄을 몰랐다. 선배 교수들과 처음으로 같이 한 술자리에서, 상 위와 아래에 즐비하게 놓인 빈 술병들과 함께 분위기에 어울리는 노래로 흥겨움을 북돋우시는 선생님의 모습에서 국문학 하는 분들의 풍류를 새삼 엿볼 수 있었다. 독실한 기독교인이면서도 합리적 신앙생활과 술을 마다하지 않는 선생님의 멋스러움은 절제가 중심이 되어 있다. 선생님의 풍류는 파격도 서슴지 않지만 항상 그 뒷자리에는 절제가 남아 있었다.

이렇게 옆방 이웃으로서, 선배로서, 인생의 조언자로서 내게 은근한 힘이 되어 주시던 선생님이 어느덧 방을 빼신다니, 등이 서늘해지는 느낌이다. 아버님이 돌아가실 때 느꼈던 서늘함과는 또 다른 서늘함이다. 내게 중요하고 귀한 분들과 함께 했던 그 시간들이 점점 내 곁에서 멀어지는 느낌이다. 나도 남은 기간에, 선생님과 함께 살면서 위로받은 만큼, 후배교수들이나 제자들에게 위로를 줄 수 있는 삶을 과연 살 수 있을지 모르겠다.

조일영

고려대학교 학부 및 대학원 졸업. 문학박사
현재 한국교원대학교 국어교육과 교수

최운식 교수 정년 퇴임을 축하하며

최수영

나는 전남 완도군 고금면 도남리에서 해주海州 최崔씨 31세인 최홍민崔洪民의 일곱째 아들로 1946년 태어났다. 아버지는 최충崔沖－최만리萬理(14世)의 장남 각塙 즉 현감공파縣監公派로 이어지는 최만리의 16세 손이다. 어머니는 전남 완도군 약산면 해동리 김해 김씨 김찬균金贊均의 맏딸 김봉예金奉禮이다. 아버님은 조상의 전통대로 정직하고 청렴결백 하였으며, '정직하게 생활하면 내 대에서는 복을 못 받더라도 후손들이 축복을 받는다.'는 신념으로 사셨다. 어머님은 자식들을 위해 헌신하신 현명한 분이셨다. 아버님과 어머님 산소는 전남 완도군 완도읍 대야리 1구에 있으며 조상들 4대의 산소가 그 곳에 있다.

나는 완도 고금초등학교, 목포중학교, 서울 경동고등학교를 거쳐 미국 유학을 가서 브리감영대학 하와이 분교에서 영어교육 전공으로 학사학위와 하와이 중등영어교사 자격증을 받았고, 대학원은 유타주 브리감영대학교에서 교육학과 언어학으로 1981년 박사 학위를 받았다. 경력으로는 모교인 미국 브리감영대학교에서 한국어 주임교수로 7년간 재직하다가 1986년 한국교원대학교 교수로 부임하게 되었으며, 2011년에 퇴임하게 된다. 21년 동안 한국교원대학교에서 컴퓨터와 멀티미디어를 활용한 영어교육을 가르치고 있으며, 한국 멀티미디어 언어교육학회를 설립하고 2대 회장(1999~2001)으로 봉사했다. 한국영어교과교육학회장(2007~2009)으로 봉사하면서, 해주 최씨 가문에 훌륭한 학자와 교육자가 많은 것을 염두에 두고 있으며, 조상의 얼을 본받아 좋은 교육자가 되어 한국의 교육에 공헌하고자 노력하고 있다.

내가 종친인 최운식 교수를 알게 된 것은 1984년 해주 최씨 종친회 이사회 모임에서 였다. 그 당시 최운식 교수는 국제대학교 국문과 교수였으며, 나는 다음과 같은 배경 때문에 국문과 교수인 최운식 교수와 친하게 지내면서 많은 것을 배우고 싶었다.

나는 1973년 미국 하와이 브리감영대학교로 유학을 떠나서 12월 예수 그리스도 후기성도 교회의 축복사로부터 축복을 받게 되었다. 축복사 축복문祝福文 중에 우리 조상들이 저 세상인 영靈의 세계에서 예수 그리스도의 복음을 받아 들였으며, 족보 사업을 통해 돌아가신 조상들이 성전에서 그들의 구원을 위한 대리의식을 기다리고 있다는 대목이었다. 축복사 축복문을 자주 읽어보면서 '어떻게 우리 조상들이 예수 그리스도의 복음을 받아들일 수 있었을까?' 하고 의아해 했다. 몇 년이 지난 후 마음이 정직한 자들이 이 세상에서나 저 세상에서 복음을 받아들인다는 것을 알게 되었다. 축복사 축복문에 조상들이 이미 복음을 받아들였고, 성전 의식을 기다리고 있다는 것 외에 주님께서는 본인에게 교육에 대한 강한 열망을 가지라고 했고, 잘 준비되었을 때 주님께서 쓰시는 도구가 될 것이라고 했다. 그리하여 성경에서 자녀의 마음을 조상에게 돌이키라고 했듯이 나도 최충 할아버지의 훌륭한 모범을 따라 학문과 덕망을 갖춘 교육자가 되어야겠다고 생각했다.

그 후 1979년 미국 유타주 브리감영대학교 교수가 되어 미국에서 한국학 프로그램을 개발하였다. 1984년에는 안식년을 받아 서울대학교에 객원연구교수로 연구하러 와서 언어학과 족보를 더 연구했고 세종대왕의 훈민정음 창제에 반대했던 최만리 공께서 나의 선조라는 것을 알게 되었다. 할아버지에 대하여 후손인 나 자신도 오해를 하고 있던 사실들을 새로운 안목으로 보게 되었고, 상명대학교 최기호 교수의 글과 다른 연구를 통하여 최만리 할아버지께서 매우 청렴결백하고 강직하여 청백리淸白吏 1호(황희 정승이 2호)가 되었음을 알게 되었다. 서울대 안병희 교수를 통해 할아버지께서 집현전 부제학으로서 실질적인 집현전 총 책임자였으며, 학문적인 권위자였다는 것을 들어 알게 되었다. 그리하여 최만리 공의 후손인 것을 자랑스럽게 생각하게 되었고, 선조들의 모범을 본받아 열심히 학문을 닦고 인격을 도야해야겠다는 새로운 마음가짐을 가지게 되었다.

조상들과 뿌리를 찾기 위해 족보를 연구하고, 현감공 종손인 전남 강진군 신기리 최재신 종친도 찾아뵈었다. 경기도 안성군 원곡면 지문리 불지촌 영당靈堂과 최만리 할아버지의 산소, 또한 경기도 오산에 건립된 문헌서원文憲書院과 종친들을 찾아 뵙고 우리 조상들이 얼마나 강직하고 청렴결백했는지 알게 되었다. 그리고 "죄를 지어 죽거나 그 이름이 탐관오리貪官汚吏로 떨어져 조상들에게 욕을 끼치고, 종인들에게 부끄러움을 끼친 자들은 하나도 없었다."는 말을 듣고 대단히 기뻤다.

1986년 9월 드디어 13년 살았던 미국생활을 정리하고 최충-최만리-최홍민 조상의 얼을 생각하며 한국 교육의 중추적 역할을 하기 위해 설립된 한국교원대학교에서 한국 교육의 장래를 위해 조금이나마 보탬이 되기 위해 조국으로 돌아왔다. 미국에서 13년을 유학생과 교수 생활을 하면서 왜 내가 한국에서 태어났으며, 주님께서는 내가 어디에서 어떤 일을 해 주시기를 원하시는지 많이 간구해 보았다. 주님께서는 내가 한국교원대학교에서 일하기를 원했으며, 나도 조상의 얼을 본받아 한국 교육의 장래를 위해 조금이라도 보탬이 되기 위해 기꺼이 한국교원대학교로 오게 되었다.

한국교원대학교 영어교육과의 교수로 근무하게 된 뒤에 종친회에서 2년 전에 만났던 최운식 교수께서 국어교육과에 근무하고 있는 것을 알게 되어 대단히 반갑고 기뻤다. 그리고 최 교수께서 국문학 분야에서 성실한 학자로 꾸준히 연구하며, 구전되고 있는 전설·민담과 민속의 현장을 답사하여 많은 업적을 쌓고, 저술하고 있음을 알게 되었다. 그의 업적에 관심이 많은 나는 많은 것을 최 교수께 물었고 최 교수는 많은 경험과 실증으로 해박하게 나의 질문에 대답해 주었다. 그리고 그의 많은 저서를 나에게 선물하여 나의 자녀들과도 서로 읽으면서 많은 것을 배우고 느끼고 존경하게 되었다.

1995년 미국의 모교에 연구교수로 갔다가 자녀들 5명이 전부 미국에서 학교를 다니겠다고 하여 나는 졸지에 기러기 아빠가 되었다. 그래서 학교로 돌아와 교수아파트에 살고 계신 최 교수께 부탁하여 더부살이를 하게 되었다. 훌륭한 학자요 또한 교회의 장로로서 성실하게 사시는 모습이 참 존경스러웠으며, 밤늦게까지 국문학 이야기, 종교 이야기, 기타 여러 가지 좌담으로 정을 나누었다. 그리고 둘째 아들 진평이가 군대 갔다 온 후에 어학연수를 떠난다고 하여 주선하여 나의 모교인 미국 유타주 브리감영대학교의 어학과정에 일 년 간 연수하도록 주선해 주었다. 진평이는 어학 연수하면서 나의 자녀들과 아주 친하게 일 년을 지내고, 한국에 돌아와 복학하여 졸업하고, 지금은 경희대 부설 여자고등학교에서 국어과 교사로 성실하게 근무하고 있다.

최운식 교수는 훌륭한 업적을 쌓은 학자일 뿐만 아니라 따뜻한 인간미를 갖춘 분이다. 한 예로 나는 10년 전부터 당뇨가 있어서 보리밥이나 잡곡밥을 먹어야 되어서 천안의 목천에 있는 장인과 생활하면서 잡곡밥을 싸 가지고 와서 점심시간에 학교 식당에서 식사를 할 때 잡곡밥을 가끔 먹었다. 그것을 알고 있던 최 교수께서 어느 날 점심에 보리밥을 먹으러 가자고 초청하였다. 최 교수는 나의 당뇨 치료에 좋을 것이라고 생각 되었다고 하면서, 교원대의 뒤편 시골로 가서 순 꽁보리밥과 채소를 맛있게 먹은 기억이 있다. 그 후로도 가끔씩 당뇨에 좋은 맛있는 식사를 사 주곤 하셨다.

나는 어려운 결정을 할 때 인생의 선배요, 신앙의 선배요, 건전한 상식을 갖춘 최 교수의 자문을 받고 싶었다. 그리하여 한국교원대의 인문사회대학의 학장과 총장에 출마할 때 최 교수께 자문을 구했다. 그 당시에 나의 판단으로는 나의 우선 순위가 첫째 가정, 둘째 교회, 셋째 직장이었다. 그래서 가정적으로 어느 정도 성공했고, 교회의 충청교구장으로 교구를 튼튼하게 했고, 또한 한국멀티미디어 언어교육학회도 설립하여 튼튼하게 했으니, 이제는 한국교원대학교를 위해 봉사하겠다고 생각하였다. 그래서 중국 북경에 있는 중앙민족대학에 초빙교수로 가 계신 최 교수께 이메일로 연락하여 조언을 구하였다. 최 교수께서 학장에 입후보하시면 내가 입후보하지 않을 것이며, 만일 입후보 하지 않는다면 내가 입후보하면 어떻겠느냐고 했다. 그랬더니 가능성이 없는 일은 하지 말고, 학문 연구에 열중하는 것이 좋지 않겠느냐고 해서 그 조언에 따랐다. 그로부터 2~3년 후에 총장에 입후보를 하고자 하여 또 조언을 구했더니, 마찬가지의 조언을 하였다. 그러나 총장 선거에서는 예수 그리스도의 방법대로 학교 운영을 해야 한국교원대가 본연의 목적과 사명을 달성할 수 있겠다는 판단과 소신을 갖게 되어 입후보를 하였고, 혼신의 노력을 기울였으며, 예수 그리스도께서 왕 중 왕으로 재림하실 때 한국의 교육의 변화를 위해 일하도록 준비하고 있다.

한국 교육의 중추적인 역할을 하고 있는 한국교원대에서 근무하면서 최운식 교수 같은 훌륭한 학자요, 좋은 종친을 알고 사귀게 되어 기쁘다. 성경에서 "아비의 마음을 자녀에게 돌이키게 하고 자녀들의 마음을 그들의 아비에게로 돌이키게 하라(구약성서 말라기 4 : 5~6. 몰몬경 니파이삼서 25 : 5~6 참조)." 또한 "조상 없이 우리가 완전해질 수 없고 우리 없이 조상들이 완전해질 수 없다(신약성경 히브리서 14 : 40. 교리와 성약 128 : 15)."라는 진리를 깨닫게 되었다. 그래서 조상들에 대하여 관심을 갖게 되었고, 족보를 찾기 시작했고, 후손들에게 뿌리를 알려주기 위해 지금도 족보와 가족 역사를 연구하고 정리하고 있다. 가족 관계는 영원한 것으로 다음 세상에서도 가족 관계는 계속되고, 우리 조상들과 후손들이 다시 만나서 가족 관계를 계속 유지하며 서로 사랑하고 배우고 발전하여 원래의 조상인 하느님 아버지와 같이 완전하게 된다는 진리를 깨닫고, 조상과 후손의 영원한 관계와 가족의 중요성을 알게 되었으며, 저 세상에 가서도 최운식 교수와 가족으로서 서로 친교와 사랑을 나눌 수 있어서 기쁘다.

조상을 찾고 연구하면서 느낀 것은 최씨 집안이 강직하고 청렴결백한 가풍이 있었다는 것과 돌아가신 조상들이 그러한 가풍을 이어받아 우리 후손에게 전해 주었다는 것이다. 어렸을 때는 우리의 조상들, 특히 최만리 할아버지, 그리고 나의 아버님이 융통성도 없이 고지식하게 정직한 분이었다고 생각했다. 그러나 족보를 연구하고 느낀 것은 조상과 아버님의 그러한 청백리 자질이 최씨 가문의 전통이었다는 것이다. 특히 최충 할아버지께서 두 아들들에게 물려 준 가훈과 후손들에게 유훈으로 남겨 귀감이 되고 있는 「계이자시戒二子詩(두 아들을 훈계한 시)를 되새기며 훌륭한 조상의 마음을 이해하고, 조상들의 모범을 후손들에게 전하는 데 종친들이 서로 협력하고 있는 것에 감사하고 있다.

특히 최운식 종친께서 그러한 모범을 실천하고 보여 주신 것에 저의 감사와 존경과 찬사를 보낸다. 최 교수는 「심청전」 연구의 박사 1호이며, 『한국서사의 전통과 설화문학』(민속원, 2002)을 집대성하고 출판하여 국문학 연구 업적의 백미라고 여겨지는 도남 조윤제 국문학상을 2007년 정년퇴임 전에 받았다. 최운식 교수님 같은 훌륭한 종친이 더 탄생하여 해주 최씨의 좋은 전통이 계속 우리 후손들에게도 유지되기를 기대하며 특히 우리 후손들은 우리보다 더 훌륭하고 더 좋은 전통과 학문의 업적을 이루어 사회에 공헌하기를 기대하며 나의 글을 마친다.

최수영

해주 최씨 현감공파 32세손. 인하대학교, 미국 브리감영대학교 졸업. 철학박사

현재 한국교원대학교 영어교육과 교수

중학교 국어 교과서에 실린 최운식 교수의 「한국의 호랑이」

한철우

최운식 교수님은 똑 소리가 나는 분이다. 똑 소리를 내려고 하는 분이기도 하다. 40여 권의 저서가 학자로서 똑 소리 나게 살았음을 말해 주고 있고, 그의 곁에 배우려는 학생들이 몰려들어 월곡회를 결성하여 퇴임을 앞둔 지금까지 성황을 이루고 있으니 교육자로서도 똑 소리가 난다.

맛깔스런 설명문으로 최운식 교수의 「설화 속의 호랑」이가 있다. 중학교 국어교과서 <글의 짜임>이라는 대단원 속에 들어간 글인데, 이 글을 내 연구실에서 발견하고 쾌재를 불렀던 일이 엊그제 같다. 사실 설명문으로 좋은 글을 고르기란 여간 어려운 게 아니다. 설명문은 글로서 가지런한 형식을 갖추어야 한다. 그러나 무엇보다 소재의 참신성이 있어야 교과서의 격을 새롭게 할 수 있다. 교과서 전체의 인상 즉 소위 컨셉을 '우리의 것, 전통'으로 정하고 있었던 터라 한국의 호랑이는 이에 딱 들어맞는 소재였다. 88올림픽의 호돌이 소재가 호랑이었고, 경찰의 마스코트 포돌이가 또한 호랑이었으므로 아주 좋은 캐릭터라고 할 수 있었다. 이 호랑이에 관한 이야기를 우리의 민담이나 설화 속에서 찾아 설명한 글이었으니 그야말로 금상첨화가 아닌가? 마땅한 설명문이 없어 한 동안 고민하다가 글을 발견할 묘수를 찾지 못해 지쳐 있던 어느 날 아침, 지친 몸과 마음을 연구실 소파에 의지한 채로 연구실 서가에 꽂힌 책들을 물끄러미 바라보다가 최운식 교수의 책 한 권을 무심코 보는 순간, 그리고 책 안을 들여다보다가 호랑이에 관한 글을 발견하고는

'이것이다'하고 직감하였다. 그리고는 바로 최 교수의 연구실로 찾아가 이 글을 선택하고 싶다 하였더니 바로 글을 다시 꼼꼼히 다듬어 주어 중학교 국어 교과서에 실리게 된 것이다. 똑 소리 나게 말이다.

내친 김에 중학교 국어 교과서 개발에 대하여 이야기하고 싶어진다. 벌써 오 년 여가 지났다. 그 때 제7차 교육과정에 따른 중학교 국어 교과서를 개발하게 되었다. 제7차 국어교과서는 독특한 방식으로 개발하게 되었는데 소위 공모제에 의한 개발 형식을 취하고 있었다. 비록 국정교과서이지만 먼저 교과서 개발 계획서를 공모하고, 두 팀을 선정하여 1년 동안 교과서를 개발한 다음 이를 심사하여 한 팀의 교과서를 선정하여 국어 교과서를 개발하는 정책이었다. 이를테면 검인정 체제와 국정 교과서 개발의 체제의 중간 형식인 셈이었다.

고려대학교 노명완 교수를 중심으로 한 고려대학교 개발팀과 나를 중심으로 한 한국교원대 개발팀이 공동으로 교과서를 개발하게 되었다. 나는 고려대학교 노명완 교수와 중학교 국어 교과서를 공동개발하기로 의견을 모은 다음 교과서 체제를 연구하여 교육부의 교과서 편찬계획서 공모에 응하였고, 계획서가 당선되어 1년 동안 공모제에 응하는 교과서를 개발하게 되었다. 편찬계획서의 당선은 두 개 팀이었는데 서울대 국어교육과 팀도 있었다.

국어교과서의 체제는 과정중심, 활동중심, 자기점검과 수준별 학습의 큰 방향을 잡고 개발하게 되었다. 이를 구체화하는 과정에서 여러 가지 어려움이 있었던 것 또한 사실이다. 고려대 팀과 협의하는 과정에서 큰 의견 차이를 보이기도 하였기 때문이다. 1년 동안 심사용 교과서를 개발하였는데 우리 팀은 지학사에서 인쇄하였고, 서울대 팀은 대한교과서에서 인쇄하였다. 우리는 교과서 체제의 비밀을 유지하려고 애썼고, 결국에는 아슬아슬하게 당선되었다.

그때 심사용 교과서에 최운식 교수님의 「설화 속의 호랑이」가 실리게 된 것이다. 이 글을 발견하고 쾌재를 불렀던 기억이 새롭다. 국어 교과서를 개발할 때에 처음부터 끝까지 우리를 괴롭히는 것은 글의 문제였다. 즉 좋은 글을 실어야 하는 문제가 대두되었다. 특히 심사를 받게 되고 당선을 결정하는 공모제에서는 글의 참신성과 수준이 당락을 결정하는 주요 요인이 되기 때문이다.

「아름다운 화가, 이중섭」은 전기문이다. 당시 이중섭은 언론에서 특별히 조명되고 있었다. 그의 소, 게 등을 소재로 한 은박지 그림들이 전시되었고, 신문에 전시회 소식이 자주 등장하였으며, 제주도 서귀포에는 이중섭이 살았던 집이 복원되고 이중섭거리도 조성되었다. 그 기사를 보고 이중섭 전기를 싣기로 하였다. 동화작가 엄광용이 쓴 한 권의 전기를 바탕으로 10페이지 정도의 이중섭 전기문을 싣게 되었다. 「먹어서 죽는다」는 수필인데 법정스님이 쓴 글이다. 이 수필의 주제는 서구식 일변도의 가든 고기집과 육류 중심의 음식 문화를 비판한 글이었는데, 내용도 좋고 법정이라는 필자로서의 무게도 글을 선정하는 데 한 몫 하였다고 볼 수 있다. 지금 우리 사회가 웰빙 음식을 좋아하게 되는 분위기에 이 글이 한 몫 하였는지도 모른다. 「우리 꽃 산책」은 광릉수목원의 연구원이었던 젊은 학자 김유미 박사의 글인데, 지금은 강원도 어느 학교에 있는 장진호 선생이 찾아온 글이다. 그 당시 우리꽃에 대한 연구가 활발하고 그에 대한 책들이 많이 발간될 때였다. 그 글이 설명문이지만 꽃에 관한 전설이 깃들여져 딱딱하지 않고 맛깔스런 설명문이다.

앞에서 당시 국어 교과서 전반적인 흐름을 '우리의 것, 전통'이 하나의 중요한 컨셉이요 테마라고 하였는데, 이와 관련된 글에는 「먹어서 죽는다」, 「훈민정음 완성되다」, 「우리 꽃 산책」, 「옛 이야기」, 「도편수의 긍지」, 「봄봄」 등이 있었다. 1-2학기 전체 글 중 거의 50%가 우리의 전통과 관련된 내용이니 지금 생각해도 대단한 노력이라 할 일이다. 그만큼 교과서 개발에 대한 뚜렷한 인식이 있었던 바였다. 그 중에서도 최운식 교수의 「한국의 호랑이」 국어 교과서 컨셉의 한 정점이고, 민담과 설화 몇 편이 이를 떠받치고 있어 국어 교과서를 빛나게 한다.

아, 이제 최운식 교수가 떠나신단다. 지금 다시 국어 교과서를 개발하고 있는 중인데 또 어디에 최 교수님의 좋은 글이 있을지 찾아보아야겠다.

한철우

서울대학교, 미국 미조리대학교 대학원 졸업. 철학박사
현재 한국교원대학교 국어교육과 교수

청야青夜에 맺은 인연

의재 선생은 서울교육대학교를 졸업하고 서울 시내 초등학교 교사로 근무하면서 국제대학교(현 서경대학교) 국어국문학과에 편입학하여 학사학위를 받은 뒤에 성균관대학교 대학원에 진학하였다. 그리고 1978년에 모교인 국제대학교 국어국문학과 교수가 되었다. 의재 선생은 모교인 국제대학교에서 8년 간 교수로 재직하면서 학생들에게 많은 사랑과 열정을 쏟아 부었다. 당시 국제대학교는 정규 4년제 야간대학으로, 직장을 가진 많은 젊은이들이 밤 시간에 모여 향학열을 불태웠다. '청야'란 향학열을 불태웠던 푸른 밤을 뜻하는데, 이는 당시 교지校誌 이름이기도 하다. 여기에는 당시 후배이면서 제자로 인연을 맺었던 사람들의 글을 실었다.

정정하고 굳은 갈매나무

권혁준

겨울비가 연구실 창문을 두드려대고 있습니다. 밖은 어둡고, 고요해서 창을 두드리는 빗방울 소리 투닥투닥 들립니다. 전기난로를 빠알갛게 밝혀놓고 옛날 일들을 떠올려 봅니다. 지금은 내가 '권혁준 교수 연구실'이란 명패가 붙은 연구실에서 벽 가득히 책을 꽂아놓고 겨울비 내리는 을씨년스런 날에도 내 맘대로 전기난로 불을 피울 수 있고, 뜨거운 물 가득 부어 대추차 한 잔 여유 있게 마실 수 있는 공간을 가지고 있지만, 이십대쯤에는 내 앞날의 어디에 이런 날이 기다릴 수 있으리라고는 생각지도 못했습니다.

나는 지방의 교육대학을 졸업하고 초등학교 교사를 하고 있었는데, 그 때는 그 일도 참 좋았습니다. 그러나 그 때 2년제 교대를 졸업하고 만 것이 어쩐지 부끄러운 마음도 있었고, 초 · 중 · 고등학교를 거치면서 내내 사랑했던 국문학을 공부하고 싶은 마음도 컸었고, 그리고 무엇보다도 국어 선생이 되고 싶었습니다. 다른 것은 몰라도 국어만은 참 잘 가르칠 수 있을 것 같았습니다. 그래서 나는 야간 대학인 국제대학교 국문과를 들어갔습니다. 낮에는 초등학교에서 아이들을 가르치고 밤에는 시내버스에 두 시간을 흔들리면서 찾아가는 국문과 강의실은 정말로 즐거운 세상이었습니다. 좋은 선생님들과 문학 동호인들을 만나니 문학에 목말랐던 갈증이 어느 정도 해갈이 되는 듯 했습니다. 여기서 열심히 공부하면 고등학교 국어 선생이 될 수 있겠지, 아 맨날 국어만 가르치면 얼마나 즐거울까…. 국제대학을 들어갈 때나 한참을 다닐 때까지도 내 꿈은 고등학교 국어선생이었습니다.

최운식 선생님은 바로 그 국제대학교 국문과에 교수님으로 재직하고 계셨습니다. 내가 대학교 1학년 때 최운식 선생님은 '심청전 연구'로 박사 학위를 받으셨습니다. 그리고 그 논문을 책으로 출판하여 광화문에 있는 출판문화회관에서 출판 기념회를 열었었는데, 우리는 강의도 다 작파하고 모두들 출판문화회관으로 몰려갔습니다. 빼곡히 들어찬 사람들 사이로 우리 1학년 아이들은 저 뒤쪽에서 목을 빼고 연단 쪽을 바라보았습니다. 그때 최 교수님은 우리들의 우상이었습니다. 그런데 나중에 알고 보니 최 교수님은 교대 출신이었고, 초등학교 교사를 하면서, 내가 지금 다니고 있는 국제대 국문과를 다녔다는 것이었습니다. 그 사실을 아는 순간, 나는 뒷머리를 아프게 맞는 듯한 충격을 받았습니다. 아, 저렇게 훌륭한 분이 내가 지금 걸어가고 있는 이 길을 걸으셨구나. 초등학교 교사도, 아니 야간대학인 국제대학 출신도 교수가 될 수 있구나. 나는 최 교수님을 뵈면서 그런 놀라운 깨달음을 얻었던 것이지요. 그렇다면 나도 교수가 될 수도 있겠구나. 언감생심 대학 교수는 바라보지도 못하고, 오로지 고등학교 국어 선생이 꿈이었던 나는 '대학 교수'도 내 꿈의 한 항목이 될 수 있다는 생각을 하게 되었던 것이지요. 그리고 나서 더 알고 보니 교대를 나오고 국제대학을 졸업한 선배들이 벌써 여러 명이나 대학원 박사 과정을 다니거나 졸업을 하였고, 우리 학교에 시간 강의를 나온다는 사실을 알게 되었습니다. 그 선배들도 사실은 최운식 교수님을 역할 모델로 삼아 공부한 분들이라는 것이었지요. 최 교수님과 그 시간 강사 선배님들을 보면서 나는 남몰래 내 꿈을 바꾸었습니다. 아무에게도 말은 하지 않았지만, 언젠가는 나도 국제대학 강단에 한 번 서 보아야지 하는 참으로 야무진 꿈을 키우게 되었지요. 다른 건 몰라도 '국어' 만큼은 어쩌지 내가 해낼 수 있으리라는 막연한 자신감이 있기도 했었지요. 내가 학교에 다니는 동안에도 최 교수님은 그 선배들을 불러서 같이 세미나를 진행해가고 있었는데, 가끔은 그 모임에 아직 학부생인 저를 불러주셔서 격려를 해 주기도 하셨습니다. 그럴 때면 나도 그 분들 중의 한 사람이 된 것처럼 자랑스러웠습니다.

그렇게 대학을 졸업하고 대학원으로 진학할 때도 나는 최 교수님이 졸업하신 성균관대학교를 선택하였습니다. 내 꿈을 이루기 위해서는 어쩐지 최 교수님이 걸으신 길을 그대로 걸어야 한다고 생각한 것은 아닌지 모르겠습니다. 그런데, 최 교수님과의 학연은 그것으로 그친 것이 아니라, 박사과정에까지 이어졌으니 나는 참 스승 복도 많은 사람입니다. 국어교육을 공부하고 싶어서 교원대 박사과정으로 진학하게 되었는데, 거기서 또 최 교수님을 만나게 되었으니 말입니다.

이제 내가 박사과정생일 때 최 교수님과 있었던 에피소드를 말해야겠네요. 지금 생각해도 최 교수님께 정말로 죄송스러운 일이 있었습니다. 무슨 일이냐 하면……. 그 때가 박사과정 4학기 쯤 되었던 때인 것 같습니다. 나는 그 때 고등학교 교사를 하면서 대학원을 다닐 때라서 서울에서 청주까지 내려가기가 쉽지는 않았습니다. 그런데 그 4학기 차에는 정해진 학점을 채우려면 일주일에 이틀을 내려가야 했습니다. 그런 형편에 있던 동기생이 나 말고도 두 명이 더 있어서 우리는 생각다 못해 최 교수님을 찾아뵙고, 강의를 서울에서 해 주실 수 없는지 여쭈어 보기로 하였습니다. 이 글을 쓰는 지금도 그 때 일을 생각하면 부끄러워 얼굴이 붉어지네요. 찾아뵈러 가는 길은 발이 참 무거웠었지요. 그래도 최 교수님은 웃는 얼굴로 허락을 해주셨고, 우리는 한 학기 동안 교수님 댁에서 강의를 받았습니다.

강의가 그렇게 잘 진행되던 어느 겨울날 이층의 서재로 올라가려는 저희를 사모님께서 살그머니 부르셨습니다.

"지금, 선생님이 몸살감기에 걸리셔서 많이 불편하시니, 한 시간쯤만 강의를 듣고, 그만 하자고 말씀드리세요."

"아, 그러세요? 예, 알았습니다."

'아이고, 덕분에 우리도 강의를 얼른 끝낼 수 있겠구나'

우리는 그렇게 생각하고 서재로 들어섰습니다. 그런데, 선생님은 평상시처럼 아무렇지도 않게 강의를 진행하시고, 우리 중 아무도 강의를 그만하자고 말씀드리지 못하였습니다. 평소에 강의 시간은 칼 같이 지키시는 엄격함을 잘 아는 우리들이었기에 감히 그런 말씀을 드리지 못했던 것이지요. 서로 눈치만 보다가 시간은 흘러서 그만 세 시간 강의를 다 채웠습니다. 사모님께 인사를 드리면서 우리는 너무나 죄송해서 얼굴을 들 수가 없었습니다. 이제 나도 교수가 된 지금 생각해보니 나는 참으로 한편으로는 뻔뻔하고, 한편으로는 순진·아둔했다는 것을 알겠습니다. 지금 같으면, '교수님, 몸도 편찮으신데 오늘은 그만 하시지요. 저희들이 집에 가서 많이 공부할께요.' 그럴 수 있을 텐데요.

최 교수님을 생각하면 떠오르는 일이 참 많습니다. 부지런히, 쉬지 않고 공부하시는 모습, 말을 틀리게 쓸 때마다 정확하게 지적하시는 모습, 언제나 흐트러짐 없고 반듯하게 말씀하시고, 행동하시는 모습……. 그런 모습을 뵐 때마다 존경스럽기만 합니다. 그러나 무엇보다 선생님을 생각할 때 떠오르는 것은, 제자들을 위하는 따듯한 배려와 사랑 가득한 관심입니다. 선생님은 제자와 후배들에게 참으로 많은 덕을 베푸셨습니다. 여기에 일일이 기록하지는 않았지만 제 삶의 고비 고비에서 저는 선생님께 참 많은 은혜를 입었습니다. 오늘 이 만큼이나 제가 성장한 것은 최운식 선생님이라는 큰 나무의 덕택임을 잘 알고 있습니다. 그러나 저는 선생님께 감사하다는 인사도 제대로 드리지 못하고 살고 있습니다. 다만 선생님께 받은 사랑을 제가 가르치는 학생들에게 베풀려는 마음으로 살고 있습니다. 그래서 우리 학생들에게 무슨 일을 하려다가 게을러지고 귀찮은 생각이 들 때면 선생님을 떠올리면서 저를 채찍질 합니다.

선생님, 오래 오래 건강하셔서 앞으로도 저희들을 엄한 눈길로 가르쳐주시고, 자애로 돌보아 주세요. '내 인생에서 가장 잘 한 선택은 최운식과 결혼한 일'이라고 자랑스럽게 말씀하시는 사모님과도 오래오래 행복하시구요.

권혁준

공주교육대학교, 서경대학교(전 국제대학교), 성균관대학교 대학원 석사과정, 한국교원대학교 대학원 박사과정 졸업. 교육학박사
경인일보 신춘문예에 시가 당선되었고, 현재는 아동문학 평론과 문학교육 연구를 주로 하고 있음.
현재 공주교육대학교 국어교육과 교수.

우리들의 모델

김이곤

국제대학교 국어국문학과. 주간에 직장에서 근무하고 오후 6시부터 공부를 하는 소위 야간대학이 1978년도 당시에는 국제대학밖에 없었던 것으로 기억한다. 그래서 입학하기도 어려웠다. 내가 재직하던 초등학교에서 나와 다른 교사가 편입시험에 응시하여 그 사람은 떨어지고 난 합격을 하여 국제대학교에 입학하였다.

나는 마산교육대학을 졸업하고 1974년도에 서울세곡초등학교에 첫 발령을 받았다. 나는 특히 예능교육 중에 서예를 방과 후에 학생들에게 열심히 지도하여 서울시 전체에서 1등을 했고, 이듬해엔 전교사를 대상으로 서예를 지도하여 서울시 전체에서 또 상을 받기도 하였다. 본인 스스로도 훌륭한 선생님께 서예를 배우는 한편, 열심히 연구하며 각종 대회에 출품하여 수상도 하는 등 활동을 하고 있었다. 서예를 공부하다 보니 문학과 한문 공부를 할 필요성을 느껴 국제대학 국어국문과에 편입을 하게 되었다. 사실 같은 학교에 근무하던 다른 교사는 시 창작도 많이 하고, 시험 준비도 많이 했던 사람인데 떨어지고, 난 특별히 준비한 것도 없었는데 합격을 했었다. 이렇게 하여 국제대학 국어국문학과에 편입학한 것이 내 인생에서 삶의 방향을 전환하는데 중요한 계기가 되었다. 이런 저런 것으로 지금 생각해보면 하나님의 섭리가 있었다는 생각이 든다.

입학을 하고 밤에 공부를 하며 다니는 과정이 힘이 들고 어려움이 많이 있었지만, 주경야독晝耕夜讀하는 우리들에게는 비전이 있었다. 특히 교육대학을 졸업하고 교사로 근무하면서 공부하는 급우들이 많았다. 서울교대, 인천교대, 부산교대, 마산교대 등을 졸업하고 서울에서 교편을 잡으며 나름대로 꿈을 가지고 열심히 하는 우리 교사들에게 최운식 교수님은 가장 바람직한 모델이셨다. 왜냐하면 선생님께서는 서울교대를 졸업하시고 초등학교 교사로 출발하여 국제대학 국어국문학과를 졸업하신 선배이면서 박사학위까지 받으시고 이제 대학 교수가 되셨기 때문에 교육대학을 졸업하고 꿈을 가지고 공부를 하는 우리 교사들에게 그야말로 가장 이상적인 모델이셨다. 우리 31회 급우들 모두가 나름대로 열심히 하여 자기 분야에서 성공을 하였다. 특히 초등학교 교사 출신 동료들은 학문 연구에 전념하여 석사학위와 박사학위를 받은 사람이 많고, 대학 교수로 전직한 급우들이 많은 것을 보면, 교수님께서 우리들의 이상적인 모델이심이 증명되는 것이다.

교수님께서 내 개인에게 영향을 끼치신 것 중 두어 가지가 특히 생각이 난다. 여름방학에 장윤수, 배원룡 학형들과 같이 교수님 승용차로 충청도 지역의 민담을 조사하러 다닌 적이 있었다. 주로 노인정 등을 찾아다니며 민담을 녹음하는 일이었다. 이때 충청 지역 방방곡곡坊坊曲曲을 누비며 민담을 수집하는 동안 급우들끼리 우정과 향학열은 더욱 깊어지고 교수님에 대한 존경과 믿음이 더욱 깊어져 갔었다. 그리고 고전문학과 문학 연구 방법 등에 대해서 생각을 하게 되었다. 또한 교수님의 고향을 방문하기도 하면서 학문에 대한 열정과 어머님에 대한 효성, 하나님에 대한 신앙을 확인할 수 있는 계기도 되었었다.

우리들은 교수님에 대한 존경과 믿음으로 열심히 공부하였다. 그리고 미래에 대한 비전을 구체화하며 공부하고 있을 때 교수님께서는 후배이자 제자들인 우리들을 상담 해주시고 격려도 해주시며 꿈을 키워나갈 수 있도록 도와주셨다. 나도 상담을 한 적이 있었다. 나는 당시 대학원을 갈 것인지, 말 것인지를 놓고 갈등하고 있었다. 그래서 교수님을 만나 뵙고 그런 갈등을 말씀 드렸다. 내 말의 요지는, 난 이미 결혼도 했고 아이도 있으며 혼자 벌어서 공부를 해야 하는 입장에서 대학원 진학을 하기에는 경제적인 어려움도 있음을 솔직하게 말씀 드렸다. 교수님께서는 "젊은 사람이 왜 그렇게 안일하게 생각하고 살려고 하느냐?"고 꾸지람을 하시며 그런 어려움을 참고 꿈을 가지고 끝까지 노력할 것을 조언해 주셨다. 그 상담 이후에 난 이런저런 어려움을 극복하고 단국대학교 대학원 한문학과에 진학을 하였다. 대학원 과정 동안 나름대로 열심히 하였다. 졸업 이후 방통고 한문 교과서를 교수님들과 같이 집필하고 방송 강의도 하며, 또 교수님께서 하려고 하셨던 국제대 국어국문과 2학년 한문 강의도 하게 되었다. 그리고 교학사에서 검인정 한문 교과서도 쓰며 학문의 길을 갈 수 있는 계기가 되었던 것이 교수님의 지도 조언이었다.

한문학과 대학 교수를 꿈꾸며 석사 과정을 마치고 고3 담임을 하면서 한문 교과서를 집필하고, 방송 강의와 국제대학 강의를 하며 무리하다가 만성간염에 걸려 오랫동안 투병을 하는 과정에서 난 여러 모로 하나님을 만나는 체험을 하였다. 그러나 하나님께서는 완전히 치유를 해주시지 않고, 오랫동안 하나님만 의지하고 기도하며 교회에서 봉사하게 하셨다. 그러다보니 자연스럽게 대학 교수의 꿈은 멀어져 있었다. 교회 봉사에 치중하며 학교에서 학생들을 가르치고, 전도하며 교회에서 안수집사로 피택 되고, 또 장로로 피택되어 안수 받게 하셨다. 그러다가 교수님의 회갑 논문 봉정식에서 학문과 신앙으로 완숙해진 교수님의 모습을 뵐 수 있었다. 너무나 온화하고 평화로운 모습은 참으로 뵙기만 해도 위안이 되고 편안했다. 그 모습만 봐도 그 신앙심을 느끼고 확인할 수 있었다. 그때 난 교수님께서 신앙적인 면에서도 나의 훌륭한 모델임을 다시 확인할 수 있었다.

생각해 보면 나는 교수님을 모델로 삼았지만 대학 교수가 되지도 못했고, 신앙적인 면에서도 교수님의 신앙을 따르지 못하고 있다. 여전히 교수님은 존경의 대상이고, 닮아가고 싶은 모델이시다. 그래서 교수님을 만나게 하신 하나님께 감사하고, 이런 훌륭한 교수님을 스승으로 모실 수 있어서 참으로 행복하다.

이제 공직에서 떠나셔서 그 동안 공직으로 인해 이루지 못하셨던 더 크고 많은 학문적 업적을 이루시고, 하나님의 큰 일꾼으로 많은 영혼들을 섬기고 살리실 것을 믿는다. 또한 이러한 많은 일들을 교수님께서 이루어 가실 수 있도록 하나님께서 지혜와 건강을 넘치게 주실 것을 믿으며 기도한다.

김이곤

마산교육대학교, 국제대학(현 서경대학교) 국어국문학과, 단국대학교 대학원 한문학과 졸업. 문학석사. 방송통신대학교 평생대학원 평생교육학과 졸업. 교육학 석사
세곡·청파초등학교 교사, 상일여중·상일여고·신관중·면목고·가락고·명일여고 교사 역임.
현재 광양고등학교 교무부장.

인생의 나침반이 되어 주신 의재 선생님

김창진

의재宜齋 최운식崔雲植 선생님께서 벌써 정년을 맞으신다니 믿어지지 않는다. 얼마 전 뵈었을 때만 해도 전혀 그런 연세로는 보이지 않았으니, 선생님의 정년이 아쉽다.

내가 의재 선생님을 처음 뵌 것은 30년 전이다. 나는 1974년에 2년제 서울교대를 졸업하고 초등학교 교사를 하다가 공부를 더 하고 싶었다. 그래서 1977년에 서울 시내 유일한 야간 국어국문학과가 있던 국제대 2학년으로 편입했다. 바로 그해 최운식 선생님께서도 고전문학 담당 전임교수로 국제대에 부임해 오셨다. 의재 선생님은 전임교수로서 국제대가 첫 대학이셨으니 열과 성을 다해 우리를 지도해 주셨다. 우리 또한 직장 다니면서 공부하고 싶어 어렵게 야간대학에 진학했던 사람들이니 열심히 공부했다. 그래서 일반 주간 대학의 사제지간과는 조금 다른 끈끈한 관계가 맺어졌다. 내가 그렇게 선생님을 만나서 모시고 살아온 기간이 올해로 꼭 30년이 된다.

나는 국어 교육자로서 알아야 할 모든 것을 의재 선생님께 배웠다. 의재 선생님은 올바르게 글 쓰는 법을 꼼꼼히 가르쳐 주셨다. 심지어는 문장부호 하나까지도 소홀히 넘기지 않으셨다. 의재 선생님은 말씀도 참 잘하신다. 어느 자리서나 그 상황에 딱 들어맞게 말씀하시는데, 늘 감탄이 나온다.

의재 선생님은 방학 때는 희망하는 학생들을 데리고 설화 조사를 다니셨다. 3학년 겨울방학 때는 나도 선생님을 모시고 충청도 음성에 갔는데, 눈이 너무 많이 와서 선생님 차를 거기 두고 버스편으로 서울로 돌아왔던 기억도 난다. 또 대학원에 다닐 때는 남강南岡 김태곤金泰坤 선생님과 의재 선생님 두 분을 따라다니면서 충남 서산 민속조사를 하기도 했다.

의재 선생님은 공부 외에 살아가는 방법도 가르쳐 주셨다. 또 내가 대학원 공부하다가 장가가 늦어진다고 혼인 걱정도 해주셨다. 사모님까지 나서셔서 중매도 서주셨다. 송구스럽게도 인연은 닿진 않았지만, 두 분의 고마움은 지금도 잊지 못하고 있다. 혼인한 이후에도 선생님은 내게 가정에 별일이 없는지 물어주셨고, 집안의 어려운 문제에 대해서 상담도 해주셨다.

선생님께 들은 처세훈도 많다. "책 한 권밖에 읽지 않은 사람은 가장 무서운 사람이다"는 말씀은 사고의 다양성을 강조하신 말씀이다. "수입의 십분의 일은 인간 관계와 책에 투자하라."는 말씀은 인간 관계와 책의 소중함을 강조하신 말씀이다.

나는 대학을 졸업할 무렵 졸업논문으로 고민하다가, 3학년 '고소설론' 시간에 의재 선생님께 과제로 냈던 「토끼전」 관련 논문을 고쳐서 내게 되었다. 그것으로 전공이 정해져서 평생 학문의 인연이 이어졌다.

나는 대학원을 서울대로 가고 싶어서 의논했다. 그랬더니 의재 선생님은 선생님의 은사이신 김태곤 선생님이 계신 경희대 대학원으로 진학하기를 권하셨다. 나는 그 권유에 따라 진학했다. 김태곤 선생님의 첫째 제자가 최운식 선생님이신데, 사제의 인연이 2대로 이어진 셈이다. 그 뒤로 나는 김태곤 선생님과 최운식 두 분 은사님 그늘 아래서 석사 학위도 받고, 박사 학위도 받았다.

내가 초등학교 교사에서 고등학교 교사를 거쳐서 대학교수까지 된 데에는 이처럼 의재 선생님의 지도가 밑거름이 되었다. 의재 선생님은 서울교대 1회 졸업생으로서 대학으로도 10년 선배시다. 그러니 내 처지를 누구보다 잘 알고 지도해 주셨다. 내가 대학교수가 되었을 때, 선생님은 취임 기념으로 벽시계를 선물해 주셨다. '축 교수 취임'이라는 글씨가 선명하게 새겨진 그 시계는 14년이 지난 지금까지도 내 연구실 벽에 걸려 있다.

내 국제대 30회 동기 중에 의재 선생님의 전공인 고소설을 이어받아 대학원으로 진학하고 또 대학교수가 된 사람은 나 하나뿐이다. 그래서 나는 많이 부족한 사람임에도 선생님께 과분한 사랑을 받았다. 나는 의재 선생님께 고소설을 배웠는데, 내가 경희대에서 시간 강사할 때 의재 선생님의 둘째 令息인 진평 군에게 고소설을 가르쳤으니 그 인연 또한 각별하다.

나는 1994년 고향 근처 전남 무안에 개교한 초당대학교의 교수가 됐다. 그리고 가족과 함께 학교 근처로 이사를 와서, 자연히 서울로는 발길이 뜸해졌다. 나중에는 선생님들께 세배마저 거를 정도로 게을러져 갔다. 그러던 어느 해 권오만權五滿 선생님께서 부친상을 당해서 상가喪家를 갔다가 의재 선생님을 오랜만에 뵈었다. 그때 선생님께서는 "김 선생, 우리가 이런 자리에서 만나야 쓰는가?" 조용히 말씀하셨다. 나는 정신이 번쩍 들었다. 마치 하늘에서 천둥이 울리는 듯했다. 나태했던 나 자신을 반성했다. 마침 정초였다. 바로 그 다음날 의재 선생님 댁으로 찾아뵈었다. 이처럼 의재 선생님께서는 제자를 사랑하시면서, 제자가 비뚤어져 갈 때는 바른 길로 이끌어 주시는 참 스승이시다.

선생님은 큰 학자시다. 선생님께서 열심히 공부하시고 부지런히 발로 뛰어 민속조사하시고 부지런히 책을 펴내시는 모습은 모든 학자의 귀감龜鑑이 된다. 올해는 그런 학문적 업적을 인정받아 '도남陶南 국문학상'도 받으셨다. 5년 전 선생님 회갑잔치 때는 참 대단했다. 서울 시청 앞 프레지던트 호텔에서 했는데, 마침 선생님께서 한국민속학회 회장을 하실 때로서 수많은 교수와 학자들이 참석해 대성황이었다. 참으로 보기 좋은 광경이었다.

선생님께서는 성품이 인자하시고 늘 얼굴이 온화하시다. 좀처럼 화내는 일이 없으시고 항상 부지런하시면서도 침착하시고 여유가 있으시다. 그래서 내가 보기엔 우리 선생님은 백수白壽도 넘기실 듯하다. 그러니 의재 선생님께 정년이란 너무 이른 느낌이다. 일본 대학은 정년도 개인차가 있다고 하는데, 우리는 일률적인 점이 매우 아쉽다.

의재 선생님은 내 인생의 나침반이셨다. 그런 의재 선생님께서 정년을 하신다고 하니 섭섭한 마음 금할 길 없다. 하지만 의재 선생님께서는 정년 후 제2의 인생도 멋지게 사시리라 믿는다. 늘 바른 길을 걸어가시는 선생님께서는 정년 이후에도 우리에게 제2의 인생은 이렇게 사는 것이라는 모범을 보여 주시리라 믿는다. 의재 선생님께서 앞으로도 더욱 강녕하시고, 가정도 더욱 행복하시기를 비는 마음 간절하다.

김창진

서경대학교(전 국제대학교) 국어국문학과 30회 졸업. 경희대학교 대학원 졸업. 문학 박사

현재 초당대학교 교양과 교수

의재 선생과 찍은 석 장의 사진

리의도

#사진 1

춘천교대 현관 앞에서(오른쪽부터 필자, 가운데는 박민수 교수 의재 선생 내외와 큰 자제 최진형 박사, 맨 왼쪽이 김선배 교수)

내 연구실에는 시계가 오직 하나 있다. 까만 정사각형 바탕에 황금빛 쇠붙이로 굵은 테를 두른 벽시계이다. 십년이 넘었는데도 시계바늘은 변함없이 제 속도를 지키며 돌고 있다. 그동안 연구실을 두 번이나 옮겼지만, 항상 나는 그 벽시계를 가장 좋은 자리에 걸어 놓고 하루에도 몇 번씩 쳐다본다.

그 시계의 앞면 유리에는 작은 크기로 '축 교수 취임'이란 다섯 글자가 쓰여 있다. 내가 춘천교육대학교에 자리를 잡았을 때에 받은 시계이다. 건네주신 분의 이름은 거기에 쓰여 있지 않으니, 다른 사람은 그가 누구인지 모른다. 나만이 안다. 세월이 흐른 탓에 뒷면의 문구가 궁금하여, 오늘 의자 위에 올라서서 시계를 들어 보니 '최운식 1994. 3.'이 선명하다.

집에 들어와 사진첩을 들춰 보니, 내 연구실 앞에서 찍은 사진이 있다. 그 시계를 주시던 날에 찍은 사진이다. '4월 4일'이라는 문자도 보이고, 사모님과 아드님 얼굴도 들어 있다. 그렇게 온 가족을 대동하고 오셨던 것을 잊고 있었다. 사진기도 의재께서 준비해 오셨던 것 같다.

내가 새 직장에서 이삿짐을 풀자마자 직접 찾아와 그렇게 축하해 주시던 일이 새롭다.

#사진 2

또 한 장은 바닷가에서 수영복 차림으로 찍은 사진이다. 거기에는 구자천, 이재원, 방인태 형들의 얼굴도 있다. 1979년 여름, 원산도 바닷가에서 찍은 사진이다.

다른 동문들도 그랬지만, 우리 제31회 동기들은 학업에 대한 열정이 충만하였다. 술자리도 참 많이 가졌는데, 그런 자리에서까지 생산적인 토론을 자주 벌였다. 사사로운 정을 나누는 데에도 소홀하지 않았다. 참으로 신명을 다 바쳐 놀고 공부하였다. 그런 분위기가 조성되고 유지된 데에는 의재의 솔선수범率先垂範과 충고忠告의 공이 컸다.

3학년 여름방학에는 마침내 국문과 전체 학술 답사 여행을 떠났다. 목적지는 충청남도 대천 앞바다에 있는 원산도였다. 여학생 2명을 포함하여 학생 10명이 참가하였다. 과의 세 교수님도 모두 참석하셨는데, 의재께서 야전 사령관 몫을 맡아 하셨다. 그 때에 우리는 민담과 민속을 채집하면서 살아 있는 공부를 많이 하였다. 자료를 채집하다가 짬을 내어 바닷물에 들어가 몸을 식히기도 했다.

원산도 해변에서(오른쪽부터 필자, 방인태 교수, 의재 선생, 이재원 교수, 구자천 선생)

마지막 밤, 숙소에서 꽤 멀리 있는 해변에 나갔다. 모닥불을 피우며 함께 놀기로 약속한 여대생들이 오기를 기다리는데, 그녀들보다 앞서 비가 오는 것이었다. 쏟아지는 비를 원망하며 그냥 숙소로 돌아오던 일이 지금도 새롭다.

그러나 마지막 밤의 역사는 돌아온 후에 이루어졌으니, 우리는 태풍과 폭우가 몰려와서 마을에 물난리가 난 줄도 모르고 밤새도록 놀았다. 우리들의 노래 소리가 태풍보다 컸고, 우인섭 교수님의 곱사등이 춤사위가 폭우보다 더 강렬했던 것이다.

#사진 3

우리들이 대학을 졸업한 후에도 의재께서는 제자들에 대한 관심과 애정을 거두지 않으셨다. 특히 박사 학위 과정을 밟고 있던 늦깎이 후배 제자들의 진로를 두루 걱정하셨다. 기회 되는 대로, 인연 닿는 대로 주변에 제자들을 소개하셨다.

1984년 6월에는 한림대학교에서 '아시아 속의 한국문화'라는 주제로 학술

대회가 열렸는데, 나를 춘천까지 동행하게 하여, 그 대학에 계시던 이명구 교수님께 특별히 소개해 주셨다. 대학 다닐 때에 강의 시간에만 뵈었던 교수님을 그렇게 다시 뵙게 되었는데, 교수님께서도 아주 반가워하셨다.

도봉산에서 의재(왼쪽), 이명구 교수(가운데), 오른쪽이 필자

그로부터 보름쯤 지난, 어느 토요일에 나를 도봉산 매표소로 나오게 하여 이명구 교수님과의 등반에 끼워 주셨다. 그리하여 두 분을 따라 매주 도봉산에 올랐는데, 하루는 의재께서 동부인으로 오셨고, 사모님이 세 사람 사진을 찍어 주었다. 그 뒤로도 나는 등산 애호가이신 이 교수님을 모시고 여러 차례 도봉에 올랐다. 의재께서 하시던 몫을 내가 물려받은 셈이 되었다. 보기 드물게 맑고 깨끗하신 교수님을 그렇게 가까이 모시고 세상사와 학문에 관하여 많은 담화를 나누었으니 큰 복이 아닐 수 없다.

그런데, 돌이켜보면 사람살이가 참 묘하다는 생각이 든다. 1984년 의재를 따라 한림대학교에 온 것이 난생 처음 춘천 나들이였는데, 그로부터 십년 뒤에 결국 춘천에 자리를 잡았으니 말이다.

리의도

부산교육대학교, 국제대학교(현 서경대학교), 건국대학교 대학원 졸업. 문학박사

현재 춘천교육대학교 교수

시계 두 개와 만년필 한 자루

방인태

내가 의재宜齋 선생님을 떠올릴 때 함께 떠오르는 것이 바로 시계와 만년필이다. 이 물건들은 내가 의재 선생님한테 받은 선물 목록이다. 석사학위 받았을 때 시계 하나, 대학에 조교수로 취직했을 때 또 하나, 그 전에 박사학위 받았을 때 만년필 한 자루를 받았다. 이 셋의 물품에서 의재 선생님의 제자 사랑과 나의 학문 역정歷程이 드러난다. 지금부터의 이야기는 바로 이 사랑과 어우러진 역정을 풀어나가려고 한다.

내가 의재 선생님을 처음 만난 것은 국제대학교(지금의 서경대학교)에 2학년으로 편입한 1978년부터이다. 나는 그 당시에 2년제 초급대학인 서울교대를 졸업하고 4년째 초등교사로 봉직할 때였다. 신문기자가 되려고 국제대 국문학과에 편입하여 야간 대학을 다니기 시작하였고, 그 무렵에 전임 교수로 부임한 의재 선생님을 자연스럽게 만날 수 있었다. 그 당시 선생님과 관련된 몇 가지를 추억하면 이런 것들이다.

내가 막 입학하여 얼마 있지 않아서, 국문과 학술지인 『국제어문』을 처음으로 발간하기 위한 모임이 세 분의 교수님과 대부분의 국문과 학생이 참여하여 마련되었다. 그 자리에서 의재 선생님이 학과 학술지의 중요성과 필요성, 그 의미에 대하여 말씀하셨다. 선생님의 그 발언 전후는 분명하지 않지만, 나도 그 자리에서 발언한 기억이 있다. 그런데 안타깝게도 나는 학술지 발간을 반대하는 뜻으로 발언하여 당시에 선생님을 거스르고 불편하게 하였다.

그러고 세월이 흘러서 내가 대학에 취직할 때, 『국제어문』에 실린 논문을 대표 업적으로 내세우게 되는 일이 일어났다. 『국제어문』이 발간되고, 나는 여러 번의 논문 발표 지면을 얻었고, 내 연구 업적을 쌓는 유용한 학술지로 삼았다. 나는 가끔 『국제어문』의 내 발표 논문을 보고 그 시절의 반대 발언을 떠올릴 때면, 젊은 날의 세상 물정에 대한 무모함을 반성하고, 의재 선생님에 대한 송구함과 감사함을 느끼게 된다.

선생님의 강의 내용에 대한 것은 세월이 흘러서 구체적으로 기억나는 것은 별로 없다. 그렇지만 내 오늘의 직업과 관련되는 한 마디는 언제나 또렷이 기억한다. 그것은 동업자를 구하신다는 말씀이었다. 국제대 출신으로서 학술대회에 가면 늘 수적인 열세와 외로움을 호소하면서 학자의 길을 함께 갈 사람을 찾으셨다. 그것 또한 선생님을 떠올릴 때면 생각나는 한 장면이고 잊을 수 없는 유쾌한 추억이다.

그렇게 동업자를 구하신 결과일까, 선생님의 부임 이후로 입학한 학생들 중에서 교수와 학자가 수다히 배출되었다. 일일이 다 언급하는 것조차 수고스러울 정도로 경향 각지에서 활동하는 교수들이 많다. 그뿐 아니라, 초·중·고의 현장에서 교육 활동에 진력하는 제자들도 그 수를 다 헤아릴 수 없을 정도로 많다. 이것 모두 그동안 선생님이 열심히 동업자를 구한 노력의 성과일 것이다.

나도 소위 대학 교수가 되어 13년의 세월이 흘렀다. 그러한 역정으로 보면 예전의 세상에서도 강산이 변하는 시기가 되었건만, 선생님처럼 훌륭한 제자를 여럿 기르지 못하였다. 그리고 혹시 그 중에 제자가 있더라도 선생님처럼 제자에게 사랑을 베푼 기억이 별로 없다. 학문의 결과로 어떠한 현실적 보상을 받게 된 제자들에게 변변한 선물을 한 적도 없고, 그저 가끔 밥이나 산 것이 전부이어서 선생님을 생각하면 부끄럽기 짝이 없다. 제자 사랑에 대한 면에서는 선생님을 따라가기는 애초부터 그른 것 같다.

이처럼 후한 사랑을 받은 나는 선생님께 별로 돌려드린 것이 없다. 지금 기억나는 것으로는 전임 교수가 된 뒤에 사모님도 함께 모시고, 우리 부부가 식사 대접을 해드리고, 두 분이서 영화 관람하도록 표를 구해드린 것이 아마도 거의 전부인 것 같다. 나중에 하시는 말씀으로는 그때 나한테 받은 영화표로 뜻밖의 구경을 잘 하셨다는 얘기를 어느 자리에선가 들은 것 같다. 그 뒤로도 어느 해 스승의 날인가에, 우리 대학 근처에서 식사 대접을 한 번 한 것으로 기억한다. 이것이 내가 드린 것의 전부 같다.

그런데 내 기억으로는 얼마 전에 회갑 기념논문집 봉정식에 참여한 것 같은데, 이제 2월에 정년을 맞이하신다니 정말 세월이 유수 같다는 말을 실감할 따름이다. 그래서 선생님과의 기억의 몇 토막을 이 자리에 끌어내어 반추하고 있다. 나는 선생님께 제자로서의 과분한 사랑을 받았는데, 제자로서 보답한 것도 없이 세월만 흐르게 되어 이제 교단을 떠나시는 선생님을 배웅하게 되니 작은 소회所懷나마 적게 되었다.

돌아보니 부족한 제자에게 베푸신 사랑을 오랜 동안 기억하면서 이제라도 나도 제자들에게 더욱 많은 사랑을 베풀어야겠다는 생각을 하게 된다. 선생님이 내게 주신 사랑의 정표情表가 여전히 돌아가고 있는 사실을 게을러지는 학문의 길에서 조금 더 힘을 내는 자성自省의 푯대로 삼고, 선생님의 사랑에 대한 보답을 조금 더 잘해야겠다는 다짐의 채찍으로 삼고 싶다. 계속 건강하시고 더욱 평안하시기를 진정으로 빈다.

방인태

서울교육대학교, 서경대학교, 서울대학교 대학원 졸업.
문학박사
현재 서울교육대학교 교수

의로운 벚나무

서범석

벌써 12월이다. 기온이 급히 강하하면서 마음도 꽤 추워진 아침이다. 이럴 때 사람들은 고향 또는 부모를 생각하게 된다. 몸과 마음이 추울수록 따스함에 대한 그리움이 더욱 간절하기 때문이리라.

지난 4월에 흐드러지게 피었던 벚꽃을 생각한다. 벚꽃이 진 자리에 열렸던 수많은 버찌들이 생각난다. 그날 아침 등산길에서 나는 이해 못할 물방울의 세례를 받았었다. 하늘은 맑은 게 틀림없는데 뚝 뚝, 뚝 거짓말처럼 웬 물방울들이 떨어지고 있었다. 땅도 제법 젖어 있었다. 올려다보니 벚나무였다. 자세히 보니 근처의 모든 벚나무들이 물방울을 떨어뜨리고 있었다. 이 낯선 사태에 대하여 질문한 나에게 식물학을 전공한 동료 교수는 수공水孔이란 단어를 통하여 답을 가르쳐 주었다. 수공은 식물의 잎맥 끝에 있는, 수분을 배출하는 작은 구멍이다. 너무 많이 물을 끌어올렸을 경우 남는 분량을 수공을 통해 버리는 것이다.

그때 벚나무는 버찌들을 잉태하고 있었다. 벚나무는 뱃속 자식들의 성장과 결실을 위하여 욕심껏 물을 끌어올렸으리라. 그리고 지나침을 밀어내는 중용의 도를 자식들에게 교육하고 있었을 터이다. 그 사랑의 물은 하늘벌레들이 지나가다 한 잔씩 목을 축이는 데 쓰이기도 하고, 땅벌레들이 기어가다 목욕재계沐浴齋戒를 하는 데 쓰이기도 하였으리라.

참 오래 전, 의재 선생님의 초임시절이었으리라. 연구실은 참 공기 좋은 산속이었고, 선생님은 한 그루의 벚나무였으리. 우리들은 그 산 속 그 나무

아래서 휴일에도 모여앉아 열심히 공부하고 토론하면서 마른 목을 축이고 중용지도中庸之道를 마음으로 배우고 있었다. 푸른 버찌 열매였던 우리들은 선생님의 사랑으로 잘들 익어갔다. 그리고 머지않아 한 그루씩의 나무들이 되어 배움의 동산을 지키고 있는 것이다.

나의 초임시절, 선생님께서는 바쁘신 중에도 먼 곳까지 찾아오셔서 부임을 축하해 주셨다. 캠퍼스를 산책하며 함께 사진도 찍었다. 늘 그렇지만, 그날도 선생님은 틈틈이 신임 교수로서 또는 대학의 선생으로서 갖추어야 할 이모저모에 대하여 자상하게 말씀해 주셨다. 그 때 선생님께서 내 연구실에 주고 가신 벽시계는 지금까지 나의 게으름을 경계하면서 부지런히 시계바늘을 움직이고 있다. 그럼에도 불구하고 무능하고 게으른 나는 선생님의 기대에 부응하지 못하고 있어 부끄럽고 죄송할 뿐이다.

아마 누구라도 의재 선생님처럼 부지런한 사람이 되기는 쉽지 않을 것이다. 끊임없는 학구열, 사람 사랑의 따스함, 고상한 인품 등도 부지런함이 피워낸 꽃이요 열매라고 생각한다. 그리하여 선생님은 한 그루의 의로운 나무로 서 계신 것이리라. 많은 이들이 몸과 마음이 추울 때 그 나무를 찾아 그리움의 손짓을 보낼 것이다.

서범석

청주교육대학교, 서경대학교(전 국제대학교), 건국대학교 대학원 졸업. 문학박사

현재 대진대학교 국어국문학과 교수

최운식 교수님을 생각하며

신장식

1983년 1월 7일 10시 국제대 원서접수창구. '접수번호 1번'. 눈치 지원이고 뭐고 내가 갈 곳은 국제대 국문과뿐이었다. 면접도 접수순으로 1번으로 했다. 그때 국문과 면접 교수로 최운식 학과장님을 처음 뵈었다.

"나이 들어 지원한 동기는?"

"시골의 중학교 2학년 국어교사가 꿈입니다."

직장 있으니 수업료는 걱정 없겠고, 눈치 안보고 1번으로 지원했으니 다른 데 갈 리 없고……. 학번 83501(83년 국문과 1번)로 교수님을 학과장님, 지도교수님으로 모시고 대학생활이 시작되었다. 교수님께서는 나이 들어 공부하는 나에게 많은 도움을 주셨다.

교양 국어를 수강할 때의 일이다. 교수님께서는 글쓰기 과제를 여러 번 내주셨다. 나는 집사람의 도움을 받아 「독서의 방법」, 「혜영이(7개월 된 딸)」, 「1학기를 마치며」, 「행복」 등의 제목으로 글을 써서 제출하였는데, 후한 점수를 주시기도 하셨다.

남이섬, 서오릉의 친교 모임에 동참해 주시는 모습은 교수님을 떠나 형님 같았다. 초·중·고, 대학에 모두 제자를 두신, 끝없이 학문에 정진하는 교수님의 모습은, 직장을 가지고 야간대학을 다니는 나로서는 감탄과 존경으로, 꿈 그 자체였다. 구비문학 국제연구 발표회, 「심청전 연구」, 「국문학입문」 등에 빠져 있던 나는 그러나 얼마 후 학내 분규로 인해 더 이상 교수님의 수업을 정상적으로 받지 못했다. 교수님도 한국교원대학교로 자리를 옮기셨고 나이 차이에도 불구하고 밤 새워 토론하던 학우들과도 점점 멀어져, 시간만 때우는 학교생활로 졸업을 하게 되었다.

직장에 충실하면서도 교수님께 배웠던 1학년 때의 여러 가지 추억은 지금도 생생해, 마음으로는 늘 찾아뵙는다고 생각 하면서도 그렇게 하지 못했다. 언젠가 백령도를 찾았을 때 그곳에서도 교수님의 답사 흔적을 보았다. 백령고등학교 교감 선생님과의 대화에서 교수님의 열정에 새삼 학문에 대한 깊이를 더욱 느꼈다. 처가인 충남 태안에 갔을 때 교수님이 쓰신 『충청남도 민담』, 『한국의 민담』, 『한국의 신화』 등을 보고, 교수님의 열정과 해박함에 옷깃을 여미었다.

조용한 듯 보이시는 외모지만, 그 내면에는 활화산 같은 열정을 가지고 계시던 교수님도 어느덧 정년이시란다. 늘 열정으로 학문에만 정진하시던 교수님도 이제 학생들 곁을 떠나신단다. 개인 연구실에서 끝없이 연구에 몰두하실 노 은사님의 모습을 떠올려 본다. 평생 교직에 몸담으신 사모님, 두 아드님과 며느님이 교수님의 뒤를 따르고 있으니 얼마나 행복한 가정을 꾸리셨는가! 얼마나 행복한 인생을 사셨는가! 하나님의 자녀로, 장로의 직분으로 하나님을 섬기시니, 이 또한 복 받은 삶을 살고 계신 것 아닌가! 축하합니다. 내내 건강하십시오.

신장식

서경대학교(전 국제대학교) 국어국문학과 졸업
서울시청 회계과, 행정과, 건설본부, 구청 총무과, 감사과, 위생과, 동자치센터 근무.
현재 양천구 신월6동장

선생님을 생각하면서

이동용

교수님의 정년 기념 문집 원고청탁서를 받고 30여 년 전의 대학 시절을 회고하니 감회가 새롭다. 다 잊고 사는 줄 알았던 그 시절의 친구들과 교수님의 모습 등이 내 뇌리 가운데 아직도 생생하게 살아있다는 것이 신기하기도 하다. 뿐만 아니라 교수님과 개인적으로 나눈 여러 이야기들은 생각나지 않지만, 내가 느꼈던 교수님에 대한 정이 새록새록 살아나 사소한 잡문이라도 문집에 실어야겠다는 충동에 사로잡히게 된 것이다.

교수님을 처음 만난 것은 대학 2학년 때인 것 같다. '국문학 개론'을 가르쳤는데 특유의 힘 있는 필체로 깨끗하게 판서를 하면서, 동문이라며 열심히 가르치시던 모습이 선연하다.

2학년 때인 것 같다. 2학기를 마치고 성적표를 받았는데 '국어학 개론'을 D학점 받았다. 당시의 성적표에는 점수로 표기되어 있었는데, 전공과목을 낙제점을 받아 부끄럽기 짝이 없었다. 그런데 최 교수님이 내가 들고 있는 성적표를 보자는 것이었다. 교수님이 보여 달라는데 안 드릴 수도 없고…….
하지만 내가 내민 성적표를 보시고 하시는 말씀이 의외였다.

"아니 이 과목을95점이나 받았어. 점수 따기 어려운 과목인데."

국어학 개론의 점수도 보셨겠지만, 내 성적 중에 가장 좋은 성적을 받은 과목만 보고 말씀을 하시는 것이었다. 사실 나는 국어학에 대한 지식이 없었다. 교수님의 설명도 제대로 이해하지 못하고 강의를 들었던 것 같다. 고1 때 어머님이 편찮아 시골의 가산을 정리하고 서울로 이주해 작은 누님이 어머님 병간호를 하면서 직장에 다니고 있었다. 대학에 대하여 별 생각이 없이 시골 학교에서 놀며 고3을 지내고 있는 나에게 선친의 이종이 찾아와 대학을 가라면서 국제대학을 소개해 주어 입학해 다니고 있던 중이었으니 말이다.

대학 3학년 여름에 어머니마저 작고하셨다. 당장 2학기 등록도 할 수 없는 상황이었지만 더 고통스러운 것은 내가 대학에 들어가므로 가정이 경제적으로 어려워 어머님이 제대로 요양할 수 없었다는 사실이었다. 학교를 포기하기로 하고 1주일 동안 집을 떠나 방황했다. 하지만 1년 반 남은 학교생활을 포기하는 것이 현명한 것 같지 않아 더욱 고민이 되었다. 앞으로의 방향도 정하지 못하고 일주일 후 집에 들어오니 학교에서 전보가 와 있었다. 급히 학교로 오라는 것이다. 교무처로 갔더니 당시 학생과장이 나에게 호국단 부제대장을 맡으라는 것이다. 의외의 제안이었다. 이미 교수회의에서 결의된 것이니 맡아야 한다는 말도 덧붙였다. 당시에 1학기 등록금이 19만원이었는데 부제대장의 장학금이 21만원이었다. 병상에서도 내 걱정은 하지 말고 학교를 꼭 졸업하여 훌륭한 사람이 되어야 한다던 어머님의 기도의 응답이라 생각하니 눈물이 났다. 이 후에는 어떠한 때에도 학교를 그만두겠다는 생각을 하지 않았다. 후에 안 일이지만 내가 호국단에서 일할 수 있었던 것은 당시 국제대학보사 주필로 있던 교수님의 보이지 않는 도움 덕택이었다.

학교를 졸업하면서 공기업체에 취업할 수 있다는 학생처장의 제안도 있었지만, 원주삼육고 교사로 갔다. 교사 생활 3년차 되던 1981년에 학교 기숙사 사감을 했다. 혼자서 60여 명의 학생을 밤낮으로 돌본다는 것이 쉽지 않았다. 특히 틈만 나면 몰래 밖으로 나가려는 학생들과 생활하다 보니 무엇보다도 잠이 부족했다. 피곤한 주말, 방에서 쉬고 있는데 한 학생이 문을 두드리면서 누가 나를 찾는단다. 나가 보니 최 교수님이 아닌가! 영월에 갔다가 오는 길에 내가 생각나 내가 근무하는 학교를 찾아오셨단다. 내 손을 잡은 따스한 손을 지금도 잊지 못한다. 교수님의 눈길은 내 교직 생활 중 힘들 때마다 생각난다.

1997년 서울에 와서 근무할 때다. 아내와 함께 종로 서적에 갔다가 교수님 내외분을 만났다. 여러 이야기를 주고받다가 교수님이 나에게 대학원을 했느냐고 물었다. 아직 못했다고 하니 꼭하라고 한다. '내가 교원대학교에 있는 동안에 학교에 들어오면 도움이 되지 않겠느냐'는 교수님의 제의에 건성으로 '예예' 대답하고 헤어졌다. 정확하게 3일 후 대학원 입학시험 기출문제가 담긴 소포가 내가 근무하는 학교로 왔다. 나는 그 학교의 시험일이 토요일이라는 것을 미리 알고 있었다. 공부를 하고 싶은 마음은 간절했지만 내 종교적 신조를 어기면서까지 대학원에 들어가고 싶지 않았다. 응시를 포기한 상황에서 선생님께 무어라 드릴 말씀이 없었다. 2008년 지금까지도 선생님이 보내준 소포를 잘 받았다는 인사를 하지 못했다.

지금 이 글을 쓰는 곳은 고려대학교 도서관이다. 부족한 제자에게 공부하는 교사되어야 한다면서 권하시던 대학원 공부를 교수님이 퇴임하실 무렵에야 하고 있으니 면목이 없다. 하지만 대학시절 나이든 동기들과 공부하던 것이 익숙해져 내가 쉰이 넘었어도 부끄럽지가 않다. 오히려 늦은 나이에 공부하니 배우는 것이 더 즐거워 지난 학기에는 대학원에서 성적장학금도 받았다. 또한 2007년 12월에 재단에서 실시하는 교감 승진 시험에도 당당하게 합격하였다. 새로운 시대를 이끌어갈 지도자를 뽑는다고, 삼육학원에서 근무하는 교사들 중에서 6명만을 뽑는 어려운 시험이었기에 더 기쁘다. 아들과 딸도 미국에서 대학과 고등학교 과정을 열심히 공부하고 있다.

교수님의 퇴임을 앞두고 내 인생을 회고해 보니 나의 지금은 국제대학이 있었기 때문이고 특별히 부족한 나에게 끊임없이 관심을 보여주시던 최 교수님과 같은 분을 인생 굽이굽이에서 만난 덕택이라 생각하게 된다.

사랑하는 선생님의 앞길에 주님의 은혜가 충만하길 빈다.

이동용

국제대학교 국어국문학과 졸업

현재 서해삼육고등학교 교사

넌 이렇게 쓰면 안 돼

이복규

모두가 그렇게 여기겠지만 의재 선생님과 나와의 만남은 특별하다. 어찌 그렇게 말할 수 있는가? 문하생 모두가 알 만한 이야기는 빼고, 나만 할 수 있다고 여겨지는 이야기만 쓰려고 하는데, 과연 그런지는 자신이 없다.

첫째, 내가 고전문학을 전공으로 삼는 데 선생님은 특별한 영향을 미치셨다. 대학 입학해서 처음에는 국어학을 공부하고 싶었다. 고등학교 국어 시간에도 문법을 따지는 문제가 나오면 신바람 나곤 해서 그런지, 시간강사로 나오셨던 선생님들을 통해 국어학 분야 핵심 과목들의 강의를 들으면서 그 매력에 깊이 빠져들었기 때문이다. 그래서 청계천 고서점에 다니면서, 이숭녕 선생님의 『음고音攷』를 비롯하여 국어학 관련 책들을 어지간히 사 모았다. 그러던 어느 날(4학년 1학기 초), 의재 선생님께서 전임으로 부임하셨고 선생님이 담당하셨던 고전문학강독이며 고전문학특강, 구비문학론 등의 강의를 들으면서 고전문학 쪽으로 생각이 바뀌었다. 특히 「춘향전」을 강독할 때는, 고등학교 국어책에 실려 있던 「춘향전」의 한 대목을 우리 할머니께 읽어드렸던 추억도 떠올라 더욱 흥미로웠다. 내용도 모르면서 읽었던 춘향전의 어휘 하나하나마다 기막힌 사연과 문화가 깃들어 있다는 사실을 그때 비로소 깨닫는 기쁨은 참 컸다. '노비종모법奴婢從母法'이라든지 "열씨=삼씨" 등의 내용은 지금까지 기억에 생생하다. 이렇게 고전문학 쪽으로 생각이 바뀌고 있던 내게 더 결정적인 일이 생겼다.

작고하신 남강 김태곤 교수께서 우리 대학 국문과에 특강하러 오신 일이다. 남강 선생님은 의재 선생님의 은사이기도 하고 국문학의 민속학적 연구로 권위자였기에 모셨던 것으로 안다. '고전문학 연구 방법'을 주제로 한 특강이었는데, 내가 그 강의를 듣고 내용을 요약한 게 『국제대학보』에 실렸고, 이것을 의재 선생님께서 남강 선생님께 보여드렸으며, 남강 선생님이 크게 흡족해 하시면서 당신이 계신 대학원에 보내라고 하셨다며 추천해 주셨던 것이다. 나는 그 말씀을 따라 경희대 대학원에 진학하여 남강 선생님 문하에서 고전문학을 전공하여 석사와 박사 학위를 받았으니, 내 전공 선택에 의재 선생님은 깊이 개입하신 셈이다.

둘째, 내가 학계에 데뷔하는 첫 논문을 쓰는 데 선생님은 특별한 영향을 미치셨다. 내 데뷔 논문은 「주몽신화의 문헌기록 검토」였는데, 이 논문은 의재 선생님 아니었으면 나오지 않았을 것이다. 사연인즉 이렇다. 4학년이 되어 졸업논문을 준비하게 되었는데, 내가 구상하고 있던 것은 「주몽신화에 나타난 통과의례」였다. 주몽신화 관련 자료들을 부지런히 모아 읽고, 그 가운데에서 통과의례와 상관있는 자료들을 메모하여 이제 엮기만 하면 될 단계에서 의재 선생님의 제동이 걸렸다. 내가 쓴 초벌 원고를 읽어보고 나서 단호하게 이러셨다.

"다른 사람은 몰라도 넌 이렇게 적당히 쓰면 안 돼."

난 금세 알아들었다. 사실 대학원 입학시험 준비 때문에 졸업논문은 대충 쓰려고 했던 건데, 선생님한테 들킨 것이다. 야간대학이던 때라, 동료들 대부분은 직장인으로서 시간이 없어 충실한 논문 준비를 하고 싶어도 어렵지만, 너는 시간이 있으니 논문다운 논문을 써야 하지 않느냐, 게다가 계속하여 장학금 혜택을 받아온 사람인데 기대에 부응하는 논문을 써야 하지 않겠느냐, 이런 뜻이라는 걸 난 알았다. 정신이 번쩍 나서 나는 그 말씀을 받아들였다. 다행히도, 관련 논저들을 충분히 읽은 상태였기 때문에, 방향 전환이 가능했고, 「고구려 시조(주몽) 신화로 여기고 있는 자료 가운데 일부는 부여 시조(동명) 신화」라는 새로운 주장을 담은 논문을 쓰는 행운을 누렸다. 그제서야 선생님은 권오만 선생님과 함께 흡족하게 여기셨다. 언젠가 내게 말씀하셨다. "자네 논문을, 국문학을 역사적으로 연구하시는 성균관대 이우성 선생님께 보여 드렸더니, 좋은 논문이라며 관심을 표명하셨어." 이러시며 당신 일처럼 기뻐하셨다. 그 칭찬에 힘입어, 그 후에도 주몽신화 관련 논문을 계속 써서, 마침내 『부여 · 고구려 건국신화 연구』라는 단행본까지 내어 우수학술도서의 영광까지 누렸으니 잊을 수 없다.

셋째, 내가 해마다 꾸준히 일정 편수의 논문을 쓰는 데 선생님은 특별한 영향을 미치셨다. 내가 대학원생이 되었을 때, 어느 기회에 선생님이 말씀하셨다.

"학자는 논문으로 말하는 거야. 최소한 1년에 1편은 써야 학자야. 대학원 수업 시간에 발표하거나 제출하는 보고서 가운데서 하나는 논문으로 건지도록 해 봐."

나중에 알고 보니 그 말씀은 선생님의 은사이기도 한 남강 김태곤 선생님의 가르침이었다. 아무튼 그 말씀을 명심하여, 지금까지 어떻게든 1년에 한 편 이상의 논문을 쓰려고 노력해 오고 있다. 그게 체질화하여 작년(2006) 안식년 기간에도 두 세 편의 논문을 쓰고 말아, 나 때문에 안식년을 안식년답게 지내는 분들에게 선의의 피해를 입히는 것만 같아 미안한데, 이게 모두 의재 선생님 탓이지 내 잘못이 아니다.

넷째, 내가 교수가 되는 데 선생님은 특별한 영향을 미치셨다. 이게 무슨 소린가. 나는 선생님이 계시던 자리를 차지하고 있다. 선생님께서 서경대학교(전 국제대학교) 국어국문학과에 계시다가 교원대학교 국어교육과로 옮기셨기에, 모교에 갑자기 자리가 났고, 그 바람에 박사과정만 수료하고 미처 학위가 없던 내가 그 후임으로 들어가게 되었다. 만약 선생님께서 자리를 비켜주지 않으셨다면 내가 교수가 될 수 있었을까? 아마 여태까지 시간강사 신세를 못 면하고 있을 가능성이 높다. 천만 다행히도, 내가 박사과정을 수료한 즈음, 선생님이 자리를 옮기시자, 동문이 있던 자리는 동문으로 채우는 게 자연스럽다는 인식(과연 타당한 인식인지는 모르겠음)이 먹혀들어 천행으로 교수가 되어 맘껏 연구하고 있으니, 이 일도 범연한 일이 아니다.

다섯째, 민속학자들을 많이 사귀는 데 선생님은 특별한 영향을 미치셨다. 나는 조직에 어울리지 않는 사람이다. 폭넓게 사람들 사귀는 것을 즐기고 그 관계를 유지하는 데 공력도 들이고 그래야 하는데, 그걸 잘 못하기도 하고 좋아하지도 않는다. 조용히 앉아서 연구하는 쪽이다. 동창회 모임에도 거의 안 나간다. 그런 내가 선생님 때문에 꼼짝없이 조직에 들어가서 일하였다. 한국민속학회 총무이사 일을 무려 5년이나 했다. 선생님께서 그 학회의 회장이 되시면서 내게 총무를 맡아달라고 하명하셨고, 피할 길이 없어 그냥 따랐다. 지금은 임원들의 역할이 분업화하여 수월한 편이지만 처음에는 총무이사가 거의 모든 일을 대행하여야 했으므로 부담이 적지 않았다. 하지만 지나고 나니 총무이사를 했기 때문에 얻은 게 많다. 그 중에서도 수많은 민속학자들을 알고 사귀게 된 것이 가장 큰 수확이다. 연구발표회며 학회지 출판 등에 계속 깊숙이 간여하다 보니, 어느 분야에 어떤 학자가 있는지 자연스럽게 알게 되어, 총무이사 짐을 벗은 지금도, 필요할 때마다 연락해 도움을 받을 수 있으니 얼마나 좋은지 모른다.

나도 선생님처럼, 내 제자들의 삶과 학문에 특별한 영향을 미치는 사람으로 기억되었으면 좋겠다. 제자들이 대학원 특히 박사과정에 진학하여 인사하러 올 때면, 나도 선생님 흉내를 내곤 한다. 선생님이 남강 선생님한테 배운 대로 행하고, 그걸 내게 전수해서 나를 그런대로 학자 노릇하게 만들어 주신 것처럼 말이다.

"학자는 논문으로 말하는 거야. 최소한 1년에 1편은 써야 해. 대학원 수업 시간에 발표하거나 제출하는 보고서 가운데서 하나는 논문으로 건지도록 해 봐."

이복규

서경대 국문과, 경희대 대학원 석사·박사 과정 졸업. 문학 박사.

『설공찬전 연구』, 『임경업전 연구』 등 저서 다수

현재 서경대학교 국어국문학과 교수

행복하려면 먼저 위해 줘라

이순하

의재 최운식 선생님! 제가 1983년에 입학했으니까 선생님을 만난 지 사반 세기의 세월이 지나갔네요. 서대문에 있었던 국제대학교 국어국문과에 입학해 지도 교수님으로 처음 뵈었을 때 선생님께선 그 당시 대학에서 흔치 않았던 젊은 교수님에 속했는데 요즘 말로 하면 '캡짱' 이셨지요.

전두환 독재 정권 시절의 대학가는 민주화 시위로 늘 뒤숭숭했고, 특히 국제대학은 학교 재단이 바뀌는 문제로 학생 측과 재단 측의 마찰로 학교가 늘 시끄러웠고 학우들끼리 파당을 지어 서로를 신뢰하지 않았던 시절이었어요. 또한 교수님과 가까이 하는 학우들을 이상한 눈으로 바라보고 어용으로 몰아 부치던 때였으니 수업 시간 외엔 교수님을 찾아가 뵐 수도 없었어요.

야간 대학의 특성 상 학과 학생의 절반 정도가 취업자였기에 주경야독晝耕夜讀의 생활로 요즘과 같은 캠퍼스의 낭만은 꿈도 꾸지 못했고, 늘 시간에 쫓기며 공부 시간이 모자라 힘든 생활을 했었어요. 그러던 중, 79학번인 남편을 만나 학우들 몰래 연애를 하던 중, 겨울 방학 때 학과 학생들과 함께 선생님 댁을 방문할 기회가 있었어요.

모두가 다 만학도晩學徒인데다 결혼 적령기에 이른 선남선녀善男善女라 그러셨던지 선생님께서는 '지금 사귀고 있는 사람이 있다면, 자신보다 장점이 3개 이상 있다면 붙들라.'면서 '결혼은 생각과 환경이 비슷한 사람끼리 해야 편안하게 살 수 있다.'는 말씀을 해주셨어요.

그 때까지만 해도 막연히 사귀고 있던 중이라 결혼까지는 생각해 보지 않았는데 남편이나 저나 선생님 말씀이 마음에 와 닿았던지 조금씩 장점을 보려고 노력하였고 저보다 나은 점이 많다는 생각이 들기 시작했고, 남편의 구혼을 받아들여 겁도 없이 2학년 때 결혼을 하게 되었지요.

결혼한다는 말씀을 드리려 찾아가서 선생님께서 중매를 서 주신 거나 다름없으니 반드시 주례를 서 주셔야 한다고 부탁드리자, 흔쾌히 저희 부부의 결혼 주례자가 되어 주셨어요. 아이들이 태어났고, 걸음마를 하게 된 아이를 안고 선생님 댁을 찾아갔고, 작은 집이나마 장만한 기쁨을 말씀드리면 선생님께서는 같이 기뻐해 주셨으며, 어려운 고비를 겪을 때마다 격려와 용기를 주셨어요. 그런 세월이 지나 큰 아이 상현이가 자라 군대를 갔다 왔고 대학 3학년으로 복학해 제 아버지 청년 시절보다 더 덩치가 큰 청년으로 자랐어요.

저희 학번이 졸업하기 전 해였던가요, 선생님께서는 교원대학으로 자리를 옮기셨고 검고 숱 많던 머리카락이 조금씩 흰머리로 덮여갔고 이제 정년을 맞으시는 걸 보면 정말, 세월이 많이도 흘러갔음을 절감해요.

비슷비슷한 주택들이 모여 있었던 하월곡동 자택에서 금호동 아파트로 옮기셨으며 세 명의 자제분들을 다 출가시켜 이젠 두 분만이 단출하게 사시고 계시지요? 지금도 서가엔 책들로 둘러싸여 있을 거예요. 하월곡동 집에선 사모님께서 넘쳐나는 책들을 둘 데가 없다고 걱정이 많으셨는데…….

죄송해요. 마음만 있지 찾아뵙지도 못하고 선생님께서 연락 주지 않으시면 먼저 안부 전화도 못하는 무례한 제자를 용서하세요.

제가 생각하는 선생님은 늘, 노력하시고 한 시도 책을 놓지 않으시는 선생님이세요. 저희들에게 '식자는 시간을 헛되이 보내서는 안 된다.'고 하셨지요. 그러한 당신의 말씀대로 늘, 자신을 채찍질 하시며, 저술 활동을 게을리 하지 않으시는 선생님의 새로 쓴 책을 대할 때마다, 제 자신의 나태함을 얼마나 부끄러워하는지 몰라요. 선생님께서 보내 주시는 책을 받을 때마다 많은 반성을 하며 부끄럽지 않은 제자가 되어야겠다고 다짐해 보지만 생각대로 쉽지 않네요.

참, 선생님! 아이들 가르치면서 선생님께서 쓰신 책을 참고할 때, 마치 선생님을 앞에서 뵌 듯 반갑고 뿌듯한 마음이 드는 거 제자로서 큰 기쁨인 거 아세요? 그럴 때 제자 들 앞에서 큰 소리 치죠. "선생님의 스승님이시라고"

이제 졸업 후, 20여 년 세월이 지나고 보니 자주 만나지 않던 학우들도 서로의 안부를 그리워하며 정기적으로 만나는 모임을 결성했다고 소식 받았어요. 지난 번 선생님께서 그 모임에 오셨다는 말씀을 듣고 다음 번 모임에는 꼭 나가 선생님도 뵙고 친구들도 만나려고 해요.

참, 선생님! 제가 30대 중반이었던가 선생님을 찾아가 결혼 생활을 하며 힘든 점을 말씀 드리자 선생님께서 그러셨죠?

"받으려고 생각 말고 먼저 주라고. 내가 진정으로 행복해지려면 먼저 위해 주라고."

그 땐 그 말 의미를 몰랐어요. 제 마음을 이해 못해 주시는 것 같아 '가부장적 충청도 남자니까 남편 편만 드는구나.'라고 생각했지 그 말의 참 뜻을 몰랐어요. 이제 지천명知天命의 나이가 되어보니, 그 말의 뜻이 저절로 다가오더라구요. 나를 앞세우지 않으면 상대가 이해가 되고, 그러면 행복해진다는 말씀이라는 걸 지금은 훤히 알겠는데, 서른 살 나이엔 보이질 않았어요.

내가 먼저 깨닫지 못하면 상대방이 어떻게 해줘도 다 좋게 보이지 않는다는 말씀이었음을 이제는 알아요. 그래서 젊은 부부들에게 선생님께서 예전에 해주셨던 말을 이제는 제가 한답니다.

많이 부족하고 모자란 제자. 잊지 않으시고 늘 챙겨주셔서 감사합니다. 선생님께 배운 제자라는 거 잊지 않고, 아이들 가르치는 데 부족함이 덜한 사람으로 살아가려고 노력하며 살아가겠습니다.

이순하

국제대학교(전 서경대학교) ,국어국문과 졸업
1992년 한국일보 주최 추리문학상으로 등단, 현재 추리문학작가 협회 정회원이며 추리 작가로 활동, 은평구 구산동 소재 이하 국어 논술학원 원장, 강남구 소재 <'나도 탐정이다' 추리교실> 운영, 초·중·고 독서 논술 교재발행 위원

한 우물 파기

이재원

나에게는 '단군 매니아Mania'라는 지적이 있다. 단군에 관한 논문들을 비롯하여 신문기사, 잡지, 각종 화보, 기타 자료(북한 자료, 각종 동영상물 등)를 모아 온 지 어언 30여 년이 되었고 그 수가 수천 종이 넘고 있다. 그동안 집에 쌓여있는 단군 관련 자료들은 폐품 모음 같아 식구들에게 스트레스를 주고 있고, 이사 때에는 잔손질이 많이 들어 이삿짐센터 일꾼들에게는 번거로움을 주었다. 그러나 나에게는 대표적인 보람 덩어리이고 또 소중한 재산으로 여기기 때문에 좋게 말해서 전문가이지 '광狂'이라 평하는 것이 마땅하리라.

처음에는 논문을 쓰기 위한 자료 모으기였지만 이제는 '단군'이라는 'Key Word'와 관련된 것이 나타나면 논문쓰기와 관계없이 흥분을 감추지 못하고 수집하려고 열중한다. 2002년 평양에서 최초로 '단군과 고조선 문제'를 중심으로 한 남북 공동학술회의를 했을 때도 평양(서점 및 매점)에서 수많은 단군 관련 자료들을 수집하고 되돌아오면서 관계기관에 지적을 받기도 하였다(그러나 연구용이었기에 별 문제는 없었다).

단군 관련 논저들 외에 최근에는 '고구려 콘텐츠(주몽, 3족오 등)'에 이어 '단군 콘텐츠(붉은악마, 청동검, 고인돌 등)'라는 주제가 시대의 흐름을 타고 있다(동북공정과 문화콘텐츠 등과 관련하여). 더구나 인터넷상에서 단군과 관련된 문학작품, 게임, 상품, 상호 등이 나타나면서 반가운 반면 자료를 살펴보고 모으기 위해 실없이 바쁘다. 때로는 좋은 논제가 될 수 있기 때문이다(2006년 '단군을 소재로 한 소설 고찰'이라는 논문 발표).

이처럼 단군에 관한 나의 열정을 모아모아 부족하나마 논문으로 발표하여 왔다. 그동안 '단군'과 관련된 논문을 20편 이상 이미 발표하였으며, 1997년 '단군학회'를 창립(초대 학회장, 前 고려대 김정배 총장)하였고 현재는 내가 학회장의 중책을 맡고 있으니 단군으로 '한 우물'을 판 사례라 할 수 있을지 모르겠다.

이처럼 내가 '단군 매니아'가 된 것은 의재 선생님과의 인연으로부터 시작되었으니 선생님과의 추억을 되새겨 볼 만하다.

70년대 후반 나의 젊은 시절(20대 후반) 주위에 있는 초등학교 교사들 사이에는 중학교 교사를 선망하는 사람들이 많았다. 사회에서 초등학교 교사에 대한 인식이 별로 대수롭지 않던(2년제 초급대학 출신으로 수입도 별로라는 점 등으로) 시절, 중등학교 교사에 대해서는 예우가 달랐다고 인식하였었다. 서울 소재 초등학교 교사들은 대부분 서울교대 출신이듯이 서울 소재 국공립 중등학교 교사들은 대부분이 서울사대 출신이었기 때문에 사회적 인식이 초등교사보다 괜찮았다. 이렇듯 중등학교로 진출하고자 하는 꿈을 실현하는 방법의 하나는 야간대학에 편입하는 것이었다. 당시 교대 졸업생들에게는 원하는 전공교과를 선택하여 야간대학에 편입하여 졸업하면 자동적으로 해당 교과 중등학교 교사자격증을 주었다. 따라서 졸업하면 바로 공립중고등학교로 갈 수 있는 길이 열렸고, 아니면 공채를 통해 또는 연고緣故를 통해 사립중고등학교로 가는 사례가 가능하였다. 실제로 그 무렵 내가 잘 아는 많은 교육대학교 선후배들이 수학과, 영어과, 일본어과, 국어과 교사로 대거 진출하여 부러움을 사곤 했다.

나도 중등학교 교사의 꿈을 갖고 야간 대학 가운데 중등학교로 진출이 잘 된다고 하는 서경대학교(당시는 국제대학)에 어렵게 편입하였다. 이 대학은 당시 교육대학 동문들이 가장 많이 다니던 대학이었다. 국어국문학과를 편입하고 보니 지도교수님들 가운데 교육대학 1회 선배이신 의재宜齋 선생님이 계셨다. 중, 고등학교 교사도 되기 어렵다고 생각했던 당시 서울교대출신으로 교수가 되어 우리들을 지도하고 계시니 의재 선생님은 우리 동문 재학생들의 우상이었다.

의재 선생님께 전공 학문에 대한 상담은 물론 진로에 대한 진지한 상담을 자주 청하였다. 연구실에서 충분히 듣지 못하면 댁에까지 찾아가 귀찮게 하였다. 다행히 선생님은 제자들과 특히 교대 후배들에게 성의를 다해 상담에 응해 주셨다. 열심히 하고자 하는 제자들. 후배들을 대견하게 여기시었기 때문이다. 이로 인해 사모님께서는 의재 선생님이 자식들보다 제자들에 대한 관심이 더 크다고 불평을 하시기까지 하였다(실제로 선생님의 제자 사랑의 결과는 수년 후 제자들의 사회진출에서 나타났다. 교원대학교로 옮기시고도 제자들지도의 덕은 여전하시어 30명 이상(?)의 박사학위 소지자들과 10여 명(?)의 대학 교수를 키우셨다. 이른바 '최운식 학맥'이라고도 한다).

의재 선생님의 박사학위 논문은 「심청전 연구」였으며 석사학위 논문은 「재생설화 연구」이었기에 강의 중에 고소설의 원류로서 설화를 자주 강조하셨다. 설화론을 강의하실 때는, 단군신화를 다양한 측면에서 언급하신 것이 인상적이었다. 4학년이 되어 졸업논문을 써야할 때, 나의 논문 주제는 결국 '단군신화'에 주목하였다. 설화가 서사문학의 원류가 되었다는 것이 일반적인 견해라면 단군신화가 우리 민족 최초의 설화라고 볼 때, 단군신화의 여러 화소(motif)들은 한국서사문학 전반에 걸쳐 원형적 요소로 작용하였으리라는 확신이 들었다.

드디어 단군신화와 관련된 자료들을 모으기 시작하였다. 한편 신문을 통해 '단군과 고조선'에 관한 특강도 자주 있음을 알게 되어 자료도 구하고 조언도 듣기 위해 동분서주하였다. 강사들은 대한민국 초대 문교부 장관을 역임하셨다는 안호상 박사와 김선풍 교수 등 당대의 저명한 학자들이었다. 강연회 분위기는 매우 고무적이었다. 강의가 진행되는 동안 청중들은 자주 감동적인 박수를 보냈고 강의가 끝나면 불꽃 튀는 논쟁으로 열기가 대단하였고 뒤풀이도 성황이었다. 이러한 경험은 나로 하여금 단군신화에 더욱 집중하게 하였다. 단군신화 속에는 어떠한 의미가 있기에 많은 시민들이 열광하고 관심을 갖고 있는가? 강연 자료들을 통해 얻은 결론은 그들의 관심은 단군신화가 아니고 단군역사였다는 사실이다.

「단군신화와 한국서사문학」이라는 제목으로 쓰려했던 논제는 단군신화가 함축하고 있는 다양한 특성을 밝힌다는 의미에서 '단군신화의 종합적 고찰'로 바뀌었고 모은 자료들과 경험을 의재 선생님께 말씀드리니 '단군신화 연구의 현황과 문제점'이 어떠하냐고 조언해 주셨다. 당시 나는 단군신화에 대한 종교, 철학, 사상, 민속, 언어, 경제, 정치 등 여러 논문자료 등을 갖고 나름대로 종합적인 안목을 갖고 있었지만 선생님은 우선 역사학적 연구를 중심으로 정리해보라고 권하셨기 때문에 주로 역사학적 논문들을 정리하여 정신없이 논문을 마무리하였다. 장章의 구성은 대충 나누었으나 문장은 혼란스러웠다. 상당 분량의 논문들을 사관史觀에 따라 분류하는 일은 분에 넘치는 작업이었는데, 겁 없이 처리한 셈이다.

졸업 후 선생님께서는 내 논문을 '국제어문학회' 세미나에서 발표할 기회를 주셨다. 논문의 제목은 「단군신화 연구의 현황과 문제점(Ⅰ)－역사학적 연구를 중심으로-」였다. 당시 단군에 관해서는 역사학적 문제가 사회적으로 가장 집중되었고 문학적, 민속학적 연구는 학계 이외에는 주목되지 않았다. 사실상 역사학적 이해를 바탕으로 하여 다른 분야의 연구를 하지 않으면 자칫 사상누각이 될 수도 있기 때문이었다. 그래서 선생님께서는 내가 역사학적 논문들 외에도 다양한 자료들을 갖고 있음을 간파하시고 시리즈(Ⅰ)로 정리하도록 권하셨다

단군을 주제어로 한 나의 논문은 이렇게 선생님의 졸업논문 지도에 이어 학술회의에서 발표 기회까지 얻었다. 학회에서 발표된 논문은 이후 학회지(국제어문학회)에 게재 후, 사회에서도 주목을 받아 몇몇 잡지에서 계속 원고 요청이 왔다. 이러한 상황은 기쁨이라기보다 당황스러움과 부끄러움으로 다가왔다. 졸고拙稿에 대한 자책감 때문이었다. 그러나 간곡한 원고청탁(단군 연구의 현황과 문제점 등)을 못 이겨 나름대로 보완하여 투고하였고 보람도 있었다. 모두가 선생님의 지도와 안내 덕분이었고 온전히 보완해야 한다는 부담은 나로 하여금 오늘과 같은 '단군 매니아'가 된 결정적 계기가 된 것이다.

상황은 여기서 그치지 않았다. 어느 날 선생님께서는 내 논문이 이은봉 편 『단군신화의 연구』(온누리, 1986)에 게재되었다고 일러주셨다. 이 책은 단군신화에 관한 최초의 논문집이라고 할 수 있는데 육당 최남선, 손진태를 비롯하여 김태곤, 안호상, 장덕순 등 당대의 석학들의 논문들이 게재되었으며 그들과 나란히 나의 논문이 게재되었다. 참으로 송구하였다. 논문이 보다 깔끔한 문장으로 다듬지 못한 것이 못내 아쉬웠다. 영광 이전에 부담이 앞섰다. 정신없이 쓴 내 논문이 주목되었다고 하니 비로소 논문의 구절구절에 대한 재검토를 하게 되었고 논문을 완전히 수정 보완하기로 작정하였다.

『단군신화의 연구』 편찬자는 학회지에 실린 나의 논문을 보고 당시 단군문제의 논쟁이 극심하던(단군 관련 국사교과서 개편 소송 및 국회에서의 고조선사 공청회 등) 시기를 고려하여 기획물로 다룬 것이다. 한편 편찬자는 나를 대학교수로 알았던 것 같은데 당시 나는 고등학교 교사로 있었고 박사과정 중에 있었다. 나는 학위 논문 제목을 '단군신화에 대한 종합적 고찰'로 결정하고 자료 수집에 더욱 박차를 가했다. 의재 선생님의 계속적인 지도를 받아 결국 「단군신화 연구」로 박사학위를 취득하였다.

학위논문에 대한 부족함도 여전하였다. 부족함을 보완하여 단행본으로 완성하려 하였으나 아직도 망설이고 있는 형편이다. 주제의 특성상 단군과 고조선에 관한 논쟁은 과거부터 지금까지 쉬지 않고 이어졌기 때문이다. 수시로 발표되고 보고되는 단군과 고조선에 관한 논문들은 항상 새로운 관점으로 부각하기 때문에 나로 하여금 단행본 발간의 용단을 못 내리게 하는 것이다. 언젠가 의재 선생님께서도 나에게 이제 단군 문제는 그만 다루고 다른 주제로 논문을 써 보라고 충고하셨지만 위에서 언급한 바와 같은 학계의 형편은 계속 나를 요구하는 것 같다. 중국의 동북공정(고조선과 단군 문제 왜곡)과 남북공동학술교류(북한이 제일 자부하는 학문분야), '단군콘텐츠' 개발 등에 따른 연구들의 촉구가 바로 그것이다.

때론 끝없는 과제가 나를 힘들게 하지만 그에 못지않은 보람이 쌓이는 것은 모두가 선생님의 은혜이다. 나의 무성의로 선생님과 오붓한 시간을 오랫동안 갖지 못했다. 세월이 갈수록 공적 업무와, 사적 고뇌가 늘어남을 자꾸 핑계 삼게 된다. 그러나 밤을 새우며 술 마시고 담소하며 꿈을 키워주시던 선생님과의 추억은 여전히 새롭다.

무엇보다 그동안 써온 논문들을 종합, 단행본으로 엮어 선생님께 증정하는 일이 은혜에 보답하는 하나의 길이라 여긴다. 그 때를 위해 부끄러움과 송구스러움을 좀 더 안고 지낼 수밖에…….

선생님의 한결같은 강건하심을 간절히 기원한다.

이재원

서울교육대학교, 서경대학교(전 국제대학교), 세종대학교 대학원 졸업. 문학박사

현재 한국체육대학교 교수

의재 선생님의 강녕덕장 하심을 기원하며

장장식

의재宜齋 최운식崔雲植 선생님은 참으로 큰 인물이시다. 하루아침의 평가에 연연하시는 작은 학자가 아니라 역사의 평가를 묵묵히 기다릴 줄 아시는 대학자시다. 늘 푸른 송백松柏 같은 단호함, 그 단호함을 학문에 몰입沒入시켜 고소설 연구와 설화 연구, 그리고 민속학 분야의 폭넓은 지평을 여신 분이다. 절제節制 속에 진지하게 학문하시고, 후학을 양성하는 데 지행합일知行合一로써 모범을 보이신 참스승이시다. 그야말로 단호함 속에 따뜻한 인간미를 보이셨고, 절제 가운데에도 넉넉함을 보이셨다. 의재 선생님의 정년을 기리는 글을 쓰면서 이런 생각이 드는 것은 비단 필자만이 아닐 것이다.

> 문학에 관심을 가지고 국어국문학과를 다니던 중 은사님을 따라 참여했던 충남 보령군 원산도의 학술답사가 민속문학을 연구하는 길로 이어질 줄은 아무도 몰랐다. 국문학하면 소설, 시 정도로 여기던 당시의 필자에게 원산도의 학술답사는 '설화가 민족의 이상과 꿈을 그리고 있고 나아가 기록문학의 원천이 된다는 것을 어렴풋이나마 느끼는 계기가 되었다.
>
> —장장식, 『한국의 풍수설화 연구』.

인용문은 필자가 박사학위 논문 『한국의 풍수설화 연구』를 책으로 간행하면서 쓴 서문의 앞부분이다. 구비문학을 연구하게 된 계기를 적은 서문에서 맨 처음 등장하는 '은사님'이 바로 의재 최운식 선생님이시다. 이제야 밝히는 것이 다소 쑥스럽지만 의재 선생님과의 본격적인 학연은 원산도 답사 때부터였고, 이후 석사, 박사 과정을 밟으면서 사제의 연을 지속해왔다. 서문에서 밝힌 것처럼 원산도 답사는 연구 분야를 바꾸는 계기가 되었고, 의재 선생님께서는 학술 답사의 실무적인 방법론에서 연구 방향까지 짚어 아둔함을 깨우쳐주셨다. 그렇기 때문에 경희대학교 대학원에서 남강 김태곤 선생님의 지도를 받으면서도 계속 논문지도를 받을 수 있는 영광을 누렸고, 답사 여행마다 동참할 수 있는 기회를 얻었다. 대학원 과정에서 주요 조사지로 택했던 '경기도 엄미 마을, 강원도 금대 마을, 충남 서산의 여러 마을' 등에서도 지도를 받으며 조사할 수 있는 행운을 주셨다. 지금 와서 생각해 보니, 그때만큼 치열하게 조사에 임한 적이 없었던 것 같고, 민속 현장의 중요성을 체득할 수 있는 때가 그처럼 많지 않았던 것 같다. 모두가 의재 선생님께서 배려하신 덕택이다.

강녕덕장 하소서

평범한 표현이지만 세월이 참으로 빠르다는 느낌이 든다. 민속 현장을 열정적으로 누비시며 여러 역저를 내셨고 고소설 연구에 불철주야不撤晝夜하시며 고명高名한 일가一家를 이루신 의재 선생님, 영원한 열혈 장년이시리라 의심치 않았는데 벌써 정년을 하신다니 믿기지 않는다. 그리고 문생門生들이 문집을 엮는다 하니 축하의 글을 써야 할지 위로의 말씀을 올려야 할지 몰라 주저하는 마음이 들기까지 한다. 그러나 감히 헌사를 올려야 한다면 '강녕덕장康寧德長'을 헌제獻題로 삼고 싶다. 민속 현장과 연구에서 보이셨던 강녕함을 내내 누리시고, 문하생들에게 베푸셨던 그 덕이 길이 이어지기를 바라는 뜻에서다. 이렇게 보면 사랑이란 역시 치사랑이 아니라 내리사랑이라는 세간의 말이 맞는 모양이다. 헌제로 바친 네 글자에도 역시 선생님의 덕을 받으려는 욕망이 담겨져 있기 때문이다.

의재 선생님과 문하생들이 합동하여 『문학교육론』을 쓰던 때의 일이다.

각자가 맡아 쓴 원고를 가져와 윤독輪讀하며 상호간에 칼날 같은 비판을 서슴지 않았다. 후배가 선배의 글을 비판하는 데 주저하지 않았고, 선배 또한 후배에게 가르침을 엄격히 하였다. 자연히 분위기가 냉랭할 수밖에 없었고, 자칫 감정이 격화될 수도 있는 그런 상황이었는데, 의재 선생님 스스로 당신의 글을 비판하며 좌중의 흐름을 유화시켰다. 이른바 언로言路의 흐름을 윤활하게 하시고, 격조 높은 농을 곁들여 감정이 충돌하는 일을 막았다. 그렇기에 윤독을 치열한 논쟁으로 진행하되 늘 화기애애和氣靄靄하였고, 웃음이 넘쳐흘렀지만 무절제하지 않았다. 우륵이 남겼다는 '낙이불류樂而不流 애이불비哀而不悲'라는 말에 견준다면 그야말로 '엄이불고嚴而不固하고 낙이불란樂而不亂'한 모임이었다. 그 결과 뜻하지 않게 당시의 윤독회는 글을 쓰는 데 무엇이 비문(非文)이고, 무엇이 어긋난 표현인가를 알게 해준 모임이 되었고, 글 한 줄 쓰는 데에도 앞뒤를 정확히 따져 써야 한다는 글쓰기의 치열성을 얻게 되었다. 모두가 의재 선생님의 공이 아닐 수 없다.

있어야 할 곳에 있게 하는 예악 겸비의 선비

의재 선생님께서 몽골에 오셨을 때의 일이 생각난다. 당시 필자는 국제교류재단의 도움으로 몽골 국립대학교의 객원교수로 재직 중이었는데, 제자를 만나기 위해 멀고먼 초원의 나라 몽골까지 오신 것이다. 몽골의 북부 휴양지 헙스골 호숫가에서 쏟아지는 별을 머리에 이고 캠프 파이어를 할 때, 애창곡의 하나인 유심초의 「사랑이여」를 자청하여 열창하셨다. 좌중이 놀란 것은 당연한 일이었지만, 그때만큼 '별처럼 아름다운 사랑이여 꿈처럼 행복했던 사랑이여…'로 이어지는 노랫말이 실감난 적이 없다. 물론 이탈리아 가곡을 유려하게 소화할 수 있는 가창 실력을 지닌 선생님의 감칠맛 나는 가창력이 그런 맛을 느끼게 했을 것이다. 또 초원의 밤하늘이 주는 신비한 아름다움도 한 몫 했을 것이다. 그러나 중요한 것은 '있어야 할 곳에 있게 하는' 그 능력 때문이 아니었던가 한다. 노래가 있어야 할 판이라면 노래로써 분위기를 압도하는 것, 그것은 분명 의재 선생님께서 지닌 또 하나의 탁월한 능력임엔 틀림없다.

흔히 음악은 자연의 화동和同을 위한 것이고 예의는 구별을 위한 것(樂者爲同 禮者爲異)이라 했다. 의재 선생님은 협스골 호수에서 음악을 통해 화동을 이루었던 것이다. 이런 점에서 의재 선생님은 예악을 실천하는 선비의 삶을 즐기셨다고 하겠다. 이런 탓에 협스골의 「사랑이여」는 영원한 명곡으로 남을 것 같다.

이제 세월이 가고 후학 양성에 힘쓰던 강단을 아쉽게 떠나시게 된 의재 선생님, 그동안 쌓은 연구의 품격과 교육의 공적에 거듭 경하敬賀하며, 내내 강건한 삶이 이루어지기를 갈망한다. 한편으로 연구와 교육 때문에 하시지 못했던 선생님만의 크고 작은 소망들을 실천해 보시는 시간도 애써 가져야겠고, 여러 이유와 특별한 사정 때문에 연구하시지 못했던 주제에 대해서도 마음껏 글을 쓰시는 호탕한 자유를 누리셔야겠다. 종로에 연구실을 개설하신 것도 이런 연유가 아닌가 한다. 아무튼 의재 선생님과의 연이 더욱 깊어지고 강녕덕장 하셔서 어른이 부족한 이 시대의 참스승으로서 그윽한 향기 가득하시기를 거듭 갈망한다.

장장식

서울교육대학교, 서경대학교(전 국제대학교), 경희대 대학원 졸업. 문학박사

몽골 국립대학교 외국어문대학 객원교수. 저서 : 『한국의 풍수설화 연구』, 『몽골에 가면 초원의 향기가 난다』, 『몽골 유목민의 삶과 민속』 등 다수

현재 국립민속박물관 학예연구관

연기 설화緣起說話

최명환

연기緣起란 세상의 모든 현상이 생기 소멸하는 법칙이다. 이에 따르면 모든 현상은 원인인 인因과 조건인 연緣이 상호 관계하여 성립하며, 인연이 있어야 결과도 있다는 자연 과학의 명제에 딱 들어맞는 말이다. 그런데 연기 설화는 불교에서 온 용어다.

세상에는 크고 작은 인연이 많다. 옷깃만 스쳐도 인연이라니 우리가 얼마나 관계를 소중히 여기는 연기주의자인가? 그런 인연 가운데 혈연血緣, 지연地緣, 학연學緣을 3대 인연이라 꼽는다. 신라 때의 골품骨品은 혈연이었고, 고려 시대의 문헌공도文憲公徒는 학연이었으며, 조선의 학맥은 지연과 깊이 맺어져 있었다. 오늘날에도 새로운 'KS' 인맥이 떠오르는 것을 보면 인연의 진화에 놀라지 않을 수 없다.

이러한 인연으로 두루 맺어진 관계는 매우 드물다. 지연과 학연은 만남으로 자연스럽게 이루어지지만 혈연은 피를 나누는 결연이어야 하므로 인위적으로는 거의 불가능하다. 그런데 이런 세속의 인연을 뛰어넘는 연기 설화가 있어 들어볼 만하다. 의재 선생이 내 연기의 스승인 까닭이다.

혈연血緣

최씨 문중 이야기 한 토막하고 넘어가야겠다. 최씨 문중은 크게 경주와 해주로 나뉜다. 경주 문중은 고운孤雲 최치원崔致遠을 시조로 받들고, 해주 최씨는 해동공자海東孔子 최충崔冲의 아버지를 시조로 모신다. 해주 분들이 신라의 고운 선생을 배제시킨 까닭은 간명하다. 신라를 딛고 선 고려인데다 중국으로부터 해동공자로 인정받은 그였기에 중시조로 뫼시고 싶어서였다고 보아야 옳다. 해주 최씨가 조상을 중국인이라고 하지 않을진댄 최씨 문중의 시조는 최치원 고운 할아버지여야 마땅하다.

의재 선생은 고려 문헌공도의 후예다. 해주 문중의 최자가 ≪보한집≫을 깁고, 조선의 최만리가 훈민정음 창제를 반대한 사실은 혈연과 학연의 뿌리 깊은 연기로 해석해 볼 만하다. 최자와 최만리는 철저한 전통 계승론자였다. 의재 선생의 수필에서 ≪보한집≫의 숨결을 읽을 수 있는 이유도 이런 전통적 맥락에서이다. 그래서 선생의 ≪설화 · 고소설 교육론≫도 같은 맥락으로 읽힌다.

나는 본향이 경주다. 우리가 비록 해주와 경주로 불리지만, 우리 피에는 고운과 문헌공과 최영의 얼이 온기溫氣와 구기究氣와 의기義氣로 보전되어 왔으리라 믿어 의심치 않는다. 그래서 '최고집'으로 불리기도 하지만 수많은 청백리의 문중임도 세상이 아는 바다. 의재 선생과 최명환이 한국교원대학교와 공주교육대학교의 교수협의회장을 역임한 배경도 피의 열기로 해석해 봄직하다.

지연地緣

의재 선생은 카톨릭의 성지聖地 당진 원당에서 태어났다. 그 곳에서 초등학교에 입학하여 2학년으로 월반하고, 홍성군 갈산면 쌍천리로 이사하였다. 홍성 또한 충지忠地여서 의재 선생은 어린 시절부터 의지로 곧게 서려는 뜻을 세웠다. 동향東向 마을인 쌍천리에서 냇길 따라 3km 걸어 나오면, 왼쪽에 백야 김좌진 장군의 생가가 있다. 그 앞 내를 건너 3년 동안 갈산중학교를 통학했다.

나도 시골서 태어났다. 충청남도 홍성군, 서부면, 이호리, 산수동이 고향이다. 조선 말 대사성을 지낸 지산 김복한 선생이 낙향하여 제자를 기르던 강당이 지금의 우리 집이다. 그래서 나는 어린 시절 무궁화나무와 사철나무를 오르며 컸고, 나도 갈산중학교로 진학해서는 의재 선생이 따라다니던 와룡천을 건너 통학하였다. 의재 선생은 서북쪽으로 3km 남짓이었지만, 나는 동쪽으로 꼬박 7km를 걸어다녔다. 이렇게 우리는 같은 내를 건너 같은 중학교를 다니며 어린 시절을 보내고 고등학교에서도 동문수학하였다.

의재 선생이 어린 시절을 보낸 갈산면과 내가 자란 서부면은 결성면을 사이에 두고 서쪽으로 천수만이 펼쳐져 있다. 갈산면에는 백야 김좌진 장군의 생가가, 결성면에는 만해 한용운 선사의 생가가 복원되었다. 그리고 그 끄트머리 서부면 바닷가에서는 인人과 물物이 다르다는 주장을 폈던 남당 한원진 선생이, 우심산 밑에서는 1919년 유림 대표로 파리 강화회의에 독립 청원서를 발송하고 체포되어 옥사한 김복한 의사가 저항하던 고장이다.

그런데 우리는 정말 유서 깊은 고장에서 자랐다. 우리가 갈산과 서부를 떠나 홍성고등학교로 진학하였을 때 맨 먼저 우리 정신을 일깨운 이가 매죽헌 성삼문이고, 두 손을 부르쥐게 한 이가 최영 장군이었다. 훈민정음을 창제하는 데 자문을 받기 위하여 만주를 열세 번이나 찾아갔던 매죽헌 성삼문, 그의 외숙이었던 최영 장군은 홍성의 정신으로 우리를 불러 세웠다. 우리는 그런 지연으로 얼을 차리며 컸다.

학연學緣

의재 선생과 나는 중·고등학교 6년 동안 같은 학교를 다녔다. 이 때까지 혈연은 말할 것 없고 지연, 학연을 전혀 알지 못하고 학창 생활을 마쳤다. 더욱이 의재 선생은 서울교육대학으로, 나는 공주교육대학으로, 가야 할 길은 같았으되 가는 길은 달랐다. 의재 선생은 차남이라서 상경할 수 있었지만, 나는 맏이라서 아버지의 꿈을 이뤄 드리려고 공주교대에 진학하였다가 에둘러 서울 교단에서 의재 선생을 만났다.

의재 선생은 1964년 서울교육대학을 졸업하고 10년 동안 완벽하게 거듭났다. 초등교사 이영순 여사와 혼인하여 2남 1녀를 두었고, 주경야독하여 석사 학위를 받았다. 그 동안 나는 1967년 월남에 참전하였고, 1970년 현지에서 주월 PA&E 회사에 취업하였다. 다음 해 귀국하고, 1972년 중등 교사 자격 검정고시에 합격한 뒤 서울시 순위고사를 거쳐 광희중학교에 발령을 받고, 1976년 뒤늦게 국제대학에 편입학하였다.

의재 선생과의 만남은 1977년 '설화문학론' 시간에 이루어졌다. 강의를 끝내고 의재 선생과 늦은 저녁을 나누면서 고향 이야기에 자리를 함께 했던 우리는 깜짝 놀랐다. 나는 중·고·대학까지 후배로, 마침내 문하에서 학문의 길을 닦게 되어 뜻 깊었다. 여기서 '뜻 깊었다'는 말을 풀어야겠다. 의재 선생은 1978년 국제대학을 중심으로 학회지 창간을 기획하였고, 이복규 동문이 간사 업무를 맡아 1979년 『국제어문』 창간호를 내었다. 거기에 내 논문 <윤동주 시론>이 실렸으니, 의재 선생이야말로 내 학문의 길을 열어 준 은사이다.

국제대학을 졸업하고 우리는 이른바 스터디 그룹을 조직하여 격주로 고전 읽기와 원서 강독 모임으로 만났다. 고전은 최운식 선생이 맡고, 원서 강독은 권오만 선생이 이끌었다. 이 때 바슐라르에서 프라이까지 읽었고, ≪A Handbook of Critical Approaches to Literature≫와 ≪The Critic's Notebook≫으로 시야를 넓히며 무장하였다. 의재 선생은 고전과 현대 문학의 이론으로 눈을 띄워 주었고, 권오만 선생은 비평서를 읽으며 분석과 평가의 엄정성을 가르쳤다. 이 때 함께 공부한 사람이 서경대학교의 이복규, 한국체육대학교의 이재원, 서울교대의 방인태, 대진대학교의 장윤수, 초당대학교의 김창진, 증산도사상연구소의 이인숙, 민속박물관의 장장식, 명일 여고의 김이곤 등이다.

의연宜緣

나는 의재 선생과 이렇게 3대 인연으로 얽혔다. 그런데 이로써도 의재 선생과 나의 공통적인 품성을 말하는 데 곡진하지 못한 느낌이다. 기세가 좋고 장한 마음을 나타내는 의기意氣와 정의감에서 우러나오는 기개의 의기義氣가 빠졌기 때문이다. 의연으로 맺어야 생명의 근원인 구름[雲植]과 만나고, 삶의 활력인 빛[明煥]을 감쌀 수 있을 것 같다.

의재 선생은 속셈이 없고, 속맘이 깊다. 제자들에게 진정보다 호된 매를 대는 까닭이다. 그의 문하에서 학위를 받은 이들은 글눈을 확실하게 뜬다. 백령도의 인당수까지 갈 것도 없이 강래벌에서 한 마당 놀고 나면 모두 눈을 뜬다. 그래서 제자들의 눈도 띄워 주는 기술을 터득한다. 의재 선생의 전공이 '심청전' 연구인 까닭을 아는 이라야 의연으로 탈바꿈할 수 있다.

나도 의재 선생 덕택에 눈을 떴고 한 길 걸을 수 있었다. 우리에게 두 갈래 길이 나타났을 때는 반드시 의논하여 한 길을 선택하였다. 『국제어문』 학회지를 내기 위해서 의견을 맞추었고, 서울교대와 한국교원대학교를 두고 고민할 때도 한국교원대학교의 손을 잡았다. 그 뒤 의재 선생은 읽고, 쓰고 펴내는 데 전력을 다하여 문장봉文章峰에 올랐다. 그가 일으킨 바람은 '국제어문'으로 경쟁력을 갖추었고, 세계 속의 한국민속학회로 도약하였으며, 교술문학의 영역을 확장하는 데까지 나아갔다.

이러한 학덕으로 정년을 맞는 의재 선생의 아호가 참으로 잘 어울린다. 옳아서 마땅하고, 마땅해서 옳으니 이 또한 하느님의 뜻이 아니신가? 불교의 연기에서 기독교의 은총에 이르기까지, 옛이야기에서 오늘의 신화 창조에 닿기까지 의재宜齋 선생의 마음이 미치지 않은 데가 없다. 이렇게 혈연, 지연, 학연에 의연으로 맺어진 인연이 참으로 새삼스럽다. 더욱이 신라에 떠돌던 구름이 의재에 앉았기에 나 같은 문생도 그 그늘에 쉴 수 있게 되었다. 필자 또한 젊은 날에 '청운의 꿈'을 꾸었으되 다 이루지 못하여 '글집'이라 자호하였으니, 집짓기로 호연號緣까지 맺어진 사이가 아닌가?

최명환

공주교육대학교 졸업, 중등 자격 검정고시 합격(국어과)
서경대학교(전 국제대학교) 국어국문학과 졸업(문학사)
동국대학교 대학원 국어국문학과 수료(문학석사)
명지대학교 대학원 국어국문학과 수료(문학박사)
현재 공주교육대학교 교수

발치拔齒

이운기

1977년 오월 야학夜學하러 가던 날
맨 처음 치과병원에서 어금니 한 대 뽑고
꽤나 섭섭하고 허전했던 기억에
아무리 어려워도 이를 악물고 살지는 말아야지
아무리 섭섭해도 이를 갈고 살지는 말아야지
혼자 되뇌면서 살아 봤어도
살다보면 자꾸만 다른 이가 또 부서지더라.
젊은 날 썩은 사랑니 뽑으러 갔다가
자지러질 만큼 몸서리쳐지는 건
신경이 살았다는 증거라지만
그때마다 이를 갈고 살지는 말자면서도
자신도 모르게 이를 많이 갈고 살았나?
어려운 게 너무 많아 악다물고 살았나?
세월이 흘러서 그냥 삭은 걸까?
수술대에 누워 다시 생각하게 되더라.
살면서 한 대 두 대 이를 뽑을 때마다
맨 처음 어금니 뽑던 날을 생각나게 하지만
살다보면 이도 뽑아야 하고
그 때마다 아픔도 당해야 하고

버릴 건 아예 버려야 한다더라.
그래, 그렇지, 살다보면
섭섭한 것도 잊게 마련인 걸
구태여 이를 갈고 살 게 뭐람
남은 날을 틀니로 살더라도

이운기
서경대학교(전 국제대학교) 및 건국대학교 교육대학원 졸업.
교육학석사
경기도 분당 늘푸른중학교 교장

동물원의 웃음소리

김학선

오늘도 동물원에는 사람들이 꾸역꾸역 모여듭니다.

"자 여러분, 질서를 지켜 주십시오. 한 줄로 서서 천천히 입장해 주시기 바랍니다."

표를 받는 아저씨들은 줄을 세우느라 쩔쩔맵니다.

참으로 이상한 일입니다. 얼마 전까지만 해도 이 동물원은 구경하러 오는 사람들이 적어서 문을 닫아야 할 형편이었기 때문입니다. 그런데 차츰차츰 이상한 소문이 퍼지면서 사람들이 동물원에 몰려들기 시작한 것입니다.

"이상한 동물이 있다는 군."

"세상에서 제일 사납고 무서운 동물이라네."

"그거 참 구경해 볼만 하겠군."

어떻게 해서 이런 소문이 퍼졌는지는 모르지만 하여튼 사람들은 귀가 솔깃했습니다. 그래서 사람들은 구경거리가 생겼다고 몰려드는 것입니다.

파리만 날리고 있던 이 동물원에 새 원장님이 부임한 것은 몇 달 전이었습니다. 대학에서 동물들을 가르치다, 아니 동물학을 가르치다 정년 퇴임을 하신 교수님이라고 했습니다. 하지만 동물학을 전공하신 교수 원장님인들 뭐 뾰족한 수가 있을 리 없었지요. 길거리에서 강제로 사람들을 동물원에 끌어올 수도 없는 일이니…….

'허어, 이러다 동물원 문 닫게 생겼는 걸.'

동물원 원장님은 고민 때문에 없는 머리카락이 더 빠지게 생겼습니다. 아넌 게 아니라 돈만 잔뜩 들어가고 동물원 구실도 못하는데 없애 버리는 것이 낫다고 떠들어대는 시민들도 있었으니까요. 그러다 보면 시청에서는 돈을 주지 않을 테니 동물원 문 닫는 것은 시간 문제였습니다.

원장님은 매일같이 동물원을 구석구석을 돌아다니며 관찰을 했습니다. 그나마 사람들이 모여 구경하는 곳은 원숭이와 침팬지 사육장뿐이었습니다.

'그래, 그렇게 한 번 해 봐야겠어.'

원장님은 좋은 생각을 하나 떠올렸습니다. 그래서 곧 동물원에서 일하는 사람들을 불러 모아 원숭이와 침팬지 사육장을 허물고 다시 짓도록 했습니다. 사육장을 짓는 동안 외국에서 여러 종류의 원숭이와 침팬지들도 몇 마리 더 사 오기도 했습니다.

마침내 원숭이와 침팬지의 사육장이 다시 세워졌습니다.

"자, 그럼 제일 작은 원숭이들부터 차례차례 넣으시오."

그래서 맨 앞의 제일 작은 방에는 주먹 원숭이들이 들어갔습니다. 이번에 외국에서 들여온 어른 주먹 만한 원숭이입니다. 크기별로 종류별로 원숭이들을 모아 놓으니 재미있는 원숭이 동물원이 되었습니다. 철망에는 원숭이의 특징과 성격 등에 대해 아주 멋진 안내의 글도 써서 걸어 놓았습니다.

원숭이 뒤를 이어서 이번에는 침팬지들을 크기대로 차례차례 넣었습니다. 마지막 방은 세계에서 제일 크고 사나운 드럼통 침팬지의 방입니다. 이 방에는 커다란 앉은뱅이 저울도 함께 넣었습니다. 드럼통 침팬지가 저울에 앉아 있을 때 그 몸무게를 사람들이 볼 수 있도록 만들어 놓은 것이지요. 저울에 앉은 침팬지의 몸무게를 본 사람들은 그만 입을 딱 벌리고 맙니다. 몸무게가 무려 300kg이 넘으니까요. 드럼통 침팬지들은 사람들의 그런 모습이 재미있나봅니다. 툭하면 저울에 올라앉아 사람들이 놀라는 표정을 살피며 즐거워했으니까요.

이렇게 만들어 놓고 보니 재미있는 동물원이 되었습니다. 그 중에서 제일 인기를 차지하는 녀석은 주먹 원숭이였습니다. 체구가 작은 주먹 원숭이들은 마치 새처럼 나뭇가지를 타고 날아다니며 놀았습니다. 아이들은 그런 주먹 원숭이의 재주를 보며 박수를 보내주기도 합니다.

그 다음 인기를 끄는 동물은 드럼통 침팬지였습니다. 드럼통 침팬지는 성질이 사나워 사람들이 손가락질을 하거나 웃으면 가만히 있지를 않습니다. 사람들을 향해서 모래를 끼얹고 철조망을 흔들어대며 괴성을 질러댔습니다. 눈빛이 얼마나 무서운지 겁 많은 사람들은 놀라 멀리 도망을 치기도 합니다. 아이들은 무서워 엄마 품에 얼굴을 묻고 울기도 했습니다.

그런데 이 드럼통 침팬지의 방 옆에는 또 하나의 방이 있었습니다. 그 방에는 어떤 침팬지가 있는지 알 수는 없고, 다만 철조망에 다음과 같은 글귀가 보일 뿐이었습니다.

<위험! 세상에서 가장 무섭고 사나운 동물이 있습니다. 큰 소리를 내지 마시고, 절대로 가까이도 다가가지 마십시오.>

사람들은 그 안내문을 보고는 지레 겁을 먹고 입을 다문 채 조심조심 안을 기웃거려 봅니다. 그런데 아무리 기웃거려 봐도 동물은 보이지 않았습니다. 오래 기다려 보았지만 아무 것도 나타나지 않았습니다. 철조망 안에는 커다란 거울이 하나 벽에 붙어 있을 뿐이었습니다.

'이상한 일이다!'

'왜 아무 것도 보이지 않을까?'

조심스럽게 목을 빼고 안을 기웃거리던 사람들은 시간이 지나면서 마침내 그 이유를 알게 되었습니다.

"우-, 핫핫 하앗 하앗-."

"애고, 호호 호옷 호오-"

사람들은 돌아서서 허리를 꺾어 대고 웃어댑니다. 그리고 서로 마주보며 얼굴이 발개진 채로 인사를 나누다가 고개를 끄덕거리며 발길을 돌립니다.

어른들의 웃음소리를 궁금해 하는 것은 아이들이었습니다.

"아빠, 왜 웃어? 무서운 침팬지 봤어?"

"엄마, 무서운 침팬지 어디 숨었어, 응?"

그러나 어른들은 얼굴이 빨개진 채 대답도 못하고 아이들 손을 잡아끕니다. 대답 대신 '허허허'웃음만 흘리며 동물원을 빠져나갑니다.

소문은 금세 꼬리를 물고 사방으로 퍼져나갔습니다.

"동물원에 재미있는 원숭이와 침팬지들이 있다네."

"이 세상에서 가장 무섭고 사나운 동물이라네."

사람들은 궁금해서 더 많이 동물원으로 모여들었습니다. 귀여운 주먹 원숭이도 원숭이지만, 거울 속의 무섭고 사나운 동물을 보기 위해서…….

김학선

춘천교육대학교, 서경대학교(전 국제대학), 단국대학교 대학원 졸업. 문학석사

현재 숭의여자중학교 교장

몽골 대초원과 고비사막을 다녀와서

오상수

· 2007년 8월 9일 목요일 : 몽골의 대초원에서

－대초원大草原을 향하여

오전 9시, 홀리데이인 호텔 1층 뷔페식당에서 아침식사를 한 후, 짐을 꾸려서 준비된 버스 편으로 내몽고 대초원으로 이동하였다. 후허하오터呼和浩特시에서 북쪽으로 향하는 101번 도로를 따라 인산陰山산맥의 큰 고개를 넘었다. 내몽고의 시골 소도시인 무천武川을 경유하여 거근타라格根塔拉 대초원의 한 마을관광촌에 도착했다. 그 곳에 이르는 연도沿道의 산야는 강우량이 건조한 토사암반이 그대로 노출되어 있고, 어디를 가도 냇물마저 메말라 삭막하기 짝이 없었다. 약 2시간 동안 초원을 향하여 달렸다.

'투리걸'이라는 초원의 마을에 도착한 것은 오전 11시경, 차에서 내리니 몽골 전통복장을 한 처녀와 총각이 음악에 맞춰 노래를 부르며 우리를 환영한다. 작열하는 태양의 불화살 속에서, 차에서 내리는 한 사람 한 사람에게 술을 한 잔씩 권하는 의식이다. 긴 비단포를 손 위에 얹고 그 위의 술잔에 술을 부어 한 잔씩 권한다. 우리는 가이드의 사전 가르침대로, 엄지와 무명지를 모아서 술을 찍어 튕기듯 하늘에 한 번, 땅에 한 번 뿌리고, 그리고 술을 권한 처녀의 이마에 한 번 찍고 단숨에 마셨다. 만남의 기쁨을 하늘과 땅에 감사하고 환대하는 사람에 대한 고마움을 표시하는 의미라고 했다. 오늘은 초원에서 일박一泊을 하게 되므로 숙소를 배정받았다. 몽골의 전통가옥인 겔이었다. 2인1실, 두 개의 침대와 화장실, 샤워장이 곁들여 있는 현대식 겔이었다. 한 가운데 징키즈칸의 초상화가 걸려 있었다.

—거근타라格根塔拉, 몽골의 대초원大草原의 한 복판에서

점심 식사, 끈기 없는 쌀밥과 양고기 특유의 노린내가 풍기는 현지식現地食으로 식사를 한 후, 일부의 사람들은 현지 민속마을 탐방하고 우리 일행 몇몇은 초원을 트래킹했다. 그 동안 말로만 듣던 몽골초원, 장대하고 완만한 둔덕이 둔덕으로 이어지는, 부드러운 물결이 넘실거리듯 광활한 대지였다. 연중 강수량이 아주 적어 건조하고 뜨거운 햇볕이 내리쬐는 초원에는 흙바닥 위에 엉성한 풀포기가 뿌리를 내리고 있었다. 질긴 생명력이다. 고개를 들어 바라보면 대초원의 푸른 풀밭은 끝없이 펼쳐져 있었다. 그 광활하게 펼쳐진 시계視界는 사방을 둘러보아도 하늘과 땅이 맞닿은 곳에서 아득한 지평선을 이루고 있었다. 날씨는 뜨거웠다. 순백의 구름이 떠있는 하늘은 원색의 파란 빛깔로 눈이 부셨다. 비록 보기에 엉성한 풀밭이지만, 군데군데 양떼들이 무리지어 다니며 끊임없이 풀을 뜯고 있었다.

모든 시간이 정지된 듯한 한가로운 초원의 한 복판에서 나는 뭔가 허전하고 막막하기만 했다. 사방을 둘러보아도 아득한 지평선, 그 한 가운데 서 보니 '저기 풀을 뜯는 한 마리의 이름 없는 한 마리의 양이나 내가 뭐가 다를 것인가'… 문명이라는 이름으로 보란 듯이 사는 우리들 일상이 그냥 아련할 뿐, 주위에는 나와 아무 것도 연관되는 것들이 없는 대지의 한 복판, 존재의 고독이 강하게 느껴지는 광야이다. 사람을 생각했다. '사랑한다!' … 저 티 없이 맑고 투명한 하늘빛과 아득한 대지 앞에서, 작은 생명의 목소리로 조용히 되뇌어 본다. 뜨거운 마음은 완만하고 밋밋하게 이어지는 언덕과 언덕을 타고 넘으며 하늘의 구름과 초원의 바람을 가른다. 아아, 대초원大草原이여, 이 원시의 공간에 홀로 서니 인간의 오욕칠정이 부질없다는 생각이 들기도 했다. 하고 많은 인간의 욕망도, 문명의 어떤 우쭐한 멋도 다 무색해지는 이

원초적 공간에서 인생, 가장 절절한 것은 과연 무엇인가를 생각해 본다. 그러나 그것마저 저 초원의 지평처럼 요원한 그 무엇일 따름이었다. 실존의 아픔이 온몸이 저리게 다가왔다.

어느 날 내가 눈을 떴을 때
사방이 텅 비어 있었다
아무것도 없었다
나는 놀랐다
어떻게 사방에 아무것도 없을 수 있단 말인가
지평선의 충격은 그렇다
아무것도 없는데 아득한 곳에 선 하나가 있었다
그것은 직선이 아니었다
나를 둘러싸고 있는 그 커다란 선은 둥글었고
그 텅 빈 원 속에
원의 중심에
내가 있었다

―최승호의 시 「지평선」중에서

―초원의 하늘을 물들이는 저녁노을

서쪽 언덕 위에 뽀얀 구름이 주홍빛으로 물들기 시작했다. 옆으로 퍼진 새털구름 사이로 태양은 온 하늘을 선홍빛으로 물들이고, 그 빛살이 워낙 강렬하여 눈을 바로 뜨고 볼 수가 없었다. 선도 높은 물감을 풀어놓은 듯한 붉은 기운이 천지에 가득했다. 뭔가 애틋한 마음이 스며오기도 했지만, 지는 해가 풀어놓은 긴 여운은 아름다웠다. …초원 한편에서는 관광객을 위한 마장마술이 펼쳐지고 있었다. 오늘 밤 초원에서 유숙하는 모든 관광객들이 나와서 구경을 했다. 약 10여 명의 원주민 기수騎手들이 말을 타고 나와 유목민 특유의 능숙하고 능란한 기술로 경주를 벌이기도 하고, 말을 달리며 말 옆으로 몸을 내려굽혀 땅에 놓인 돈을 주워 올리는 재주 등 갖가지 묘기를 보였다. 환호가 터져 나오고 박수가 쏟아져 나왔다. 이렇게 왁자한 가운데 초원의 하루가 저물고 있었다. 작열하던 8월의 태양도 저 능선 너머로 그 자취를 감추고 하늘이 불그스름하게 물들어 가며 사위는 서서히 어두워져 갔다.

저녁식사는 '수바루', 몽골 전통의 양고기 찜 요리였다. 그리고 밥을 곁들여 양고기 감자탕 등 다양한 요리가 푸짐하게 원탁의 테이블을 가득 채웠다. 비위가 약한 분들은 집에서 가져 온 김이나 김치, 고추장 등을 곁들여 먹기도 하고 어떤 분은 컵라면 하나로 어려운 고난(?)을 극복하고 있었다. 나 또한 입맛이 썩 내키는 것은 아니지만, 여행 중에는 현지의 모든 문화를 몸으로 부딪쳐 보아야 여행의 참맛을 느낄 수 있다는 평소의 생각대로 주어진 음식을 주저 없이 먹었다. 전혀 다른 풍토 속에서 이루진 음식 문화이므로, 그것이 수천 수백 년 동안 이어져 오면서 형성된 그 특유의 냄새가 나기 마련이다. 그들도 이 음식을 먹고 지금까지 잘 살고 있다면 결코 못 먹을 것은 아닌 것이다. 오늘은 우리 일행 이외에 중국인, 일본인들이 함께 겔 식당 안에서 여러 개의 원탁의 테이블에 나누어 앉아 식사를 했다.

–대초원大草原의 밤하늘에 쏟아지는 별들

뜨거운 열기의 캠프파이어를 끝내고 겔에 들어와 샤워를 한 후, 옷을 따뜻하게 갈아입고 초원으로 나갔다. 한 여름이지만, 초원의 낮은 뜨겁고 밤은 추웠다. 건조하고 일교차가 큰 것이 기후의 특징이다. 자정이 훨씬 넘은 시간이었다. '초원의 별 바라기'는 여행 전부터 기대했던 일 중에 하나였다. 룸(겔50동) 메이트인 L선생님과 바로 옆 동棟의 K기공의 K선생님, 그리고 한 동 건너 47동에서 오늘밤 동숙하는 S관광고의 B선생님과 S여중의 Y선생님 등이 동행했다. 일행은 언덕을 넘어 겔 촌의 불빛이 전혀 보이지 않은 곳까지 나아갔다. 마을에서 한참 떨어진 무인지경이었다. 어두운 초원의 풀밭 위에 다섯 명이 자리 잡고 앉았다. 사위는 깜깜했다. 야심성유휘夜深星逾輝! 별은 어두울수록 더욱 빛난다. 이제 하늘의 별들이 제 빛의 질량을 아낌없이 드러내고 있었다. 큰 별, 작은 별, 때로는 띄엄띄엄, 때로는 촘촘하게 온 밤하늘에 가득하고, 그 수많은 별들이 우리의 이마 위로 자욱하게 쏟아지고 있었다. 그리고 하늘 한 가운데를 가로지는 별무리의 뽀얀 강줄기 같은 것이 바로 '미리내', 그 은하수銀河水가 아닌가. 사방의 지평선이 검은 실루엣으로 깔려 있고 그 위의 검푸른 밤하늘에 국자 모양의 북두칠성이 또렷하게 빛나고 있다. 그 맞은편에는 W자 모양의 카시오페아 오성五星이 반짝인다. 그 두 성좌 한 가운데 북극성北極星이 중심을 잡고 있으니 그 곳이 우리 지구의 정북正北이 될 것이다. 북극성은 우리나라에서 볼 때보다 훨씬 지면에 가깝게 내려앉아 있었다. 우리나라와는 위도와 경도상의 위치가 달라서 그렇겠지만, 여기에선 별들이 한층 가깝게 다가와 있는 것만은 틀림없었다. 이렇듯 선명한 명도 대비가 어찌 하늘의 별빛만이겠는가. 우리 도시인들은 이미 오래 전에 별을 잃어버렸다. 문명의 현란한 불빛 아래에서 서로 서로 뜨거운 욕망의 간肝을 꺼내놓고 살다보니 어디 별 따위가 무슨 대수이겠는가. 어린 시절 어머니와 함께 보았던 고향의 별빛도 우리들의 뇌리에 아득하지 않은가. 문득 '자연의 순수성을 상실한 인간은 결국 죄악과 파멸이 이른다'고 한 장자크 루소의 말이 떠올랐다. 별밤이 아름답다. 저렇듯 광대무변한 우주 공간에도 아름다운 것들이 가득 차 있는 것이다.

나는 별을 바라보며 좌중의 사람들에게 말했다. "밤하늘에는 헤아릴 수 없이 수많은 별이 있듯이, 지상에서는 수많은 사람들이 있습니다. 하늘의 별처럼 지상의 한 사람 한 사람도 다 하나의 별이지요. 가까이 있는 사람, 멀리 있는 사람 모두 나와 더불어 빛나는 하나의 별들입니다. 그러므로 모두 제 몫의 빛과 존재의 무게를 지니고 있지요. 부모, 자식, 형제, 친지, 동료, 스승, 제자, 친구… 모든 사람이 다 나의 별이 아닌가 해요. '나'도 하나의 빛나는 별이듯이 '그대' 또한 소중한 존재의 별인 것입니다. 오늘 밤 별을 바라보며 나를 둘러싸고 있는 멀고 가까운 사람들을 생각해 봅시다. 그 별들이 있음으로 하여 나 자신 또한 빛날 수 있음을 생각하면, 다시 한 번 그들에 대한 사랑과 감사의 마음을 갖지 않을 수가 없겠지요? …." 아름다운 청년 윤동주의 시심(詩心)이 우리 가슴에 별처럼 와 박힌다. 별 하나에 소망과 별 하나에 사랑과 별 하나에 소중한 사람을 담는 마음, 야심한 대초원의 한 가운데서 얻은 순수한 생각에 모두들 마음이 따뜻해진 것 같았다. 잊을 수 없는 아름다운 초원의 별밤을 가슴에 품고, 생애 최초로 '초원의 겔'에서 잠이 들었다.

· 2007년 8월 11일 토요일 : 〈고비사막〉과 〈징기즈칸릉陵〉을 찾아서

–고비사막을 향하여

아침 8시 정각, '홀리데이인 호텔'을 출발하여, 일행은 서둘러 원행遠行 길에 올랐다. 고비사막과 징기즈칸릉陵을 관람하기 위해 왕복 600km가 넘는 장거리를 달려야만 하기 때문이다. 버스는 후허하오터 시에서 경납고속京拉高速을 타고 내몽고 3대 중공업 도시의 하나인 바오더우시包頭市까지 내달렸다. 이 도로는 베이징北京에서부터 출발하여 내몽구자치구의 동서를 관통하는 고속도로이다. 우리 일행이 고비사막이 있는 서쪽 바오더우시을 향하여 달리는 130여 km 도로의 오른쪽은, 내내 인산산맥陰山山脈의 장대한 산줄기가 나란히 달려가고 있었다. 내몽고 한 가운데 동서로 뻗어있는 해발 2,000m의 암봉으로 이어지는 거대한 산맥이다. 산은 나무 한 그루 없는 회갈색의 험상궂은 암괴巖塊가 대맥大脈을 이어가고 있었는데, 결코 나무가 자랄 수 없는 산이었다. … 그 삭막함이란! 그런 가운데서도 그들은 그냥 가만히 있지만은 않은 것 같았다. 어느 산비탈에 '還淸山(푸른 산을 만들자!)'이란 구호를 큰 글씨로 새겨놓고 산록의 아래쪽, 도로 주변에 나무를 심어가고 있었다. 척박한 땅이지만 계획적인 조림사업은 지속적으로 추진하고 있는 것이다. 그러나 아무리 해도 저 척박한 바위산을 푸르게 할 수는 없을 것 같았다.

인산산맥 아래 고속도로의 좌측은 광활한 평원으로 이루어져 있는데, 가도 가도 끝없는 옥수수 밭이었다. 일행은 고속도로 합소해복무소哈素海服務所, 휴게소 에서 잠시 쉬었다가 일로 질주해 갔다. 버스는 '포두동包頭・東' 나들목에서 국도로 내려갔다(am 09 : 25). 그리고 바오더우시包頭市 외곽의 늪지대 한 가운데로 난 국도를 따라가다가 다시 남북 종단의 새로운 고속 도로[包武高速]로 진입했다. 얼마를 가지 않아 버스는 황허대교黃河大橋를 건너고 있었다. (황하톨게이트. am 09 : 50) … 아아, 고비사막에서 발원하는 황하, 한강만큼이나 큰 강폭에 누런 황톳물이 넘실거리며 유유히 흘러가고 있었다. 고비사막의 황사를 실어가는 강물이니 한결같이 누런 색깔이다. 오죽하면 '백년하청百年河淸'이란 말이 생겨났겠는가. 그러나 '황하모친黃河母親'! 중국인들은 황하를 이렇게 부른다. 그들에게는 어머니의 강이다. 황하는 그들 중화 문명의 발상지이므로 당연 모성母性의 젖줄인 것이다.

—아아, 고비 사막沙漠

'고비庫布其'라는 말은 몽고말로서 '풀이 자라지 않는 거친 땅'이라는 뜻이다. 내몽고는 전체 면적이 118만km^{2}동서 1600km, 남북 500~1000km로서 한반도 전체면적의 약 5.4배에 이를 정도로 광활하지만 이 중 50% 이상이 모래, 잡석 등의 불모지로 형성되어 있고 지금도 계속해서 사막화가 진행되고 있다고 한다. 앞으로도 전체 면적의 90%까지 사막화 될 것으로 예상되고 있다. 사방 어디를 둘러보아도 모래 언덕만이 물결치듯 끝없이 펼쳐져 있었다. 봄철 우리나라에 날아오는 황사가 바로 이 고비사막의 모래 먼지이니, 참으로 아득하고 우울한 느낌을 지울 수 없다. 그런데 이 고비사막은 중국이 세계 3번째로 유인 우주선 '신주神舟'을 발사하여 성공적인 귀환을 이루어낸 곳이 아닌가. 이 사막이 우리에게는 우리의 숨통을 죄는 재앙災殃의 근원지이지만, 그들에게는 새로운 우주시대를 개척開拓해 나가는 신천지인 셈이다. 사막의 황무지에서 새로운 우주시대의 장章을 열고 있는 중국이다. 반세기 동안의 사회주

의의 징먹을 걷고 그들은 무한 우주를 향하여 도약하고 있는 것이다.

고비사막, 열사熱砂의 모래밭이다. 그 앞에 드디어 내가 섰다. 등에는 따가운 원시의 햇살이 내리 꽂히고, 달아오르는 나의 가슴은 답답하고 사막처럼 아득했다. 간간히 건조한 사막의 바람결이 가볍게 옷깃을 스쳐가기도 했다. 재미로 올라탄 낙타의 등, 사진도 찍으며 호기를 부려 보지만, 여기는 결코 우리가 즐거워 할 수만 없는 문제의 땅이다. 낙타를 타고 한 줄로 늘어서서 사막 위를 걷다보면 마치 옛 원정길을 떠나는 듯한 착각을 불러일으키기도 했다. 그러나 무거운 마음은 떨쳐버릴 수가 없었다. 이 넓고 광활한 땅, 쓸모가 있으면 있는 대로, 쓸모없으면 없는 대로 우리에게 고통으로 다가오는 사막沙漠인 것이다.

오후 1시, 점심 식사 후 일행은 여기 고비사막에서 150km 가량 떨어진 '아얼다스'에 위치한 징기즈칸릉陵을 답사하기 위해 서둘러 출발했다. 사막으로 들어온 길을 다시 나와 관전방關磚坊 나들목에서 포무고속도로(포두包頭→ 무명茂名)를 타고 일로 남으로 남으로 내달렸다. … 14:40, 드디어 징키즈칸 능원으로 들어가는 입구인 '성릉成陵' 톨게이트에 진입했다. 바오더우시包頭市 기점으로 153km 떨어진 곳이었다.

–징기즈칸成吉思汗 능원陵園에서

징기즈칸 능원은 방대한 영역에 조성된, 주위보다 약간 높은 평원에 자리잡고 있었다. 내몽골 아얼다스(鄂얼多斯) 이진후오루오기伊金霍洛旗 경내에 위치해 있다. 능원 초입의 기념탑에서부터 본전本殿이 이르기까지는 하나의 언덕을 타고 넘어야 하는데, 약 2km가 넘는 왕복 4차전 도로 폭으로 주도主道를 닦아 놓았다. 그것이 너무 길어서일까. 그 중간쯤에 주차장을 조성해 놓고 별도로 길을 내어 각종 차량들이 들어가도록 해 놓았다. 능전 입구는 5층 건물 이상 되는 높이의 백색 대리석으로 축조된 장대한 '능원문패루陵園門牌樓'를 세워 놓았다. 좌우 한 칸씩을 거느린 3칸짜리 문루로, 우리나라 소슬 대문이 연상되는 모습이었다. 문루를 지나면 바로 말고삐에 푸른 비단을 두르고 멀리 초원을 응시하고 있는 마상馬上의 징기즈칸 동상銅像이 그 위용을 드러낸다. 푸른 하늘 위로 솟구친 그 기상이 당당하다. 지금으로부터 800년 전 몽골초원을 평정하고 '칸Khan'에 오른 그가 중국을 비롯한 동아시아권은 물론 서쪽으로는 페르시아와 유럽, 그리고 북쪽으로는 러시아까지 그의 권역으로 삼았으니, 그의 위세는 실로 인류 역사에 전무후무한 일이 아닐 수 없는 것이었다.

정전正殿에 오르는 길, 중간 중간 넓은 평단이 있기도 하지만 그 계단의 수는 총 아흔아홉 단이라고 했다. 이는 상계上界의 '구구중천九九重天'에 이르는 길임을 상징하는 것이란다. 이 완만한 계단을 따라 300여m 정도 올라가면 세 채의 정전正殿 건물이 그 위용을 드러내는데, 팔각의 기와지붕 위에 몽고파오를 본뜬 돔을 얹은 형태이다. 칸의 좌상坐像의 모신 본전은 2층 팔각지붕에 돔을 얹었고, 좌우의 것은 단층 팔각에 돔을 앉혀 놓았다. 가운데 본전의 외실은 '칸Khan'의 조상彫像이 안치되어 있고, 뒤로 돌아 들어가면 내실인데, 칸에게 제사를 올리는 영령英靈의 성지聖地이다. 제단에는 세 채의 몽고파오가 설치되어 있다. 가운데는 칸의 영정影幀이 모셔져 있고 좌우에는 그 왕비들의 영실靈室이다. 그 앞에 타오는 불을 800년 동안 한 번도 꺼진 적이 없는 '불꽃'이라고 한다. 그런데 사실 징키즈칸의 실제 무덤이 어디인지 그 위치가 아직도 정확히 밝혀지지 않은 상태이다. 그 당시는 밀장密葬의 관습에 따라 그 위치를 정확히 남겨 놓지 않았기 때문이다.

전하는 말은 이렇다. 징기즈칸이 중국 내륙으로 군사를 이끌고 직접 남진할 때, 이곳을 지나면서 주위의 풍광을 보고 심히 감동하여 머물러 살기를 언급했었다고 한다. 이 원정길에서 결국 '칸'이 중국의 간쑤성甘肅省에서 죽게 되자 그 시신을 모시고 몽골로 귀환하게 되었다. 그런데 시신을 실은 수레가 이곳에 이르렀을 때, 수레가 멈추어 꼼짝도 하지 않았다. 그리하여 이곳 어딘가에 밀장을 하였다는 것이다. 물론 그 당시의 이곳은 몽골의 영토였다. 그러나 지금은 중국 땅이다. 이 땅은 1947년 이래 '내몽고자치구'라는 이름으로 중국에 편입되었기 때문이다. 몽골족의 세계적인 영웅인 징기즈칸을 한족漢族의 중국이 귀하게 떠받들고 거창하게 이용하고(?) 있는 것이다. '古老神奇的成吉思汗陵園 是蒙古民族的祭祀文化和 民俗文化的神聖搖籃…'이라고 선전한다. 즉, 이 능원을 '몽골의 민족적 제사문화와 민속문화의 신성한 요람'이라고 성화聖化하고 있는 것이다. 중국은 몽골 땅을 자기 영토로 만들었고, 한때 자기들을 지배했던 몽골의 영웅을 자기들의 문화 영역으로 끌어들여문화적 경제적 이익을 극대화하고 있는 것이다. 참으로 역사의 아이러니가 아닐 수 없다. 능원은 징기즈칸의 35대 후손들이 보호 관리하고 있는데 중국 정부는 이들은 국가공무원으로 우대하고, 능원 조성과 관리에 막대를 예산을 투입하고 있다. 세계사에서 불세출의 영웅으로 기록되는 징기즈칸成吉思汗, 그의 무덤을 이용하여 중국은 막대한 관광 수입을 올리고 있는 것이다. 내년 2008년 베이징 올림픽을 겨냥해서 대대적인 능원 확장・개축공사를 마무리해 가고 있다. 그리고 그들은 이곳을 '全國重點文化保護單位'로 지정하여 대대적으로 선전하며 관광객을 유치하는데 총력을 집중하고 있다. … 대초원의 바람을 가르며 천하를 호령하던 영웅이여! 아아, 무상하게 굴러가는 역사歷史의 수레바퀴여!

원래 만리장성萬里長城은 북쪽 유목민족遊牧民族의 남침을 막기 위한 대사업이었다. 한족漢族은 남쪽에서 농사를 짓고 정착하며 풍요로운 삶을 영위했지만, 늘 북쪽 유목민족들이 자신들의 것을 탐낼까 두려워하며 살았다. 한족은 유목민족이 영원히 지금의 몽골 밑으로 내려오지 않기를 소원했다. 반면 척박한 땅이지만 가축과 그 가축에게 먹일 풀을 따라 자유롭게 이동하며 지냈던 북쪽 유목민족들은 다만 조금 더 풍성한 풀이 나는 곳을 원했다. 그리하여 후에 칭기즈칸成吉思汗이 된 자, 테무진鐵木眞이 남하한 땅이 바로 지금의 내몽고 북쪽 후룬베이얼(呼倫貝얼)이다. 세계 최대 제국의 역사는 그렇게 시작됐다.

－칭기즈칸(成吉思汗, 1162~1227), 몽골 대제국의 영광榮光

몽골의 바이칼호수 부근 태생(1162)으로 전해지는 테무진鐵木眞이 후룬베이얼

(呼倫貝얼, 외몽고 접경의 내몽고 북부 도시)을 차지하게 된 것은 1201년과 1202년에 두 차례 있었던 전쟁을 거치면서였다. 당시만 해도 왕의 칭호는커녕 일개 부족장 정도의 세력을 지니고 있을 때였다. 하지만 두 전쟁을 거치는 동안 몽골족의 큰 세력이었던 토그릴, 케레이트족, 나이만왕국, 자무카 등을 차례로 패배시키거나 굴복시키고, 전 몽골족을 통일하기에 이른다. 1206년 테무진鐵木眞은 오논 강변에서 열린 부족장들의 회의에서 우리에게 널리 알려진 '전 세계의 제왕' 칭기즈칸(成吉思汗, Chinggis Khan)으로 추대된다. 칭기즈칸은 후룬베이얼을 비롯한 내몽고 지역을 바탕으로 몽골족 내 새로운 조직을 재정비하고, 초원 밖 출정 준비를 마친다. 10진법 체제로 새롭게 구성된 칭기즈칸의 군대는 그의 정복에 기꺼이 동참할 사기 충만한 병사들로 가득했다. 더군다나 후방 보급도 필요 없는 유목민의 장점까지 더해 칭기즈칸의 군대는 세상이 끝나는 그곳까지 정복하고 또 정복하며 내달리기만 하면 되었다. 그로부터 25년 후, 1227년에 칭기즈칸이 죽었을 때 몽골제국의 역사는 베이징에서 서방 카스피해까지 이르렀다. 그 후에도 몽골제국은 페르시아와 러시아까지 영토로 삼았다.

–후허하오터 시 〈홀리데이인 호텔〉 숙소로 귀환

오후 4:30 <징키즈칸 능원陵園>의 탐방을 마치고, 일행은 다시 포무고속도로 따라 귀로에 올랐다. 갔던 길을 되돌아오는 고속도로 상행선이다. 오후 7시, 중간 지점인 바우더우시包頭市에 들러 정통중국요리 <復正飯店>에서 저녁식사를 했다. 후허하오터 시에 돌아 온 시간은 늦은 밤 10시 30분이었다. 오늘은 강행군의 일정이었다.

오상수

서경대학교(전 국제대학교), 고려대학교 교육대학원 졸업
현재 계성여자고등학교 교사

큰 바위 얼굴

의재 선생이 고향, 출신 학교, 학계學界, 교회 등에서 인연을 맺은 분들의 글을 모았다.

정도正道의 사도使徒

김명자

의재宜齋 최운식崔雲植 교수님과의 첫 만남은 1970년대 민속학회 월례발표회가 있었던 한국민속관(국립민속박물관 전신)으로 기억한다. 지금은 민속박물관의 규모가 커지고 그 위상도 상승되었지만, 당시에는 경복궁 내 수정전에 '민속관'이라는 명칭으로 자그마하게 자리하고 있었다. 거기서 월례발표회를 마치면 경복궁 내의 쉼터에서 차를 마시며 담소하는 시간을 갖기도 했는데, 그러한 분위기에서 의재 선생님과의 첫 만남이 이루어진 것이다. 그때 의재 선생님이 고 남강 김태곤 선생님의 가르침을 받은 분이었다는 사실도 알게 되었다.

이화여자대학교에서 민속학과는 거리가 먼 신문방송학을 전공했던 나는 언론기관에 근무하면서 역사의식이 부족하다는 생각을 해오다가 성균관대학교 대학원 사학과 석사과정에 진학하게 되었다. 당시 가깝게 지내던 지인, 그리고 가까운 친척 중 이 대학 출신이 있어서 친근감을 가지고 자연스럽게 지원했던 것이다. 그런데 의재 선생님 역시 성균관대학교 대학원에서 석사과정을 하신 것을 알게 되었으니, 어떻든 동창이 된 셈이다. 후에 의재 선생님은 성균관대학교 대학원에서 박사학위를 취득했다. 나는 남강 선생님의 지도를 받기위해 경희대학교 대학원에서 석사과정을 다시 하고(당시에는 경희대에는 민속학과도 없었고 민속학은 주로 국문학과에서 했다. 또한 석사과정과 박사과정은 같은 전공이어야 하므로 사학과에서 석사과정을 마친 나는 다시 국문학과에서 석사를 마쳐야 박사과정 진학이 가능했다.) 이어 박사과정에서 공부를 했다. 어떻든 이렇게 인연을 맺게 된 의재 선생님과는 길지 않은 시간에 동질감을 느끼게 되어 민속학을 공부하는 동학으로서 친근해질 수 있었다.

나는 안동대에 부임하기 전, 서울 동덕여대에서 민속학 강의를 한 적이 있다. 의재 선생님이 대학 전임으로 가시게 되어 내가 후임으로 강의를 맡게 되었다. 맨 처음에는 남강 선생님이 강의를 맡으셨다가 이어 의재 선생님, 그리고 내가 맡은 것인데, 나로서는 처음 하는 강의여서 남강 선생님과 의재 선생님으로부터 조언을 많이 들었다.

내가 박사학위를 받았을 때 의재 선생님은 점심을 사주시며 축하를 해주시는 등 나는 미처 배려하지 못하는 일들을 자상하게 하셨다.

의재 선생님과는 여기저기 답사도 꽤 다녔지만, 우선 서산 지역을 답사했던 추억을 손꼽아야 할 것 같다. 남강 선생님과 의재 선생님을 비롯한 동학들이 '서산 민속 조사단'을 구성하여 서산 지역의 민속을 종합적으로 조사하였는데, 그 결과물로 『서산민속지』 상·하 권이 출간되었다.

1986년 12월부터 1987년 1월까지 민속 조사단이 본 조사를 하기 전, 남강 선생님과 의재 선생님, 그리고 나는 86년 8월에 서산 지역 예비조사를 한 바 있다. 남강 선생님은 충남 서산에서 태어나셨는데, 이날 모교인 근흥면의 근흥초등학교(충남 서산군은 1989년 1월 1일 서산시, 서산군, 태안군으로 분리되었으며 1995년 1월 1일 서산군이 시로 통합, 근흥면은 태안군 소속이 됨)를 둘러보며 이웃 당진에서 출생하여 홍성에서 성장기를 보낸 의재 선생님과 고향 이야기를 나누던 모습은 무척 정겨워 보였다.

남강 선생님과 의재 선생님은 사제지간이지만, 연령 차이가 그다지 많지 않았는데 평소 예의를 갖추면서도 무척 친근하게 대화를 나누었던 모습은 나의 기억 속에서 지워지지 않는다.

서산 민속을 조사하던 당시만 해도 승용차를 가지고 있는 연구자가 흔하지 않은 편이었는데, 남강 선생님과 의재 선생님, 두 분이 승용차를 가지고 있었다. 조사자들이 두 차를 번갈아 가며 타고 답사다니던 기억, 특히 '박사

서산 민속 조사단원(뒷줄 왼쪽부터 이상언 선생, 필자, 김영구 원장, 김태곤 교수, 최운식 교수. 앞줄 왼쪽부터 장장식 박사, 이택희 선생, 김창진 교수)

기사'가 운전하는 차를 탔다고 농담도 하며 시간 가는 줄 모르고 열심히 조사했던 일 등 추억거리가 많다.

본 조사 기간이 12월과 1월로 추운 겨울이어서 어느 날은 눈발이 날리고, 더욱이 비탈길을 오르내려야 할 때도 있었다. 눈이 깔린 비탈길을 오르내리는 것이 여간 '모험'이 아닌데도 의재 선생님은 늘 편안하게 운전을 하셨다. 눈발이 날리는 날 혹여나 근심하는 모습을 보이시면 우리들이 불안해 할까 우려하셨는지도 모른다. 의재 선생님은 각별히 조심하는 운전으로, 눈발이 날리면 서둘러야 한다는 점을 우리 스스로 느낄 수 있게 하였다.

나는 의재 선생님이 타인의 험담을 하는 것을 들어본 적이 없다. 선생님인들 왜 불편했던 인간 관계가 없었으랴마는, 스스로 삭이셨을 것이다. 그것은 바로 의재 선생님의 인품을 말해 준다. 하지만 학업에 관한한 제자들에게 가혹하리만큼 엄하다는 말을 주변의 제자들에게 종종 들은 바 있다. 잘못에 대해서는 분명하게 짚어 주셨던 의재 선생님은 의로운 길을 걷는 스승의 모범을 보이셨던 것이다. 때로는 답답하다고 느껴질 만큼 정도正道를 걷는 의재 선생님이 언젠가 신명나게 노래하는 모습을 보며 놀란 적이 있다. 제자들과의 모임에서 밤늦도록 술을 마시며 즐거운 시간을 보냈다는 말씀을 들은 적도 있는데, 의재 선생님은 그렇게 답답한 분이 아니구나 하는 새로운 생각과 따뜻한 인간미를 느낄 수 있었다.

나는 일을 밀려두고 스트레스에 허덕이는 경우가 많지만, 의재 선생님은 일을 밀려두지 않는 것 같다. 그러니 수많은 저서, 그것도 '발로 뛰어다니며 찾아낸 보석'을 주제로 낸 저서들이 수북하다.

의재 선생님은 독실한 기독교신자로서 현재 장로님이시다. 선생님을 처음 알았을 때 기독교신자라는 말씀에 무속과 민속신앙을 어떻게 보고 있으며, 어떻게 조사하실 수 있을까 하는 생각을 잠시 했었다. 하지만 이것은 나의 기우였다. 선생님은 신앙 생활과 학문 세계를 분명하게 구분하는 분이었기 때문이다. 굿당에서 굿을 보시면서 녹음 기록만 하는 것이 아니라 치밀한 강의 자료를 위해 영상에 담기도 했다. 십수 년 전 10세 안팎의 여자 어린이가 서울 삼각산에서 내림굿을 받던 날, 나는 오후에 일이 있어서 먼저 나왔지만 의재 선생님은 끝까지 보시면서 무비카메라에 영상을 담고 상세히 조사하셨다. 사정이 있었지만, 끝까지 자리를 지키지 못한 내가 한없이 부끄러웠다. 선생님이 설화집을 내고, 전설의 현장을 그처럼 다니신 열정은 바로 묵묵히, 소신껏 일을 하시는 끈기의 소산이라고 생각한다.

의재 선생님은 제자들을 많이 키워낸, 대단한 '부호'이다. 스승으로서 좋은 제자를 배출하는 것처럼 부유한 일이 어디 있겠는가. 선생님의 제자들은, 대학교와 고등학교, 중학교는 물론 여타 기관에서도 열심히 자신의 일을 한다. 이는 정말로 부러운 일이다.

의재 선생님은 정년을 앞두고도 꾸준히 책을 내신다. 이 글을 쓰기 얼마 전 나는 선생님으로부터 전설의 현장을 답사하면서 조사한 이야기와 이야기의 의미를 담은 『다시 떠나는 이야기여행』이라는 책을 받아보면서 얼마나 부끄러웠는지 모른다. 한 가지 일에 집착하지 못하고 이것저것 쳐다보느라 내실을 기하지 못하는 자신을 원망하며 고개를 떨굴 수밖에 없었다.

3남매 가운데 두 아들을 연구자로, 그것도 같은 전공을 하는 연구자로 키우신 것도 두 아드님이 아버님의 올곧은 모습을 보며 그대로 이은 것이라는 생각이 든다. 나는 경희대학교에서 민속학 강의를 몇 년 한 적이 있는데, 의재 선생님의 둘째 아드님이 나의 강의를 들었다. 그 역시 매우 단정하고 모범적인 우수한 학생이었으며, 현재 교직에 몸담고 있다. 의재 선생님은 여러 면에서 행운이 있는 분이다. 그러나 이 행운은 그저 오는 것이 아니다. 선생님의 근면과 쉼 없는 노력으로 이루어낸 결실이다.

한 점 흐트러짐 없이 모범적이며 학문에 열정적인 의재 최운식 교수님. 선생님은 이제 정년퇴임을 하시지만, 그 성실함과 부지런함, 단정함은 교수로 재직하실 때와 다름이 없으리라 생각한다. 그리고 틈틈이 연구서도 발간하는 등 연구 활동을 늦추실 것 같지 않다. 의재 선생님은 단지 근무하는 학교를 떠나실 뿐 열정적인 연구 자세, 품격 있는 인품을 그대로 보이면서 정도正道를 걷는 사도로서 우뚝 서 계시리라 생각한다.

김명자

이화여자대학교 및 성균관대학교 대학원 석사과정 졸업. 경희대학교 대학원 석사과정 및 박사과정 졸업. 문학박사
안동대학교 박물관장 및 인문대학장, 한국민속학회 부회장 역임
현재 안동대학교 민속학과 교수, 문화재청 문화재위원(무형문화재 예능분과 위원장)

최운식 교수의 정년을 아쉬워하며

김상영

올해 2월로 의재 최운식 교수께서 정년을 맞이하시어, 그동안 몸담아 왔던 대학 캠퍼스를 떠난다는 소식을 들으니 우선 섭섭하고 허전한 마음을 금할 수 없습니다. 언제나 웃음 띤 표정과 단정하고 건강한 모습이 눈에 선한데, 벌써 정년이라니 믿기지 않습니다. 그러나 덧없이 흐르는 세월은 어찌할 수 없는가 봅니다.

모든 일에 처음이 있으면 끝이 오게 마련이니, 누구나 교직에 머물렀던 사람이면 정년으로 모두 학교를 떠나게 되는데, 대학 동기들 가운데 가장 오래 봉직하던 최 교수의 정년으로 이제 '우리들의 때가 정말 다 되었구나' 하는 느낌을 지울 수가 없습니다.

그러나 모든 교원이 법으로 정한 임기까지 마치는 것은 아니므로 정년 퇴임은 분명히 축하받아 마땅한 영예로운 일이라고 생각합니다. 이런 의미에서 최운식 교수의 정년을 진심으로 축하하며, 반세기 가까이 오직 2세 교육을 위해 한길로 헌신해 온 높은 뜻과 공로에 대해 충심으로 깊은 감사와 경의를 표합니다.

내가 최 교수와 인연을 맺은 것은 1962년에 설립된 서울교육대학에 함께 입학하면서부터입니다. 당시 교육대학은 초등학교 교사의 양성을 목적으로 서울대학교에 병설되었으며, 교육 기간은 2년이었는데, 첫 해는 입학 기분, 둘째 해는 졸업 기분을 내는 대학생활 동안, 학생들은 동아리나 그룹끼리 모여서 자신의 인생관, 교직관 등을 놓고 늦은 밤까지 토론하고, 자신의 꿈과 미래를 서로 의논하며 우의를 쌓으면서 어울려 다녔습니다.

우리의 공통점은 경제적 형편이나 가정 사정이 어렵고 여유가 없으므로, 빨리 직장을 가져서 자립해야겠다는 점이었지요. 그러나 학업에 대한 열정은 매우 커서 교육대학 2년의 수학에 만족하지 못한 상당수 학생들이 4년제 대학에 입학을 했습니다. 나와 최 교수도 4년제 대학에 입학하여 학업에 열중하면서 주경야독晝耕夜讀의 외롭고 힘든 시절을 보냈는데, 저녁식사가 불규칙적이다 보니 위장병으로 고생을 겪기도 했습니다. 그렇지만 덕분에 우리는 학사학위와 함께 중등학교 2급 정교사 자격을 얻게 되었으며, 당시는 중등학교가 계속 신설되어 교사가 매우 부족하였기 때문에 채용고사를 거쳐서 중등학교로 발령을 받아 전공과목을 살려 교직생활을 계속할 수 있었습니다.

중등학교에 옮긴 이후에도 교원 사회의 여러 문제와 교육 현안에 대해 종종 의견을 나누었는데, 최 교수는 현실에 안주安住하기보다 대학원 과정의 공부와 연구를 더욱 깊게 하고 학문적 토대를 튼튼히 하여 대학 교수를 목표 삼아 노력하는 것으로 생각하였습니다.

반면에 나는 여러 중학교와 고등학교로 옮기면서 학교 현장에 몰두하였고, 교육전문직 시험을 거쳐 연구사와 장학사, 교육연구관 등으로 교육연구원, 서울시교육청, 교육인적자원부 등에서 보통교육의 여러 분야에 경험을 쌓으면서 학교 관리자의 길을 수행해 나갔습니다.

최 교수는 성균관대학에서 석·박사학위를 마치고 국제대학을 거쳐 교원대학교에서 원하던 바의 교수 생활을 열심히 하면서 학문적 성과와 업적을 꾸준히 쌓으며 정진하는 것으로 알고 있었습니다.

내가 교육전문직으로 근무하는 동안에는 바쁘고 여유가 없어 연락을 주고받지 못하며 지냈는데, 다만 교육부에 근무하던 3년 동안에는 전국적인 교육행사가 교원대학에서 개최되어서 그곳에 갈 때에는 최 교수를 만나 여전히 한결같은 모습에 반가움이 앞섰습니다.

이와 같은 교분을 통해 내가 알고 있는 최 교수는 조선 시대 유학자를 연상케 하는 선비의 모습을 지녔다는 것입니다. 불의와 타협하지 않는 꼿꼿한 기개가 있고, 매사에 합리적이며 긍정적이고, 현실에 머무르지 않으며, 성실하게 연구 노력하는, 참으로 많은 장점을 갖추었다고 봅니다. 대학 교수야 말로 최 교수에게 가장 잘 어울리는 직업이었다고 생각합니다.

또 한 가지 내가 부러웠던 점은 외유내강外柔內剛의 성품입니다. 최 교수는 언제나 밝게 웃는 다정한 모습으로 상대방을 편하게 대해주며, 상대방 입장에서 역지사지易地思之하는 지혜를 가지고 있습니다. 사람을 다루는 직업을 가진 사람에게 꼭 필요한 요소라고 볼 수 있는데, 최 교수의 이러한 장점이 교수로서 성공할 수 있게 했을 것으로 생각됩니다. 참으로 귀하고 존경스러운 모습이어서 늘 배우려 했고 존경했던 점인데, 나에게는 너무 멀리 있는 것 같았습니다.

이러한 훌륭한 성품을 갖추었고 또 열심히 노력하여 학문적인 업적과 역량도 높이 쌓았으며, 생활이 성실함으로 건강도 구비하였으니 좀 더 대학에 있어도 후학들에게 큰 도움이 되련만, 최 교수의 정년은 더욱 아쉽고 안타까운 느낌을 갖게 합니다.

그러나 이제 어쩔 수 없이 캠퍼스를 떠나게 되겠지만 곳곳에 남기신 훌륭한 업적과 자취는 많은 동료 교수들과 교육 후배, 그리고 정성껏 가르친 제자들의 가슴에 오래 기억될 것입니다.

아무쪼록 정년퇴임 이후에도 그간의 학문적 업적과 경륜으로 사회와 교육 현장에 기여해 주었으면 합니다. 그리고 이제 자유로운 가운데 그동안 학교 일로 미루었던 여러 기호, 취미 생활로 보다 여유롭고 풍요로운 생활을 즐기면서 무엇보다도 영육 간에 건강한 여생을 보내기를 바라는 마음 간절합니다.

아울러 최 교수께서 평생을 한길로 흔들림 없이 학문과 교수의 길에 전념할 수 있도록 내조에 힘쓰신 부인 이영순 동문께도 깊은 감사를 드리며,

가족과 함께 부디 행복한 나날이 계속되기를 진심으로 기원합니다.

김상영

서울교육대학교, 건국대학교 졸업, 건국대학교 대학원 졸업. 법학석사
서울시내 초등학교 · 중학교 · 고등학교 교사, 서울시교육청 교육연구사, 장학사, 교육인적자원부 교육연구관, 용강중학교 교장, 용산고등학교 교장 역임.
현재 서울목동고등학교 교장

월하노인과의 만남

노규호

인연 깊은 만남이 있다. 의재宜齋 선생님과의 만남이 바로 그렇다. 처음에는 스승과 제자로 만났지만, 평생 잊을 수 없는 의미 깊은 인연을 맺게 되었다.

선생님과는 1987년 대학원 석사과정에서 '구비문학개설' 강의로 만났다. 그 때는 설화, 판소리, 민속극의 원리와 이해가 중요하였다. 그러나 내가 받은 가장 중요한 가르침은 '월하노인月下老人'이었다.

월하노인은 직역하면 달빛 아래 서 있는 노인으로, 결혼은 하늘의 이치대로 정해진다는 의미를 가진 말이다. 당나라 때 위고魏固라는 청년이 하루 바삐 아내를 맞고 싶어 번潘씨 집안의 딸과 맞선을 보기로 하였다. 설레임으로 새벽에 일어난 그는 어두운 하늘에 초승달이 걸려 있는 길을 걷다가 조그만 자루를 가지고 책을 읽고 있는 노인을 만났다.

"저 자루 속에는 무엇이 들어 있습니까?" 했더니 "붉은 명주실일세" 하며 자못 위엄이 서려 있는 음성으로 말했다.

"이것이 내가 하는 일이네. 여자든 남자든 태어날 때 혼인 상대가 정해진다네. 나는 밤중에 돌아다니며 남녀의 발을 묶어 주지. 일단 묶여지면 어떤 일이 있어도 헤어질 수 없네. 어떤 사람은 가난한 집에서 태어나고 어떤 사람은 부잣집에서 태어날지도 모르며, 또 수천 리 떨어져 있을지 모르고, 혹은 두 집이 원수지간인 집도 있겠지만, 결국은 부부가 되는 결말을 맺는 것이네. 그 숙명은 어떻게 할 수가 없다네."

월하노인은 이 이야기에서 유래하여 온 말이다. 결국 위고는 여러 번 결혼을 시도하였으나, 노인이 예고한 대로 당시 세 살 아기였던 사람과 결혼하게 되었다는 이야기였다.

그때 수강생은 나 혼자였다. 나는 선생님이 재직하고 계신 교원대까지 가기가 어려워, 선생님의 배려 속에 서울에 있는 선생님 댁을 찾아가서 강의를 들었다. 한 학기 강의가 끝나갈 무렵, 선생님께서는 월하노인이 되어 청실·홍실로 내 인생을 엮고 계셨다. 선생님 강의에 매료되어 있던 때라, 그 말씀을 따라야만 되는 것이라고 생각하였다.

약속 날짜가 잡혔다. 1987년 6월 6일 광화문에 있는 세종문화회관 세종홀에서 지금의 아내를 만났다. 신정동에서 광화문으로 가는 좌석버스를 탔다. 맞선을 보러가는 중인데도 머리가 복잡하지는 않았다. '내 배필은 어떤 사람일까?', 그저 나는 '모든 면에서 보통만 넘으면 좋겠다.' 하는 생각뿐이었다.

약속 장소에 먼저 도착해서 기다리며, 문을 열고 들어오는 젊은 여자들을 유심히 보게 되었다. 한참을 기다린 후였다. 선생님께서 내가 앉아 있는 곳으로 오시더니,

"여기 있었어요? 우린 저기 앉아 있었는데……."

하시며, 조금 떨어진 자리로 안내하셨다. 우리는 백설기 조각처럼 생긴 아이스크림을 떠먹으며 첫 상견례를 하였다. 선생님을 따라 나온 사람은 내게 별로 시선을 주지 않은 채, 그저 얌전히 앉아 있었다. 아내와의 만남은 이렇게 맺어진 것이다. 아내는 선생님의 후배이자 제자라고 하였다.

우리는 딸 하나 낳고 행복한 가정을 꾸려가고 있는데. 선생님 댁처럼 국문학 가족이다. 집사람은 지금 교원대 교육대학원에서 선생님께 석사논문을 지도 받고 있고, 딸은 작년 여름에 1학기 수시로 국어국문과에 진학하였다. 선생님께서 가끔 우리에게 아들 하나 더 낳으라고 말씀하실 때, 부모님과 같은 진한 사랑을 느끼게 된다.

집사람이 나에 대한 불만을 토로할 때마다 나는,

"우리 만남은 당신이 존경하는 월하노인이 맺어준 운명적 인연이야."

라는 말로 간단하게 대처할 수 있어서 좋다. 얼마 전에 선생님께서,

"내가 제자들 중 몇 명 중매를 했는데, 성공한 경우는 노선생 내외뿐이야."

라고 말씀하시는 것을 듣고 놀란 적이 있다. 선생님께서는 온화한 성품에 최선을 다하는 인생을 사신 분으로, 누구든 선생님의 중매를 기다릴 만하다고 생각해왔기 때문이다.

나는 누군가에게 '연애결혼이에요? 중매결혼인가요?'라는 질문을 받을 때마다 행복하다. 왜냐하면 자랑스러운 답을 갖고 있기 때문이다. 실제로 내 대답을 듣고 부러워하는 사람들이 아주 많다.

사람이 관계를 맺는다는 것은 쉬운 일이 아니다. 결혼은 더욱 그렇다. 나에게 앞으로 소망이 하나 있다. 하나밖에 없는 내 예쁜 딸도 선생님 같은 훌륭한 월하노인을 만나 백년가약의 배필을 만났으면 하는 바람이다.

세월은 참으로 빠르다. 내 나이가 이미 선생님과 처음 만났을 때의 선생님의 연세를 훨씬 넘어섰다. 그리고 우리 선생님께서는 곧 정년을 맞으신다. 학문의 길을 택한 나로서는, 선생님의 연구 목록 앞에서 내가 걸어온 길을 되돌아보지 않을 수 없다.

제자 사랑과 학문적 열정으로 시간을 쪼개 오신 선생님! 건강하십시오. 그리고 제 집사람과 저를 묶은 끈을 풀지 마시길 간곡히 당부합니다.

노규호

홍익대학교 대학원 졸업. 문학박사

북경대학 비교문학·비교문화연구소 방문학자, 북경외국어대학 한국어학과 초빙교수, 한국학중앙연구원 어문연구실 초빙연구원

현재 한중대학교 국어국문학과 교수

기도와 사랑으로 달려온 길

신현주

2002년 12월, 제가 장위교회에 담임목사로 부임하면서 시작된 최운식 장로님과의 만남이 벌써 만 5년이 넘었습니다. 최 장로님에 대한 첫 인상은 전형적인 학자의 모습이었습니다. 장로님은 그 후 제게 연구 집필하신 책을 여러 권 선물해 주셨습니다. 책 한 권을 쓰기까지에는 꽤 많은 시간과 노력이 뒤따른다는 것을 알기에, 학문을 향한 장로님의 열정을 높이 치하 드리고 싶습니다. 저는 장로님의 학문의 깊이와 바른 성품이 녹아 있는 저서들을 읽어 보며, 장로님의 강한 의지와 저력을 느끼곤 합니다. 결코 짧지 않은 시간의 흐름 속에 남겨진 그 수고의 흔적들이 이제는 하얗게 서리가 내린 장로님의 머리를 보며, 학문을 향한 학자의 노고가 얼마나 고되고 힘든 인내의 여정인지를 되새겨보게 됩니다.

이토록 학문에 대한 열정을 불태우면서도 맡겨진 일들을 거의 완벽하리만큼 잘 감당해 나가시는 모습을 보면서 다시 한 번 그 세밀하고 꼼꼼하심에 놀라게 됩니다. 어떤 책에 담겨진 정신을 잘 깨닫기 위해서는 저자를 만나 대화를 나눠보면 더 잘 이해하고 알게 되듯이, 장로님을 한 번 만나면 최 장로님의 삶과 철학을 한 눈에 이해하게 됩니다. 장로님은 언제나, 어느 곳에서나 흐트러짐이 없는 영락없는 교육자의 모습을 보여 주셨습니다. 그러나 엄격함을 지닌 위엄 뒤에는 동시에 따뜻한 마음과 배려도 함께 자리 잡고 있음을 느끼게 됩니다.

우리 장위 감리교회 교우들 가운데는 장로님 가정의 화목을 부러워하는 사람들이 많이 있습니다. 장로님 가정은 매 주일 두 아드님 부부와 따님 부부, 그리고 6명의 손자 · 손녀들과 함께 교회에 나와 예배를 드립니다. 그 모습이 얼마나 아름다운지 모든 이들의 믿음의 본이 되고 있습니다. 예배 후 애찬관에서 식사할 때에도 온 가족이 모여 정겹게 식사하는 모습을 보면, 그렇게 행복해 보일 수가 없습니다. 이렇듯 장로님은 그리스도의 가정을 세워 나가는 일에도 큰 사랑과 기도로 이루어 나가고 계십니다.

본 교회에서 장로님은 4년 동안 재무부장의 직임을 맡아 수고해 오고 계십니다. 국문학자이기에 숫자와는 익숙하지 않다고 겸손해 하시면서도 섬세함과 책임감으로 어렵고 힘든 교회 재정을 잘 꾸려가고 계십니다. 덕분에 그동안 건축으로 인해 짊어졌던 교회 채무도 다 갚게 되었고, 기쁨으로 성전 봉헌예배를 드릴 수 있게 된 것에 대하여 이 지면을 빌려 감사드립니다. 비록 정년 퇴임은 하시지만, 여전히 분주하고 바쁜 스케줄을 책임 있게 감당해 나가시는 장로님은 본받을 만한 기독인 학자임에 틀림없습니다.

쉼 없이 달려오신 장로님! 참 수고 많으셨습니다. 그리고 존경합니다. 그리고 곁에서 최선을 다해 내조해 오신 이영순 권사님께도 동일한 축하를 드립니다. 두 분이 모든 것을 늘 함께 해 오신 모습이 참 아름답습니다. 이제 남은 세월 동안 하나님 나라의 사업을 위하여 더욱 많은 시간과 정열을 쏟아 부으시기를 당부드리고 싶습니다. 장로님과 권사님, 그리고 후손들을 통하여 하나님의 나라가 더욱 확장되며, 그리스도의 사랑이 늘 풍성하게 전해지기를 소망합니다. 장로님 그리고 권사님의 남은 삶 동안에 하나님의 크신 복과 평안이 더욱 더 넘쳐나기를 간절히 기도드립니다. 수고 많으셨습니다.

신현주

서울감리교신학대학교 학부 및 대학원 졸업. 연합신학대학교 대학원 박사과정 수료

현재 서울 장위감리교회 담임목사

신앙의 동행자

안영호

동갑내기인 최운식 장로가 40여 년의 교직 생활을 접고 정년을 맞아 은퇴한다고 하니 옛시조 한 수가 떠오른다.

> 한손에 가시를 쥐고 또 한손에 매를 들고
> 늙는 길은 가시로 막고 오는 백발은 매로 치렸더니
> 백발이 제 먼저 알고 지름길로 오더라.

마음은 아직도 젊은데, 나도 모르게 나이 들고, 몸이 늙는 것을 어찌하랴. 모두 하나님의 섭리이니 다소곳이 따를 수밖에 더 있겠는가. 이렇게 생각하면서도, 아직도 젊게 느껴지는 최 장로가 정년퇴임을 한다고 하니, 만감이 스친다.

최 장로의 제자들이 중심이 되어 최 장로 정년 기념 문집을 만드는데, 여기에 실을 글을 쓰라는 말을 듣고 선뜻 대답하였다. 그러나 막상 글을 쓰려고 하니, 무엇을 써야 할까 망설이게 된다. 최 장로와는 오랜 세월 한 교회를 섬기며 신앙생활을 하였기에 기억에 남는 일이 많은데, 그 중 몇 가지만 적어 기념으로 남겨 두고자 한다.

몇 년 전 최 장로가 제2남선교회 회장 일을 맡았을 때의 일이다. 현충일에 제1, 제3남선교회 회원들과 함께 소백산 산행을 하는데, 함께 가자고 하였다. 중소기업을 운영하고 있는 나는 도무지 시간을 낼 수 없어서 그 때까지 등산을 한 적이 한 번도 없었다. 그래서 못가겠다고 하니, 철쭉이 만발한 소백산의 아름다운 경관도 보고, 체력 단련도 하면서 친목을 도모하는 기회이니 꼭 함께 가자고 하였다. 못 간다고 버티던 나는 최 장로가 "하나님께서 주신 아름다운 경관을 죽기 전에 한 번 가 봐야 한다. 자꾸 나이가 들어가는데, 이번에 못 가면 언제 다시 가 볼 수 있겠는가!" 하며 설득하는 바람에 따라 나섰다.

소백산 산행 때 최 장로와 함께 선 필자

등산에 무관심하였던 나는 끈 매는 구두를 신고, 면바지에 티셔츠 차림으로 산행을 하였다. 몇 시간을 걷다 보니, 온몸에 힘이 빠지고, 발에는 물집이 생겨 아팠다. 그러나 철쭉이 곱게 피어 있는 연화봉의 아름다운 모습, 정상에서 바라보던 탁 트인 시야와 사방으로 뻗은 산줄기의 장관, 등산로 양 옆의 크고 작은 나무와 풀의 생생한 모습, 이름을 모르는 수많은 꽃들의 예쁜 모습, 천년의 세월을 버텨온 주목의 늠름함 등은 지금도 눈앞에 선하게 떠오른다. 뜻 맞는 교우들과 함께 하는 길이었기에 힘든 줄도 모르고 이야기꽃을 피우며 걷던 산길은 지금도 아련히 떠오른다. 그 날 찍은 사진을 보니, 그 날의 기억이 새롭다. 건강 때문에 이제 다시 소백산 산행은 할 수 없을 것이라는 생각을 하니, 그 때의 일이 정말 소중하게 느껴진다. 내가 이렇게 영원히 잊지 못할 추억을 간직하게 된 것은 끝까지 나를 설득한 최 장로 고집 덕이었다. 이제와 생각하니, 이번에 못 가면 언제 다시 가 볼 수 있겠느냐며 끈질기게 설득한 최 장로가 고맙기 그지없다.

최 장로는 다년간 교회의 장년부, 청년부, 청소년부, 아동부, 유치부 교육을 관장하는 교육부장을 맡아 교회 교육을 위해 많은 일을 하였다. 그는 교회 교육의 문제점을 고치는 데에 힘쓰고, 교회 교육이 해야 할 일과 나아가야 할 방향을 제시하여 많은 호응을 얻었다.

최 장로는 지금 재무부장으로, 교회 살림을 도맡아 하고 있다. 처음에는 문학 전공자인 사람이 어찌 재무부장의 일을 감당할 수 있겠느냐면서 사양하였다. 그러나 사양이 통하지 아니하자, 재무부장 일을 맡아 일하면서 교회 살림을 찬찬히 챙기고 있다. 그는 교회 살림을 맡으면서 긴축, 절약, 원리원칙을 강조하였다. 그래서 불필요한 지출과 소비를 줄였고, 원칙을 벗어난 지출은 철저히 금하면서 긴축 재정을 운영하였다. 이렇게 4년을 지내는 동안 성전을 건축하면서 발생한 은행 부채를 모두 갚았다. 이것은 우리 교회의 역사에 길이 남을 일이라 생각한다.

최 장로는 교회 내에서 잘못 쓰고 있는 말을 바로 잡으려고 애쓰고 있다. 예배 시간에 참석한 회중을 대표하여 기도하거나 설교 말씀을 전할 때 하나님을 일컬으며 '당신께서', '당신의 뜻에 따라'라고 말하는 것은 옳지 않다고 지적하며 '당신'을 '하나님' 또는 '주님'이라고 하라고 하였다. 또 '하나님 축복해 주세요' 하고 말할 때 '축복'은 '복을 내려 주세요'라고 하라고 하였다. '감사 드립니다'와 '축하 드립니다'는 '감사합니다'와 '축하합니다'가 더 좋은 표현이라고 하였다. 그는 교우들이 잘못된 단어나 문장을 쓰면 지적하는데, 크게 기분 나쁘지 않을 정도로 지적하곤 한다. 그래서 최 장로와 자주 접촉하는 교인들은 잘못 쓰던 말들을 고치게 되었다.

지난 봄에 가진 전교인 체육대회 때의 일이다. 바구니에 콩주머니 던져 넣기 경기 진행자가 '오재미 넣기 게임'이라고 하였다. 이를 본 최 장로가 "저 주머니 속에 무엇을 넣었느냐?"고 물었다. 콩을 넣었다고 하니, '콩주머니 넣기'라고 하지 왜 '오재미'라고 하느냐고 하였다. 그래서 진행자가 '콩주머니 넣기'라고 고쳐 말한 뒤에야 경기를 진행하였다.

최 장로는 오래 전부터 사용하고 있는 '개역 성경'은 어려운 말이 많고, 문장이 매끄럽지 못하여 그 의미를 바르게 이해할 수 없다. 특히 어린이나 청소년들은 무슨 말인지 모르면서 성경을 읽고 암송하는 바람에 성경은 무슨 말인지 알 수 없는 재미없는 책이라는 인식이 늘어가고 있다. 그러니 우리 교회만이라도 '새 번역 성경'으로 바꿔 쓰자고 주장하였다. 전임 목사님 때부터 끈질기게 주장해 온 최 장로의 뜻에 담임 목사님을 비롯한 많은 교인들이 동의하였다. 그래서 우리 교회에서는 새해부터 '새 번역 성경'을 사용하기로 하였다.

이런 일들을 보면서 최 장로가 국어를 사랑하는 마음이 매우 큰 것을 알았다. 또 우리의 신앙은 우리말과 글, 우리의 전통문화와 조화를 이룰 때 그 향기를 발할 수 있다는 것을 알았다. 이런 일들을 겪으면서 최 장로와 함께 신앙생활을 하게 된 것을 감사하게 생각한다.

사랑하는 나의 벗이여, 노년은 결코 인생의 끝머리나 자투리 시간이 아니라오. 나만의 시간, 인생의 보너스 시간으로, 새로운 인생으로 거듭나는 황금 같은 시간이 될 것임을 잊지 마시오. 이제부터의 시간이 최 장로의 인생에서 가장 소중한 시간들이 될 것이라 생각하오.

톨스토이는 이렇게 말한 것을 기억 합니다. "이 세상에서 가장 소중하고 중요한 때는 바로 지금이며, 가장 필요한 사람은 지금 바로 만나는 사람이며, 이 세상에서 가장 소중하고 중요한 일은 옆에 있는 사람에게 선을 행하는 것이다."

사랑하는 최운식 장로, 세월이 내려앉은 곳에는 흔적이 남는다는 말이 있듯이 최 장로의 남다른 연구와 열성적인 가르침의 업적은 영원할 것이오. 노년의 흰 머리는 평생의 풍상을 이겨낸 훈장이며 자랑이 될 것이오. 하나님께서 내려주신 귀한 복은 최 장로의 노년을 맑고, 너그럽고, 멋진 삶으로 이끌어 나아갈 것이오. 이제 까지는 나만의 삶을 위하여 사느라 하나님께 못 다한 충성을 다 하시기 바라오.

끝으로 최 장로 가정의 화목과 자손들의 건강과 영육의 강건한 복 내려 주시기를 예수 그리스도의 이름으로 기원하며 이 글을 줄이오.

안영호

한양대학교 기계과 졸업. 화관문화훈장 받음.
현재 장위감리교회 장로, (주)유아이 커뮤니케이션 회장

최운식 교수의 '큰 바위 얼굴'

우정남

최운식 교수를 보면 「큰 바위 얼굴」의 어니스트Ernest를 연상하게 된다. 어니스트는 호손Hawthorne이 그린 주인공으로 산속 오두막집에서 자라면서 계곡 산위에 자연스럽게 형성된 '큰 바위 얼굴'을 친근하게 바라보곤 했다.

그가 살던 마을에는 사계절 비바람을 맞으며 스스로 형성된 큰 바위 얼굴을 닮은 훌륭한 분이 나타나리라는 이야기가 전해져 왔다. 소년의 어머니는 외할머니에게서 같은 이야기를 들었고, 외할머니는 그 윗대의 어머니로부터 이 이야기를 또한 들었다. 이 이야기는 인디언 전설로 이어져 내려왔다. 이 소년은 전설 속의 위인을 존경과 동경의 마음으로 기다리고 있었다.

나는 대학 동기인 최운식 교수에게서 어니스트가 큰 바위 얼굴을 바라보던 분위기를 느끼곤 한다. 최 교수의 고향인 홍성에 그와 같이 깊숙한 계곡과 높은 산이 없다면 홍성을 거쳐 간 훌륭한 분들이 큰 바위의 역할을 했으리라.

남의 재물을 탐내지 말고 황금 보기를 돌같이 하라는 최영 장군의 모습도 홍성의 큰 바위 얼굴 모습의 하나이다. 집현전 학자로서 세종의 훈민정음 창제에 기여한 성삼문은 또 하나의 큰 바위 얼굴이다. 자유문학의 3대 사상가로서 민족독립과 불교유신의 훌륭한 행적을 남기신 한용운, 시베리아 출정 중이던 일본군 1,200여 명을 함몰시키고 조국 독립의 의지를 고취시켰던 청산리 전투의 명장 김좌진 장군은 홍성에서 형상화한 큰 바위의 얼굴 모습이다. 홍성은 성품이 강직하고, 학문을 사랑하고 나라에 충성을 다하던 위인들이 많이 배출된 고장이다. 그는 어린 시절부터 이들 위인들을 마음에 담고 자란 듯싶다. 그래서 홍성은 참으로 최 교수에게 행운의 고향인 셈이다.

최 교수도 큰 바위를 닮은 위인들의 전설 같은 이야기를 어머님이나 동네 사랑방으로부터 들었으리라. 최 교수가 큰 바위 얼굴을 얼마나 닮았는지 나로서는 아직 알지 못한다. 그러나 최 교수가 그러한 큰 바위 얼굴을 닮은 위인들의 이야기를 듣던 분위기는 어니스트가 큰 바위 얼굴을 바라보던 분위기와 매우 흡사하리라고 믿는다. 또한 이들 위인들의 모습을 존경과 동경의 마음으로 가슴에 닮으려던 소년기의 분위기와도 매우 흡사했으리라 생각한다.

최 교수가 홍성의 전설 같은 위인들의 이야기를 듣고 그 훌륭한 일화들을 마음에 담아 오던 습성은 교수가 된 이후에도 향토 마을을 찾아다니며 민담와 전설을 수집하면서 체계화하는 학자의 생활로 발전했으리라 생각된다. 더욱이 설화와 민담을 채집하기 위하여 부인과 함께, 그리고 부인의 동기이며 최 교수의 동기 선생님들과 함께 향토사회를 탐방하곤 했다는 것은 그의 친근한 면모를 짐작케 한다. 그는 이러한 생활을 바탕으로 학문에 정진하면서 후진을 가르치고, 또한 후진을 가르치면서 설화문학을 독자적으로 정립하는데 평생을 바친 것으로 해석된다. 그래서 이제 최 교수의 『한국 서사의 전통과 설화문학』은 학계 안팎에서 높이 평가 받고 있다.

나는 지금도 내가 그를 '최 형'하고 부르거나, 그가 나를 '우 형'하고 부를 때 반향되어 들려오는 그의 또 다른 음성에서 어니스트가 큰 바위 얼굴을 바라보는 듯한 분위기를 느끼고, 가을 들판에서 서걱이는 갈대의 가식 없는 소리를 느끼고, 콘트라베이스의 낮은 음이 봄철 계곡을 타고 오르는 안정감을 느낀다.

우정남

서울교육대학교, 국민대학교 대학원 졸업. 교육학박사
홍파초등학교에서 교장으로 정년퇴임
현재 국민대학교 겸임교수

환상 속의 그대

진은진

"최운식 선생님 벌써 정년이시래."

남강 선생님 댁에 세배를 다녀온 아내가 코트를 벗으며 호들갑스럽게 말을 이었다.

"너무 빠르지 않아?"

"그러게……. 그러고 보니 화갑 기념 논문 봉정식 한 지도 꽤 됐구나."

동건은 새삼 놀라며 고개를 끄덕였다. 그들도 선생님들도 늘 그대로인 것만 같은데 화갑이다, 정년이다 하면 그제야 새삼 시간을 실감하게 되는 것이다. 자신과 아내도 이제 마흔을 넘기고 있지 않은가 말이다.

"그 화갑연 참 대단했지."

옷을 갈아입고 나온 아내는 계속 최운식 선생 얘기였다.

"그 많은 제자들이 어쩜 그렇게 진심으로 축하를 할 수가 있어?"

'진심'에 특히 강세를 두며 아내가 그 날을 회상했다. 동건도 감동을 받기는 마찬가지였다. 그렇게 진심어린 존경과 사랑을 담은 축하연은 처음이었던 것이다.

화갑 논문 봉정식은 인쇄가 어렵고 책이 귀할 때 말이지 지금은 대중 뷔페만큼이나 일반화되고 규격화 되어 있다. 그 때문에 동건의 지도 교수-그는 동건 처의 지도 교수이기도 하였다-는 화갑연이나 화갑을 축하하는 논문집 출간 따위는 절대 준비하지 말라는 엄명을 내려놓은 상태였다. 사리가 밝기가 거울과 같아 시쳇말로 쿨하기 그지없는 사모님의 강권도 있었으리라 짐작되는 부분이기는 하였으나, 이미 의미를 잃어 식상해져 버린 화갑연을 생략하겠다는 선구자적 결단에 박수를 보내고 있던 차였다.

그러나 그렇다고 해서 동건이 최운식 선생의 화갑연 소식을 듣고 진부하고 구태의연하게 느꼈다는 것은 아니다. 역시 파격과는 거리가 먼, 모범생다운 행보라 여겼었다. 다른 사람이 하면 진부해도 그가 하면 어쩐 일인지 우아하고 품위가 있어 '전통'이 되어 버리는 것이었다.

최 선생과 동건 부부의 인연은 깊다면 깊다고 할 수 있다. 아깝게 일찍 세상을 버린 남강 김태곤 선생이 아내의 석사 때 지도 교수였다. 최 선생은 그 남강 선생의 1호 제자였으니 따지자면 아내와 최운식 선생은 동학인 셈이다. 그런데 늦게 공부를 시작했다는 최 선생은 남강 선생과도 몇 살 차이 안 나는, 아내의 아버지뻘이니 감히 동학이라기보다는 사제관계에 가까웠다. 실제로 아내는 대학원 시절, 그에게서 한 학기인가 수업을 받기도 하였던 것이다. 그런가 하면, 최 선생 막내 자제인 진평은 동건 부부와 같은 대학 같은 과 몇 해 후배였다.

인연은 더 이어진다. 동건은 대학 동기 동창으로 친구처럼 지내다 결혼했다. 그러다 보니 인간 관계가 대부분 겹칠 수밖에 없는데, 동건은 최 선생에게 아무개의 남편으로 소개되었다. 그 아내보다는 최 선생을 늦게 알았으나 박사 학위 논문을 그에게서 심사 받았다. 옛날로 치자면 지공거知貢擧 이니 그야말로 사제지간인 셈이다. 최 선생의 막내 아들 진평이 대학원을 중도에 포기하지만 않았더라면 동건과는 가장 알뜰한 선후배가 되었을 터였다. 더구나 진평의 아내 또한 같은 과 후배가 아닌가.

그러나 그 복잡하게 얽히고설킨 관계는 오히려 최 선생과 동건 부부의 관계를 더욱 모호하게 만들었다. 사적으로 긴밀한 관계에 있으며 마음으로 존경하는 선생님이기는 하나 딱히 무어라 설명할 수는 없는 거리가 있었던 것이다.

동건 부부-아니 좀 더 정확하게 말하자면 그 아내 은진-가 그 거리를 더욱 뼈저리게 느꼈던 때가 바로 그 감동적이었다는 화갑연이다.

남들 다 하는, 특별할 것 없는 화갑연이었건만, 그리고 동건 부부는 그냥 많은 축하객 중의 하나일 뿐이었으나 아내는 조금 들떠 있는 것 같았다. 아내는 유달리 남강 선생에 대한 기억들은 실제와는 조금 다른 낭만적 추억을 간직하고 있었다. 느닷없이 가신 은사님에 대한 회한이리라 짐작은 하지만, 다소 과대 포장된 측면도 없지 않은 것이 사실이다. 허나 지난 것일수록 아름다우며, 아직 오지 않은 것일수록 기대가 큰 법이다. 아내에게 남강 선생과 관련된 모든 것들은, 그래서 현실이라기보다는 낭만이다.

아내는 남강 선생과 관련된 사람들을 평소에는 거의 만나지 않는다. 최 선생을 비롯한 남강 선생 제자들은 남강 선생이 생전에 재직했던 경희대가 아닌 다른 대학 출신이면서 남강 선생의 명성을 듣고 모여든, 이를테면 외인구단이었던 것이다. 각각 다른 학교에 일찌감치 자리를 잡아 경희대에서는 마주치기 어려웠으며, 아내는 남강 선생이 타계한 후로 박사 과정 전공도 바뀐 터라 학회 등지에서 그들을 만나는 일은 더 더욱 없었다. 1년에 한 번 가는 남강 선생 댁 세배에서 만나는 것이 고작이다. 그래도 아내는 그들 선생들을 심리적으로는 매우 가깝게 느낀다. 동건이 생각하기에도 자신보다는 아내가 그들 선생들과 더 끈끈한 인연으로 묶여 있는 것은 사실이다.

그러나 이건 남강 선생과는 아무 관련 없는, 최 선생 제자들이 최 선생을 위해 마련한 화갑연이다. 최 선생 제자이면서 남강 선생 제자이기도 한 선생들이 많아 아내와 전혀 관계가 없달 수는 없으나, 엄밀히 말하면 아내는 최 선생의 제자는 아니지 않은가 말이다. 그런데도 아내는 자신이 아주 중요한 손님이라는 착각에 빠져 있는 것 같았다. 동건은 아내와는 생각이 달랐다. '논문 지도해 주신 선생님'이라는 정확한 관계와 그에 상응하는 거리를 가지고 있었던 것이다. 깊이 축하하는 마음은 가지고 있었으나, 아내처럼 엄벙덤벙 자기가 주인인지 객인지 깨닫지 못하는 상황은 아니었던 것이다.

화갑연은 성대하였다. 공부하는 사람들이 모여 입에 발린 칭찬으로 치러지는 의례적인 행사가 아니었다. 초등학교 제자부터 대학원 제자들에 이르기까지 정말 다양한 제자들이 모였으며 동건 류의 어중이떠중이 축하객은 말할 것도 없고, 가족 친지와 교회 신도들에 이르기까지 정말 많은, 정말 다양한 사람들이 모여 최 선생의 화갑을 기쁜 마음으로 축하하고 있었다. 행사는 꽤 오래 진행되었다. 제자라는 사람의 서툰 악기 연주도 있었는데 세련되지 않았으나 존경과 축하의 마음이 어찌나 담뿍 담겨 있었는지, '이것이 바로 잔치구나'라는 것을 느낄 수 있었다.

그날, 동건 부부는 눈에 띄지 않는 기둥 뒤쪽 자리에 조용히 앉아서 그 모습을 지켜보았더랬다. 보기만 하여도 정말 뿌듯한 광경이 아닐 수 없었다.

"오지 않았더라도 표도 나지 않았겠다."

아내가 그렇게 말했었다. 자신의 역할에 대한 기대가 깨어지며 조금은 실망하는 눈치였다.

그도 그럴 것이 아내에게 있어 최 선생은 남강 선생 대신이나 마찬가지였다. 마치 현실에는 존재하지 않는 키다리 아저씨나 마찬가지의……. 그 허상이 깨어지며 아내는 현실과 낭만의 거리를 뼈아프게 실감하고 있는 중이었던 것이다.

아내가 최 선생을 남강 선생 대신으로, 낭만적으로만 존경할 것이 아니라 최운식 선생이라는 존재 그 자체로 존경할 수 있으려면 시간이 좀 더 필요해 보였다. 아직 남강 선생과 오버랩 되어 있는 이 상황이 좋은 건지 나쁜 건지 동건은 알 수 없었다. 단, 오늘도 아내가 다소 흥분하고 있다는 것 하나는 분명했다.

"선생님이 글 하나 써 달라시던데……."

"누구? 나?"

"아니, 나."

대답이 단호하다. 아내는 늘 이런 식이다. 동건이 보기에 최 선생과의 관계라면 자신이나 아내나 다를 바가 없는데도 늘 자신은 특별하다는 착각을 하고 있는 것이다.

"정년 기념으로 책 내신대. 그래서 선생님과의 만남에 관한 글 한 편만 쓰라고."

"써. 선생님 뵌 지 오래 됐잖아."

"그러게. 석사 때부터니까…… 어머, 한 20년 된 거네? 진짜 오래 됐다."

사실 아내는 대학 졸업 후에 바로 대학원을 들어간 것이 아니기 때문에 거기서 1~2년을 빼는 것이 맞다. 그런데도 20년이라고 우기고 있는 것이다. 어찌 되었건 생각보다 오랜 인연이다. 남강 선생이 타계한 지가 벌써 12년이다. 남강 선생 생전에 5~6년 만났겠고, 남강 선생 떠나고 난 후 12년을 만났으니, 실은 남강 선생과 관련 없이 쌓은 인연이 더 긴 셈이다. 그런데도 아내는 여전히 남강 선생과 최 선생을 오버랩시키고 있었다.

"무슨 얘기 쓸라고?"

동건은 은근히 물었다. 나이 사십을 넘기고 있으면서도 아직 소녀적 낭만을 버리지 못하고 있는 아내가 재미있기도 하였던 것이다.

"그러게. 근데 할 얘기가 없네."

아내 표정이 시무룩해진다.

"왜 없어? 선생님 뵌 지 오래 됐잖아."

"그러게. 그런데 이상하게 하나도 생각이 안 나네."

이상할 게 없었다. 현실 속의 사람이 아니라 꿈 속의 사람이었으니, 추억 속의 사람이었으니 현실 속에서 특별한 에피소드가 없는 건 어쩌면 너무나 당연한 일이다.

사실, 동건에게는 특별한 에피소드가 있었다. 아내는 상상 속에서 연민을 키워 왔으나 동건에게 최 선생은 현실 속의 인물로서 존경하는, 그래서 진정하게 닮고 싶은 인물이었던 것이다.

박사 학위 받을 때였다. 오래 연구를 한 주제였으나 마무리 하는 데 시간이 촉박하였다. 동건은 스스로도 마음에 흡족하지는 않았으나 심사를 미룰 수도 없어 하는 수 없이 미진한 대로 심사를 받았다. 심사하는 선생들이 그 부족함을 모를 리 없었다. 다들 꼼꼼한 지적과 따끔한 충고를 해 주는 가운데 최 선생이 천천히 입을 떼었다.

“이 논문은 문제가 좀 있습니다. 하지만 내가 지금 이렇다 저렇다 얘기를 하지는 못하겠어요.”

빨간 펜으로 밑줄 그어가며 오타까지 꼼꼼하게 교정해 오신 분이 무슨 말씀인가 동건은 어리둥절했다. 최 선생은 예의 그 침착하고 자분자분한 목소리로 말을 이었다.

“왜냐? 나도 마땅한 대안이 없어요. 아쉽기는 하지만 어떻게 고쳐야 할지 나도 대안이 없는 거예요. 누구나 다른 사람의 논문을 읽고 비판하기는 쉽지만 논문을 쓴 사람의 처지에 서서 함께 고민하면서 대안을 마련해 주기는 쉽지 않습니다. 아무 대책 없이 이게 틀렸다, 저게 틀렸다, 비판만 하는 것은 쉽지만 그건 선생이 할 일이 아니라고 생각이 됩니다. 지금은 나에게 대안이 없기 때문에 이 논문에 대해서 뭐라고 할 말이 없습니다. 하지만 어떻게 하면 좋을지, 내가 심사가 끝나더라도 함께 계속 고민을 할게요. 수고했어요.”

그 때의 감동과 감사를 동건은 늘 잊지 못하고 있었다. 이것이 바로 선생이, 선배가 해야 하는 일이로구나, 동건은 그것을 깨달았던 것이다.

공부를 시작하면서 비판하고 지적 하는 데 익숙해 있던 동건은 학자가 되려면 정확하게 비판하는 것이 가장 중요한 줄로만 알고 있었다. 헌데, 진정한 학자란 날카롭게 비판만 하는 것이 아니라 비록 제자라 하더라도 따뜻하게 함께 연구하는 자세를 가져야 한다는 것을 동건은 최 선생을 통해서 배울 수 있었던 것이다.

그런 생각들을 떠올리니 최 선생에 대한 아내의 마음이 훨씬 더 허황된 것처럼 느껴졌다. 동건은 장난기가 발동하여 짓궂게 물었다.

“넌 최운식 선생님 도덕책 같아서 좀 불편하다고 그러지 않았냐?”

“그랬지. 내가 철이 없을 적에는. 조금만 틀려도 꼼꼼하게 이건 이렇고 저건

지렁고, 하나도 그냥 넘기시는 법이 없으시니까 너무 답답하다 싶더라구. 학교가 교원대라 주말에만 집에 오시니 망정이지 안 그랬으면 진평이 그 자유분방한 애가 아버지랑 어찌 살았을꼬 뭐 이런 걱정도 했다니까, 내가."

"잘못을 짚어 주는 게 그게 보통 정성 가지고는 안 되는 일이야."

"알지. 그러게. 나이 드니까 그걸 알겠더라구. 우린 그냥 귀찮아서 저런 몹쓸 것들 이러구 그냥 넘어가잖아. 사실 어른이면 그래서는 안 되는 건데, 응? 원래는 붙들고 가르쳐야 하는 거잖아. 이건 이러니 이렇게 고치고, 저건 저러니 저렇게 고쳐라, 최운식 선생님처럼 그래야 하는 거잖아."

"그러게. 그게 바로 어른이, 선생이 해야 할 일이지."

예의가 없는 것은 아니나 어른들 앞에서도 할 말은 하는 편인 아내에게 최 선생의 꼼꼼함은 다소 답답하게 느껴졌을 것이다. 아내가 느끼는 만큼은 아니었으나 동건도 최 선생을 '범생이 스타일'이라고 느껴왔었다. 선생이라는 직업을 가진 자들이 부러 만들어 내는 '본보기용 언행'일 수도 있으리라 생각했었다. 그런데 지내보니 빈말 하는 법이 없고, 시속에 흔들리는 법이 없다. 어쩌면 그리 꼿꼿하고 깨끗한지. 언행일치言行一致란 바로 최 선생을 두고 하는 말이라 동건은 그렇게 생각했다. 스스로 모범이 되면서 하나하나 놓치지 않고 가르치고 어루만지기가 어디 쉬운가 말이다. 참으로 저절로 고개가 숙여지는 존경스러운 분이 아닐 수 없다.

사실, 동건에게는 최 선생의 따스함을 절실히 느낄 수 있었던 일이 또 하나 있었다. 몇 년 전 일이다. 선생이 안식년을 맞아 강의를 대신할 사람을 구하느라 동건에게 연락을 해 왔다. 그래, 몇 학기 교원대 강의를 나간 적이 있었다. 본래 사교성이 좋은 성격은 아닌 터라 강의만 하고 돌아오기를 한 학기 내내 계속하고 난 뒤였다. 최 선생이 동건에게 국어교육과 다른 선생님들한테 인사는 했냐고 물었다.

"아직……."

"이런 숫기 없는 사람이 있나. 얼른 일어서게. 내 인사를 시켜 줄 터이니."

최 선생은 그길로 동건을 데리고 여기저기 다니면 일일이 인사를 시켜 주었다. 논문 심사 한 번 해 준 인연도 이렇게 끈끈한데 4년 내내, 대학원 내내 지도한 학생들에 대해서는 얼마나 끔찍할까 생각하니 그 따뜻한 마음을 미처 다 헤아리기 어려웠다.

"찬양 일변도로 갈까? 스승의 전범이시며, 아버지와도 같은 자상함으로……."

아내는 아직도 최 선생과의 특별한 에피소드가 떠오르지 않는 모양이었다. 오랜 기억들을 더듬으며 궁리 중이다.

하지만 동건 생각으로는, 남강 선생과 오버랩 된 이미지를 벗겨 내지 않으면 아내에게 최 선생은 계속 막연한 존재로만 남게 될 듯싶다. 환상 속의 그대, 소설 속의 키다리 아저씨처럼 말이다. 아내는 아직 컴퓨터 앞에 앉아 푸념 중이다.

"20년이나 되었는데 왜 나는 선생님하고 추억이 없냐고."

진은진

경희대학교 국어국문학과, 동대학원 졸업. 문학박사
현재 경희대학교 겸임교수, 동화작가

의재 최운식 교수님의 정년에 즈음하여

태평무

우선 최운식 교수님의 정년을 맞으면서 중국 북경에 있는 태평무가 최 교수님께 뜻 깊은 인사와 함께 '축하'의 말씀 올립니다.

교수님께서는 우리 민족문화의 발전과 창달을 위해 또 그것을 이어나가는 성스러운 교육 사업에 평생을 몸 담그시고 교수와 연구 사업에 모든 정력을 몰아 부었으며, 많은 훌륭한 제자들을 길러내셨고, 나아가서 해외에 있는 우리 동포들의 교육사업과 학문 발전에도 모든 것을 아끼시지 않으셨습니다. 우리가 두고두고 잊을 수 없는 학덕 있는 훌륭한 분이십니다.

제가 최교수님을 처음 알게 된 것은 아마 2004년 여름, 그것도 북경 제2외국어대학에서 교편을 잡고 있는 제자 김영옥 교수를 통해서라고 짐작됩니다. 자기가 한국교원대학에서 박사학위를 할 때의 지도교수라면서 학식 있고, 인품 좋고, 훌륭한 분이시니 우리 중앙민족대학에 오셔서 동포학생들에게 한국 민속학 강의를 하실 수 없겠는가하는 부탁이었습니다. 사랑하는 제자의 말이라 도대체 어떤 분이실가 궁금해 하면서 우선은 초청하기로 하였습니다. 그러던 중 제가 한국 국제교류재단의 펠로로 2005년 7월부터 서울 고려대학교에 방문학자로 가 있게 되면서 더욱 여러 차례 만나게 되었고, 실제로 접촉하는 가운데서 최 교수님의 훌륭한 인품과 덕성이 후덕스러우면서도 학구적인 아주 훌륭한 분임을 실제로 재삼 느끼게 되었습니다.

최 교수님께서는 우리 대학에 오셔서 강의하시던 기간 기숙사 조건도 변변치 못함에도 아무런 불편한 소리 없이 교수 준비를 참답게 하시고, 학문과 지식을 결부시킨 능숙한 교수 방법으로 학생들에게 많은 훌륭한 지식들을 전수하였으며 그들에게 학문의 이치를 깨우쳐 주시고, 참된 인간으로서의 덕성을 갖추라는 품성 교육도 잘 하시어 학생들의 존경을 받았으며, 지금까지도 그것이 아름다운 추억으로 남아 있습니다.

또한 언제나 우리 중국 동포들의 발전을 심려하시고 교육과 학문 발전에 관심을 돌리시었으며 교수님께서 직접 아끼신 돈으로 우리 학부에 많은 책을 기증하여 우리 학부의 자료실 건설에 많은 도움을 주셨습니다. 그로하여 우리 학생들의 학습 열성도 더욱 높아졌으며, 학문 연구에 더욱 진력하게 되었습니다. 반 년 간의 강의를 마치시고 귀국하시어 오시는 즉시로 또 서울에 있는 저를 초청하시어 식사를 대접하시면서 저에게 많은 조언을 주셨습니다.

교수님께서는 교수 사업과 연구 사업에 그토록 바삐 보내시면서도 늘 귀중한 시간을 할애하여 저와 학술 문제를 토론하시고, 저의 학부를 지원하기 위한 문제를 가지고 심려를 아끼지 않았습니다. 제가 서울에 있은 기간 최 교수님께서는 민속원, 집문당, 보고사 등 여러 출판사들에 저를 안내하시면서 사장님들과 귀중한 면담의 자리를 마련해주시고, 우리 학부를 소개하였으며, 여러 모로 지원해주실 것을 간곡히 말씀드렸습니다. 그리고 저로 하여금 직접 우리 학부의 실정을 사장님들께 말씀드려 보다 많은 도서 기증을 받도록 도와주셨으며, 그 많은 우송료를 선생님께서 직접 부담하시어 1,000여 권을 또 우리 학부에 기증하도록 하셨습니다. 우리들은 지금도 그 고마운 마음 잊을 수 없습니다. 선생님께서는 또 자신뿐만 아니라 다른 훌륭한 교수님들을 우리 학부에 알선하여 주셔서 우리 학부의 교수 사업을 도와주셨습니다. 정말 감사합니다.

선생님께서는 평생을 우리의 학문 연구에 진력하셔서 우리 민속문화의 발전을 위해 많은 귀중한 저서들을 펴내시고 논문들을 발표하셨으며 우리 민족문화의 발전에 기여하시고, 후학들의 훌륭한 본보기가 되시었습니다.

오늘 선생님께서 정년하시어 교단을 떠나시게 된다니 그 섭섭한 마음 또

서울 프레지던트 호텔에서 의재 선생과 함께한 필자

한 금할 수가 없습니다. 다시 우리 대학에 오셔서 강의해주실 수 있으시다면 우리들은 언제든지 환영합니다. 언제나 건강한 몸으로 휴식도 보장하면서 뜻 깊은 정년 후의 생활을 보내시기 바랍니다. 오늘 할 말은 진짜 많으나 이상으로 간단히 그치면서 끝으로 교수님과 사모님의 건강과 만사가 여의키를 늘 기원합니다.

태평무

중국 북경 중앙민족대학 조선어문학과 졸업. 김일성종합대학 유학 언어학부 박사학위 취득
일본 오사까 경제법과대학 객좌연구원, 김일성종합대학 방문학자, 고려대학교 방문학자
현재 중앙민족대학교 교수

따스한 둥지

변함없이 큰 힘이 되어주고 안식을 준, 의재 선생의 가족과 친척의 글을 모았다. 가정의 소중함과 아름다움이 느껴진다.

돈을 꿔서 승용차를 산 사람

이영순

최운식 교수와 부부로 살아온 41년 동안 기쁘고 즐거웠던 일도 많았고, 힘들고 괴로웠던 일도 많았다. 그 일을 다 글로 쓸 수 없으니, 잊을 수 없는 일 한두 가지만 적어 보겠다.

1979년 3월의 어느 날 오후였다. 학교에서 오전 수업을 마치고, 점심을 먹고 있다가, 남편의 전화를 받았다. 200만원을 빌릴 수 있는가를 알아보라는 내용이었다. 그 때 200만원은 1년 치 월급을 한 푼도 쓰지 않고 모아야 할 만큼의 큰 돈이었다. 갑자기 그 큰 돈을 무엇에 쓰려고 그러느냐고 물으니 자가용 승용차를 사려고 한다고 하였다. 어이없고 기가 막혀 말이 나오지 않았다. 집에 와서 자초지종自初至終을 들으니, 서경대학교(전 국제대학교)에 출퇴근할 때에는 물론이고, 여기 저기 오라는 곳에 강의하러 다니고, 자료 조사를 하려면 기동력이 있어야 하므로 승용차를 사야겠다고 하였다. 남편은 항상 깊이 생각하여 말하고, 한 번 말한 것은 곧 실천에 옮기는 사람이므로, 나는 그 말을 따르기로 하였다. 이튿날, 나는 전날 부탁한 동료 교사에게서 200만원을 빌려다가 남편에게 주었다. 남편은 그 돈으로 소형 승용차를 구입하였다. 그래서 우리는 자가용이 귀하여 자가용이 있다면 부자로 여기던 시절에 '자가용족'이 되었다. 둘레의 사람들은 자가용을 가진 우리를 부러운 눈으로 보았고, 빚을 내서 자동차를 샀다는 말은 아무도 믿으려 하지 않았다.

승용차를 산 뒤에 남편은 설화를 수집하는 일에 더 열을 올렸다. 승용차가 있으니, 커다란 녹음기가 든 가방을 메고 기차를 타거나 버스를 타고 다니며 고생하지 않아도 되고, 버스가 다니지 않는 시골 구석구석을 마음대로 다닐 수 있는데, 방학에 집에서 쉬면 안 된다는 게 그의 생각이었다. 그는 혼자서 또는 학생들과 전국 방방곡곡을 누비며 여름 방학과 겨울 방학을 자료 수집에 모두 바쳤다. 남들은 자가용이 있으니, 방학 때 온 가족이 실컷 놀러 다닐 수 있어서 좋겠다고 하였다. 그러나 그 말은 허공에 맴도는 말이 되곤 하였다. 남편은 억수 같이 쏟아지는 빗길도 마다 않고, 눈이 쌓인 길도 마다하지 않고 자료 조사를 나가곤 하였다. 자료 조사를 나갔다가 폭설이나 폭우로 움직이지 못하여 여관에서 묵을지언정 집에 그대로 있지 않았다.

자료 조사 여행을 마치고 녹음기와 사진기, 자료 카드가 든 가방을 들고 꾀죄죄한 모습으로 돌아오는 남편의 모습을 보면 안쓰럽고 딱한 마음과 함께 한심한 생각도 들었다. 집에 돌아와서는 자료를 정리하고, 분석하며 연구하느라 날이면 날마다 책상 앞에 앉아 있었다. 녹음기를 틀어 구연자의 말을 원음 그대로 옮겨 적는 것은 보통일이 아니었다. 무슨 말인지 잘 들리지 않고, 사투리와 와음訛音, 연철連綴, 비문非文 때문에 이해하기 어려운 곳도 많았다. 분량은 왜 그렇게 많은지 해도 해도 끝이 없었다. 나는 바쁜 남편을 돕겠다는 마음으로 괴로움을 참으며 전사轉寫 작업을 하였다. 그러나 전체 분량으로 보면 내가 한 일은 얼마 되지 않았다. 남편은 그 많은 일들을 말없이 해 냈다.

요즈음은 작고, 예쁘고, 성능 좋은 녹음기를 사용하고, 컴퓨터를 이용하여 정리하고, 편집한다. 이 모습을 보고 있으면, 카세트 녹음기가 나오기 전에 큰 녹음기를 메고 다니고, 두꺼운 테이프가 감긴 릴reel을 몇 번씩 돌리며 듣고, 펜으로 원고지에 적던 일이 생각나곤 한다.

남편이 쉬지 않고 고생하며 모은 녹음 테이프, 사진, 원고지, 자료 카드 등은 시간이 갈수록 늘어갔다. 이걸 다 무엇에 쓰려고 이렇게 끝도 없이 수집하는 걸까 의심스러운 눈길로 바라보곤 하였다. 그러나 그것들이 한 권 두 권 자료집으로, 연구서로 출판될 때마다 그 기쁨과 보람은 남편 못지않았다.

남편은 한 평생을 학교 아니면 서재의 책상 앞에서 연구에 몰두하였다. 그는 비가 오는지, 눈이 오는지에 관심이 없었고, 집안 살림에도 관심을 기울이는 것 같지 않았다. '돌피 멍석이 떠내려가도 책을 읽었다.'는 옛날이야기에 나오는 선비의 모습을 보는 듯하였다. 그런 그에게는 하루하루 생활하는 데 필요한 말이 아니면 말을 걸 수도 없었다. 부부 간의 다정한 대화나 아이들과의 오붓한 시간, 외출이나 외식은 기대하지도 않았다. 이런 남편을 보면서, 나는 한 지붕 밑에서 같은 공기로 호흡하고 있다는 사실로 만족하며 살기로 혼자 다짐하곤 하였다.

이제 남편이 연구에 몰두하기 시작한 지 38년의 세월이 흘렀다. 지금에 와서는 젊은 날에 혼자 하였던 다짐을 생각하며 남편의 연구 실적으로 태어난 40여 권의 저서를 흐뭇한 마음으로 바라본다.

우리 큰 아이가 한창 말을 배울 때 '아빠 어디 가셨니?' 하고 물으면 '학교'라고 대답하고, '아빠 뭐 하시니?' 하고 물으면 '공부'라고 대답하곤 하였다. 그 아들이 자라 아버지와 같은 전공으로 박사학위를 받았고, 대학에서 강의를 하고 있다. 지금은 그 아들의 아들이 '아빠 어디 가셨니?', '아빠 뭐 하시니?'하고 물으면 그 아비와 똑같은 대답을 더 예쁘고 귀엽게 한다. 이 모습을 보면 참으로 감개무량하다.

세월이 어느 새 이렇게 많이 흘러 남편이 44년의 교직 생활을 접고 퇴직할 때가 되었다. 한 평생을 오로지 학문 연구와 제자 사랑에 온 힘을 기울이던 인고忍苦의 세월들이 참으로 길기도 하고, 짧기도 한 것 같다. 학문에 대한 열정과 집념, 제자 육성에 대한 끝없는 노력과 정성을 어찌 접을지……. 내 마음이 이리도 안타깝고 아쉬운데, 본인의 마음은 오죽할까? 그러나 물러서는 남편의 오늘은 영광과 보람으로 빛난다.

이영순

의재 선생의 부인. 서울교육대학교 졸업
초등학교 교사로 35년 간 근무하고 교감으로 명예퇴직하였음.

학자로서의 삶

최진형

평생 학자로서의 삶을 살아오셨던 아버지께서 그간 몸 담았던 대학교에서 곧 정년 퇴임을 맞게 되었다. 학자이자 교육자로서의 삶을 살아오셨던 40년 세월에는 정리할 것이 참 많으실 게다. 이렇게 아버지의 정년 퇴임 기념 문집에 실을 글을 쓰다 보니 이것저것 떠오르는 것이 많다. 기억의 심연에 가라앉아 있었던 일들을 하나하나 끌어올려 놓고 보니 필자 또한 정리할 것이 많다. 아버지의 은퇴를 맞아 아버지의 뒤를 좇아 비슷한 길을 가고 있는 아들의 삶도 정리할 기회를 맞은 셈이다. 몇 가지 소재를 뽑고 그것을 중심으로 찬찬이 되새겨 보는 시간을 갖기로 한다.

지우학志于學

필자는 현재 성균관대학교 대동문화연구원에 연구 교수로 재직하고 있다. 직함은 그럴듯한 연구 교수이지만 실은 계약직 교수로서 신분 보장이 안 된다. 흔한 말로 비정규직에 속한다고 할 수 있다. 비록 비정규직이지만 연구 교수라는 신분으로 학교에 있을 수 있다는 사실, 특히 학자學者로서의 삶을 살아가며 공부하는 흉내라도 낼 수 있게 된 것에 감사하고 있다. 학자는 늘 공부하는 사람이므로, 정규직이냐 비정규직이냐를 따지는 것은 무의미하다고 자위하면서 말이다.

열다섯 때 학문에 뜻을 두었다고 하신 공자님 말씀으로 유명한 말이 '지우학志于學'이다. 이 때의 '지志'란 말이 지닌 구체적 의미에 대해 연암 선생은

『방경각외전放璚閣外傳』 서문에서 '사심士心' 즉 선비의 마음이라고 하였다. 선비란 것은 하늘에서 받은 벼슬인데 선비의 마음이 곧 '뜻[志]'이라는 것이다. 또한 선비는 권세나 이익을 꾀하지 않고, 현달顯達해도 선비의 도리를 떠나지 않으며, 곤궁해도 선비의 도리를 잃지 않아야 한다고 강조하였다.

연암 선생의 설명에 따라 공자님 말씀을 재해석 해 보면 '지우학'이란 학문에 선비의 마음을 둔다는 것이고, 학문에 둔 선비의 마음은 권세나 이익을 추구하지 않고 잘 되든 잘 못 되든 개의치 않고 바른 도리를 지켜야 한다는 것이다. 필자는 이 말을 참 좋아한다. 학문에 뜻을 둔 선비의 마음. 그저 책 읽기를 좋아하고 늘 공부만 하는 선비에게 학문은 삶의 목적이자 의미였을 것이다. 필자는 학문에 뜻을 둔 선비의 마음을 아버지에게서 자연스럽게 배웠다. 늘 서재에서 공부를 하는 아버지의 모습에서 어렴풋이 선비의 모습을 본 것은 열다섯보다 훨씬 이른 때였던 것 같다. 처음에는 재미없고 지루한 공부에 왜 저렇게 매달리실까 궁금하기도 했고, 아버지가 서재에 계실 땐 집 안에서 소리 죽여 눈치보며 놀아야 하는 것이 불편하기도 했다.

그러나 이러한 궁금증이나 불편함을 아시는지 모르시는지 아버지는 변함없이 서재에 틀어박혀 공부에 열중하셨고, 그러한 모습을 바라보며 공부에 대한 생각이 점차 바뀌었던 것 같다. 우리가 하는 공부와 달리 아버지가 하는 공부는 몇 시간씩 꼼짝하지 않고 엄청나게 집중을 해야 하나 보다, 저렇게 오랜 시간 거듭해도 지겹지 않은가 보다 하는 생각을 갖게 되었던 것이다. 이제 아들도 공부하는 흉내를 내며 마흔이 넘었지만, 공부가 뭔지, 얼마나 더 해야 하는지는 갈수록 더 모르겠다. 그래도 어렴풋하게 정리해 둔 생각이 있다면 어떠한 자세로 공부에 임해야 하는가, 무엇이 선비의 태도인가 하는 점 정도일 것이다. 그것은 어려서부터 지금까지 변함없이 보아왔던 아버지의 모습을 통해 익힌 것으로, 그냥 아버지처럼만 하면 될 것이라는 아주 간단한 생각이다. 그런데 지금 다시 생각해 보니 말이 쉬울 뿐이지 실천은 정말 어려울 것 같다. 아버지의 모습을 통해 아들도 선비의 마음을 학문에 두었지만, 그 마음을 얼마나 성실하게 지켜갈 수 있을지 걱정스럽기만 하다.

신언서판身言書判

아버지는 매우 부지런하셨으며 또한 엄격하셨다. 당신 자신에게 엄격하셨음은 말할 것도 없고, 귀여운 자식에게조차 한 치의 예외 없이 엄격하셨다. 필자보다 다섯 살 어린 막내 동생에게는 간혹 파격적인 아량을 베풀 때도 있었지만, 필자와 필자보다 두 살 어린 여동생에겐 매우 엄격하셨다. 그 엄격함이 가장 잘 드러난 사례가 원고지 일기장이다.

여름이나 겨울 방학이 되면 아버지는 검은 표지를 두툼한 원고지 뭉치 앞뒤에 댄 후 철근으로 단단히 묶어 주셨다. 가지런히 묶인 원고지 뭉치의 묵직함은 필자와 여동생이 방학 내내 써야 할 일기장의 무게였으며, 지겨움과 괴로움의 무게이기도 했다. 지금 기억으로는 초등학교 2학년이나 3학년 겨울 방학부터 일기를 썼던 것 같다. 일기의 내용은 자유롭게 쓸 수 있었지만, 맞춤법, 글씨의 모양 등에는 꽤 세심한 주의를 기울여야 했다. 아버지가 2~3일에 한 번씩 일기장 검사를 하셨기 때문이다. 맞춤법이 틀렸거나 표현에 잘못된 것이 있으면 가차 없이 빨갛게 표시해 주셨는데, 어떤 때는 원고지 전면이 온통 빨갛게 물들어 있을 때도 있었다. 원고지 일기 쓰기에 차츰 적응하게 되자 빨간 교정 부호는 눈에 띄게 줄었고, 대신 예쁜 글씨에 그려 주시는 동그라미나 잘된 표현에 그어 주시는 밑줄이 늘어가게 되었다.

원고지 일기를 검사하면서 아버지는 늘 '신언서판身言書判'을 강조하셨다. 사람을 판단하는 네 가지 기준 중 언言과 서書의 능력을 키우는 데 원고지 일기만한 것이 없다는 것이었다. 인간의 사고가 언어를 통해 구현되는 것이고, 또 글씨가 세상과 인간의 소통 창구 역할 이상을 수행할 수 있다는 점을 상기해 보면 아버지의 소신 분명한 교육 철학은 매우 바람직했다고 생각된다. 필자에게 글쓰기에 대한 두려움이 거의 없었고, 지금은 남의 글을 손봐주는 글쓰기 관련 강의까지 하고 있는 걸 보면, 아버지의 교육 철학은 성공적으로 이루어졌다고 생각된다.

그런데 필자도 학부형이 되고 나서야 교육 철학보다 더 중요한 것은 그것을 변치 않고 실천해 나갈 수 있는 성실함이라는 것을 깨닫게 되었다. 초등학교 2학년이 된 딸 아이는 아직 글씨도 서툴고 글 솜씨도 미숙한 편이다. 초등학교 저학년 시절 아이가 하는 공부의 반 이상은 부모가 하는 것과 다름없다지만, 자유방임을 내세우는 필자 부부의 소신 탓에 우리 딸 아이는 자유를 만끽하고 있다. 그러나 곧 3학년이 되건만 1학년 수준인 난삽한 글씨체와 간혹 참신하지만, 대부분은 멋대로인 문장들을 읽고 있자면 한숨이 나올 때가 많다. 그런데 곰곰이 따져 보니 그 책임은 본인에게 있는 것이 아니라 부모에게 있었다. 원고지 일기는커녕 그림 일기 한 번 제대로 봐주지 못하는 게으름과 한결같이 자식들을 챙긴 성실함 사이에 커다란 간극間隙이 있었던 것이다. 방임이라는 이름의 게으름과 관리란 이름의 성실함 사이에 놓여 있는 결코 뛰어넘을 수 없는 간극 말이다. 원고지 일기는 결국 아버지가 당신 자신에게도 부여한 무거운 과제였던 셈이다.

존경尊敬

필자가 고등학교 1학년 때, 학교 생활에 잘 적응하지 못하고 학업 성적도 저조한 편이었다. 체계적 공부 방법을 잘 몰랐고 친구 관계에도 문제가 조금 있어서 잠시 방황하기도 하였다. 당시 담임 선생님은 매우 엄격하고 강인한 분이셨다. 그 때까지 아버지보다 더 무섭고 두려운 눈매를 본 적이 없었는데, 담임 선생님은 그 기록을 깬 분이셨다. 그런데 그렇게 엄하고 무서운 두 분이 필자의 학교 생활 문제로 만나셨던 모양이다. 두 분이 꽤 오랜 시간 대화를 하셨고, 이후에도 몇 차례 더 연락을 하셨던 것 같은데, 자세한 내용은 그 때나 지금이나 잘 모른다. 필자는 아버지에게 어떤 말을 들을지 조마조마 하며 기다려야 했었다. 엄격함과 매서운 눈매라면 결코 지지 않을 것 같은 두 분이 만나 도대체 무슨 말씀을 나누셨을까 생각하면 잠이 오지 않을 정도였다.

그러나 담임 선생님을 만나고 돌아오신 아버지께서는 교우 관계나 공부 방법 등에 대해서만 조언을 하실 뿐 별다른 말씀이 없으셨다. 그러다 얼마 후 불쑥 존경하는 사람에 관한 말씀을 하셨다. 학교에서 가장 존경하는 인물에 대해 쓰라고 한 적이 있었는데, 거기에 아버지라고 쓴 학생이 필자를 제외하고는 거의 없었던 모양이고, 이 얘기를 담임 선생님이 하셨던 것이다. 담임 선생님이나 이 얘기를 전해 들은 아버지나 꽤나 인상적인 느낌을 받으셨던 모양이다. 특히 아버지는 그 이후로도 간혹 이 말씀을 하시면서 자랑스러워 하셨다. 솔직히 필자는 속으로 좀 의아스러운 마음이 있었다. 위인전 등을 통해 만날 수 있는 역사적 인물을 제외하고, 우리가 주변에서 존경할 만한 대상으로 삼을 수 있는 인물은 부모님이나 선생님이 제1순위일 것이라고 생각했기 때문이다. 그러나 다른 학생은 그렇지 않았나 보다.

그 때 존경하는 인물로 아버지를 적어냈던 것은 매우 솔직했던 행위였다. 초등학교 교사로 출발하여 대학교 교수가 되는 것이 매우 어려운 일이라는 것은 나중에야 실감하게 되었지만, 적어도 고등학생이 될 때까지 아버지는 끊임없이 노력하고 관리하며 성실하게 살아가는 모습을 보여주셨기 때문이다. 그러한 모범적인 삶의 모습은 부자 관계를 떠나서도 존경받아 마땅하다고 생각하며 그러한 생각은 지금도 변함이 없다.

그러한 일이 있은 지 벌써 20년이 훨씬 넘었다. 이제 그 존경의 대상이던 아버지께서 정년 퇴임을 맞게 되셨다. 백발이 성성하신 아버지를 할아버지라 부르며 달려가 안기는 손주들만도 여섯이나 된다. 손주들에게 둘러 싸여 흐뭇해 하시는 아버지를 바라보며 생각해 보았다. 필자의 자식들도 나중에 가장 존경하는 사람으로 제 아버지를 꼽아 줄까? 솔직하게 말해 별로 자신이 없다.

전공專攻과 책 욕심

필자가 성균관대학교 국어국문학과에 입학한 후 가장 많이 들은 인사는 "아버지와 전공이 같네."였다. 게다가 아버지도 성균관대학교 대학원에서 석사, 박사 학위를 받으셨기에 학과 교수님과 선후배들 모두 필자에 대해 적지 않은 관심을 보였다. 그러나 필자는 내성적인 성격에 사교적이지 못하였기에 그런 관심이 부담스러웠고, 피하고 싶은 때가 더 많았다. 필자가 국어국문학과에 진학한 것은 시인詩人이 되고 싶은 꿈이 있었기 때문이다. 그러나 이 꿈은 얼마 지나지 않아 접고 말았다. 학부생인데도 불구하고 기막히게 멋진 시를 써대는 사람들, 말 한 마디 글 한 줄이 바로 시가 되는 대단한 인물들, 그들 틈바구니에서 내가 끼적대던 것들은 그야말로 유치찬란한 말장난에 지나지 않는다는 것을 깨달았기 때문이다. 그래서 결국 문학 연구로 방향을 바꾸었다. 지금 생각해 보면 잘한 선택이지만, 한편으로는 시인으로서의 재능, 운명을 타고나지 못한 것이 안타깝기도 하다.

대학원에 진학하면서 세부 전공을 정해야 했는데, 주저 없이 고소설로 정했다. 고등학생 시절 아버지 학위논문 준비하실 때 방각본 「심청전」 텍스트를 같이 읽었던 경험이 작용했다면 지나친 비약일까? 또는 아버지 서재에 꽂혀있던 활자본 고소설을 틈틈이 골라 읽었던 추억을 떠올렸다면 억지일까? 여러 가지 이유가 있었겠지만, 아버지 서재의 책들을 고스란히 물려받을 수 있다는 기대도 중요하게 작용했던 것 같다. 재미있는 것은 비슷한 기대를 아버지께서도 갖고 계셨던 것이다. 평생에 걸쳐 모은 책들을 어떻게 처분할지 고민하지 않고 기꺼이 아들에게 물려줄 수 있어서 참 좋다고 하셨다. 막상 전공을 정할 때에 아버지께서 속마음을 비치시기는 했지만, 적극적으로 나서지는 않으셨다. 필자가 만약 국어학이나 현대문학을 택했다면, 같은 고전문학 중에서도 고전시가나 한문학을 택했다면 얘기가 많이 달라졌을 것이다. 소장 도서 중 상당수는 불필요해졌을 것이기 때문이다. 그러나 그랬더라도 아버지는 끝까지 아들의 선택을 존중해 주셨으리라 생각한다. 고소설 쪽으로 전공을 정하고 나니, 아버지가 모아둔 책이나 자료를 거의 모두 활용할 수 있게 되었다. 책이나 자료가 많다고 모든 것이 해결되는 것은 아니지만, 적어도 자료를 확보하느라 들이는 시간과 노력은 최소화할 수 있으리라 여긴다.

지금 필자의 전공과 아버지의 전공은 미묘하게 차이가 난다. 필자는 판소리 이론 쪽으로 박사학위 논문을 썼고, 고소설 이론이나 이본 관련 연구에 관심이 많다. 아버지는 설화에 바탕을 둔 연구와 민속학 관련 연구를 해 오셨다. 이 두 연구 사이에 상보적인 면이 적지 않으므로 앞으로의 연구 방향에 반영하는 것도 좋을 것 같다.

정년을 앞 둔 마지막 학기, 아버지는 매주 연구실의 책을 정리하여 옮겨오셨지만 아직도 연구실에는 몇 십 개의 책 묶음이 남아있다고 한다. 그 자료들은 평생 연구의 대상이었기 때문에 소중하겠지만, 아들과 전공이 같아 계속 곁에 둘 수 있기 때문에 더욱 애착이 가시는 모양이다. 아들 역시 서가를 가득 채운 그 자료들이 반갑기 짝이 없다. 책 욕심이 대를 이어 유지될 수 있었던 것은 전공이 같기 때문이라는 생각을 해 본다. 앞으로 20년쯤 후에는 이 책들을 또 어떻게 감당해야할지 알 수 없지만, 일단은 책꽂이를 가득 채운 책들을 바라보며 행복해 하는 데에 만족하기로 한다.

아버지는 이제 교수로서의 삶은 정리해야 하지만, 학자로서의 삶은 새로 시작하실 것이다. 아들 역시 아버지 곁에서 묻고 배우며 학자로서의 삶을 익혀 나갈 것이다. 어느 누구에게도, 특히 자기 자신에게 부끄럽지 않은 부자父子 학자로서의 삶을 살아갈 수 있게 되기를 두 손 모아 간절히 기도한다.

최진형

의재 선생의 큰아들. 성균관대학교 학부 및 대학원 졸업.
문학박사
현재 성균관대학교 대동문화연구원 연구교수

종소리, 할아버지 학교, 보물찾기

이수미

아버님 댁에는 들리지 않는 시종始終 소리가 있다. 칼같이 맞는 것은 아니지만 대략 50분, 10분 간격을 지키며 울린다. 수업 또는 공부 시간 50분, 쉬는 시간 10분. 여러 가지로 낯설고 분위기 파악을 못하던 신혼 때도 어렴풋이 느끼던 들리지 않는 종소리. 그 종소리가 울려 퍼지는 대로, 시간표 대로 공부하는 학생은 바로 아버님!

아버님에게 첫 손주는 아니었지만 귀염 받던 우리 첫째 지연이가 아기였을 때, 전화를 통해서만 손녀의 재롱에 대한 갈증을 푸시는 아버님, 어머님께 효도한다며 차로 40분 가량의 거리를 달려가면 자애로운 할아버지로 손녀와 이런저런 놀이를 해주시다가 홀연 서재로 향하시는 아버님. 할아버지의 행방이 궁금하던 어린 지연이가 서재로 향해도 딱 10분 정도의 쉬는 시간동안 놀아주시고 다시 공부하시는 아버님.

아버님께서 주관하시는 이 집안 분위기, 원칙과 질서는 우리 집안의 재산이다. 원칙이 있고 가족의 구성원이 각자 나름의 방식으로 그 질서에 기여를 한다. 어른들도 어린이들도. 예를 들면 6명의 아버님 손자・손녀들이 거쳐야 하는 '할아버지 학교'란 것이 있다. 이 학교는 야채를 비롯해 갖가지 반찬을 골고루 먹는 습관을 길러야 졸업을 할 수 있다. 서열 1위 첫째 손녀가 이미 졸업했고, 그 다음 서열 2위인 우리 지연이가 겨우 겨우 졸업 학점을 따가고 있다. '할아버지 학교'에서 좋은 점수를 따기 위해 싫어도 싫은 표정 안 지으며 열심히 가르침대로 먹는 지연이를 보면, 학점을 이수하려는 자발적 노력을 이끌어내신 아버님의 능력이 정말 존경스럽다. 야채 반찬을 기피하는 지연이의 식습관은 이런 아버님의 교육 덕분에 차츰 좋아지고 있다. 1회 졸업생이 멋진 결과를 이룬 것처럼.

아버님, 어머님께서 몸소 보여주시는 역할 모델 모습 중에 무척 흡족하고 내심 자랑스러운 점이 있다. 그것은 두 분이 아주 정답게 생활하시는 모습이다. 친구들끼리 부모님 얘기를 교환하다 보면 젊은 세대 못지 않게 황혼 무렵의 부부 갈등이 정말 심각한 것 같다. 부모님의 갈등 상황이 어린 시절에는 삶을 짓누르는 무게라면, 나이 드신 부모님의 갈등은 마음 깊은 곳의 무거운 추처럼 느껴지는 듯하다. 안타까움의 색깔을 띤 추처럼 말이다. 그런 얘기를 들을 때면 우리 아버님, 어머님처럼 좋은 모델이 있다는 사실에 어깨가 으쓱해진다. 나이 들어가는 육체도 서글픈데 관계까지 나이든 티를 역력히 낸다면 얼마나 서글플까. 심란한 마음만 들고.

이제는 젊다고만 볼 수 없는 이 나이에 앞에 놓인 길이 약간은 착잡하게 느껴지는데 아버님, 어머님 두 분의 모습을 생각하면 하나님은 보물찾기 게임 규칙(한 장소에 모든 보물을 숨겨두지 않는)처럼 인생의 어느 한 시기에 잔뜩 몰아서 보물을 숨겨두시지는 않았을 거라는 믿음이 생긴다.

그 좋아 보이는 모습을 지니신 두 분이 늘 하시는 말씀은 '인내! 절제!'이다. 젊은 시절 두 분의 삶은 '가시밭길' 같았다는 말씀을 하신다. 누구나 어느 정도는 자기 연민의 촉촉한 목소리로 지난 일을 회상하지만, 지금 두 분의 그 말씀 속에 등장하는 인생의 비슷한 시기를 거쳐 가는 나로선 그 이야기가 자꾸 떠오른다.

원칙과 질서를 잡아주시고, 삶의 희망이 되는 아름다운 모습, 아버님께서 주신 멋진 재산이다.

이수미

의재 선생의 맏며느리. 성균관대학교 국어국문학과 졸업
현재 경기도 남양주시 도농중학교 교사

이 세상에 딱 한 분이신 나의 특별한 할아버지

최지연

할아버지는 정말 특별하세요. 탁구 레슨도 받게 해 주시고, 가평에 데리고 가셔서 좋은 풍경도 구경할 수 있게 해주셨거든요. 할아버지가 화를 내시면 무섭지만, 할아버지 덕분에 나쁜 습관을 잘 고칠 수 있게 되었죠. 그리고 탁구 끝내고 저녁도 사 주시죠. 우리 할아버지만큼 자상하고 마음 넓으신 분은 없을 걸요. 내가 건강하게 쑥쑥 크면 모두 할아버지 덕분이에요. 탁구도 가르쳐 주시고, 저녁도 사 주시고, 많이 걷게 해주셨거든요. 할아버지는 정말 건강하세요. 탁구도 잘 하시고, 산에도 많이 올라가시니까요.

우리 할아버지를 본받기 싫다고 하는 사람은 아마도 없을 거예요. 자상하시고, 건강하시고, 남을 제일 많이 생각해 주시는 멋지고 훌륭한 분이시니까요. 할아버지와의 추억은 50가지도 넘을 거예요. 데려가 주신 곳이 많거든요. 가평, 아차산 등등 엄청 많이 데려가 주셔서 다 말할 수가 없겠어요. 그 많은 곳 중에서도 가장 재미있었던 곳이 가평과 아차산이죠. 할아버지는 나보다 100배는 더 멋지세요. 할아버지의 성함이 널리 퍼졌으면 좋겠어요. 그만큼 좋은 분이시거든요.

내가 할아버지 댁에 가면 할아버지는 정말 맛있는 음식을 많이 주셔요. 할아버지가 주시니까 그냥 맛있는 게 아니라 정말 최고로 맛있죠. 특히 할아버지가 직접 깎아주시는 사과나 배 등등은 훨씬 더 맛있어요. 그 음식들을 먹으면 기절할 만큼 맛있다니까요. 나는 어른이 되면 반드시 할아버지 같은 사람이 될 거예요. 반드시! 난 할아버지 소리만 들어도 하늘 위로 날아갈 것만 같아요. 멋지고, 자상하시고, 마음이 넓으신 할아버지를 만날 수 있으니까요.

최지연

의재 선생의 손녀딸. 서울금북초등학교 2학년 재학

아버지의 가을

최현정

어린 시절, 나는 새벽마다 울려 퍼지는 구령소리에 맞춰 국민체조를 하며 아침을 열어야 했다. 늦잠 자는 건 상상도 못했었고, 국민체조 시작을 알리는 음악이 시작되기 전, 우린 모두 마당에 집합해야 했다. 체조가 끝나면, 마당에 가득 피어 있는 꽃과 나무들의 이름을 외워야 했고, 식사 시간엔 싫어하는 음식과의 전쟁이 이어졌다. 나의 어린 시절, '아침'은 참 길고도 길었다.

방학을 하면 원고지를 묶어 일기를 쓰게 하셨고, 말하기, 듣기, 쓰기의 생활화로 산 국어교육에 애를 쓰셨다. 난 지금도 국민체조 순서와 그 음악을 모두 기억하고 있고, 지금 내가 알고 있는 꽃 이름과 나무 이름은 다 어린 시절에 아버지와 함께 외운 것들이다. 지금의 체력도, 내 국어 실력도 모두 아버지가 길러 주신 것이다. 이제야, 어른이 되어 내 아이를 키우는 엄마가 되어서야, 아버지가 우리에게 얼마나 많은 것을 쏟아 부으셨는지 알게 되었다.

어린 시절, 난 아버지가 무서웠다. 모든 것에 철저하시고, 엄격하신 아버지 밑에서 숨이 막힐 것 같았던 때도 있었다. 그러나 이젠, 그랬기 때문에 내가 얻을 수 있었던 많은 것들에 감사하고, 지금도 변함없이 철저하신 아버지를 존경한다. 그것이 얼마나 힘든 일인지 이제는 잘 알기 때문에…….

나의 아버지는 누구보다 외로운 '봄'을 사셨다. 어렵게 씨를 구하고, 밭을 일구고, 씨를 뿌리며 누구의 도움도, 기댈 곳도 없이 쉬지 않고 봄볕을 맞으셨다. 그리고 어머니를 만나 외롭진 않지만 더 뜨겁고 힘든 '여름'을 맞으셨을 것이다. 땀도 눈물도 어떤 이들보다도 많이 흘리셨고, 단 하루도 헛되이 보내지 않으셨다. 그렇게 뜨거운 여름을 보내신 아버지, 이제 풍성한 '가을'을 맞으셨다. 씨 뿌리고 가꾸어 오신 크고 아름다운 열매들이 가득하다. 피와 땀으로 얼룩진 많은 저서들이 아버지의 봄을, 여름을 말해주고 있다.

"아버지는 뭐하시니?"라는 질문을 받으면 나는 늘 이렇게 말했었다. "공부요." 그렇다. 아버지는 늘 공부하셨다. 그 옛날 어린 시절에도, 어른이 되었을 때에도, 우리 아버진 늘 공부를 하고 계셨다. 그 모습이, 검은 머리가 하얗게 되어서도 책상에 앉아 계시는 그 모습이, 존경스럽고 자랑스럽다.

이제 아버지의 아름다운 가을이, 지금껏 힘들고 바쁘게 살아오신 아버지의 긴 시간에 큰 위로와 기쁨이 되길, 그래서 다가올 아버지의 '겨울'이 많이 따뜻하길 기도한다. 늘 그래 오셨듯, 아버지는 당신의 겨울도 바쁘고 힘차게 살아가실 것이다. 눈도 오고, 때론 매서운 바람도 불겠지만, 우리 아버지는 또 멋지게 그 겨울을 살아 내실 것이다.

얼마 전 찾아갔던 아버지의 학교 교정에도 가을이 오고 있었다. 십여 년 전 가 보았던 그 학교는 봄이었다. 풀도 나무도 막 자라나는 어린 모습 가득한 봄이었다. 하지만 이번에 찾아가 보니 오래 전 보았던 나무들은 많이 자라 있었고, 시간이 묻은 학교 건물들 사이로 가을이 보였다. 아버지 학교의 그 가을도, 그리고 아버지의 가을도 난 오래 오래 기억할 것이다. 그 가을은, 그 기억은, 내가 살아내야 할 가을까지 내게 큰 힘이 되어 줄 것이다.

최현정

의재 선생의 딸. 서울대학교 음악대학 졸업

나의 장인 어른

윤석준

아직도 나는 장인 어른을 처음 만났을 때를 잘 기억하고 있다. 집사람과 결혼 이야기가 오고 갈 무렵 내 나이가 처보다 조금 많았던 것이 약간의 문제가 된 적이 있었다. 이 무렵 집사람을 통해서 장모님과 장인 어른이 직접 나를 보시겠다는 이야기를 전해 듣고서 내심 무척 마음 졸이며 첫 만남을 기다렸던 것 같았다. 하지만 장인을 만나는 순간 인자하고 반갑게 맞아 주시는 그 모습에서 그 동안의 걱정과 긴장이 풀어지면서 편안히 대화를 할 수 있었다. 그 때 장인께서는 나의 할아버지, 아버지 및 집안에 대한 내 생각을 많이 물으셨고, 나도 그 전까지 남에게 한 번도 이야기 해 본 적 없는 솔직하고 진심된 나의 생각을 대답하였다. 그 날 만남 후 처와의 결혼을 확신 할 수가 있었으며(후에 처를 통하여 확인하였다), 1996년 결혼 후 지금까지 아주 행복하고 재미있게 잘 살고 있다.

이와 같이 시작된 장인과의 관계는 그 후 나의 인생 곳곳에서 나에게 많은 영향과 도움을 주고 있다. 나의 직장 생활은 그리 순탄하지는 않았는데, 그 때마다 장인께서는 내가 스스로 제 길을 찾아갈 수 있도록 인도 해 주셨다. 특히 미국에 주재하게 되면서 거취가 바뀌어 네 번씩이나 이사를 할 때도, 또 직장 일이 순조롭지 않아 좌절할 때에도 나는 장인께서 주신 "모든 일에 최선을 다하라. 그리고 하나님에게 모든 것을 맡기라."는 말씀을 가지고 5년여의 주재 생활을 성공적으로 잘 해낼 수 있었다. 그 후 서울에 다시 정착할 때에도, 또 현재의 직장으로 이직을 할 때에도 장인께서는 정말 내가 감당하기 힘든 많은 도움을 주셨다.

지금도 나는 내가 힘들고 어려울 때 장인의 모습을 보면서 내 자신을 추스르곤 한다. 결혼 후 지금까지 장인께서 내게 보여주신 모습은 가족들과 손자들을 위해서도, 또 자신과 제자·후배들을 위해서도 항상 최선을 다하시는 것이었다. 자신의 학문을 위해서 혹독하리만큼 본인에게 엄격하신 것을 보면서 성공의 이유가 어디에 있는지도 저절로 알게 되었다.

이러한 장인께서 내년 2월에 정년퇴임을 하신다고 하니 조금은 걱정도 되고, 또 기쁜 마음도 든다. 걱정이 되는 것은 대부분의 남자들이 그러하듯 은퇴 후 몸과 마음이 상하실까 하는 걱정 때문이다. 그러나 나는 이러한 나의 생각이 기우杞憂임을 잘 알고 있다. 장인께서는 벌써 은퇴 후를 잘 계획 해 놓으셨기 때문이다. 혹시라도 계획한 대로 일이 잘 진행되지 않더라도 나는 장인께서 절대 낙담하거나 힘들어 하시지 않을 것을 안다. 왜냐하면 장인께서는 지금까지처럼 최선을 다하실 것이며, 또 우리 가족 모두가 힘을 모아 도와드릴 것이기 때문이다. 나는 믿는다. 장인께서는 제2의 인생을 더 멋있고, 즐겁고 값지게 보내 실 것을 굳게 믿는다. 또한 나의 인생에 큰 영향을 주었듯이 자라나는 나의 딸, 아들에게도 똑같은 가르침과 교훈을 주실 수 있음을 굳게 믿는다.

"장인어른, 사랑합니다. 언제까지나 건강하셔서 우리 가족의 모든 것을 이끌어 주세요. 하나님께 장인어른의 승리를 기도합니다."

윤석준

의재 선생의 사위. 고려대학교, 미국 Case Western Reserve University 대학원 졸업. 공학석사
르노삼성자동차 마케팅 브랜드 매니지먼트팀 팀장

우리 외할아버지

윤정원

우리 외할아버지께서는 늘 자상하시다. 그리고 찾아 갔을 때는 거의 공부를 하고 계신다. 외할아버지께서는 내가 어렸을 때 재미있는 옛 이야기를 잘 해 주셨다. 그리고 내가 잘못을 했더라도 부드럽게 지적을 하시고 감싸 주셨다. 그리고 외할아버지는 나의 편식하는 버릇을 많이 고쳐 주셨다.

외할아버지는 항상 내게 친절하고 따뜻하시다. 엄마의 말씀으로는 전에는 아주 엄하시고 무서우셨다고 한다. 하지만 우리에게는 무섭지 않으시다. 그리고 맛있는 게 생기면 꼭 챙겨주시고, 공부 때문에 바쁘셔도 항상 우리를 예뻐해 주신다. 나는 그런 외할아버지를 보면서 많은 걸 느꼈다. 외할아버지처럼 열심히 공부해야만 내가 되고 싶은 사람이 될 수 있는 것 같다. 이제 외할아버지께서 퇴임하시면 한자도 많이 배우고, 여러 가지를 배우고 싶다. 나도 아주 열심히 공부해서 외할아버지처럼 꿈을 이루고 싶다.

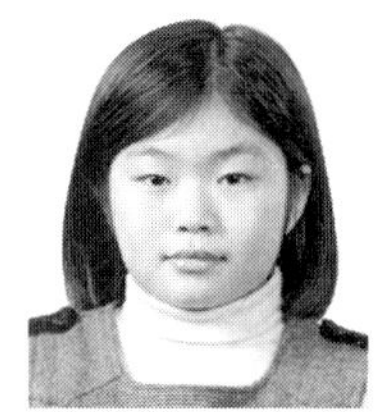

윤정원

의재 선생의 외손녀. 서울금북초등학교 4학년 재학

30년 빼기와 더하기

최진평

5년 전, 나는 아버지께서 살아온 삶의 절반을 걷고 있었다. 아버지는 막내 아들의 나이를 쉽게 기억하시기 위해 '나랑 너랑은 꼭 30년 차이다'를 자주 되뇌이셨기 때문에 나 또한 내 나이에 30년을 더해 '올 해 아버지가 몇이시더라?'라는 물음에 대한 답을 구하곤 했다. 이제 아버지는 칠십을 바라보게 되셨고, 나는 마흔을 바라본다. 안타깝게도 두 사람의 나이 차이는 평행선을 그을 수밖에 없다. 그러한 이유로 내가 기억하는 아버지의 모습들에는 아쉽게도 현재 나의 모습과 비교할 수 있는 삼십 대 젊은 아버지의 모습이 매우 단편적으로 남아 있다.

내가 초등학교에 입학하기 전, 형 · 누나와 달리 주로 밖에서 뛰놀며 대부분의 시간을 보냈던 나는 용케도 아버지께서 강의를 하러 나가시는 시간이나 다른 볼 일로 외출하시는 때를 본능적으로 알았다. 그래서 아버지께서 대문을 열고 나가실 무렵에는 어김없이 바로 집 옆에 있는 가게 앞에서 어슬렁거리거나 놀이를 하고 있다가 재빠르게 아버지의 진로를 막아서면서 '의미 있는 인사'를 하였다. 그 때마다 아버지는 나를 데리고 가게에 들러 은박종이에 싸인 동전모양의 초콜릿을 건네주셨다. 그 맛이란……, 지금도 가슴이 뛰어 바로 글을 잇지 못할 정도이다. 아마 그 때 아버지는 지금 내 나이의 '아버지'이셨으리라.

나는 퇴근길에 어김없이 큰 딸 승연이의 전화를 받는다. '아빠, ○○○선물 사오세요!' 나는 서울 외곽에 살기 때문에 서울로 출근하기 위해서 꽤 이른 시간, 승연이가 눈 뜨기 한참 전에 집을 나서야 한다. 그래서 승연이는 내가 어렸을 때와 반대로 '아버지'의 퇴근길을 노리는 전화를 걸곤 한다. 그 옛날 내가 그랬듯이 승연이가 사달라고 하는 품목은 거의 일정하다. 나는 어릴 적 아버지와의 추억을 떠올리며 흐뭇한 미소와 함께 승연이의 선물을 사기 위해 집 앞의 가게에 어김없이 들렀다 집으로 향한다. 그러한 사정을 잘 모르는 나의 아내는 웰빙 시대에 맞지 않는, 이[齒] 썩기에 딱 좋은 그런 것 대신 정신적으로 도움이 될 만한 무엇인가를 사오라고 정색하지만, 마치 마약처럼 나를 사로잡아 포기할 수 없는 것이 있다. 몇 백 원 짜리 작은 선물을 받아 든 아이의 환한 웃음에서 느끼는 그 행복감이란 결코 돈의 가치로 환산할 수 없고, 결코 말로 표현할 수 없으리라. 그 때의 나의 아버지도 그랬을까?

스물아홉이 되던 해, 나는 대학을 졸업하면서 대학 캠퍼스 안에 있는 병설학교의 국어교사로 자리를 잡았다. 그때나 지금이나 학교 생활에서 힘든 것 중 하나는 내 의지가 아닌 정해진 종소리에 의해 나를 움직이는 것이다. 처음 한 학기가 특히 힘들었는데 집에 돌아온 후 쓰러져 자기 바빴다. 거기에다 일반 대학원 석사 과정에 입학한 상태여서 육체적 고통에 심리적 압박감까지 더해 제 정신이 아니었다. '일하면서 공부한다는 것이 이렇게 힘든 것이구나.'를 처음 알게 되었다. 아버지는 어땠을까? 미혼이었던 나와는 달리 아내와 자식들까지 두지 않았던가? 나는 부끄럽게도 석사 과정에 걸맞은 공부도 제대로 하지 않으면서 휴학을 두 번이나 하고, 결혼 후 아이가 태어나기 전 가까스로 과정 수료만을 했다. 다시는 하고 싶지 않은 생활, 아버지는 잘도 버티셨다. 그 힘든 기간 동안 어머니는 또 어땠을까? 학교 일을 하시면서 아이 셋에 집안 일, 아버지 뒷바라지까지……. 그 때는 몰랐지만 두 아이의 아빠가 된 지금에서야 두 분의 삶이 아주 많이 힘들었을 것이라고 그저 짐작만 할 수 있다.

그렇게 힘들게 살아오신 아버지와 어머니의 삶에 대해 조금이나마 생각하게 된 것은 대학 2학년을 마치고, 군대에 간 후이다. 20대에 접어들면서 부모님으로부터의 '독립운동'을 줄기차게 했는데 군 입대를 하고서야 부모님과 멀리 떨어질 수 있었다. 102보충대까지 함께 해 주신 부모님께 작별의 인사를 하고 뒤돌아 선 순간, 나는 쏟아지는 눈물을 보이지 않기 위해 입대 장병들의 무리에 뛰어들었다. 그러고 나서야 흐릿한 눈으로 어머니가 눈물을 훔치면서 무겁게 발걸음을 돌리시는 모습을 확인할 수 있었다.

내가 배치된 곳은 강원도 양양, 해안 경계 근무를 담당하는 부대로 밤낮을 바꾸어 생활하고 외출, 외박은 물론 휴가를 가는 것도 자유롭지 못했다. 입대 후 9개월 만에 첫 휴가를 나갈 수 있었으니, 내가 '풀린 군번'은 아니었음이 확실하다. 그래서인지 2년 여 동안 부모님이 이따금씩 해안 소초까지 면회를 오셨는데, 밤새 설레는 마음으로 경계근무를 하고 아침 일찍 아버지, 어머니를 만나 뵙는 나의 마음은 기쁨 반, 슬픔 반이었다. '그새 부모님의 얼굴이 왜 그리 늙으셨을까?' 오랜만에 만나는 그 순간 반가움만 표현했지만, 마음 한 구석이 무거워지는 것은 어쩔 수 없었다. 지금까지도 내 머리 속엔 두 분 모두 40대 초반의 모습이 가장 강하게 자리를 잡고 있는데, 그 당시 부모님이 늙어가고 있다는 것을 처음 느끼고 확인하게 된 것은 내겐 충격이었고, 서글픔이었기 때문인 것 같다. 면회가 끝나고 나면 그 후유증이 꽤 오래갔다. 특히, 세월 앞에 어쩔 수 없는 인간이란 존재에 대해 고민했고, 부모님의 얼굴이 쉽게 지워지지 않았다. 밤마다 경계 근무를 서며 그 동안 힘겹게, 숨 가쁘게 살아오신 두 분의 삶이 얼마나 고달팠을까 생각했다.

나는 제대 후 곧바로 2년 남짓 미국으로 어학연수를 다녀왔다. 부모님이 경제적으로 참 많이 도와주셨고, 나는 두 분의 인생에 또 짐이 되었다. 나는 감사하는 마음과 죄송스런 마음이 가득했다. 그런데 군 생활까지 약 4년여를 독립적으로 생활하다보니, 나의 성격은 여러 모로 강해져 있었고, 나의 속마음과는 달리 특히 아버지와의 갈등이 심했다. 아버지께서 '정을 떼려고 저놈이 저런다'고 하셨을 정도로 마음 아프게 한 적이 너무 많다. 결혼을 하고 이제 두 아이의 아빠가 되고 보니, 부모님의 마음이 헤아려진다. 벌써부터 나는 큰 딸에게 서운함을 느끼곤 하는데 아버지, 어머니는 어떠셨을까?

많이 부딪히면서 싫든 좋든 나는 아버지와 비슷한 인생을 살고 있다. 어쩌면 아버지가 나의 인생에 밑그림을 그려 놓으셨는지 모른다. 어떤 일이든 시작한 일은 완벽을 추구하고, 웬만해서는 중간에 포기하는 법이 없는 모습, 때로는 주변의 사람들이 부담스러워할 정도로 차가운 모습, 세심하기도 하고 소심하기도 하고 예민하기도 한 모습들, 집안에 문제가 있는 시설물들을 직접 매달려 고치고 해결하는 모습은 내가 싫어했던 아버지의 모습이지만 닮아 있다. 아버지가 논문을 쓰시느라 잠을 못 이루실 때, 나는 수업 교재를 만들고 각종 연구 보고서를 쓰느라 잠을 설친다. 아버지가 제자들의 논문을 읽고 지도하시느라 여념이 없으실 때, 나는 논술 수업하고 과제로 제출한 글을 읽고 첨삭 지도하느라 정신이 없다. 물론, 아버지가 하시는 일과 내가 하는 일에는 질적인 차이가 있겠지만, 삶의 모습 자체는 매우 비슷하다. 어쩌면 아버지나 내가 맡은 학생들과 어머니나 나의 아내가 괴로워하는 모습도 비슷할지 모르겠다.

이제야 아버지를 느끼고 이해하고 비슷해지나 보다 하는데, 아버지는 학교를 떠나신다. 정년 퇴임을 하는 것이 인생의 끝을 의미하는 것은 아니지만, 개인 연구실을 얻어 나가시는 모습이 왠지 허전해 보인다. 아버지의 머리카락도, 어깨도, 걸음걸이도, 뒷모습도 안타깝다. 나는 삶에 지쳐가지만 힘이 있는 30대 아버지다. 30년 전엔 나의 아버지도 그랬다. 아버지로부터 세월의 흔적을 다 떼어내면 손수 개인 저금 통장을 만들어 은행처럼 이자까지 계산해 주시고, 일기 검사를 해 주시던 그 모습이다. 원하는 장난감을 갖기 위해 언제 오실지도 모르는 아버지를 두 시간이나 대문 밖에서 기다린 나의 손을 잡고 곧바로 쌍권총을 사러 가 주시던 그 모습이다. 부모에겐 자식이 언제나 어린애로 보이듯이 나에겐 아버지, 어머니가 늘 젊게 느껴진다. 그랬으면 좋겠다.

아버지의 삶에서 30년을 빼거나 나의 인생에 30년을 더해 밤새 술잔을 기울이며 옛날이야기를 하고 미래를 함께 나눌 수 있다면 어떨까? 가끔은 내가 결혼하기 전, 아버지와 밤새 술잔을 기울이며 정을 나누었던 그 시간이 그립다.

최진평

의재 선생의 작은아들. 경희대학교 국어국문학과 학부 및 대학원 졸업
현재 경희여자고등학교 교사

그림 속의 '할아버지'

권지상

말은 마음에 그림을 그립니다. 같은 말을 함께 쓰는 사람들이라면 말에 대한 느낌도, 마음속에 그리는 그림도 비슷합니다. 가족을 이르는 말은 생각만 해도 마음이 따뜻해집니다. '어머니'를 생각하면 한없이 푸근하면서도 그리워지고, '남편'을 떠올리면 든든하면서도 그 어깨가 안쓰럽습니다. '큰아이'가 그 누구보다 귀하고 대견하다면, '막내'는 귀엽고 예쁩니다. 직업을 이르는 말도 다르지 않습니다. '농부'라고 하면 자연과 더불어 살며 생명을 소중히 여기는 사람일 것 같습니다. '사업가'라면 변하는 세상의 흐름을 볼 줄 알고 이재理財에 밝은 사람, '시인'이라면 길가의 풀 한 포기에도 따뜻한 마음을 나누어줄 수 있는 사람이 떠오릅니다.

우리는 많은 사람들과 더불어 살아가고 그 안에서 우리를 설명하는 말도 그렇게 하나씩 늘어갑니다. 그 중에서 촌수에 비해 가장 멀고도 어려운 관계를 나타내는 말은 바로 '시아버지'가 아닐까요? 저희 시아버님의 경우는 매우 근엄할 것 같은 '교수'라는 말까지 더해졌으니, 참으로 어렵고도 어려운 분이라고 생각했습니다.

3년 정도 연애를 하고 결혼 전에 아버님을 처음 뵈러 가던 날, 그 어떤 면접시험보다 걱정이 되었습니다. 예상 문제도 모범 답안도 없는 그런 시험은 처음이었습니다. 저 역시 학교에 있다 보니 주변에서 아버님의 제자들을 통해 들은 이야기도 있어 더욱 어렵기만 했습니다. 아버님께서 그 날 무엇을 물으셨는지는 기억나지 않지만 '아버지'라는 말이 주는 느낌을 생각하며 돌아왔습니다. 어머니의 사랑이 늘 곁에서 세심하게 신경 쓰는 자애로움이라면 아버지의 사랑은 뿌리 깊은 든든함입니다.

첫 아이를 임신하고 부모님을 뵈러 갔던 날 집에 오는 길에 아버님께서 저에게 봉투를 하나 주셨습니다. 자주 만날 수 없으니 먹고 싶은 것이 있을 때 사먹으라고 하셨는데, 예상하지 못한 선물이라 더 반갑고 감사했습니다. 지금도 금호동 시댁에 가서 보면 아버님과 어머님께서는 언제나 검소한 생활을 하십니다. 화려하지 않은 옷을 단정하게 입으시고, 광고지도 모아 두셨다가 이면지로 쓰십니다. 눈에 보이는 것에 연연하기보다는 절약하고, 합리적으로 소비하며 바르게 사는 것을 몸소 보여주십니다. 그렇지만 자식들에게, 손자 손녀들에게는 언제나 아낌없는 넉넉한 마음을 보여주십니다. 두 분을 보면서 사람들이 원하고 소유하는 많은 것들이 어쩌면 욕심이 아닐까라는 생각을 해봅니다. 저희도, 아이들도 부모님의 그런 모습을 보며 배우고, 나아가 이웃과 더불어 살고 싶습니다.

중학교 1학년을 맡으면서 교과서에 실린 아버님의 글 「설화 속의 호랑이」를 가르칠 기회가 있었습니다. 주말이면 집에서 뵙는 아버님을 국어 교과서에서 만날 수 있다니 아무나 경험할 수 없는 일입니다. 학생들에게는 필자와의 관계에 대해 아무 말도 하지 않았지만, 반갑고 자랑스러운 마음은 전해지지 않았을까요. 학교에 있으면서 한국교원대 출신 선생님들을 비롯하여 아버님과 인연 있는 분들을 가끔 만나게 되는데, 혹시라도 저의 말이나 행동이 아버님께 누가 될까 싶어 늘 조심스럽습니다. 교과서에 준하는 집안 분위기와 달리 철없는 막내며느리인데 항상 지켜봐 주시고, 작은 정성에도 흐뭇해하시니 감사합니다.

아버님께서 여느 집 아버지들과 다른 점이 있다면 공부하시는 모습입니다. 시댁에 가면 딸아이는 할아버지 서재에 들어가서 인사를 드립니다. 저희가 가면 반가운 얼굴로 거실에 나와 계시지만, 이내 책상 앞에 앉으십니다. 아이들이 모여 거실을 운동장 삼아 뛰어다니고, 그 웃음소리가 때로는 소란스러운데도 아버님의 연구는 계속됩니다. 요즘에는 무엇 때문에 바쁘신지 어머님께 살짝 여쭈어보면 늘 강의, 원고, 논문 등의 일입니다. 학문에 대한 변함없는 열정과 쉼 없는 연구가 작은 조각들이 되어 지금의 아버님이라는 그림을 만들었습니다. 남편은 오늘도 늦은 밤까지 컴퓨터 앞에 앉아 있습니다. 수업준비와 원고 작성 등의 일로 바쁜 남편의 뒷모습에서 아버님이 떠오릅니다. 학생들과 함께 하는 저희도 늘 배우고 공부하는 마음으로 노력하겠습니다.

아버님께서 오랜 시간 동안 지켜 오신 강단과 연구실을 떠나 이제 다시 하얀 도화지 앞에 서 계십니다. 그동안 학문과 연구를 향해 달려오시면서 훌륭한 작품들을 남겨주셨습니다. 이제는 지금까지와는 달리 좀 더 다양한 이야기와 다채로운 색으로 멋진 그림을 그려주세요. 아버님 뒤에서 지난 세월을 기다리신 어머님께서도 영원한 동반자가 되시어 두 분이 함께 멋진 작품을 만들어주시기 바랍니다.

승연이와 승원이의 마음속에서 '할아버지'는 언제나 책상 앞에 앉아 연구하시는 모습으로, 인자한 웃음으로 기억될 것입니다. 지금처럼 늘 건강하세요.

권지상

의재 선생의 작은 며느리. 경희대학교 국어국문학과 졸업
현재 경기도 의정부시 발곡중학교 교사

오빠의 눈

최금식

나는 7남매의 막내로 태어났다. 첫째 오빠는 내가 아주 어렸을 때 부모님 곁을 떠났다. 그래서 자랄 때 내 곁에는 세 분 언니와 두 분 오빠가 계셨다. 운식이 오빠가 큰 오빠인데, 오빠의 눈이 어찌나 무서웠던지 난 큰 오빠가 싫었다. 눈을 한번 크게 뜨면 오뉴월에도 서리가 내릴 것 같을 정도여서 늘 무서웠다. 그때마다 나는 스스로를 잘 타일렀다. "나의 큰 오빠가 가장 훌륭하고 좋은 오빠야!" 하면서 말이다.

그러던 어느 날, 자상하고 친절했던 작은 오빠는 무서운 오빠 곁에 나를 남겨 두고 아주 먼 곳으로, 다시는 만날 수 없는 곳으로 말없이 훌쩍 떠나버렸다. 그 때 나는 세상이 온통 하얀 것만 같고, 이 세상이 다 나를 버리는 것 같은 충격을 받았다. 그 충격은 꽤 오랜 동안 계속되었다. 그 당시 장항선 기차를 타고 고향과 서울을 오갔는데, 기차가 한강 철교를 건널 때면, 그 곳에서 작은 오빠가 나를 부르는 것 같은 느낌을 자주 받았다. 그래서 나도 모르게 기차에서 뛰어 내리려고 갑자기 뛰쳐나가면, 승무원이 내 목덜미를 잡으면서 "학생, 뭐 하시는 겁니까?" 하고 제지하는 일이 생기기도 했다. 이런 일이 자주 반복되어 매우 힘들었지만, 차츰 희미한 희망의 불빛이 멀리서부터 흔들거리며 내게 다가왔다. 그 불빛은 내 큰 오빠, 운식이 오빠, 그 무서운 눈을 가진 오빠였다.

"운식이 오빠는 나를 버리지 않을 것이다. 무서운 눈을 가진 그 오빠는 세상의 험난한 세파를 잘 뚫고 나가면서 나를 지켜줄 것이다. 내가 마음껏 그 오빠를 따르고 사랑하면 무서운 눈은 사랑의 눈으로 보이게 될 것이다"
이렇게 생각하면서 나는 큰 오빠를 사랑하며 존경하기 시작했다.

나는 결혼하기 전까지 오빠의 집에서 같이 살며 대학에 다녔고, 조카들을 돌보았다. 조카들은 무섭고 엄한 아빠나 엄마 대신 다정하고 재미있는 고모를 무척 잘 따랐다. 나는 운식 오빠의 눈빛이 달라지면 어린 조카들에게 눈짓을 하며 다른 방으로 데리고 가곤 했다. 그러다 보니 우린 집안에서 큰 소리가 한 번도 나지 않았고, 오빠의 눈빛을 보면서 잘 적응해 나가기 시작하자 화목하기 이를 데 없을 정도가 되었다.

오빠는 여러 방면에서 나에게 많은 가르침을 주었다. 어느 날 형광등이 망가져서 불이 안 들어와서 캄캄한 채 촛불을 의지하고 있었다. 운식 오빠가 저녁에 퇴근하여 오시더니,

"얘야, 금식아! 네 올케는 그냥 나를 기다렸으나, 이 형광등 안 들어오는 것쯤은 네가 고치렴."

하면서 손질하는 방법을 자세하게 가르쳐 주었다. 이 일이 계기가 되어 나는 무엇이든 다 내 손으로 할 수 있다는 자신감을 갖게 되었다. 형광등 전구 바꿔 끼기, 못 박기, 수도꼭지 손질하기, 자전거 수리 등등 집 안 곳곳에 널려 있는 소소한 일거리 들을 지금까지 내 손으로 직접 처리하면서 산다. 나약했던 나를 가르쳐 주고, 강하게 만들어 준 운식 오빠에 대한 감사의 마음이 새삼스럽게 솟아오른다.

오빠의 무서운 눈과 관련된 것 중 가장 기억에 남는 것은 귀가 시간에 대한 것이다. 그 시절 내 귀가 시간은 밤 10시였다. 언제 외출을 하였든, 어디를 갔든 간에 귀가 시간은 무조건 밤 10시를 지켜야 했다. 그래서 학창 시절에 어떤 일이 있어도 밤 9시 59분까지는 집에 도착해야 했다. 대문 앞에서 밤 10시 정각이 되면 "오빠 지금 10시 안 넘었어, 정각이야!" 하고 소리치며 집안으로 뛰어 들기도 했다. 아버지가 안 계시니 오빠가 아버지 같은 역할을 하였기 때문에 너무 제약이 많아 힘들었다. 어떤 때는 "왕초! 나 좀 풀어줘

요, 제발!" 이렇게 응석을 부려 보기도 하였다. 그러나 나의 통금 시간 밤 10시는 끝내 바뀌지 않았다. 그때 당시는 그것이 무척이나 불편하고, 힘이 들었고, 견디기 어려웠다. 그러나 돌이켜 생각해 보면, 그런 엄한 규율과 법도 안에는 오빠의 자상하고 따뜻한 사랑이 담겨 있었던 것 같다.

나는 결혼하여 목사의 아내가 되었고, 많은 청소년들을 지도하기에 여념이 없었다. 그때 운식 오빠와 내게 단 한 분뿐인 올케 언니가 가르쳐 준 것들이 고스란히 되살아나서 내가 청소년들을 가르치는 데 소중한 역할을 해 주었다. 만약 그 때 그토록 규제하지 않았다면, 나는 지금쯤 오만방자한 사람이 되었을지도 모른다. 나는 운식 오빠 내외분께 많은 것에 대해 감사한다. 나는 비록 유명인은 아니지만, 대중 앞에 서는 일이 많은데, 자신감 있고 당당한 모습을 보일 수 있다. 운식 오빠의 그 예리하고 통찰력이 강한 눈으로 나를 키우고 지도하였기에 내가 지금처럼 지도자의 길을 걸을 수 있게 된 것 같다. 운식 오빠의 그 무서운 눈이 많은 학문을 연구하게 만든 것 같고, 또 많은 제자들을 배출하지 않았나 생각한다. 나도 어찌 보면 그 많은 제자 중 한 사람인 셈이다.

끝으로 한 가지 더 하고픈 말은 운식 오빠의 시간 관리에 관한 것이다. 오빠는 '시간'에 아주 인색하다. 오빠는 늘 "시간은 금이다."라고 말하였다. 어떤 때는 물질보다도 더 귀중히 여기는 것이 시간 개념이 아닌가 싶다.

오빠의 철저한 시간 관리를 곁에서 지켜보다 보니, 나 또한 하루 일과 중 시간을 잘 쪼개어 활용하는 요령을 터득하게 되었다. 항상 머리 속에는 다음엔 무엇을 하고, 그 다음엔 무엇을 해야지 하면서 조직적으로 살 수 있는 습관을 갖게 되었다 60여 년을 살아오다 보니 운식 오빠의 생활 방식이 결국 내 생활 방식이 되었음을 알게 되었다. 누구에게도 지적 받지 않을 정도로 운식 오빠의 교육이 잘 전달되어 나도 이제 다른 사름들에게 시간 관리 방법을 알려 주고, 체험담을 말할 수 있을 정도가 되었다.

나는 어려움을 잘 헤치고 나가며, 기다릴 줄 아는 인내의 여인이 되었다.

그것은 모두 운식 오빠의 눈에서 배운 모든 것들이 나를 강하게 만들었고, 자신감 넘치게 만들었기 때문인 것 같다.

이 세상에 한 분밖에 안 계신 나의 사랑하는 오빠, 벌써 정년 퇴임을 앞에 놓고 계신 오빠, 정말 멋지게 훌륭하게 살아 오셨다고 자랑합니다. 우리에게는 하나님이 계셨기에, 그 하나님께서 도와주셨기에 오빠가 이렇게 깨끗한 삶을 사실 수 있었다고 믿습니다.

2007년도 이제 두 달밖에 남지 않았습니다. 오곡이 풍성하게 무르익어 가는 결실의 계절에 저의 운식 오빠가 온 생애를 바쳐 뿌린 학문의 씨앗들이 알알이 맺은 알곡들을 잘 추수하시어서 길이 후손에게 물려주시기를 바랍니다.

운식 오빠! 부디 건강하셔서 더 많은 제자 양성에 심혈을 기울여 주시기를 바랍니다. 운식 오빠의 안녕을 기원하오면서 사랑하는 동생의 글을 줄입니다.

최금식

의재 선생의 여동생. 강남대학교(전 중앙신학교) 신학과 졸업. 목사

우리들의 정신적 지주

이영옥

최운식 교수님은 열 살 터울인 큰 언니의 남편, 즉 존경하는 나의 큰 형부이시다. 7남매의 맏이인 큰 언니와 5남매의 맏이인 큰 형부, 두 분은 우리 가족들에게 큰 기둥이시며 길라잡이시다. 두 분은 결혼 생활, 사회 생활, 종교 생활 등 모든 면에서 우리의 모범이 되신다.

나는 힘들거나 고민스러운 일이 있을 때에는 형부나 언니에게 자문을 구하곤 하였다. 한 번은 내가 형부에게 아이들의 습관이나 인성 지도 문제에 관해 조언을 구하였다. 형부는 구체적인 경우를 말해 보라고 하였다. 내가 아이들의 말이나 행동이 못마땅하여 화가 치밀어 올라 큰 소리로 꾸짖거나 때려 주고 싶은 때가 종종 있는데, 어떻게 하면 좋으냐고 하였다. 그 때 형부는 우리 부부에게 "화가 치밀어 올라 큰소리를 치거나 때려 주고 싶은 충동을 느낄 때에는 '얼른 현장을 떠나라.' 그 자리를 떠나 마음을 가라앉히고, 시간이 좀 지난 뒤에 편안한 마음으로 대화를 나누는 것이 좋다."고 하였다.

나는 '얼른 현장을 떠나라.'는 형부의 이 말을 조심하여 실천하곤 하였다. 그 덕에 젊은 시절에 성질이 급하여 마음에 들지 않는 일을 보면 참지 못하던 나와 어렸을 때 유난히 성격이 유하고 행동이 느리던 아들 · 딸과 크게 부딪치지 않고 몇 년을 지낼 수 있었다. 지금은 남매가 잘 자라서 직장 생활을 하고 있고, 나 역시 마음의 여유가 생겨 전처럼 화를 내지 않게 되었다.

마음이 급하여 화를 잘 내던 젊은 시절에 내게 해준 형부의 말은 우리 부부가 남매에게 마음의 상처를 주지 않고 대화하면서 문제를 해결할 수 있게 해 준 비방秘方이었다.

늘 젊게만 생각하던 형부가 정년을 맞는다고 하니, 형부가 처음 우리 집에 인사 왔을 때의 일이 생각난다. 어머니는 사윗감이 온다고 부엌에서 맛있는 음식을 장만하느라고 바쁘셨다. 초등학교 학생이던 나는 형부가 될 분이니 인사하라는 말에 머리를 숙여 인사한 뒤에 형부의 얼굴을 요모조모로 살펴보았다. 나는 어쩐지 호감이 가서 묻는 말에 상냥한 어조로 대답하곤 하였다.

그로부터 몇 달이 지난 후에 나는 경기여자중학교 입학시험에 합격하였다. 큰언니가 자랑하는 말을 들은 형부는 나를 데리고 나오라고 하였다. 나는 언니를 따라 한일관으로 갔다. 1960년대에는 한일관에 가서 불고기를 먹는 일은 흔하지 않은 일이었다. 그래서 한일관에 가서 불고기를 먹는다고 하는 것은 아주 자랑할 만한 일이었다. 한일관에 처음 간 나는 슬리퍼를 신고, 아직 이른 시간이어서 손님이 많지 않은 넓은 방을 왔다갔다 하였다. 이런 내 모습을 본 형부는 나를 몹시 귀여워하고, 자랑스러워하면서 맛있는 불고기를 사주었다. 저녁 식사를 마치고 밖으로 나와서는 맛있는 빵도 사주셨고. 그날의 외출은 중학교 입시 공부를 하느라고 학교와 집밖에 모르던 나에게 잊을 수 없는 화려한 외출이었다. 그 때의 형부의 자상하신 모습이 지금도 눈에 선하게 떠오른다.

형부께서는 장인 장모께도 친아들처럼 늘 효도하셨다. 그래서 우리 아버지께서는 우리들 앞에서 큰 사위가 제일이라고 말씀하시곤 하였다. 형부는 96세에 돌아가신 어머님을 알뜰한 사랑과 존경의 마음을 가지고 평생을 효도로 모셨다. 이런 일을 생각하니, 형부가 참으로 존경스럽다.

형부, 정말 존경합니다. 내 마음 속에 계신 형부는 아직도 젊으신데, 벌써 은퇴시라니, 믿어지지 않는군요.

은퇴는 서운하지만, 형부의 완전한 승리입니다. 우리의 완소남! 무無에서 유有를 창조하신 형부! 끊임없는 학문 연구에 대한 열정과 성취를 위해 노력하는 그 자세는 저희 모두의 찬사와 감탄을 자아내게 하십니다.

형부께서는 늘 저희들의 정신적 지주이십니다. 앞으로도 더 열심히 연구하시고 건강하세요.

이영옥

의재 선생의 처제. 서울대학교 미술대학 졸업
현재 포항예술고등학교 강사. 전 선화예술고등학교 강사
포항공과대학교 기계공학과 교수 권태헌을 배우자로 1남 1녀의 자녀를 두었음.

대단히 수고 많으셨습니다

이흥원

내가 큰매부를 처음 본 것은 아주 어릴 때였다. 내가 큰 매부와 큰누나를 생각하면 가장 먼저 떠오르는 단어는 검소하고 근면하고 성실하다는 것이다. 두 분이 무에서 유를 창조했다고 해도 과언이 아닐 만큼 열심히 노력하여 지금의 위치에 오르셨다고 본다.

내가 결혼하고 아이를 키우면서 비로소 큰매부의 가정생활이 제대로 보이기 시작했는데, 여러 가지 인상 깊은 점이 많았던 것으로 생각된다.

우선 월곡동에 살던 2층 양옥집을 떠올려 본다. 현관에 들어서면서 2층 계단을 올라가는 길에 책장을 꾸며서 가득한 책 내음을 맡으며 올라가면, 2층에 서재가 있었다. 보통 가정집의 서재와 별반 다를 게 없지만, 한 가지 특이한 것은 아이들과 함께 공유할 수 있도록 책상이 나란히 배열된 것이다. 내가 생각하기론 공부만 하는 서재가 아니라 대화를 나눌 수 있는 장의 역할도 겸한다고 생각했다.

나의 생질들이 초·중학교 재학 시절에 항상 일기와 용돈 기입장을 쓰고, 그것을 큰매부가 하나하나 체크해 준다는 것을 알았다. 누구나 쉽게 할 수 있는 것 같지만 행동으로 실천한다는 것은 정말 힘들다는 것을 아이를 키워 본 사람은 모두 공감할 것이다. 비단 일기와 용돈 기입장에 불과하지만, 생활 속에서 절약하고 성실함을 키워줬다고 본다.

나는 우리 큰매부처럼 열심히 노력하는 분이 드물다고 본다. 늘 교단에서 제자 양성에 바쁜 중에도 거기서 멈추지 않고 많은 시간과 열정을 투자 하여 많은 논문과 저서를 펴내시었다. 그래서 많은 국문학자 중에서 뛰어난 업적을 내놓으셨다. 이것만으로도 아주 대단한 분임을 알 수 있다.

모든 생활에서 최선을 다하고, 성실하게 근무하여 이제 명예롭게 정년을 맞이한다니, "대단히 수고 많으셨습니다.", "축하합니다."라는 말과 함께 박수를 보낸다. 그러나 한편으로는 걱정이 앞선다. 퇴직한 후에도 지금처럼 건강하고, 즐겁게 생활해야 할 텐데. 하지만 큰 걱정은 안 한다. 왜냐하면 큰매부는 자기 관리가 철저하여 그 오랜 기간 탈 없이 정년을 맞은 대단한 분이기 때문이다.

앞으로 건강 문제, 재정적인 문제, 가족 간의 화합 등 여러 가지 문제가 있겠지만, 우리 큰매부라면 이러한 일들을 잘 해결할 수 있도록 이미 계획을 하였고, 잘 준비되어 있으리라 믿는다. 깊은 신앙 생활 속에서의 가정의 화목함이야말로 큰매부에게 가장 큰 힘이 될 것이다.

"돈을 잃는 것은 아주 적은 것을 잃는 것이고, 명예를 잃는 것은 좀 더 많은 것을 잃는 것이며, 건강을 잃는 것은 인생의 모든 것을 잃는 것이다."라는 말이 있다. 건강 문제가 걱정은 되지만, 오랜 동안 신앙 생활을 한 분이니, 모든 문제를 잘 해결하면서 나머지 인생을 더 성실하고, 더 열심히, 건강하게 사시리라 생각한다. 부디 건강을 잃지 말고 돌보시기 바란다.

이흥원

의재 선생의 처남. 용인대학교, 건국대학교 교육대학원 졸업. 체육학석사
국립경찰대학 수상안전교육 대표 강사, 포항해병수색대 인명구조 강습 대표 강사
현재 한국사회체육센터 프로그램 관리국장, 한국유도원 총무부장

긴 여정, 작은 보람

의재 선생이 쓰신 글 몇 편을 모았다. 여기에는 의재 선생의 정년을 맞는 감회感懷, 어린시절 · 청년시절 · 학문의 길로 들어서게 된 과정, 그 후의 활동 등 삶의 여정과 모습, 생각이 잘 나타나 있다.

정년定年을 맞는 감회感懷

교수는 만 65세에 퇴직해야 한다는 법 규정에 따라 교직을 떠나게 되니, 지난 44년 동안의 일들이 주마등走馬燈처럼 눈앞을 스친다.

내 교직 생활은 서울교육대학교를 졸업하던 1964년 3월에 서울홍파초등학교 교사로 발령을 받아 근무하면서부터 시작되었다. 군에 입대하기 전까지 약 1년 간 근무한 홍파초등학교는 내가 교육대학에서 배운 바를 실천에 옮기며 교사의 포부를 펴기 시작한 곳이다. 전국 교육대학을 졸업하고 온 햇병아리 교사 13명이 서로 의지하고 격려하며, 어린이를 가르치는 일에 열정을 기울이며, 기쁨과 보람을 나누던 행복한 교사 생활을 한 곳이었다. 나는 그곳에서 한 여선생과 순수하고 티 없는 사랑을 나누기 시작하였으니, 더욱 잊을 수 없다.

군에서 제대한 뒤에 복직 발령을 받은 서울북성초등학교는 교사로 자리잡게 해 주었고, 가르치는 기쁨을 알게 해 준 학교이며, 아내와 혼인하게 해 준 학교이다. 1969년부터 근무한 서울장위초등학교는 야간대학과 대학원 공부를 하면서 근무한 잊을 수 없는 학교이다. 1973년부터 근무한 서울중랑중학교는 중학교 교사로서의 경험을 쌓게 해 주었고, 중등교육의 중요성과 보람을 깨닫게 해 주었다.

지금의 강남대학교(전 중앙신학교 · 강남사회복지학교)는 1974년 2월에 석사학위를 받은 나에게 처음으로 대학 과정의 강의를 맡겨 주었고, 전임강사 발령까지 내준 고마운 학교이다.

나는 편입학하여 2년간 공부한 모교 국제대학교(현 서경대학교) 국어국문학과에 1976년부터 출강하였는데, 1978년에 전임강사 발령을 받아 8년간 근무하면서 조교수를 거쳐 부교수까지 승진하였고, 인문과학연구소장, 도서관장, 학생처장, 출판부장의 일을 맡아 하기도 하였다. 당시의 국제대학은 정규 야간대학으로 '야간 서울대학'이라는 별칭이 있었다. 그 학교에는 직장을 가진 우수한 학생이 입학하였고, 유명 대학의 저명한 교수들이 강사로 출강하였다. 학생들은 우수한 상고를 졸업하고 좋은 직장을 잡은 학생들과 2년제 교육대학을 졸업하고 편입학한 교사들이 주류를 이루었다. 국제대학 학생들은 재학 중에는 서로 앞자리에 앉으려고 신경전을 벌이며 공부에 열중하였고, 졸업한 뒤에는 자기 분야에서 발군拔群의 실력을 보였다. 많은 졸업생이 대학원에 진학하여 연구에 열중하기도 하였는데, 그들 중 20여 명이 박사학위를 받고, 교수가 되었거나 연구원으로 일하고 있다. 국제대학에 근무하던 기간은 젊은 교수로, 학생들과 함께 연구하고 가르치면서 보람을 누리던 행복한 기간이었다.

국제대학교 졸업식. 아내와 큰아들과 함께.

박사학위 받을 때의 모습

박사학위 취득 축하회

1986년에 한국교원대학교로 자리를 옮긴 나는 직장 없이 공부에만 열중하고 있는 근면·성실한 학부 학생들, 교직에 있으면서 연구에 열중하는 대학원생들과 더불어 연구하고 가르치는 일에 전념할 수 있어서 참 좋았다. 각자 전공 분야에서 학문적으로 일가一家를 이루고, 인격적으로도 훌륭한 같은 동료 교수들과 함께 화기애애和氣靄靄한 분위기에서 생활하는 것도 정말 즐거웠다.

나는 한국교원대에서 22년 근무하면서 204명의 석사·박사학위논문 지도를 하였다. 이들을 지도 학생으로 받을 때 '연구를 적당히 하지 않는다.', '평생 동지가 된다.'는 서약을 하였다. 이들은 이 서약에 걸맞게 잘 따라 주어서 좋은 논문을 쓰고 학위를 받았고, 졸업한 뒤에도 평생 동지로 지내고 있다. 많은 학생의 논문 지도에 시간을 많이 빼앗겼고, 정말 바쁘고 힘들었다. 그러나 그 결과 나는 큰 보람을 느꼈고, 제자 복이 많은 사람이 되었다.

나는 좋은 여건과 분위기에서 연구하고, 집필하는 일에 몰두하였다. 그래서 저서 40권, 논문 90편, 수필 90여 편, 신문과 잡지 등에 실은 고소설·

충청문학상 수상

설화·민속 관련 글 260여 편, 논설·칼럼 50여 편을 썼으며, 방송에도 수십 번 출연하였다. 한국민속학회 회장·청람어문교육학회 회장·국제어문학회 회장·비교민속학회 이사·한국무속학회 이사 및 고문 등 학자로 학회 활동하는 한편, 수필로 문단에 데뷔하였고, 1997년에는 '충청문학상 수필 부문 본상'을 받았다. 2007년에는 고전문학연구자로서는 가장 영광스러운 '도남국문학상'을 받기도 하였다.

나는 교수가 된 뒤에 월급을 받아 의식衣食 걱정을 하지 않으면서 마음껏 제자를 얻는 복을 누리며 살다가 건강한 몸으로 정년퇴임을 하게 되었다. 나는 1962년에 고등학교를 졸업하고 군복을 물들인 검은 작업복을 입고, 중학교 1학년 때부터 쓰던 영어 사전 한 권과 성경책 한 권을 가방에 넣어 메고 서울에 올라왔다. 이런 내가 이렇게 큰 복을 누릴 수 있었던 것은 하나님의 사랑과 은총이 있었고, 나를 도와준 많은 분들이 있었기 때문이라 생각하며 마음 속 깊이 감사한다.

이제 퇴임을 하면, 나를 부르는 곳에 가서 강의도 하고, 글도 쓰려고 한다. 그리고 전공에만 매달리느라 소홀히 하였던 여러 분야의 공부도 하려고 한다. 또 일에 쫓겨 하지 못한 성경 공부와 교회의 일에도 힘쓰려고 한다. 내가 일에 파묻혀 지내는 동안 한 지붕 아래 있는 것만으로 위로를 삼으며 지낸 아내와도 시간을 나눌 생각이다. 지금은 성혼하여 단란한 가정을 꾸미고 있는 아들과 딸이 자랄 때 아버지와 함께 하기를 바랐는데, 일에 쫓겨 시간을 나누지 못하여 늘 미안하게 생각한다. 이 미안함을 덜기 위해 손자 · 손녀들과 함께 하는 시간도 갖고자 한다.

고난과 시련을 이기고

지금으로부터 66년 전인 1942년 10월 27일(음력 9월 16일) 충남 당진군 당진읍 원당리에서 한 남자 아이가 태어났다. 7남매의 다섯째로 태어난 그에게는 위로 형 하나와 누님 셋이 있었다. 그의 아버지는 농사일을 하였는데, 부지런하고 성실하였으며, 자상한 편이어서 가정 분위기는 매우 좋았다. 살림 형편도 넉넉한 편이어서 남부러울 것이 없었다.

그는 자라면서 제법 똑똑하다는 말을 들었다. 그래서 초등학교에 들어가기 전부터 아버지와 열두 살 위인 형한테 한글을 배워 익혔고, 『천자문千字文』을 배우면서 달달 외우고 쓰는 공부를 하였다. 그리고 명문 해주 최씨 문헌공 최충 할아버지의 34세손임을 잊지 말라고 배웠다.

그는 일곱 살 되던 해 봄에 당진초등학교 1학년에 입학하였다. 그런데 입학한 지 얼마 안 되어 2학년으로 월반越班하였다. 제 나이에 입학하였는데 월반하였으니, 그는 반에서 제일 어린 학생으로, 자기보다 한두 살 또는 몇 살 위인 학우들과 동급생이 되어 학교에 다녔다.

그가 2학년이 되던 해부터 아버지는 몸이 불편하여 자리에 누워 있는 날이 많아졌다. 그가 어른들이 하는 말을 들으니, 아버지의 병은 위장병인데, 이사를 하여 물을 갈아 먹으면 나을 수 있다고 하였다. 그래서 그의 부모님은 이사를 결정하였고, 그해 겨울에 외가가 있는 충남 홍성군 갈산면 쌍천리로 이사하였다. 그는 이사 후에 갈산초등학교 2학년으로 전학하였다.

그가 3학년이 되던 1950년에 6 · 25 한국 전쟁이 일어났고, 전쟁 통에 열

두 살 위인 형이 의용군으로 끌려갔다. 얼마 후 형과 함께 의용군으로 끌려갔다가 돌아온 사람의 말에 의하면, 그의 형이 속해 있던 부대가 경상도 어디에서 폭격을 당했는데, 그곳에서 살아남은 사람이 몇 안 되었으므로, 형은 아마도 죽었을 것이라고 하였다. 그의 아버지는 큰아들의 사망 소식에 충격을 받아 지병인 위장병이 악화되어 세상을 떠났다.

그의 어머니는 큰아들과 남편을 잃은 슬픔과 절망감에서 집단자살을 생각하기도 하였다. 그러나 마음을 고쳐먹고, 남은 6남매와 함께 살아갈 방도를 찾기 시작하였다. 당진에서 전답을 팔아 가지고 온 돈은 일부 전답을 마련하고, 팔려고 내놓은 땅이 없어서 사지 못하고 현금으로 가지고 있었다. 어머니는 그 돈을 생활비로 쓰면서 농사를 지었고, 큰 누님을 시집보냈다. 셋째 누이에게는 장사를 시켰고, 삯바느질을 하기도 하였다.

1950년은 힘들고 괴로운 일을 모르며 귀염둥이로 자라던 그의 삶이 고난과 시련이 연속되는 삶으로 바뀌는 전환점이었다. 그는 어머니의 힘든 모습을 보면서 집안의 나이든 남자가 해야 할 일을 하기 시작하였다. 집안의 땔감을 대는 일은 그의 몫이었으므로, 학교에 갔다 오기가 무섭게 지게를 지고 산으로 가서 나무를 하였다. 벼를 방앗간에 지고 가서 찧어 오는 일도 그의 몫이었다. 그는 열 살 때에 방앗간에서 쌀 서 말을 지고 올 때 힘에 겨워 쩔쩔매던 때의 일을 어른이 된 뒤에도 잊지 않고 있다. 그는 퇴비를 만들기 위해 풀을 베는 일, 돼지에게 먹일 꼴을 베는 일도 마다 하지 않고 부지런히 하였다. 봄이 되면 아침에 일찍 일어나 멀리 떨어져 있는 논에 두엄을 한 짐 져다 놓고 돌아오는 길에 냇물에 세수하고, 집에 와서 급히 아침밥을 먹고 학교로 향하곤 하였다. 모를 심는 일, 벼를 베는 일, 가을에 볏단을 져 나르는 일도 학교에서 돌아오면 바로 해야 하는 일이었다. 이처럼 그는 학교에 갔다 오는 시간 외에는 지게질을 하는 시간이 많았다. 그래서 그는 어른이 된 뒤에 키가 제대로 자라지 못한 것은 한참 성장할 나이에 제대로 먹지 못한 데다가 지게가 그를 짓눌렀기 때문이라고 농담처럼 말하곤 하였다.

이 무렵 그의 어머니는 갈산감리교회 전도사님의 전도를 받아들였고, 그의 가족 모두 교회에 나가기 시작하였다. 예수님을 영접한 뒤에 그의 가족 모두는 힘들고 어려운 중에도 합심하여 노력하면 행복한 날이 올 것이라는 희망을 가졌고, 하나님이 도와줄 것이라는 믿음을 가졌다. 그래서 그의 집은 가난하였지만, 다른 집에서는 볼 수 없는 감사와 소망과 평화가 가득하였다.

초등학교를 마친 그는 갈산중학교 입학시험을 보았다. 시험장에 가서 들으니, 동급생 아무개 아무개는 갑 선생님 댁에서, 아무개 아무개는 을 선생님 댁에서 과외공부를 하였다고 하였다. 이 말을 들은 그는 입학시험에서 떨어질 지도 모른다는 불안감에 몸을 떨기도 하였다. 그러나 합격자 발표일에 합격자 명단을 보니, 120명 중 아홉 번째에 이름이 있었다. 그는 하나님께 감사의 기도를 올렸다.

그는 나무하는 일, 농사짓는 일을 하면서 중학교에 다녔는데, 학교 성적은 좋은 편이었다. 그 무렵 그의 종형 하나가 국립 체신고등학교를 졸업하고 우체국 직원으로 취직하였다. 그의 어머니는 그에게 모든 학비를 대 주는 체신고등학교에 가라고 하였다. 그러나 법과대학을 졸업하고 판 · 검사가 되겠다고 마음먹고 있는 그는 싫다고 하였다. 그러나 고등학교에 갈 학비를 마련할 길이 없는 그는 어머니의 말씀을 따라 체신고등학교에 응시하였으나 떨어지고 말았다. 당시 체신고등학교는 기숙사비와 학비 일체를 국비로 대주는 관계로 전국의 수재들이 모이는 학교여서 나무꾼과 농사꾼 노릇을 하면서 학교에 다닌 갈산 촌놈이 합격하기 어려운 학교라는 것을 그는 낙방한 뒤에야 알았다.

그가 중학교 3학년을 마칠 무렵에 어머니는 그를 고등학교에 보내려면 고등학교가 있는 홍성으로 이사해야 한다는 생각에서 살던 집과 논 · 밭을 팔아 홍성 읍내로 이사하였다. 그러나 형편이 좋지 않아 그 해에 고등학교에 진학하지 못하였다. 그는 홍성읍으로 이사한 뒤에도 나무 지게를 지고 백월산으로 나무를 다녔다. 산이 멀어 나무 하러 다니기에는 갈산에 살 때보다 더 힘들었다. 그는 나무 지게를 지고 오다가 앞에서 고등학생들이 떼를 지어

오는 것을 보면, 중학교 동창들을 만날까 봐 길을 돌아서 오곤 하였다.

그는 고등학교에 진학하지 못한 것을 한스러워하면서 통신고등학교에 연락하여 강의록을 구해 보면서 혼자 고등학교 공부를 하였다. 그러나 머리에 잘 들어오지 않았다. 그는 고등학교에 가려면, 삯바느질을 하시는 어머니에게 의존하지 말고, 내 힘으로 첫 등록금을 마련해야 된다고 생각하였다. 그래서 그가 처음으로 시작한 것이 아이스케이크 장사였다. 아침 일찍 아이스케이크 공장으로 가서 아이스케이크를 한 통 받아 지고 다니면서 팔고, 다 팔면 또 가서 가져다가 팔곤 하였다. 여름이 지나 아이스케이크 장사를 할 수 없게 되자 그는 중국음식점 종업원으로 일하기 시작하였다. 이렇게 하여 번 돈은 조금씩 늘어갔다.

가을이 깊어가는 어느 날, 어머니가 그를 조용히 불러 앉히고 말씀하셨다. 어머니는 그가 중국집에 가서 일하는 것을 몹시 안타까워하시면서, 이제 일을 그만하고 홍성고등학교 입학시험 준비를 하라고 하셨다. 그는 그 때부터 덮어 두었던 책을 펴고 두 달 동안 공부하여 고등학교 입학시험에 응시하였다. 합격 발표를 기다리는 그는 몇 달 동안 전혀 공부하지 않았고, 입시 준비 기간이 너무 짧아서 떨어졌을지도 모른다는 생각에서 몹시 불안하였다. 그런데 발표자 명단을 보니, 쉰여덟 번째에 그의 이름이 있었다. 그는 마음속으로 '하나님 감사합니다!'를 수없이 외쳤다.

그는 1년 늦게나마 고등학교에 입학하게 된 것이 뛸 듯이 기뻤고, 행복함을 느꼈다. 담임 선생님은 국어과 정갑영 선생님이신데, 정 선생님의 국어 수업은 참으로 재미있었다. 사회 과목을 좋아하던 그가 국어과에 많은 흥미를 느끼게 된 것은 정 선생님의 영향 때문이었다. 입학 후 3개월 동안 학교 생활을 잘 하던 그는 제 때에 제2기분 납부금을 내지 못하게 되자 마음이 흔들리기 시작하였다. 담임 선생님은 당시 반장이던 김 군에게 넌지시 그를 돕기 위한 모금을 하라고 하셨고, 모금한 돈으로 그의 제2기분 납부금을 내 주었다. 그는 중학교 1년 후배이던 김 군이 같은 반의 반장이 되어 모금을 한 것이 마음에 걸리는 데다가 제3기분 납부금을 어떻게 마련해야 하나를 생각하니, 학교 생활이 힘들고 재미없어졌다.

그 무렵에 갈산에 살 때 이웃마을에 살던 아저씨가 대전에서 시내버스를 사서 운행하는데, 차장이 필요하다고 하였다. 그가 "제가 가면 어떻겠습니까?" 하니, 그 아저씨는 '너라면 믿을 만하니, 당분간만 나를 도와주었으면 좋겠다.' 고 하였다. 그래서 그는 그 아저씨를 따라 대전으로 가서 시내버스 차장이 되었다. 학교에서는 정 선생님의 배려로 휴학한 것으로 처리해 놓았다.

그는 시내버스 차장 노릇을 하는 동안 새벽 5시부터 밤 11시 넘도록 쉬는 날도 없이 일하였다. 그러다 보니 늘 잠이 부족하였고, 피로가 쌓여 정말 힘든 날들이 계속되었다. 아침 등교 시간과 오후 하교 시간에 고등학생들이 차에 타고 내리는 것을 보면, 부러운 마음에 눈물이 핑 돌았고, 신세 한탄이 절로 나왔다. 버스 안에서는 기쁘고 흐뭇한 일도 더러 있었지만, 속이고, 훔치고, 욕하고 싸우는 일이 더 많았다. 가히 세상의 축소판이라 할 만하였다. 그는 몇 달 동안 일하면서 세상의 많은 일을 보고 배웠다.

그는 이듬해 새 학기가 시작할 무렵 집으로 돌아왔다. 새 학기가 시작되는 날, 그는 대전에서 사 두었던 교복을 입고, 학교로 갔다. 그는 정 선생님의 주선으로 2학년에 진급할 수 있었다. 정 선생님이 그를 교장실로 데리고 가니, 교장 선생님은 그의 손을 힘껏 잡아주시면서 이제는 열심히 공부하라고 격려해 주셨다.

그가 대전에 있는 동안 어머니는 교회의 전도사로 가시면서 홍성의 집을 팔았다. 어머니는 집을 판 돈을 그의 이종형께 맡기고, 그가 공부하는 동안 학비로 쓸 수 있게 해 달라고 하였다. 그는 학교에서 약 4km쯤 떨어진 이종형 댁에서 2년 동안 숙식을 하면서 고등학교를 다녔다.

그는 등교와 하교 시간에 산으로 나 있는 호젓한 길을 혼자 걸으며 영어 단어를 외우기도 하고, 책이나 공책을 들고 중얼거리며 외우기도 하였다. 그리고 지난 날의 삶을 돌아보고, 앞으로의 일을 깊이 생각하기도 하였다. 그는 나이가 든 뒤에 그 산길을 공부하던 길, 사색하던 길, 체력을 기르던 길로 특별한 의미가 있는 길이었다고 회상하였다.

삶의 방향을 바꾸게 한 스승

고등학교 3학년 2학기가 되자 그는 대학 진학 문제로 마음이 어수선하였다. 어느 날, 1학년 때 담임이었던 정갑영 선생님이 그를 부르셨다. 그는 선생님을 따라 학교 숙직실 방으로 들어갔다. 방은 낮 시간이므로 불을 때지 않아 방바닥이 매우 찼다. 그는 선생님이 권하는 대로 방석을 깔고 마주 앉았다. 선생님은 춥다고 하시면서 담요를 덮고 앉으시더니, 담요 한 자락을 그의 무릎 위까지 덮어 주시면서 말씀하셨다.

"힘들고 어려워도 대학에 가야지? 서울에 가면 가정교사 노릇 할 자리도 있을 터이니, 고학할 마음먹고 진학하여라."

"예, 그러려고 합니다."

"어느 대학에 가려고 하니?"

"○○법과대학에 가고 싶습니다."

"판·검사의 꿈을 그대로 가지고 있구나?"

그가 그렇다고 대답하자, 정 선생님은 자유당 정권 시절에 부통령, 국회의장, 내무부장관을 지낸 이기붕 씨, 한희석 씨, 최인규 씨가 어찌 되었는가를 예로 들면서 법조인이나 정치가가 걸어가야 할 험난한 길을 택하지 말고, 가르치는 보람을 느낄 수 있고, 안정적인 교직을 택하라고 하셨다. 이어서 서울사범학교가 교육대학으로 승격되어 첫 신입생을 뽑는다고 하니, 서울교육대학을 가라고 하셨다.

그가 대답을 하지 않고 듣기만 하고 앉아 있자 잠시 말을 끊었던 선생님은 설득조로 말씀하셨다.

"너는 빨리 자립하여 고생하시는 어머님을 편히 모시고 싶지 않니? 네가 법과대학을 가면 대학 4년, 군대 생활 3년을 해야 하니, 아무리 빨라도 7년 후에나 자립할 수 있다. 서울교육대학을 가면 2년 후에 졸업하고 서울 시내 초등학교 교사로 발령 받은 뒤에 교보로 군에 입대하면 6개월, 합해서 2년 반이면 자립하여 어머니를 모실 수 있다. 더 공부하고 싶으면 교사로 취직한 뒤에 야간대학에 다니면서 마음껏 하여라. 고생이 지겹지도 않니?"

선생님은 이 말씀을 하신 뒤에 서울로 진학한 선배들한테 들은 이야기라고 하시면서 대학의 등록금, 가정교사 자리를 얻는 일 등에 관해 자세히 말씀하셨다. 그리고 교육대학이나 사범대학 학생은 다른 대학 학생보다 가정교사 자리를 얻기가 쉬울 것이라는 말씀도 해 주셨다.

그는 정 선생님의 현실적이고 논리적인 말씀에 설득되어 마음을 정한 뒤에 선생님의 말씀을 따르겠다고 하였다. 선생님은 잘 생각하였다고 하시면서 그의 손을 잡아 주셨다. 그는 선생님의 손을 잡으면서, 진정으로 그의 장래를 생각하며 진로 지도를 해 주시는 정 선생님에 대한 고마움, 지금까지의 생각을 바꾸지 않으면 안 되는 가정 형편과 처지에 대한 한스러움과 원망이 뒤범벅이 되어 눈물이 쏟아졌다. 선생님은 그의 어깨를 토닥이며 위로와 격려의 말씀을 해 주셨다.

그가 대학에 진학하던 해에는 대학입학자격고사가 처음 생겼는데, 교육대학의 경우에는 응시원서에 미리 지원의사를 밝혀야 하였다. 그는 정 선생님의 말씀대로 교육대학을 지원하고 자격고사를 보았다.

그는 서울교육대학에 지원하려고 우편으로 대학에 입학원서를 신청해 놓고 기다리고 있었다. 그런데 서울대학교 사범대학을 졸업하고 고등학교 교사로 재직하다가 군에 입대한 외종형이 휴가를 왔다가 귀대하기 위해 서울로 가면서 가정교사 자리를 알아봐 줄 터이니 빨리 서울로 오라는 전갈을 보내 왔다. 그는 둘째 매형에게 입학원서가 오거든 담임선생님을 만나 원서를 써서 우편으로 접수시켜 달라고 부탁하고 서울로 갔다. 외종형은 그를 선에 자기가 가정교사로 있던 집에 가정교사로 소개해 주었다. 그래서 그는 그날부터 그 집에서 숙식을 하면서 가정교사 노릇을 하기 시작하였다. 그는 그 집에 있으면서 서울교육대학에 가서 입학시험을 보았고, 며칠 후에 합격 통지서를 받았다.

그 집에서 대학 입학시험을 보기도 전에 그에게 가정교사 노릇을 하게 한 것은 외종형이, 그는 아주 실력 있는 학생으로, 서울교육대학에 틀림없이 합격할 것이라고 말하였기 때문이었다. 그가 대학 입학시험을 보기 전부터 숙식을 제공하는 가정교사 자리를 얻은 것은 입학시험을 보는 동안과 입학 후의 숙식 문제, 입학 직후에 신문에 가정교사 자리를 원한다는 광고를 내거나 아는 사람의 소개로 숙식을 제공받는 가정교사 자리를 얻을 때까지의 번거롭고 돈이 드는 일을 모두 해결해 주는 것이어서 정말 행운이었다. 지나고 보니, 그것은 그가 지금까지 겪었던 시련과 고난이 끝났음을 알리는 신호탄이었던 것 같다. 그러나 그때 입학시험에 떨어졌다면 어떻게 하였을까를 생각하면 그는 지금도 아찔한 생각이 든다.

그는 1학년 때에는 그 집에서 가정교사 노릇을 하였다. 2학년 때에는 그 집에서 나와 입주 가정교사, 그룹지도 과외교사 등을 하면서 힘들었지만, 무사히 대학을 졸업하였다. 그는 졸업과 동시에 서울홍파초등학교 교사로 발령받았다. 그는 1년 동안 그 학교에 근무하면서 학생들을 가르치는 일, 전국의 교육대학을 졸업하고 온 동료 교사들과 어울리는 일 등이 기쁘고 즐거웠다.

1960년대는 우리나라 모두가 살기 어려운 때여서 서울에서 안정된 직장을 잡는 것은 정말 하늘의 별을 따는 것과 같이 힘들고 어려운 일이었다. 그러한 때에 그는 교육공무원으로 취직하여 교사의 길을 걷게 되었으니, 참으로 다행스러운 일이었다. 막내 여동생을 서울로 불러올려 함께 자취하면서 중학교에 다니게 하였고, 남동생에게 용돈도 줄 수 있었다. 이런 모습을 보시면서 어머니께서도 정말 기뻐하셨다.

그는 교육대학을 다니면서 자기의 진로를 바꾼 것에 대한 회한悔恨이 남아 있어 마음이 어지러울 때도 있었다. 그러나 세월이 지나면서 잘 했다는 생각이 들었고, 교사의 길을 걷도록 지도해 주신 정갑영 선생님에 대한 감사의 마음이 깊어졌다. 그러고 보면 정갑영 선생님은 그의 삶의 방향을 바꿔놓은 잊을 수 없는 스승이시다. 그러나 감사의 마음을 제대로 표하지도 못한 채 연락이 끊겨 만나 뵙지 못하는 것이 정말 아쉽다.

학문의 길을 걷게 한 스승과의 만남

나는 강의실에서 처음 대하는 학부생들에게 대학 생활에서의 '세 가지 만남'을 말하곤 하였다. 내가 말하는 세 가지 만남은 전공 학문과의 만남, 학우와의 만남, 스승과의 만남이다. 이 세 가지 만남은 대학 생활을 시작하는 젊은이의 삶의 가치와 방향 결정에 큰 영향을 미칠 것이라 생각하기 때문이다. 그래서 이 세 가지 만남을 이룬 사람은 대학 생활에 성공을 거둔 사람이라고 말할 수 있으니, 이를 위해 노력하라고 당부하곤 하였다.

대학 교수 생활 30년을 포함한 교직 생활 44년을 마치고 정년이 되어 퇴직하는 시점에서 나는 어떤 만남이 있었는가를 곰곰 생각해 본다. 나는 지금까지 살아오면서 많은 사람의 가르침과 도움을 받았으므로, 잊을 수 없는 사람, 고마운 사람이 참으로 많다. 나는 내가 만났던 여러 사람의 덕으로 어려움을 극복하고, 평탄한 생활을 하면서 보람을 찾을 수 있었다. 그래서 나는 스스로 '인복이 많은 사람'이라고 생각한다. 그 많은 사람 중 나의 삶에 큰 영향을 끼친 사람을 셋만 꼽으라고 한다면, 정갑영 선생님, 남강 김태곤 교수님, 그리고 내 아내이다.

정갑영 선생님은 나의 고등학교 1학년 때 담임을 하셨던 분으로, 내가 법조인의 길을 가려고 할 때 나를 설득하여 교사의 길을 걷게 하셨고, 내가 국어에 관심을 갖게 해 주시어서 나로 하여금 국문학자가 되게 해 주신 분이다. 정 선생님에 관하여는 앞의 글에서 적었으므로 여기서는 생략한다.

남강 김태곤 선생님은 내가 학문의 길을 가도록 이끌어 주신 분이다. 내가 남강 선생님을 언제 만났으며, 어떻게 하여 학문의 길로 들어서게 되었는가를 말하려면 사연이 좀 길다.

2년제 교육대학을 졸업한 나는 초등학교 교사로 발령받던 해부터 야간대학에 진학하여 학사학위를 받고, 대학원 공부도 하겠다는 생각을 하였다. 그래서 교사 발령을 받던 해에 모 야간대학 법학과에 편입학 시험을 보고, 합격통지서를 받았다. 그러나 학비와 군 입대 문제를 생각하여 뒤로 미루었다. 교사로 근무하다가 군에 입대하여 1년을 복무하고 다시 복직하였다. 복직한 뒤에 혼인, 출산, 동생의 학비, 집 마련 등의 일이 겹쳐 몇 년을 지낸 뒤인 1970년에 국제대학(지금의 서경대학교) 국어국문학과 3학년에 편입학하였다. 법학과에 편입학하여 공부하면서 고등고시를 보아 법조계로 나가고 싶은 생각도 있었지만, 여러 가지 현실적인 여건을 따져보니 법학과를 선택할 수 없었다. 그래서 내가 고등학교 때부터 공부하고 싶었던 국어국문학과에 편입학하였다. 그 때의 내 나이는 스물여덟 살로, 두 아이의 아버지였다.

국제대학에는 손낙범 교수님, 양명문 교수님 같은 훌륭한 분이 전임으로 계셨고, 다른 대학에 계신 훌륭한 분들이 강사로 나와 강의를 해 주셨다. 배움에 갈증을 느끼던 나에게는 모든 강의가 다 재미있고 유익하였다. 그 중에서도 나에게 가장 재미있고, 감동을 주는 강의는 남강 김태곤 선생님의 「한국 구비문학론」과 「한국 민속학」 강의였다. 남강 선생님은 연세가 나보다 5년 위의 젊은 학자로, 국제대학에는 대우 전임강사 신분이었다.

첫 강의를 시작한 지 얼마 뒤에 나는 용기를 내어 남강 선생님께 차를 한 잔 대접하겠다고 하였다. 김 선생님은 선선히 응해 주시어서 학교 앞 다방에 가서 차를 마시며 잠시 이야기를 나누었다. 그 후 나는 몇 차례 김 선생님과 만나 대화하였다.

남강 선생님과 대화하는 중에 나는 대학원에 진학하고 싶다는 말씀을 드렸다. 선생님은 내가 강의 시간에 발표하는 것으로 보아 학문하면 잘 할 것이라고 하시면서 열심히 하여 대학 교수가 되라고 하셨다. 실력 있는 고등학

서울놀이마당 새남굿 공연장에서. 남강 김태곤 교수(왼쪽)와 김명자 교수(가운데)

교 국어 교사가 되겠다는 생각을 갖고 있던 나에게 대학 교수가 되라는 말이 처음에는 하늘에 떠 있는 구름을 잡으라는 말처럼 들렸다. 그러나 그 구름을 잡고 싶다는 마음이 불 일듯 일어났고, 못 잡을 것도 없을 것이라는 생각을 하기 시작하였다.

남강 선생님은 내게 어느 분야를 전공하고 싶으냐고 물으셨다. 내가 고소설을 깊이 공부하고 싶다고 하니, 고소설을 연구하려면 설화를 알아야 한다고 하시면서 설화와 고소설 연구에 관한 말씀을 해 주셨다. 내가 고소설과 설화를 열심히 공부하며 학문의 길을 가겠다고 하니, 선생님은 '나의 동업자'라고 좋아하시면서 함께 열심히 하자고 하셨다. 그래서 나는 국제대학 3학년 때부터 학문의 길을 가겠다고 마음을 정하였고, 남강 선생님의 '학문의 동업자'가 되었다.

남강 선생님은 틈만 나면 무속巫俗은 물론 구비문학과 민속 전반에 관한 자료를 수집하러 다니셨다. 김 선생님의 '동업자'가 된 나는 그해(1970) 여름

방학 때 김 선생님을 따라 충청북도 진천, 음성, 제천 등지로 첫 조사 여행을 하였다. 커다란 릴 녹음기를 비롯한 조사 장비와 여행 용품이 든 가방을 메고, 버스를 타거나 걸어 다니면서 자료를 조사하는 일은 보통 힘 드는 일이 아니었다. 그러나 나는 선생님을 따라다니며 자료 조사와 정리 방법을 배우고, 학문의 세계에 대한 여러 가지를 배울 수 있어서 아주 좋았다. 시골의 한적한 냇가를 지날 때에는 선생님과 함께 미역을 감기도 하였다. 그 후에도 나는 여러 차례 선생님을 따라 조사 여행을 하였다.

나는 남강 선생님을 통하여 학문 연구의 자세와 방법, 시간 관리 등을 배우고 익혀 실천하였다. 그 결과 일이 잘 되어 1978년에 국제대학의 교수가 되었다. 그래서 안정된 분위기에서, 내 마음대로 시간을 관리하면서 좋은 학생들과 함께 연구하면서 살 수 있게 되었다. 이러한 복을 누릴 수 있게 된 것은 남강 선생님의 세심한 배려와 지도 덕택이다. 나는 남강 선생님과 학문 연구, 학회 활동, 인간 관계에 관한 일 들을 의논하면서 사제의 정을 돈독히 하였다. 그러나 남강 선생님께서 훌쩍 세상을 떠나시고 나니, 그 자리를 채울 수 없는 아쉬움과 그리움만 더해 간다.

학문의 길의 든든한 후원자

학문의 길을 걷기 위해서는 즐겁고 편하게 살고 싶은 마음의 유혹을 물리쳐야 하고, 자기 스스로 절제하면서 시간 관리를 철저히 해야 한다. 집안의 대소사에서 한 발 물러서 있어야 하고, 가족 간의 따뜻한 대화나 즐거운 시간을 갖는 일도 멀리해야 한다. 옛 선비가 '손으로 돈을 만지지 않으며, 쌀값을 묻지 말아야 한다.'고 한 것처럼 먹고 사는 문제에서도 비켜 서 있어야 한다. 사람들이 말하는 돈이나 명예·권세에 대한 욕심을 버리고, 오직 전공 학문 연구에만 몰두해야만 한다. 그렇지 않으면 학문 연구에 시간과 노력을 집중할 수 없어서 연구의 성과를 기대하기 어렵다. 그래서 학문의 길은 외롭고 험난한 길이라고들 한다.

좋은 부모님 밑에서 부모님의 보호와 지원을 받으며 대학을 마치고 대학원을 다녔거나 외국 유학까지 한 뒤에 학문의 길을 들어선 사람도 많이 있다. 그런 사람 중에는 많은 유산을 상속받아 마음껏 쓰면서 학문 활동을 하기도 한다. 그러나 나는 그런 복을 타고 나지 못한 채 학문의 길로 들어섰으니, 어려움이 많았던 것은 말할 필요도 없다.

내가 학문의 길을 가도록 뒤를 봐 주고, 든든한 버팀목이 되어 준 사람은 아내이다. 나와 아내는 서울교육대학교 동기동창인데, 대학에 다닐 때에는 얼굴과 이름을 겨우 아는 사이였다. 그런데 같은 학교로 발령을 받아 근무하면서 깊이 사귀다가 혼인하였다. 같은 학교로 발령을 받지 않았으면 그저 동창생으로 끝났을 터인데, 같은 학교에 근무하게 된 것은 정말 하나님의 뜻이었던 것 같다.

내가 아내와 혼인을 할 때에 처가 어른들은 나를 흡족해 하지 않으셨다. 아내 역시 좋은 조건의 혼처에서 중매가 들어오는데, 시골 출신으로 2년제 대학밖에 나오지 않은 초등학교 교사와 혼인할 결심을 하는 일이 쉽지 않아 많은 고민을 하였을 것이다. 그러나 아내는 주위의 반대를 무릅쓰고 나와의 혼인을 결심하였다. 중국 고사에 나오는 월하노인月下老人이 일찍이 두 사람의 발목에 묶어 놓은 분홍실을 끊지 못하였기 때문이었는지도 모르겠다.

혼인한 지 3년쯤 지났을 때 내가 야간대학에 편입학하여 더 공부하겠다고 하니, 아내는 선뜻 좋다고 하였다. 그 때부터 나는 아내의 도움을 받으며 공부를 하였다. 나는 내가 국제대학교(현 서경대학교) 학생일 때나 성균관대학교 대학원생일 때에 학생카드의 보호자 난에 아내 이름을 썼다. 아내는 내가 학부 2년, 대학원 석사과정 2년, 박사과정 3년 등 모두 7년 간 학생 노릇을 하는 동안 학생인 나의 경제적 후원자, 숙식을 책임져 주는 기숙사 사감, 연구활동을 도와주는 조교의 역할을 잘 해 주었다. 아내는 내가 교수가 된 뒤에도 전에 하던 역할을 계속해 주었다.

아내는 아들과 딸의 육아나 교육에 관한 일, 어머니를 모시는 일, 친족 간의 일 등 집안의 크고 작은 일을 도맡아서 해 주었다. 나의 연구하는 시간을 축내지 않기 위해 친척이나 친지·친구의 경조사慶弔事에도 대신 가 주었다. 아내는 자료 조사로 집을 비우기 일쑤이고, 집에 있어도 책상 앞에 앉아 연구하느라고 밖에 비가 오는지 눈이 오는지 모르고, 자기보다 늦게 자고 먼저 일어나는 나를 대견스러운 눈으로 보아 주었다.

아내는 교사로 근무하면서 세 아이를 기르고, 남편 뒷바라지를 하면서 시어머니를 받드는 일이 힘에 겨웠을 것이다. 이를 모르는 척하는 내가 한없이 원망스러웠을 터인데도 투정을 하지 않고 참아 주었다. 내가 38년 동안 험난한 학문의 길을 탈 없이 걸을 수 있었던 것은 아내의 헌신적인 내조가 있었기 때문이다.

아내의 내조를 이야기하다 보니, 『삼국사기』에 실려 있는 고구려의 온달 장군과 평강 공주 이야기가 떠오른다. 평강 공주는 당시 귀족인 상부 고씨에게 시집가라는 부왕父王의 명을 따르지 않고, 한미寒微한 사람으로, 바보 소리를 듣는 온달의 아내가 되어 남편을 내조하고, 홀어머니를 지성으로 모셨다. 온달은 공주의 내조를 받으며 글을 익히고, 무술을 연마하여 훌륭한 장군이 되었고, 나라에 큰 공을 세웠다. 온달이 평강 공주의 내조에 힘입어 타고난 기량을 닦아 마음껏 펼치고, 어머니를 편안히 모신 것처럼 나 역시 아내가 내조해 준 공으로 교수가 되어 학문의 길을 걸을 수 있었고, 어머니를 95세까지 탈 없이 모실 수 있었다. 아내에 대한 고마움은 말로 다 표현할 수 없으니, 두고두고 행동으로 갚을 생각이다.

내가 교사의 길, 학문의 길을 걸으며 보람을 느낄 수 있게 된 것은 아내와의 만남 덕이다. 이런 만남이 있었기에 나는 전공 학문과의 만남을 얻을 수 있었고, 연구에 몰두하면서 많은 제자를 기르고, 연구 성과를 거둘 수 있었다. 또 어머니를 잘못 모셨다는 한을 품지 않고 살 수 있게 되었다. 이런 만남을 주신 하나님께 감사한다.

회갑을 맞는 감회와 감사

오늘, 제가 근무하는 한국교원대학교의 총장님, 저를 가르쳐 주신 은사님, 깊은 인연을 맺으며 지내온 대 선배님, 함께 신앙생활을 하고 있는 장위감리교회의 교우, 같은 길을 걷고 있는 선배·동료·후배·제자, 저와 함께 성장하여 함께 60고개를 넘어서는 친구, 그리고 친척과 가족이 모인 자리에서 저의 회갑을 기리는 기념논총 두 권과 저의 회갑기념호로 꾸민 『한국민속학』 36집을 받고 보니, 감사와 기쁨이 감격이 되어 가슴이 벅찹니다.

우리의 전통문화에서는 나서 자라 혼인을 하고, 회갑을 맞는 등의 삶의 마디마다 거기를 지나는 의례가 있는데, 제가 회갑이라는 한 마디를 지나게 되니, 자연스레 지난 일을 돌이켜 보고, 앞으로의 일을 생각하게 됩니다.

저는 젊은 시절에는 초등학교와 중학교 교사로 근무하면서 대학과 대학원 공부를 하느라 앞 뒤 돌아볼 여유 없이 살았습니다. 교수가 된 뒤에는 조금 늦게 공부를 시작하였다는 마음의 부담 때문에 책 한 장이라고 더 읽고, 자료 하나라도 더 수집하며, 논문 한 편이라고 더 쓰고, 저서 한 권이라도 더 내려고 정말 일 분 일 초를 아껴 썼습니다. 그러다 보니, 우리 나라에서 제일 바쁘다는 고3 수험생보다 더 바쁜 생활을 30여 년 간 계속하여 왔습니다. 그 결과 논문 80여 편과 저서 30여 권을 세상에 내놓았습니다. 보람 있고, 가슴 뿌듯한 일이지요. 그러나, 그 이면裏面에는 못한 일도 많고, 아쉬운 일도 많이 있습니다. 어머니와 아내, 아이들 3남매에게 시간을 나누어 주지 못하였습니다. 월급을 받아서는 책값, 자료 조사비, 연구비로 쓰느라고 아내를 고생시켰

화갑기념 논총 봉정식 답사

습니다. 친척 · 친구 들과 따뜻한 정을 나누지 못하였고, 제자들과도 잔 정을 나눌 시간을 갖지 못하였습니다. 신앙적으로 경건한 생활을 하지 못하였고, 교회의 일을 하지 못하였으며, 봉사하는 생활을 하지 못하였습니다. 그리고 건강을 위해 시간을 쓰지 못하였습니다.

저는 임오년에 태어났는데, 다시 임오년이 되었습니다. 60갑자를 한 바퀴 돌아 제 자리에 왔으니, 새로운 출발을 하여야 하는데, 무엇을 해야 할까를 생각해 보았습니다. 이제 저는 '시간의 노예' 노릇에서 벗어나, 그 동안 못했던 일을 열심히 하려고 합니다. 그리고 제가 할 수 있는 일을 찾아 열심히 하겠습니다. 혹 저를 필요로 하는 사람이 있으면, 그 곳으로 달려가겠습니다.

『전설과 지역문화』와 『설화 · 고소설 교육론』의 간행위원장인 동아대학교 축하의 글과 그림 · 글씨를 주신 여러분, 정말 감사합니다. 이 책의 출판을 맡아준 민속원 홍기원 사장님, 홍종화 부장님과 장민정 대리, 그리고 작은 일을

화갑기념 논총 봉정식 케익자르기. 왼쪽부터 우인섭 교수, 정완호 총장, 성기조 교수, 박붕배 교수, 정우상 교수

가리지 않고 맡아서 해 준 월곡회 회원 여러분, 정말 고맙습니다.

바쁘신 주말 저녁 시간에 교통이 혼잡한 이곳까지 와서 축하해 주신 여러분, 정말 감사합니다. 저는 오늘의 이 기쁨과 감격을 마음 깊이 간직하고 새로운 삶을 시작하겠습니다. 인생은 60부터라는 말이 60 넘은 사람이 스스로 위로하기 위해 만든 말이 아니라 깊은 의미를 지닌 말이라는 것을 깨닫고 실천하는 삶이 되도록 하겠습니다. 여러분의 사랑과 기대에 어긋나지 않게 살겠습니다. 지켜 봐 주십시오. 이 자리에 계신 모든 분의 가정에 하나님의 사랑과 은총이 늘 함께 하시기를 기도하겠습니다. 감사합니다.

<화갑 기념논총 봉정식 답사, 2002. 11. 30. 18:00 프레지던트호텔 31층>

늦게 찾아온 상복賞福

교수 정년을 눈앞에 둔 2007년 2학기에 도남학회가 제정한 제22회 '도남국문학상陶南國文學賞'을 받았다. 도남학회는 기미독립운동 이후 각성한 민족의지가 새로운 민족사를 꾸미기 시작할 무렵 민족 운동의 일환으로 국문학 연구에 뜻을 두어 평생을 이에 헌신함으로써 국문학 연구의 학문적 체계를 세워 이 땅에 국문학을 학문으로 연구하는 풍토를 조성해 주신 도남陶南 조윤제趙潤濟 선생님의 학통을 계승 발전시키고, 선생님의 학문적 유지를 받들기 위해 1976년 11월 13일에 설립한 학회이다. 이 학회에서는 그 동안 21회에 거쳐 도남국문학상을 시상하였는데, 수상자들은 모두 국문학 연구에서 특출한 업적을 남긴 학자, 또는 학회이다. 그 뒤를 이어 부족한 내가 이 상을 수상하게 되었으니, 참으로 기쁘고 영광스럽다.

나는 1964년에 서울교육대학을 졸업하고 서울 시내에서 초등학교 교사로 1년 간 근무하다가 군에 입대하였다. 군 복무를 마치고 제대한 후 다시 초등학교 교사로 근무하던 중 국문학을 공부하고 싶어 1970년에 야간대학인 국제대학(현 서경대학교) 국어국문학과에 편입학하였다. 그 때 나는 도남陶南 조윤제趙潤濟 선생님께서 쓰신 『국문학사』와 『국문학 개론』을 찬찬히 읽고, 공부하였다. 나는 두 책을 읽으며 국문학의 실상과 연구의 방향을 조금씩 알게 되었다. 그리고 두 책의 서문을 통하여 도남 선생님의 국문학 연구의 동

도남국문학상을 받는 필자

기와 목적, 태도를 알게 되었다. 도남 선생님의 국문학 연구는 '독립운동의 일환으로, 우리 민족의 정신을 고취하기 위함'이었다. 도남 선생님의 연구 태도를 알게 해 주는 대목은 '무심코 던진 해학諧謔일망정 그 가운데에 선인들의 참된 마음과 인격이 숨어 있는 것이라 여겨 진정으로 귀를 기울였으며, 현대의 우리 생활까지도 엄숙한 하나의 산 기록으로서 존경하고, 그에 세밀한 관찰을 하여 왔다.'는 것이다. 이러한 도남 선생님의 국문학 연구의 목적과 태도는 국문학 연구에 첫발을 딛는 나에게 신선한 충격을 주었고, 나의 연구 생활에 많은 영향을 주었다.

나는 박사과정에 재학 중이던 1976년 제1학기에 도남 선생님의 강의를 듣게 되었다. 도남 선생님의 국문학 연구 방법과 태도, 학문적 업적을 높이 평가하고 마음속으로 존경하던 터라 도남 선생님의 강의를 수강하게 된 것을 기뻐하면서, 서울 성북구 돈암동에 있는 도남 선생님 댁을 찾아갔다. 도남 선생님을 처음 뵈러 갈 때, 도남 선생님께서 아끼시는 제자이면서 나의 스승이신 봉국현 박붕배 신생님께서 나를 데리고 가 주셨다. 처음 뵌 도남 선생님의 인상은 엄격하면서도 부드러우셨고, 학문적 성과에 대한 자부심과 긍지가 대단하신 분이라는 것이었다. 그 뒤에 강의해 주시기로 약속한 날에 선생님을 댁으로 찾아가 국문학 전반에 관한 문제, 국문학 자료를 보는 안목과 자세, 국문학 연구자의 노력과 태도 등에 대한 가르침을 받았다. 그러나 그 해 4월에 도남 선생님께서는 세상을 하직하셨다. 그래서 나는 도남 선생님께 수강 신청을 한 마지막 대학원생이 되었고, 가르침을 더 받고 싶은 마음을 접어야 하였다.

도남 선생님께서 서거하신 후에는 도남 선생님의 묘소에 성묘한 적이 있기는 하나, 마음으로도 더 가까이 모시지 못한 채 30여 년 동안 바쁘게 지냈다. 그런데 이렇게 도남 국문학상을 받고 보니, 만감이 스친다. 늦었지만, 도남 선생님의 학덕을 기리면서 학통을 이어갈 것을 다짐한다.

젊은 시절에 우연히 만났던 역술인이 자청하여 내 사주를 보고는 '관운官運이나 상복賞福이 없는 사람'이라고 하였다. 나는 기독교인으로 사주나 운명에 대한 말을 믿지 않는 편이지만, 무슨 일이 있을 때에는 그 말이 나의 머리를 스치곤 하였다. 그래서 대학 교수가 된 뒤에는 보직을 맡거나 상을 받는 일에 관심을 갖지 않으면서 연구에만 열심하며 살아왔다. 그 덕에 40여 권의 저서와 90여 편의 논문을 쓸 수 있었다. 이것은 젊은 시절에 만났던 역술인의 말 때문에 보직이나 상에 대한 욕심을 버리고 연구에만 전념한 때문이라 생각한다. 그런데 뒤늦게 상복이 터져 고전문학 연구자로서는 매우 영광스런 상을 받게 되었다. 일이 이렇게 되고 보니, 젊은 시절에 만났던 그 역술인의 말을 어떻게 해석해야 좋을지 모르겠다.

몇 년 전에 이 상을 받았더라면, 앞으로 무엇을 어떻게 연구하겠다는 포부를 말할 수 있을 것이다. 그러나 교수 정년을 코앞에 둔 시점이기에 포부를 밝히기보다는 그 동안 무엇에 역점을 두고 연구하여 왔는가를 간단히 정리해 보려고 한다.

도남국문학상 시상식 후 촬영한 기념 사진

나는 야간대학에 다니던 1970년에 강의를 해 주신 고 남강 김태곤 교수님의 가르침을 받으면서 학문의 길을 걷기로 결심을 하고, 고소설을 연구하겠다고 마음을 정하였다. 그래서 고소설 작품과 연구서를 열심히 읽기 시작하였다. 고소설을 공부하면서 고소설을 연구하려면 설화를 알아야 한다는 것을 깨달았다. 그래서 설화를 채록하면서 연구하는 일도 게을리 하지 않았다. 그래서 1974년 2월에 성균관대학교 대학원에서 「재생 설화 연구」로 석사학위를 받았고, 1982년 8월에는 『심청전 연구』로 박사학위를 받았다.

1978년 3월에 국제대학(현 서경대학교) 국어국문학과 교수가 되었다. 그런데 시간 강사 때부터 전임 교수가 된 뒤에 맡게 된 강좌는 「국문학 개론」, 「국문학사」, 「고전문학 강독」, 「고전소설론」은 물론이고, 「구비문학론」과 「한국 민속학」도 맡아서 강의하게 되었다. 다른 과목은 국어국문학과에서 전부터 해오던 강좌지만, 「구비문학론」과 「한국 민속학」은 국어국문학과에서 1970년대에 새로 개설하는 한 과목이어서 그 때만 하여도 강의할 사람이 많지 않았다. 그래서 이 과목은 좋아서이기도 하였지만, 젊은 내가 맡을 수밖에 없는 강좌이기도 하였다. 「구비문학론」을 강의하면서 설화 이외의 구비문학 전반을 공부하게 되었다. 그리고 「한국민속학」을 강의하면서 구비문학을 포함한 민속학 전반을 공부하게 되었다. 그래서 내 연구의 영역은 고소설에서 설화로, 거기에서 다시 구비문학과 민속학으로 확장되었다.

지금까지 한 연구의 결과는 부족한 것이 많아서 '연구의 성과'라고 하기에는 부끄러운 면도 있지만, 그런대로 이를 정리하면 다음과 같다.

첫째, 연구를 시작한 분야가 고소설인데, 이 분야의 연구 저서는 『심청전 연구』와 『한국 고소설 연구』 등이 있다. 『심청전 연구』는 박사학위 논문을 바탕으로 한 것인데, 당시에 구할 수 있었던 32종의 「심청전」 이본을 검토하여 서지 및 특색을 살피고, 이본의 계열 추정과 계열의 선후 관계를 밝혔다. 그리고 「심청전」의 배경 설화를 폭넓게 고찰한 뒤에 이 작품의 형성 과정을 밝혔다. 또, 「심청전」의 순환 체계와 인신공희人身供犧의 의미를 분석하였다. 이 책에 실은 「심청전」의 이본 고찰은 이 작품의 이본 연구의 선편先鞭을 잡은 것은 물론, 고소설 이본 연구의 방향을 제시하였다는 점에서 의의가 있다고 생각한다. 『한국 고소설 연구』의 제1부에서는 고소설 일반론을 폭넓게 고찰하여 고소설 연구의 이론을 세우려고 애를 썼다. 제2부 고소설 작품론에서는 「김씨열행록」, 「금방울전」, 「김학공전」 등 여러 고소설 작품을 분석하였다.

둘째, 설화에 관한 연구 저서는 『한국 설화 연구』와 『한국 서사의 전통과 설화문학』 등이다. 이 두 책에서 설화 연구의 이론을 세우려고 애를 썼고, 연구 이론을 바탕으로 설화 작품의 분석에 힘을 기울였다. 도남 국문학상 수상 저서로 뽑아 준 『한국 서사의 전통과 설화문학』에서는 설화와 기록문학의 관계, 설화의 지향과 민중의 의식, 인물 전설의 전승 양상과 의미를 심층적으로 분석하려고 애를 썼다.

1971년부터 설화를 채록하기 시작하였는데, 그 자료의 일부를 『한국의 민담』 두 권, 『한국 구전 설화집』 다섯 권으로 묶어서 출판하였다. 전설의 현장을 찾아가는 과정, 전설의 내용, 전설의 의미 해석 등을 적은 『함께 떠나는 이야기 여행』과 『다시 떠나는 이야기 여행』도 펴냈는데, 이 두 책은 일반 교양인도 재미있게 읽을 수 있도록 쉽게 써서 많은 독자의 사랑을 받고 있다.

설화 자료의 수집과 연구에 힘을 기울이는 한편, 설화 교육에도 관심을 기울여 김기창 교수와 함께 『전래동화 교육론』과 『전래동화 교육의 이론과 실제』를 펴냈다. 이 두 책은 유치원과 초등학교 교육에서 매우 중요한 위치를 차지하는 전래동화 교육에 대한 이론과 작품 분석, 전래동화 교육의 방법 등을 체계적으로 정리하여서 이 분야 연구에 많은 도움을 주고 있다.

셋째, 민속을 포함한 우리의 전통문화 전반을 다룬 저서로 『민속적인 삶의 의미』, 『한국인의 삶과 문화』, 『옛이야기를 통해서 본 한국인의 삶과 죽음』 등이 있다. 이 책들은 수집한 자료와 학문적 연구 성과를 바탕으로 일반 교양인들도 읽을 수 있도록 쉽게 집필하였다.

설화와 민속에 관한 저서를 펴내면서 일반 교양인들이 즐겨 읽을 수 있도록 배려한 것은 학문의 연구 성과를 연구자들에게만 한정시켜 둘 것이 아니라 일반 교양인들까지 나눠가질 수 있도록 배려해야 한다는 생각 때문이었다. 이 생각은 일반 교양 독자로부터 많은 호응을 얻었다.

이러한 작업을 하면서 관심사는 기록문학 작품이나 구비문학 작품, 또는 민속에 들어 있는 우리 민족의 정신은 무엇이며, 이것을 어떻게 표현하였는가 하는 점이었다. 그리고 이러한 민족정신이 현대 우리의 생활에 어떻게 이어지고 있으며, 이를 계승·발전하는 방안은 무엇일까를 찾는 것이었다. 이것은 도남 선생님의 국문학 연구의 목적과 태도와 맥을 같이하는 것이기도 하다. 이제 정년이 되어 학교를 떠나지만, 지금까지 해 오던 작업은 건강이 지속되는 한 계속하려고 한다.

부족한 나에게 큰 상을 허락해 주신 도남학회 윤철중 이사장님과 임원 여러분, 도남 선생님을 추모하며 기리는 말씀을 해 주신 박붕배 선생님께 감사한다. 바쁜 일이 많으실 터인데 참석하셔서 자리를 빛내주시고 축하의 말씀을 해 주신 박배훈 총장님, 제2대학 한철우 학장님을 비롯한 국어교육과 여러 교수님들, 전공이 다른데도 관심을 갖고 참석해 주신 여러 교수님들, 불원천리 마다 않고 참석하여 주신 동학 여러 분, 동학의 길을 걷고 있는 대학원생 여러분께도 감사한다.

새끼를 떠나보낸 어미 새

지난 5월 4일에 막내아이가 장가를 갔다. 막내가 혼인예식을 마치고 신혼여행을 떠난 뒤에 집에 돌아왔을 때에는 큰아들 내외와 손녀, 미국에 가서 살고 있는 딸과 외손주가 집에 있어서 잘 몰랐는데, 이들마저 떠나고 나니, 어쩐지 집안이 썰렁하고 허전하였다. 큰아들과 딸은 살림을 난 지가 6~7년이나 되었으니 그러려니 하지만, 늘 함께 지내던 막내가 없으니, 허전할 수밖에 없었다. 막내가 쓰던 방을 들여다보니, 전과 다른 것이 없었고, 4박 5일의 신혼여행을 마치면 돌아올 것이라는 생각이 들어 허전한 마음을 달래며 방문을 닫았다. 신혼여행에서 돌아온 막내아들과 며느리가 집에 오던 날은 큰아들 내외와 손녀까지 와 있어서 집안에 기쁨과 웃음이 가득하였다. 그러나 큰아들 내외가 떠나고, 이튿날 막내 내외가 새 보금자리를 찾아 총총히 떠난 뒤에는 집안이 적막하였다.

며칠 뒤의 어느 날, 내가 학교에 가서 강의를 마치고 돌아오니, 막내가 자기 방에 있던 물건을 꺼내어 트럭에 싣고 있었다. 자기가 입던 옷이며 일상용품, 책, 컴퓨터, 장식장 등을 모두 자기의 보금자리로 옮겨가는 것이었다. 현관 앞에서 잘 가라고 인사한 뒤에 집안으로 들어와 그가 쓰던 방문을 열어보니, 방안이 휑하였다. 서른한 살이 되도록 함께 살던 막내마저 떠났구나 생각하니, 갑자기 가슴 한 구석에 구멍이 뚫린 듯하고, 공허한 바람이 휘휘 부는 듯하였다. 감정 면에서 둔한 내가 이럴진대 마음이 여린 아내의 마음은 어떨까 생각하니, 울컥 눈물이 솟아오르는 것을 간신히 참았다. 말없이 그 방청소를 하는 아내의 모습을 보며 나는 어린 시절의 기억을 떠올렸다.

충청도 시골에서 자라던 어린 시절, 나는 봄에 뒷산에 올라가 나지막한 소나무 포기나 덤불 속에서 산새의 둥지를 찾아내곤 하였다. 둥지에서 꺼낸 산새 알이나 어린 새끼를 집에까지 가지고 왔다가 어른들한테 꾸중을 듣고 다시 가져다 놓은 적도 여러 번 있었다. 초등학교 고학년이 된 뒤에는 이른 봄에 보아둔 산새의 둥지를 가끔씩 찾아보며 산새가 알을 낳아 품는 모습과 새끼를 까서 기르는 모습을 지켜보았다. 새끼가 다 자라서 나는 연습을 할 때에는 새끼 새를 잡아보려고 쫓아다니기도 하였다. 그러던 어느 날, 다 자란 새끼 새가 어디론가 가 버리고, 둥지에 어미 새만 남아 있는 것을 보았다. 그 둥지에 남아 있는 새가 어미 새가 아니라 새끼 새였는지도 모른다. 그러나 그 때 나는 어미 새라고 생각하면서, '새끼를 떠나보낸 어미 새가 얼마나 외롭고 쓸쓸할까?' 생각하며 홀로 안타까워하였다. 안타까운 마음은 매우 컸지만, 어쩔 수 없는 것이기에 어린 마음에 깊은 자국을 남긴 채 세월의 뒤안길로 잦아들었다.

그 후로 나는 바쁘게 생활하느라고 새끼를 떠나보낸 어미 새의 심정 같은 것은 잊고 살았다. 그런데 오늘 50여 년 전의 기억이 떠오른 것은 나와 내 아내의 지금의 심정이 어릴 때 보았던 새끼를 떠나보낸 어미 새의 심정과 같을 것이라는 연상 작용 때문이다.

충청도 촌놈인 나는 서울에 와서 직장을 잡고, 1966년에 혼인하여 전세방을 얻어 새 둥지를 틀었다. 부부 교사인 우리는 학교에 근무하는 한편 못다 한 공부를 하면서 아들 둘, 딸 하나를 낳아 기르느라 여념이 없었다. 어린 새끼를 기르느라 혼신의 노력을 하던 산새처럼 힘들고 고달픈 것도 잊고, 하루하루의 일과에 충실하였다. 우리의 정성과 노력을 아는지 3남매는 무럭무럭 자랐고, 남부럽지 않게 성장하여 우리에게 큰 기쁨과 보람을 안겨 주었다.

큰아들은 학사장교로 군복무를 마치고 대학원 석사과정을 마치던 1995년에 혼인하여 살림을 났다. 큰아들이 분가하였을 때에도 매우 섭섭하였지만,

그 때만 하여도 내 나이가 지금보다 젊었고, 대학에서 강의하면서 논문 쓰고 책을 내는 일에 바빴으며, 아직 두 아이가 남았다는 생각에 섭섭한 마음을 다스릴 수 있었다. 주말마다 찾아오는 큰아들과 며느리를 보면서 섭섭하고 허전한 마음은 차츰 수그러들었다.

그 다음 해에 딸을 시집보내고 나서는 텅 빈 마음을 주체할 수 없었다. 막내아들마저 군에 가 있던 때였으므로 더 그랬던 것 같다. 딸이 쓰던 방문 앞을 지나 서재에 드나들 때에 딸이 쓰던 방에 들어가 남아 있는 딸의 체취를 느껴보기도 하고, 막내가 곧 돌아올 것이라는 생각을 하면서 스스로를 위로하곤 하였다. 가끔씩 찾아오는 딸과 사위를 대하면서 세월이 흐르니, 섭섭함하고 허전하던 마음도 많이 사그라졌다.

이제 딸이 시집간 뒤로 6년여를 홀로 남아 함께 살던 막내가 떠나고 보니, 셋 다 자기 둥지를 마련해 떠나보냈다는 안도의 한숨과 함께 엄습해 오는 섭섭함과 허전함을 주체할 길 없다. 저녁이 되어도 기다릴 사람이 없고, 늦게 왔다고 핀잔할 사람도 없다. 아내는 아침 일찍 일어나 아침밥을 지어놓고 출근을 독촉할 일도 없어졌다. 부모로서 할 일을 다 하였다는 안도감이나 자질구레한 일에서 벗어났다는 해방의 기쁨보다 쓸쓸하고 허전함이 더 큰 것은 무슨 연유일까? 큰아들과 딸을 보냈을 때 섭섭함과 아쉬움을 경험하여 이제는 면역이 되었을 거라 생각하였는데, 공허감이 더 큰 이유는 무엇일까? 셋 다 떠나보내고 나니 이제는 자식과도 함께 산다는 기대가 없어졌고, 막내와 함께 산 기간이 위의 두 아이보다 길었으므로 애틋한 정이 더 많기 때문이라는 점도 있겠지만, 우리 부부가 이제는 누군가에게 의지하고 싶은 나이가 되었기 때문이 아닌가 싶다.

식물의 일생을 보면, 봄철에 아름다운 꽃을 피우고, 그 꽃이 지면서 탐스런 열매를 맺는다. 열매를 맺은 뒤에는 단풍으로 옷을 갈아입고 있다가 가을바람에 떨어지고, 겨울을 맞는다. 이것은 어려서부터 수없이 보아온 일인데, 근래에 와서 이러한 자연 현상의 오묘함을 새삼 느끼고, 인간의 삶 또한 이와 다를 바 없음을 절실하게 느끼곤 한다. 이 역시 나이가 든 탓이리라.

내가 어린 시절에 보았던 산새의 삶 역시 그렇다. 다 자란 산새는 어미 품을 떠나 새 둥지를 마련하여 새끼를 치고, 새끼를 길러 다 자란 뒤에는 떠나보낸다. 새끼를 떠나보낸 어미 새는 묵은 둥지를 지키며 힘이 남았을 때에는 다시 알을 낳아 새기를 기르지만, 그렇지 못할 때에는 그 둥지에서 조용히 살다가 다시 자연으로 돌아가리라. 이 일은 내 고향 뒷산에서 지금도 계속되고 있을 터인데, 새끼 새를 떠나보내는 어미 새는 새끼 새가 탈 없이 자연의 섭리에 순응하며 살기를 간절히 바랄 것이다.

막내를 떠나보내고 허전한 마음을 주체하지 못해 애쓰면서, '현대인은 자식들을 독립시킴과 동시에 부모 스스로가 자식들로부터 독립하는 것이 매우 중요합니다.' 하고 힘주어 말하던 인구학 전공 동료 교수의 말이 자꾸만 떠오른다. 세 아이를 독립시켰으니, 이제는 내가 독립하여야겠다.

이제 떠난 막내를 끝으로 새 둥지를 마련하여 떠난 세 아이는 모두 내가 밟은 길을 다시 밟을 것이고, 그 길을 다시 자기 자식들에게 물려줄 것이다. 이것이 자연의 섭리이니 이를 따르는 것이 순리이리라. 이제 자기 둥지를 마련하여 자기의 삶을 시작한 세 아이가 아무 탈 없이, 뜻한 바를 이루면서 행복하게 살기를 기도하면서, 아내와 함께 묵은 둥지를 지키려 한다.

부부가 함께 하는 운동

나는 틈이 나면 아내와 함께 아파트 가까이에 있는 대현산에 올라갔다 오곤 한다. 이 산은 우리 집에서 반 시간이면 갔다 올 수 있는 곳으로, 높고 큰 산은 아니지만, 운동 부족인 나에게 운동 공간을 제공해 주고, 아내와 대화할 시간을 마련해 준다. 또, 온갖 나무들과 꽃이 있어 계절의 변화를 느끼게 해 준다. 봄에는 개나리와 진달래, 벚꽃과 이름 모를 꽃들이 만발하고, 새들이 분주히 날며 지저귀어 교외로 나가지 않고도 봄의 정취를 맛보게 해 준다. 여름이면 소나무, 은행나무, 팽나무, 단풍나무, 아카시아 등이 해를 가리어 시원한 그늘을 만들어 준다. 가을이면 곱게 물든 단풍나무와 은행나무 잎이 밝은 햇살 아래 자태를 뽐낸다. 눈이 내린 날 산에 오르면, 눈꽃이 핀 나무들이 정겹게 느껴진다. 그래서 우리 부부는 새로 조성한 넓고 시원스런 대현산 공원이나 응봉산보다 이 산을 즐겨 찾곤 한다.

우리는 이 산에 아침에 간 적도 있고, 대낮이나 해질 무렵에 간 적도 있다. 그런데 그 때마다 우리의 눈길을 끄는 것은 산자락에 자리 잡은 몇 곳의 배드민턴장에서 배드민턴을 하는 사람들이다. 젊은 사람도 있고, 나이가 꽤 들어 보이는 사람도 있다. 그 중에는 부부가 함께 하는 사람도 있는데, 그들은 무척 행복해 보였다. 부부가 함께 와서 배드민턴을 하는 사람은 최소한 먹고 입는 일에 궁색한 사람, 뜻하는 일이 잘 안 되어 정신적 스트레스가 많은 사람, 일에 쫓기어 시간을 낼 수 없는 사람, 건강이 좋지 않은 사람, 게으른 사람은 아닐 것이다. 그들은 정신적으로나 육체적으로 건강한 사람들이고, 공기 맑은 산자락에 와서 땀을 흘리며 운동하니 더욱 건강해 질 것이다. 건강한 몸과 마음으로 열심히 일하면 그에 따른 성과도 좋아질 것이요, 가정도 화목해 질 것이니, 더욱 행복해 질 것이다.

나의 둘레에는 탁구를 하는 사람, 테니스를 하는 사람, 배드민턴을 하는 사람, 골프를 하는 사람이 있다. 이들은 오래 전부터 나에게 적어도 한 가지 운동을 하라고 권하였다. 그러나 나이 들기 전에 논문 한 편이라도 더 쓰고, 저서 한 권이라도 더 내야 한다는 생각 때문에 뒤로 미루곤 하였다. 그러다 보니, 어느 것 하나 제대로 시작도 못하고 나이를 먹고 말았다.

이곳으로 이사 온 뒤에는 거리가 멀어진 데다가 더 바빠졌고, 많이 걸으면 무릎이 아프곤 하여 북한산에 가는 일이 시들해졌다. 대현산을 오르내리는 일을 열심히 하겠다고 마음먹었지만, 그 것 마저 제대로 하지 못하였다.

나의 운동 부족을 걱정하던 아내가 함께 탁구를 하자고 하였다. 이 제안을 받은 것이 2002년 봄이었는데, 그 해는 작은 아들을 장가보내는 일, 회갑 전까지 내겠다고 벼르던 저서의 집필, 제자들이 중심이 되어서 간행을 준비하는 회갑기념 논문집 두 권에 실을 논문 두 편을 쓰는 일, 95세가 된 어머니의 병을 간호하는 일 등으로 눈코 뜰 새 없이 바빴다. 그래서 건강을 위해 산책을 하거나 운동을 하는 일은 염두에 둘 수 없었다.

이듬해 1월에 어머니께서 세상을 떠나셨다. 어머니의 장례를 치르고 난 뒤에는 어머니를 여읜 허전함, 그 동안 쌓인 피로와 체력 소모 때문이었는지 기침을 하고, 만성 피로와 함께 무력감에 빠졌다. 병원을 찾아가 검사를 받고, 약을 먹어 기침은 멎었으나, 만성 피로와 무력감은 낫지 않았다. 전부터 다니던 한의원을 찾아가니, 한의사는 내게 보약을 먹은 뒤에 맛있는 음식을 먹으며 일주일에 두세 번씩 땀이 날 정도의 운동을 하는 것이 좋겠다고 하였다. 나 역시 그게 좋겠다고 생각하여 아내의 권유대로 탁구를 하기로 하였다.

2003년 2월에 나는 아내와 함께 탁구장에 갔다. 젊었을 때 탁구를 좀 하기는 하였으나, 기본자세를 익힌 적도 없고, 흥미 위주의 마구잡이식 경기를 한 것이 전부이기 때문에 나의 탁구 실력은 형편없었다. 여러 사람 앞에서 치는 것이 부끄러웠지만, 나보다 실력이 좋은 아내가 상대하여 주며 격려해 주는 바람에 용기를 내어 탁구대 앞에 서서 치기 시작하였다.

며칠 뒤에 나는 아내의 권유대로 정식으로 회원 등록을 하고, 하루에 20분씩 지도를 받기 시작하였다. 그 동안 사용하던 쉐이크핸드 라켓을 라운드형으로 바꾸고 기본자세부터 새로 익혔다. 지도를 맡은 분은 80년대에 국가대표 선수를 지낸 황남숙 선생인데, 기본자세부터 차근차근 가르쳐 주었다. 코치한테 렛슨을 받기 전과 후에는 아내와 연습을 하였다. 일주일에 두 번을 가겠다고 하였지만, 한 번밖에 못가는 때도 있었고, 아예 못가는 주도 있었다. 나와 아내의 건강 형편 때문에 몇 달씩 거르기도 하였다. 그러나 사정이 허락되는 대로 탁구장에 가서 열심히 연습하였다. 그렇게 2년을 지내고 보니, 기본자세도 어느 정도 몸에 익었고, 상대방의 자세에 따른 공의 움직임과 방향을 조금 읽을 수 있게 되었다. 그래서 지금은 아내와 아주 재미있게 게임을 하기도 하고, 가끔씩 교회에 가서 교인들과 게임을 하기도 한다.

아내는 35년 동안 교사로 있다가 1998년에 교감으로 명예퇴직을 하고, 바로 탁구를 시작하였다. 운동 부족을 자각하고 있던 아내는 퇴직 직전부터 수영을 시작하였는데, 수영장 물의 소독약 때문인지 눈병이 생기곤 하여 그만두고, 구민체육관 탁구 교실에 등록하여 탁구를 배우기 시작하였다. 일주일에 세 번씩 체육관에 가서 잠깐씩 렛슨을 받고, 회원들과 연습하기를 5년 가까이 하였다. 늦게 배운 탓에 실력이 죽죽 늘지는 않았지만, 공을 다루는 솜씨가 제법이다. 내가 탁구를 시작한 지 1년쯤 되었을 무렵에 나는 아내에게 게임을 하자고 하였다. 젊었을 때 내가 이기곤 하였으므로, 게임을 하면 크게 지지 않으리라 생각하였다. 그러나 결과는 그 반대여서 몇 점을 접어주어야 게임이 되는 형편이었다. 정식으로 배우면서 연습한 연조는 무시할 수 없는 것임을 절실히 느꼈다.

내가 탁구를 시작한 지 2년이 된 지금은 아내와 게임을 하면, 막상막하莫上

莫下의 열전을 벌일 때도 있다. 이기면 기뻐하고, 지면 약이 올라 더 하자고 조르기도 한다. 이기고 지는 것은 그날의 건강 상태와 관련이 있어 건강 상태가 좋은 날은 이기지만, 그렇지 않은 날은 몇 게임을 더 하여도 지고 만다. 게임을 하고 나면 온몸이 땀으로 젖고, 피로를 느끼기도 한다. 그러나 집에 돌아와 샤워를 하고 나면, 피로가 풀리고 온 몸이 가벼워진다.

탁구는 과격하지 않으면서 운동량이 많다. 적당히 숨이 차고, 땀이 흐르며, 재미를 느낄 수 있다. 아내는 골밀도가 낮다는 의사의 말을 듣고 무척 걱정을 하였는데, 탁구를 시작한 뒤에 골밀도가 높아져서 정상이 되었다고 하여 아주 기뻐하고 있다. 탁구는 좁은 공간을 차지하는 실내운동이므로, 테니스나 골프처럼 날씨의 제약 없이 할 수 있고, 경비가 많이 들지도 않아서 좋다.

탁구를 부부가 함께 하니, 함께 즐길 수 있어서 좋고, 다른 한 쪽을 기다리며 불평할 일이 없어 좋다. 운동 후에는 함께 외식을 하거나, 음료수를 마시며 대화할 수 있어서 좋다. 또 본인은 물론 상대방의 건강 상태를 알 수 있어서 좋다. 우리 부부는 뒤늦게나마 탁구를 시작한 것을 참으로 다행으로 여기며, 탁월한 선택을 하였다고 자부한다. 둘레 사람들도 보기에 좋다면서 부러워한다.

나는 틈이 나는 대로 아내와 함께 대현산을 찾고, 탁구를 하며 건강을 지켜나가려고 한다. 그런데 몇 주 전부터 아내가 허리의 통증 때문에 탁구는 물론, 대현산에도 가지 못하고 있다. 나는 아내가 속히 완쾌되어 함께 탁구도 하고, 대현산도 갈 수 있게 되기를 바라며, 열심히 아내의 수발을 들고 있다.

의재宜齋 최운식崔雲植 교수 정년 기념 문집

푸른 향기 길게 드리우니

2008년 2월 15일 초판1쇄 인쇄
2008년 2월 25일 초판1쇄 발행

엮은이 의재宜齋 최운식崔雲植 교수 정년 기념 문집 간행위원회
만든이 홍기원
만든곳 민속원

총 괄 홍종화
편 집 오경희 · 조정화 · 오성현 · 신나래 · 방기은
영 업 박정대 · 박병준

주 소 서울시 마포구 대흥동 337-25
전 화 02) 804-3320, 805-3320, 806-3320
팩 스 02) 802-3346
등 록 제18-1호
이메일 minsok1@chollian.net
홈페이지 www.minsokwon.com

값 23,000원

ISBN 978-89-5638-537-2 93810